全国优秀数学教师专著系列

高中数学课堂教学的实践与反思

Practice and Reflection of High School Mathematics Classroom Teaching

张健 著

HITP
哈爾濱工業大學出版社
HARBIN INSTITUTE OF TECHNOLOGY PRESS

内 容 简 介

本书以高中数学课堂教学改革中的具体问题为线索，通过对典型课例、案例的分析与反思，来回答这些具体问题的解决方法。可以说，这本书是在高中数学课堂教学改革中自然地“长”出来的，浓缩了作者三十几年来对高中数学教学的思考，也从一个侧面反映了一线教师在课程改革路上的迷茫、探索与成长。

本书可供高中数学教师阅读及参考。

图书在版编目(CIP)数据

高中数学课堂教学的实践与反思/张健著. —哈尔滨:哈尔滨工业大学出版社，2021.11

ISBN 978-7-5603-9734-4

Ⅰ.①高… Ⅱ.①张… Ⅲ.①中学数学课－课堂教学－教学研究－高中 Ⅳ.①G633.602

中国版本图书馆 CIP 数据核字(2021)第 207086 号

策划编辑　刘培杰　张永芹
责任编辑　关虹玲
封面设计　孙茵艾
出版发行　哈尔滨工业大学出版社
社　　址　哈尔滨市南岗区复华四道街 10 号　邮编 150006
传　　真　0451－86414749
网　　址　http://hitpress.hit.edu.cn
印　　刷　哈尔滨市工大节能印刷厂
开　　本　787 mm×1 092 mm　1/16　印张 20　字数 340 千字
版　　次　2021 年 11 月第 1 版　2021 年 11 月第 1 次印刷
书　　号　ISBN 978-7-5603-9734-4
定　　价　48.00 元

前　言

“教师是播种机，播下一种思想，收获一种行动；播下一种行动，收获一种习惯；播下一种习惯，收获一种性格；播下一种性格，收获一种命运。”“思想会变成语言，语言会变成行动，行动会变成习惯，习惯会变成性格，性格会影响人生。”

“教师的两种力量最具魅力：一种是人格的力量；另一种是思想的力量。人格的力量如山，决定教育的高度；思想的力量如海，决定教育的深度。”实践证明，具有健朗的教学风格的数学教师能够充分展示出这两种力量。

记得很早以前，笔者看过这样一则故事：

一个小和尚想跟老和尚学书法，老和尚说，从“我”字练起吧，并给小和尚提供了几个前辈和名家们的“我”字帖。小和尚练了一个上午的“我”字之后，拣自己比较满意的一个“我”字拿去让师父指点。老和尚斜了一眼说：“太潦草了，接着练。”小和尚沉住气，不断地练，基本上能把前辈和名家们的几个“我”字临摹得惟妙惟肖了，便又拿去请教师父。老和尚静静地看了一阵那几个字，拍拍小和尚的肩膀说：“有长进，不过还要接着练，因为你还没有掌握‘我’的要领。”得到承认和鼓励之后，小和尚终于静下心来，揣摩着师父的开导，一遍遍，一天天地练下去。半年之后，小和尚又找到师父。这次他只拿来一个“我”字，不过这个“我”字不是泛写和临摹了，每个笔画都是一种新写法。很显然，小和尚熟能生巧地练习，独创了一种书法新体。老和尚终于满意地笑了，他意味深长地对小和尚说：“你终于写出了自己的‘我’，找到了‘自我’了。”

无论写字、教学，还是做人，唯独一个“我”字最难把握，最难出新。要在教学上找到“自我”，就要有高远的教育理想，能够带着一种虔诚和海纳百川的情怀，一种独立思考的意识和追求完美人生的信念，注意用思想提升教学品质；就要不断地丰富自己的实践智慧，能以自己特殊的职业眼光审视出课程的引人入胜之处，使自己的教学闪耀着睿智的光彩；就要不断地提升自己的魅力指数，以自己的人格力量去赢得学生，以自己的思想力量去感染学生、激发学生。从而和学生一起沉浸于课堂，热爱于课堂，出神入化地与学生一起创造于课堂；要经历一个砥砺、淬炼的过程，经受得住“独上高楼”的孤独，“衣带渐宽”的辛劳和

“众里寻他千百度”的艰难。我们可以和故事中的小和尚一样，从“模仿”入手，但不可以盲目跟风，不可以照搬，更不可以复制，只能借鉴、迁移，最终要实现“内化”，融化在自身的素养中。所以，我们要克服急功近利的思想，打破传统习惯的思维，养成独立思考的习惯，盯牢自己教学的长处，或以敏锐的洞察力，或以渊博的学识，或以独到的见解，或以丰富的感情，或以乐观的天性，或以幽默的语言，努力寻找出每一次教育和教学活动的“独一无二”之处，自然地形成和发展自己的教学风格，彰显课堂教学的魅力。

“教学风格”的实质就是教师将自己的精神、理想、思想以及自己的专业知识融会贯通地“化”在教学实践中，在教学实践中智慧地体验、创造、提升，它是教师知识、素养的综合表现，是情感、意趣、人格的集中展示，是不为教参、教材所“役”的课程觉醒，是不一味迷恋技法、复制模仿的可贵探索，是教师个体生命自我实现的必由之路。正是许许多多的数学名师对教学个性、教学风格的不懈追求，才使他们的教学摆脱了平庸，享受到了课堂上的“艺术人生”。

形成健朗的教学风格，需要“恒心”，更需要“慧心”：有的课简约、清丽，“梨花一枝春带雨”；有的课大气、热烈，“千树万树梨花开”；有的课细腻、娴熟，“别有一番滋味在心头”；有的课长于对话、生成，“天光云影共徘徊”……，不同的教学风格造就了课堂的多姿多彩。

在高中数学课程改革过程中，一些教师在课堂教学上找不到“自我”，更谈不上有“教学风格”，出现了许多“浮躁”“浮华”“单薄”的现象：一些教师过分地追求气势恢宏的生活场面，热衷于绚丽多彩的情境创设，迷恋于流光溢彩的媒体展示，沉溺于表面热闹的虚假“生成”；非常浅显的问题组织学生讨论，不需要分组的内容要安排小组学习，显而易见的结论要求学生探究，等等。这种在课堂教学改革中失去了“自我”的现象，应当引起广大高中数学教师的关注。

针对高中数学课堂教学改革中出现的问题，笔者选择了一些视角进行实践与研究，并在《数学通报》《中学数学教学参考》《中国数学教育》《教学月刊》《数学教学研究》等报刊上发表，其中有十多篇被中国人民大学报刊复印资料中心全文转载在《高中数学教与学》上，本书内容就是在此基础上加以系统整理而成的。

本书以高中数学课堂教学改革中的具体问题为线索，通过对典型课例、案例的分析与反思，来回答这些具体问题的解决方法。可以说，这本书是在高中数学课堂教学改革中自然地“长”出来的，浓缩了笔者三十几年来对高中数学教学的思考，也从一个侧面反映了一线教师在课程改革路上的迷茫、探索与成长。

希望本书能对同行有所帮助。

本书的出版得到了哈尔滨工业大学出版社张永芹编辑的大力帮助，得到了我的同事孙泰、郑新春等老师和学校党委书记焦素琴、校长何石明、教学副校长李化年等领导的鼓励和支持，北京市教育学院丰台分院的连春兴、李振雷、袁海英、张琦等老师给本书提出了宝贵的意见，首都师范大学的刘晓玫教授也从不同角度对本书的撰写提出了建议，在此表示深深的谢意。

限于本人的理论水平不高，视野狭窄，反思能力浅显，实践素材贫乏，书中肯定有许多不足，敬请同行批评指正。

张　健
2021 年 8 月 20 日
于北京

目　　录

在数学教学中，无论是一种旧有模式在四平八稳地惯性运行，还是一种新的观念成为时尚，都容易造成对“数学”的遮蔽，致使我们的教学在极端的沉寂与喧嚣之间游走。此时，我们需要的是一种基于实践的深刻体察，一种沉潜的心态，更加自觉地“漂洗”教学中的“杂质”，显现数学的“亮白”;“沉下”纷纭喧腾的“浮躁”，显出数学的“静谧”，从而把学生带入到绚丽、沉静、理性、快乐的数学殿堂之中。

第一章　课程标准给我们带来了哪些变化

2003年颁布的《普通高中数学课程标准(实验)》,指导了十余年来普通高中数学课程改革的实践,为我国高中数学教育积累了丰富的经验。但是,面对经济、科技的迅猛发展和社会生活的深刻变化,面对新时代对提高国民素质和人才培养质量的新要求,面对我国高中阶段数学教育基本普及的新形势,普通高中数学课程中也出现了一些不足和新的问题,为了弥补不足和解决这些新问题,教育部于2013年开始,启动了普通高中数学课程标准的修订工作。本次修订是在深入总结经验的基础上,努力构建具有中国特色的普通高中数学课程体系,形成了新的《普通高中数学课程标准(2017年版2020年修订)》(以下简称"课程标准")。

第1节　关注高中数学课程目标的变化

【高中数学的课程目标】

通过高中数学课程的学习,学生能获得进一步学习以及未来发展所必需的数学"四基"和"四能";

在学习数学和应用数学的过程中,使学生逐步达到"三会",从而发展学生的数学学科核心素养;

通过高中数学课程的学习,学生能提高学习数学的兴趣,增强学好数学的自信心,养成良好的数学学习习惯,发展自主学习的能力;树立敢于质疑、善于思考、严谨求实的科学精神;不断提高实践能力,提升创新意识;认识数学的科学价值、应用价值、文化价值和审美价值。

(1)"四基":基础知识、基本技能、基本思想、基本活动经验;

(2)"四能":提高从数学的角度发现和提出问题的能力、分析和解决问题的能力;

(3)"三会":会用数学的眼光观察世界,会用数学的思维思考世界,会用数学的语言表达世界;

(4)"数学学科核心素养":包括数学抽象、逻辑推理、数学建模、直观想象、数学运算和数据分析;

(5)"科学精神":敢于质疑、善于思考、严谨求实。

“数学学科核心素养”是“三会”的具体化。发展学生的核心素养成为高中课程设计的主导价值观，也成为贯穿整个课程的主线。数学学科核心素养是数学课程目标的集中体现，也是高中数学课程目标的核心部分。与原来高中数学课程目标中的“知识与技能、过程与方法、情感态度与价值观”相比，数学学科核心素养的内涵更为丰富。发展学生的数学学科核心素养离不开数学的“四基”“四能”和“科学精神”。

一、“四基”——高中学生必备的数学知识体系

随着新一轮课程改革真实而坚定地向我们走来，数学教育发生了重大的变化，特别是在新时代背景下作为基础学科的数学，更加强调让学生掌握“必备知识”。长久以来作为我国数学教育“国粹”的“双基”（基础知识、基本技能）教学已经不能适应时代的要求，如何与时俱进满足时代的要求，是新一轮课程改革的核心任务。为此，课程标准提出了数学“必备知识”的“四基”（基础知识、基本技能、基本思想、基本活动经验）知识体系，为更好地发展学生的能力，提升数学素养奠定了基础。

1. 高中数学“四基”的界定

（1）基础知识的界定。

按照传统的提法，中学数学基础知识是指中学数学中的概念、性质、公式、法则、定理及其内容所反映出来的一些具体方法。根据现行课程标准，数学基础知识可归纳为以下两个方面：一是数学知识，它包括数学中的概念、定义、公理、定理、法则、性质、符号等；二是数学具体方法，它主要指中学数学中的基本方法，如配方法、换元法、待定系数法、图象法、数学归纳法、分析法、综合法、演绎法、反证法等。基础知识的含义不是一成不变的，它的内涵和外延随着社会的发展而发展，但在一定的时期内又具有相对的稳定性。

（2）基本技能的界定。

基本技能主要是指能够按照一定的程序与步骤进行熟练操作的数学行为与本领（如计算、化简、变形、作图或画图，进行简单的推导等）。根据现行课程标准，基本技能可归纳为：推理——依据数学概念、原理，对问题的已知与未知间的因果关系做判断；运算——根据数学关系选择恰当方法，对数或式、图形实施变换；作图——使用一定工具作正确反映图形位置与度量关系的图形。

知识是认知范畴问题，而技能带有可操作性，它是巩固基础知识和形成能力的中介。

（3）基本思想的界定。

一般认为，数学基本思想是指对数学及其对象、数学概念和数学结构以及数学方法的本质性认识。它蕴含在数学知识形成、发展和应用的过程中，制约

着学科发展的主线和逻辑框架,也是数学知识和方法在更高层次上的抽象与概括。如化归思想、数形结合思想、变换思想、集合思想、极限思想、统计思想、概率思想等。其实,在高中数学课程内容和教材中,数学基本思想的蕴含是很丰富的,表现也是多样的,如归纳、演绎、抽象、分类、模型、结构、数形结合、随机等。教师要善于根据教学的实际,采用恰当的手段使学生对这些思想有所感悟。

数学基本思想和数学方法既有区别又有密切的联系。数学基本思想的表现相对宏观,体现的是对数学对象的一种本质认识;数学方法常常受数学思想制约,表现为相对具体,并具有程序性、步骤性、路径性和可操作性。例如,归纳,从一般意义上讲,它表现为从特殊到一般的推理思想。如具体使用于一个关于自然数的命题,通过具体的尝试,将所得到的结论推广到一般时,就采用了所谓的归纳法。

(4)基本活动经验的界定。

数学基本活动经验是指学生通过亲身经历数学活动过程所获得的具有个性特征的经验。这里有两个关键词体现了其核心要义:一是“活动”,二是“亲身经历”。有学者曾探讨过将数学活动经验作为数学课程目标的必要性和合理性,并分析了数学基本活动经验所具有的主体性、实践(过程)性、多样性、发展性特征。还有一些学者探讨了数学活动经验的类型,如直接活动经验和间接活动经验,设计的活动经验和思考的活动经验等。

数学活动经验不仅仅是解题的经验,更重要的是在多样化的数学活动中去思考、去探索、去发现结论的经验。数学活动经验要重在积累,在积累中所获得的丰富而有价值的经验往往是孕育素养、形成智慧、进行创新的重要基础。例如,高三要进行很长时间的复习教学,带领学生做大量的练习,总结归纳方法,其核心目的就是积累和丰富数学解题经验,练熟“四基”,提升素养。

“四基”不是相互独立和割裂的,而是一个密切联系、相互交融的有机整体。在课程设计和教学活动组织中,应同时兼顾这四个方面的目标。这些目标的整体实现,是学生数学学科核心素养得以提升的保障。

2. 高中数学“四基”教学的误区

高中数学课程的总目标是一个较为完整的“三位一体”(“四基”“四能”“三会”),其中“四基”是实现总目标的基础环节,也是学生发展能力与个性培养的载体。在高中数学新课程的实施中,还有相当一部分教师教学理念陈旧,对新课程理解不深,对新教材研究不透,对“四基”教学缺少理性的思考和分析等问题,因而,“四基”的教学存在着许多误区,主要有:

(1)深挖洞,广积粮。

新课程具有突出课改要求的新“四基”,课程内容的设计注重了近、现代数学知识的有机整合，新、老教材在教学内容的选择、编排和教学要求上都有较大的变化，新教材中的许多教学内容和教学要求都是按照必修、选择性必修、选修分主题设计的。部分教师由于缺乏对新课程理论的学习，还是用老的经验和眼光来审视新教材，片面地理解新教材把数学知识的逻辑体系打碎了，许多“重点”知识不应该删掉等，甚至有的教师为了学生高考能取得好成绩，认为让学生多学一些知识总比少学好，因此，教学中盲目地拓深提高要求，盲目地拓展补充知识和一些数学结论，造成了课时量的严重不足和学生“吃不了，消化不良”的现象。

例如，在高中数学必修第二册(见人民教育出版社(以下简称“人教”)A版教材)“第八章立体几何初步”的“点、直线、平面之间的位置关系”的教学中，许多教师对不作要求的“三垂线定理及其逆定理”和“角(如异面直线所成的角、线与面所成的角、二面角)与距离(如异面直线间的距离)的计算”等内容投入很多的教学时间和精力进行补充。在“第九章统计”与“第十章概率”内容的教学中，许多教师选择了很多超出教学要求的难度很大的应用问题进行讲解和训练，为了让学生掌握这些应用问题的解题技巧，甚至不惜花上几个课时给学生提前补充“排列、组合”的内容。这些做法都很不可取。

(2)重形式，轻落实。

“四基”教学在探索性教学为主流教学方法的今天，面临新的挑战，新的问题、新的矛盾在不断地出现。许多教师用所谓的新理念组织教学，结果出现了华而不实的“生活化”或轰轰烈烈的“探索化”的形式主义，忽视了数学“四基”教学问题，使得学生在熟练掌握知识和灵活运用知识方面的能力被弱化，数学课程标准中的六大核心素养目标无法落实。

例如，有的教师在教学中过分强调“生活化”，使用了许多人为编造的，或远离学生生活实际的，或数学味不浓的生活背景素材。这种片面追求“生活化”，削弱“数学化”的做法，将会使数学知识淹没在生活实例中，是不利于学生智力成长的。

还有的教师在教学中过分强调“探索化”，不管什么课型、什么内容，也不管“探索”的价值如何，总要设计一些似乎是“探索”的套套，让学生“往里钻”，结果既浪费了时间，也使得应有的“四基”训练和巩固得不到落实。在一次调研活动中，笔者听了一位年轻教师的课，课题是“两角和与差的正弦”，这是继“两角和与差的余弦”之后的一节课，这节课中公式的推导只需运用上节课学习的公式进行简单的变换即可得出，本节课的重点应该放在公式的灵活应用上。而这位教师上此节课时，还是模仿“两角和与差的余弦”这节课的教学思路：先设计三组数据，让学生探索规律，发现公式；然后引导学生证明公式；公式讲完后，还剩8分钟下课，教师匆忙讲了两个直接运用公式的题目就下课了。这节课中对公式的探索和证明,实际上是一种重复教学,对提高学生的能力效果不大。

(3)重结果,轻过程。

数学教学要重视数学知识的发生、发展过程。而在实际的教学中,许多教师认为新知识的形成过程的教学可有可无,甚至有的教师真想弃之而后快,因此,教学中出现了"重视应用,轻视过程"的现象,这也是课改中典型的"穿新鞋,走老路"的现象。

例如,在一次调研中,我们听了一位老教师的课,课题是"正弦定理"。在定理教学中,教师先直接给出定理,然后引导学生证明定理,共用去近7分钟的时间;在定理的应用教学中,教师将课前准备好的各种配套练习借助于多媒体投射出来,题型多,变式活,由浅入深,层层推进,课堂容量大,学生回答问题踊跃,课堂气氛热烈,下课的铃声一响,教师的归纳总结恰好完毕。该教师深厚的教学功底、娴熟的教学技艺和运筹帷幄的驾驭课堂教学的能力让所有听课的教师都为之惊叹。

这位教师的课的确很精彩,但仔细分析似乎缺了点什么!众所周知,知识产生过程的教学非常重要,且不论这一过程本身所蕴含的数学思想方法对落实"四基"的作用,单就从它在培养学生数学学习兴趣、探究意识和创造精神方面所起的潜移默化、耳濡目染的作用就是其他任何一个教学环节所无法取代的。这位教师恰恰是把这一重要的教学环节省略了,这种做法实不足取。

(4)重演示,轻操作。

现代信息技术作为现代化的教学手段,它以图文并茂、声像俱佳的表现形式,让原来枯燥的、抽象的数学知识变得生动形象。在课堂上利用它辅助教学,可以呈现以往课堂教学中难以呈现的课程内容(如动画演示、虚拟现实等),能够节约教学时间,增大教学容量,改善教学效果。但在实际的教学中,许多教师把多媒体当作黑板,一节课上下来,黑板上只写了一个课题,其余的都是用多媒体像放电影一样演示的。这种做法是否可取实在值得推敲。试想只和学生讲解游泳的要领和各种泳姿,而不让学生下水搏击,学生的游泳技能如何提高?同样,教学中都是教师演示,而不让学生亲自动手操作,学生基本技能的落实将是一句空话。"纸上得来终觉浅,绝知此事要躬行。"数学教学中的演算、推理、作图、实践活动都应该尽可能地让学生动手操作,这是培养学生基本技能、丰富数学活动经验最有效的教学手段,这些有效的教学手段不能用现代化的教学手段来替代。

3. 对高中数学"四基"教学的反思

新一轮课程改革虽然在教育观念上发生了重大的变化,但在教学上并没有降低对"四基"的要求,相反是加强了(由"双基"变为"四基")。下面从认识、把握、教学、评价四个层面对现阶段高中数学的"四基"教学作以反思。

(1)要与时俱进地审视“四基”。

随着时代和数学的发展，高中数学仅强调“双基”(基础知识、基本技能)已经远远不能适应时代对数学的要求了，教学中要与时俱进地审视“双基”，重视和发展“四基”。例如，统计、概率、导数、向量等内容已经成为高中数学的基础知识。对原来的一些基础知识也要用新的理念来组织教学。例如，立体几何的教学可从不同视角展开——从整体到局部，从局部到整体，从具体到抽象，从一般到特殊，而且应注意用向量方法(代数方法)处理有关问题；不等式的教学要关注它的几何背景和应用；三角恒等变形的教学应加强与向量的联系，简化相应的运算和证明；对数学知识的教学要注重知识的产生和发展过程的教学，对数学解题教学要注重数学思想方法的教学，从中来巩固和发展学生的“四基”知识体系。又如，口头、书面的数学表达是学好数学的基本功，在教学中也应予以关注。同时，应删减烦琐的计算、人为技巧化的难题和过分强调细枝末节的内容，克服“四基异化”的倾向。

(2)要在学习课标中把握“四基”。

课程标准是高中数学教学的宏观指导性文件，它明确地规定了每一个主题的教学内容和教学要求，并附有教学说明与建议、教学案例和课时数量等内容，特别是对“四基”“四能”的内容与教学要求比较具体、翔实，便于教师把握和操作。因此，我们每一位高中数学教师都要认真学习课程标准，做到对“四基”的内容与教学要求烂熟于心，只有这样，在“四基”教学中才能做到有的放矢，既不“深挖”又能“到位”。

(3)要在平时教学中夯实“四基”。

夯实“四基”就是让学生的数学基础知识扎实，即让学生理解和掌握高中数学的基本概念、原理、基本思想、基本活动经验，熟练地掌握一些基本技能。为此，在教学中要注重体现数学概念的来龙去脉，引导学生经历从具体实例抽象出数学概念的过程，在初步运用中逐步理解和掌握数学概念、数学思想，丰富数学活动经验；一些核心概念和基本思想(如函数、空间观念、运算、数形结合、向量、导数、统计、随机观念等)要贯穿高中数学教学的始终，帮助学生逐步加深理解；要重视运算、作图、推理、处理数据等基本技能的训练，但应注意避免过于繁杂和技巧性过强的训练。

夯实“四基”在新时期对教师也提出了更高的要求，每一位数学教师除了要认真学习课程理论，更新教学观念外，还要有扎实的教学基本功和良好的数学素养，特别是对课改中一些新的教学理念要能够正确领悟，对传统的教学思想和教学方法也不能不加选择地全部抛弃。例如，探究性教学是现在提倡的教学方法之一，这种方法不仅着眼于知识的结果，更注重对知识形成过程的深入分析，能够让学生体验数学知识的再创造过程，培养学生自主学习、合作交流的能力和团队精神。但这种方法的使用要根据课型、内容和学生的实际情况科学地设计，注重实效，不能处处都"探究"，或搞流于形式的"假探究"(即价值不大的探究或形式上的探究)。事实上，探究性教学方法并不能够取代教师的讲授法，许多数学知识还是需要教师讲授的，讲授并不等于灌输。一位数学教师如果能有清晰准确的语言表达、漂亮的板书、敏捷的思维反应、幽默的语言艺术，往往能够让学生百听不厌，这样的"讲授"效果一定很好。

(4)要正确评价学生的"四基"。

学生对"四基"的理解与掌握是数学教学的基本要求，也是评价学生学习的基本内容。评价要注重对数学本质的理解和思想方法的把握，避免片面强调机械记忆、模仿以及复杂的技巧。具体的评价内容应关注以下几个方面：评价对数学的理解，可以关注学生能否独立举出一定数量的用于说明问题的正例和反例。特别地，对核心概念学习的评价应该在高中数学学习的整个过程中予以关注；评价应关注学生能否建立不同知识之间的联系，把握数学知识的结构、体系；对数学基本技能、数学基本活动经验的评价，应关注学生能否在理解方法的基础上，针对问题特点进行合理选择，进而熟练运用；数学语言具有精确、简约、形式化等特点，能否恰当地运用数学语言及自然语言进行表达与交流也是评价的重要内容。

总之，"四基"是培养能力的载体，离开了"四基"谈能力是一句空话，而教学的最终目的是发展学生的能力，提升核心素养，因此，无论是现在还是将来，加强"四基"教学是高中数学教学永恒的主题。

二、"四能"——高中学生必备的数学基本能力

【教学实践】

课例："四能"：让学生从知识课堂走向智慧课堂
——二项式系数的性质与应用

学生的数学学习活动不应只限于接受、记忆、模仿和练习，高中数学课程还应倡导自主探索、动手实践、合作交流、阅读自学等学习方式，让学生立足于问题解决的全过程，发展"四能"。这些理念有助于发挥学生学习的主动性，使学生的学习过程成为在教师引导下的"再创造"过程。高中数学课程应力求通过各种不同形式的自主学习、探究活动，让学生体验数学问题的发现和提出、分析和解决的创造历程，发展他们的创新意识。

"二项式系数的性质与应用"是高中数学选择性必修第三册"第六章计数原理"中的第 6.3.2 节内容(见人教 A 版教材)。这节内容的难度大，探究性强，所渗透的数学思想方法较多，如何在教师的引导下，让学生通过自主探究、合作

交流的学习方式体验数学问题的发现和提出、分析和解决的创造历程呢？我们对这节课做了富有成效的尝试。

(一)课堂教学简录

教师：二项式系数之间有什么关系？(学生沉思，没有回答)

教师：研究数的变化规律，一般采用什么方法？

学生1：从特殊到一般的方法。

教师："从特殊到一般"的基本思路是……

学生2：观察特例→找出规律→归纳猜想→给出证明。

学生3：取$n=1,2,3$，我发现：前后两个二项式系数都是1；与两端间距相等的两个二项式系数相等；当n为偶数时，中间那个二项式系数最大；当n为奇数时，中间两个二项式系数最大。

教师：真不错！一下就说出来三条性质。为了便于观察，我们可以对n取不同值，得到二项式系数表(多媒体投影图1.1.1)。

教师：图1.1.1(b)是由图1.1.1(a)计算得来的。二项式系数表构成了三角形图案，图1.1.1(b)最早是由我国古代数学家杨辉发现的，所以又称"杨辉三角"，它比西方的"帕斯卡三角"早300多年。

$$\begin{array}{c}
C_0^0\\
C_1^0\quad C_1^1\\
C_2^0\quad C_2^1\quad C_2^2\\
C_3^0\quad C_3^1\quad C_3^2\quad C_3^3\\
C_4^0\quad C_4^1\quad C_4^2\quad C_4^3\quad C_4^4\\
C_5^0\quad C_5^1\quad C_5^2\quad C_5^3\quad C_5^4\quad C_5^5\\
C_6^0\quad C_6^1\quad C_6^2\quad C_6^3\quad C_6^4\quad C_6^5\quad C_6^6\\
\cdots\cdots
\end{array}$$

(a)

$(a+b)^0$	…	…	…	…			1					
$(a+b)^1$	…	…	…			1		1				
$(a+b)^2$	…	…			1		2		1			
$(a+b)^3$	…			1		3		3		1		
$(a+b)^4$	…		1		4		6		4		1	
$(a+b)^5$		1		5		10		10		5		1
$(a+b)^6$	1		6		15		20		15		6	1

……

(b)

图1.1.1

教师：能用式子表示这些性质吗？

学生4：$C_n^0=C_n^n=1$；$C_n^m=C_n^{n-m}$；当n为偶数时，以$C_n^{\frac{n}{2}}$最大；当n为奇数时，以$C_n^{\frac{n-1}{2}}$和$C_n^{\frac{n+1}{2}}$(两者相等)最大。(有其他同学补充)

教师：还有其他发现吗？

学生5："杨辉三角"从第三行开始，每行的数都是先增后减。

教师：怎么用数学符号表示？

学生6：设$C_n^r<C_n^{r+1}$，于是$\dfrac{n!}{r!\,(n-r)!}<\dfrac{n!}{(r+1)!\,(n-r-1)!}$，可推出$r<\dfrac{n-1}{2}$。

即当 $r<\dfrac{n-1}{2}$ 时，$C_n^r<C_n^{r+1}$；同理当 $r>\dfrac{n-1}{2}$ 时，$C_n^r>C_n^{r+1}$。

教师：还有其他性质吗？（学生沉默）

教师：同行的数“亲如兄弟”，异行的数是否也“藕断丝连”呀？

学生 7：任意一个数（除 1 以外）都等于它“两肩”上的两个数之和。

教师：你能发现它很不简单！请看图 1.1.2。这个性质怎么表示？

学生 8：任意写出一项 C_n^r，根据其规律即可写出其他两项（图 1.1.3），于是有 $C_n^{r-1}+C_n^r=C_{n+1}^r$，或 $C_n^r+C_n^{r+1}=C_{n+1}^{r+1}$。

教师：太精彩了！由于 n 是任意的，所以实际上这两个等式是统一的。

教师：这个性质非常重要！它可以使“杨辉三角”连续不断地写下去。你能说出 $(a+b)^7$ 各项的二项式系数吗？

学生 9：1，7，21，35，35，21，7，1。

教师：还有其他发现吗？（学生沉思）

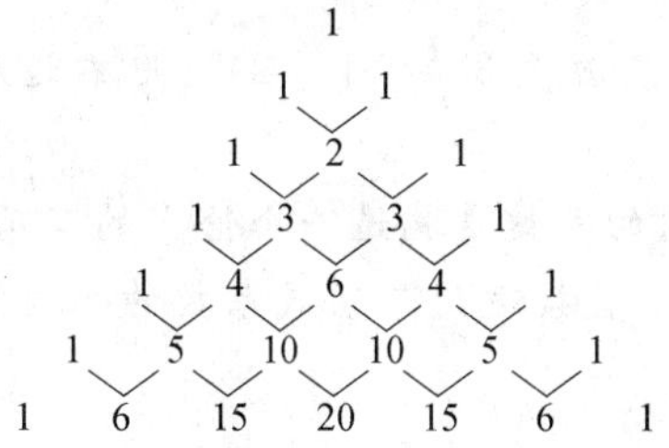

图 1.1.2

图 1.1.3

教师：刚才我们探索了“杨辉三角”“局部”之间数的关系，若从“整体”上看呢？比如，把每一行的所有数赋予运算，所得的值是否有规律性呢？

学生 10：我把每一行的数都相加：第一行为 $1=2^0$；第二行为 $2=2^1$；第三行为 $4=2^2$；……；于是第 n 行应为 2^n。也就是说 $C_n^0+C_n^1+C_n^2+\cdots+C_n^n=2^n$。

教师：真不简单呀！这个性质是通过归纳猜想得到的，怎么证明它呢？

（学生沉思）

教师：这个式子的“源头”在哪里呀？

学生：二项式定理。

学生 11：我是这样想的，不知对不对！要用二项式定理证明这个等式，关键是把展开式各项中的字母 a，b 化为 1，于是令 $a=b=1$，就得证了。

教师：大家认为她这样证明是否可以呢？

学生 12：可以。因为二项式定理对任意的 a，b 都正确，所以当 a，b 都取 1 时，推出的结论当然也是正确的。

教师：是的！若一般情形成立，则特殊情形一定成立。我们把这种代入特殊值来解决问题的方法，称为赋值法。把二项式定理中的 a,b 赋予不同的特殊值，还能得到一些结论！

学生 13：令 $a=1,b=-1$，得 $C_n^0+C_n^2+C_n^4+\cdots=C_n^1+C_n^3+C_n^5+\cdots$。

教师：其实用赋值法还能解决很多有趣的问题，请看下面的例题：

例 1：已知 $(2x+\sqrt{3})^4=a_0+a_1x+a_2x^2+a_3x^3+a_4x^4$，求 $(a_0+a_2+a_4)^2-(a_1+a_3)^2$ 的值。

学生 14：先令 $x=1$，可得 $a_0+a_1+a_2+a_3+a_4=(2+\sqrt{3})^4$，再令 $x=-1$，得 $a_0-a_1+a_2-a_3+a_4=(\sqrt{3}-2)^4$。再将所求的式子分解因式，代入这两个值，即可求得其值为 1。

教师：赋值法在这里起到了化难为易、化繁为简的作用。

例 2：证明：$1+2C_n^1+2^2C_n^2+2^3C_n^3+\cdots+2^nC_n^n=3^n$。

学生 15：在 $(1+2x)^n=1+2C_n^1x+2^2C_n^2x^2+\cdots+2^nC_n^nx^n$ 中，令 $x=1$ 即得证。

学生 16：直接用二项式定理就可得证。由于 $3^n=(1+2)^n$，把右边展开即得。

教师：思路都很好！用赋值法证明此题的关键是构造一个恰当的二项式，用二项式定理证明的关键是拆项。再看几个直接运用二项式系数的性质来解决的问题：

例 3：求证：$C_{n+1}^m=C_n^{m-1}+C_{n-1}^m+C_{n-1}^{m-1}$。

学生 17：由 $C_{n+1}^m=C_n^{m-1}+C_n^m$，$C_n^m=C_{n-1}^m+C_{n-1}^{m-1}$ 即得证。

教师：运用二项式系数的性质解决问题的关键是能够灵活地变换这些性质公式。

例 4：证明：$99^{10}-1$ 能被 1 000 整除。

学生 18：$99^{10}-1=(100-1)^{10}-1=C_{10}^0\,100^{10}-C_{10}^1\,100^9+\cdots+C_{10}^8\,100^2-C_{10}^9\,100$，只要能证明 $C_{10}^9\,100$ 能被 1 000 整除即可。而 $C_{10}^9=C_{10}^{10-9}=C_{10}^1=10$，于是问题得证。

教师：一般来说，当 $m>\dfrac{n}{2}$ 时，应用 $C_n^m=C_n^{n-m}$ 进行转化，可以减少计算量。

例 5：证明：当 n 为偶数时，$C_n^0+C_n^2+C_n^4+\cdots+C_n^n=2^{n-1}$。

学生 19：由上面学习的性质，我们有

$$\begin{cases}C_n^0+C_n^1+C_n^2+\cdots+C_n^n=2^n\\ C_n^0+C_n^2+\cdots+C_n^n=C_n^1+C_n^3+\cdots+C_n^{n-1}\end{cases}$$

将第二个等式代入第一个等式，消去偶数项，化简后即得。

（二）教学特色点评

数学教学从本质上说，是教师和学生以课堂为主渠道的交往活动，是教师和学生在特殊教育情境中的自主探究活动。这节课教师本着让学生充分经历知识的形成、发展和应用过程，充分体验数学的发现和创造历程，提高从数学的角度发现和提出问题的能力、分析和解决问题的能力（“四能”）的教学理念，为学生的智慧生长而教，使学生在探究中“转知为智，化识成慧”，从知识课堂走向智慧课堂。

1.提供时空：让学生在探究过程中生成智慧

教材知识的呈现方式是单一的、静态的，而学生获取的方式是多样的、动态的。教师能够摒弃“教教材”的做法，树立“用教材教”的理念，将教材中静态的数学知识还原成动态的生成过程，尽可能地为学生提供一种思考、交流、探究的空间，像科学家一样参与数学知识的再发现、再创造过程，引导学生从过程中体验和感悟。在探究过程中，教师充当一名组织者，提供探究材料（杨辉三角），提出学习要求；充当一名引导者，帮助学生获得探究方法（从特殊到一般），提示研究方向，引导学生朝着有意义的方向去做；充当一名合作者，成为学生中的一员，与学生平等交流，相互分享彼此的思考、见解和知识。学生拥有一种被信任感，积极参与自主探究、合作交流活动，其间，矛盾冲突层层深入，思维碰撞时时激起，智慧火花不断生成：“与两端间距相等的两个数相等”“当 n 为偶数时，中间那个最大；当 n 为奇数时，中间两个最大”“任意一个数（除 1 以外）都等于它两肩上的两个数之和”，多么富有个性化的理解和表达，这是学生灵感和智慧的外显，是对数学学习的一种超越和真正的创造。

2.注重有效：让学生在多样化的教学形态中生成智慧

有效的数学课堂应该是体现新课程理念、体现学生主动发展的课堂。数学课堂是否有效，主要看学生发展是否有效，促进学生生动活泼地主动发展的课堂就是有效的课堂。有效的数学课堂没有固定的模式，应表现为多样的教学形态。综观本节课，主要有以下几种教学形态：

(1) 对话课堂形态。本节课是以师生平等关系为基础，以学生自主探究为特征，以对话为手段来进行教学的。在教师的引导下，通过教师和学生、学生和学生的相互启发和讨论，实现了学生个体对知识的自主建构和主体的全面发展。

(2) 活动课堂形态。本节课是以探究性活动的形式来促进学生发展的。教师在学生探索的基础上，适时地向学生提供了“杨辉三角”，很自然地把学生带入了探究新知的数学活动中。学生通过观察、分析、归纳、猜想、验证等数学活动，在经历了思考的痛苦、超越的艰辛、刻苦的体验之后，获得的是成功的喜悦，是信心的倍增，是创造潜能的提升，是智慧的生成。

(3) 开放课堂形态。本节课的教学结构是开放的：教师不追求固定的教学结构，没有墨守封闭性教学过程的预设，而是根据教学的需要灵活地安排教学程序，适时地调整教学环节，提高教学实效。本节课的教学方法是开放的：教师改变了单一的讲授方法，在多媒体的辅助下，实现了多种教学方法的优化组合，促进了学生自主地学习、能动地建构。本节课的教学时空是开放的：课堂上凡是学生能想的、能说的、能做的，都让学生自己去完成，教师尽量减少对教学时空的占有，把更多的学习时空让给了学生。

3.创设情境：让学生在亢奋的探究状态中生成智慧

一堂成功的课，离不开良好的探究情境和学习氛围。探究情境需要靠教师智慧地创设，学习氛围需要靠师生互动来营造。在这方面，教师采取了以下有效措施。

(1) 生成问题，激发学生的探究欲望。本节课开始时，师生在复习回顾的基础上，自然地生成"二项式系数之间有什么关系？"这样一个开放性强、发散范围大的"元认知问题"，从而引发学生的认知冲突，使学生产生探究的欲望。

(2) 明确方法，让学生学会探究。当学生对所提出的"二项式系数之间有什么关系？"不知该如何探究时，教师适时地给予了方法上的"暗示"："研究数的变化规律，一般采用什么方法？"在教师的启发下，学生凭着自己的学习经验，感悟到应该运用"从特殊到一般，归纳猜想"的探究方法。

(3) 提供材料，为学生探究提供智力背景。在学生思维开始活跃时，教师适时地向学生提供"杨辉三角"。这个充满"神秘"，暗藏"悬念"的美丽图表，会给学生探究问题注入活力——图表中的数据变化有什么规律呢？数据之间有什么联系呢？我怎样发现这些规律并找出它们之间的联系呢？学生在这些现实问题的驱动下，探究热情和欲望逐渐高涨起来，同时，这个图表也为学生探究新知铺平了道路。

(4) 启发引导，为学生探究铺路搭桥。这节课无论是"二项式系数性质"的得出，还是赋值法和二项式系数的性质的应用过程，都是通过学生的探究来完成的。在难点问题的处理上，教师采用了"问题串"进行启发、暗示，引发学生的灵感，促进智慧的生成，没有出现"教师告诉，学生接受"的灌输式教学。

(5) 语言幽默，为学生探究营造轻松愉悦的氛围。学生对新知识的发现、开掘、利用、揭示，对新问题的解决、拓展、延伸、归纳，都可以在教师风趣幽默且富有哲理的语言表达中引发。"同行的数'亲如兄弟'，异行的数是否也'藕断丝连'呀！""你能发现它很不简单呀！""这个式子的'源头'在哪里呀？"，等等，这些妙趣横生的语言营造了良好的探究氛围，构建了轻松愉快的课堂，引发了学生学习数学的兴趣和持久的驱动力，促进了学生智慧的生成。

4.注重归纳：让学生在数学思想方法的提炼中生成智慧

本节课中，教师注重对数学思想方法的提炼与运用，在知识的形成过程中，教师引导学生回忆“从特殊到一般”的探究过程，提炼归纳猜想的方法，并运用其去发现“二项式系数的性质”；在知识的应用过程中，教师引导学生经历“从一般到特殊”的过程，提炼出赋值法，并运用其证明猜想的性质和一些问题。这些数学思想方法是学生在经历知识形成、发展和应用的过程中，自然形成并提炼出来的，是课堂教学中学生智慧生成的闪光点。

总之，这节课是在教师适时、恰当的引导下，由学生通过自主探究、合作交流的方式完成学习任务的。课堂不再仅仅是师生进行知识传承的场所，而是生命意义不断得到体现的时空。教学活动不再仅仅是重复预设知识的过程，而是师生互动探究的创生之旅，是学生活力焕发和价值显现的生命历程。这样的课堂是智慧的课堂，在这样的课堂里，学生能根据自己在探究中的体验、理解和旨趣，能动地认识和改造知识，使生命活力在积极主动的参与过程中充分地表现出来，从而达到增长知识和发展能力的和谐统一。

【教学反思】

数学教学要培养学生善于从数学的角度发现和提出问题的能力。数学中的创新往往始于问题，“发现一个问题往往比解决一个问题更重要”，发现和提出问题是创新的基础和起点。我们的数学教学应该经常引导学生从日常生活中和具体情境中去探索、发现和提出数学新问题，丰富数学基本活动经验，培养他们探索数学新问题的兴趣和热情；能依据特定情境和具体条件，选择制订合理的解决问题的方案，具有在复杂环境中行动的能力等。

发现问题：它要求学生逐步学会从数学的角度去观察生活，对一些现象进行数学思考。从表面上看似与数学无关的一些现象中寻找其在数量关系或者空间形式方面的某些联系或矛盾，或在现实与数学的具体情境中获得一些新的数学信息，通过一定的梳理、概括、提炼，以数学的方式做出“是什么？能怎样？为什么？怎么样？”等方面的思考。

提出问题：它是在已经发现问题的基础上，采用恰当的数学语言和符号对问题做出进一步的数学抽象表达，并在特定的逻辑线索和数学关系空间中，将问题数学地表达出来。这样一个发现问题和提出问题的过程是学生运用数学知识、技能、思想方法乃至活动经验进行数学抽象（数学化）的过程，也是学生进行数学表达、数学交流，以及主动运用数学的意识及态度得以展现的过程。

数学教学还要培养学生分析和解决问题的能力。“分析和解决问题”就是对“发现和提出的问题”运用所学的数学概念、原理进行分析并加以解决的过程。这个过程融入了数学抽象、逻辑推理、数学建模、直观想象、数学运算和数据分析等要求，有效地支撑了数学学科核心素养的发展。

三、"三会"—— 高中学生必备的数学学科核心素养

【教学实践】

课例:对抛物线一类特殊弦性质的探究①

这是继"直线与圆锥曲线的位置关系"之后的一节复习综合训练课。本节课从一道课本题出发,对抛物线中一类特殊弦问题的变化规律展开探究,目的是让学生掌握探究问题的方法,复习和梳理与"直线与圆锥曲线位置关系"有关的综合问题常用的数学思想与方法、解题的基本技能与技巧等,从而提高综合分析问题和解决问题的能力,发展数学学科核心素养。

(一) 教学目标及重、难点

1. 教学目标

(1) 在具体的问题中,发展合情推理和演绎推理能力,提高综合分析和解决问题的能力;

(2) 在探究过程中,体会数学探究的方法,使对数形结合、动静结合、方程、化归、设而不求、整体代换等数学思想与方法的运用更加熟练;

(3) 在数学学习中,体会数学的严谨、自然、和谐、统一之美,培养创新意识和理性精神,发展数学学科核心素养。

2. 教学重点

(1) 学会运用合情推理和演绎推理进行数学探究的方法;

(2) 培养综合分析和解决问题的能力。

3. 教学难点

观察预测、计算化简。

(二) 教学过程简录

1. 典例铺路,引出课题

教师:"直线与圆锥曲线的位置关系"是平面解析几何的一个重点内容,也是高考的重要考点,对这个考点,每年都会考一道综合性很强的解答题,其试题的背景往往源于教材,但难度一般又高于教材,考查的重点是"在运动变化中探索不变规律",解答这样的问题,除了要熟悉相关的数学知识以外,还要熟练地运用数形结合、动静结合、方程、化归、设而不求、整体代换等数学思想方法,掌握一些基本技能、技巧等。下面,请看课本第 138 页第 6 题(人教 A 版高中数学教材选择性必修第一册第 3 章第 3.3.2 节,2020 年 5 月出版):

---

① 这是北京十一学校毛金海老师上的一节公开课,课例书写与后面的点评均为本书作者张健。

如图1.1.4，直线 $y=x-2$ 与抛物线 $y^2=2x$ 相交于 A，B 两点，O 是原点，求证：$OA\perp OB$。

（播放PPT，并板书此例，目的是防止PPT更换后学生失去问题衍生的基础，要求大家思考后交流分享。）

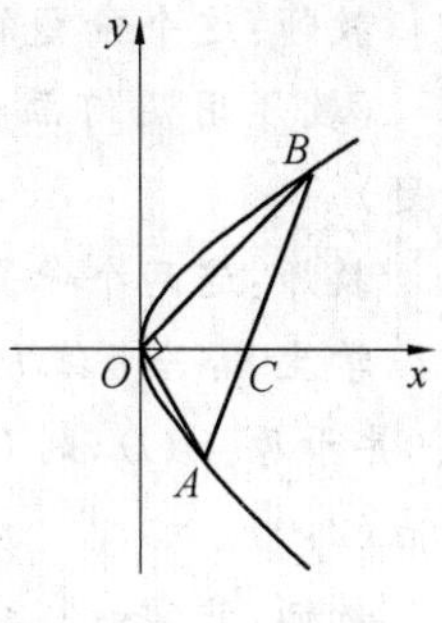

图1.1.4

学生1：求出 A，B 两点的坐标，证明 $\overrightarrow{OA}\cdot\overrightarrow{OB}=0$ 即可。

教师：不计算 A，B 的坐标是否可以？

学生1：行！利用韦达定理，设而不求，整体代入。

学生2：证明直线 OA 和 OB 的斜率 $k_{OA}\cdot k_{OB}=-1$ 也行。

教师：可以！实际上这两个方法是相通的。

学生3：分别计算弦 OA，OB 和 AB 的长，利用勾股定理证之。

教师：当然可以！但这样做会很麻烦吧！（师生之间很默契地笑了）

学生4：以 AB 为直径作圆，证明点 O 在圆上。

教师：很好！他利用了"直径所对的圆周角是直角"这一性质。那么以 AB 为直径的圆的方程怎么构建呢？

学生4：利用韦达定理、中点坐标公式和弦长公式，求出圆心和半径。

教师：方法可行！本例是一个比较典型的与抛物线的弦有关的问题，这节课我们共同来探索与此例相关的一类问题。（板书课题）

2.演示验证，直观感知

教师：观察图形，满足 $OA\perp OB$ 的直线，除了直线 $y=x-2$ 外，还有其他直线吗？

学生5：有！与直线 $y=x-2$ 关于 x 轴对称的直线 $y=-x+2$ 也满足。

（教师用几何画板画出直线 $y=-x+2$）

学生6：还有一条！垂直于 x 轴的直线 $x=2$。

教师：很好！同学们能够敏锐地发现这两条特殊直线，很不简单！

（教师用几何画板画出直线 $x=2$，如图1.1.5）

教师：这三条直线有什么共同特征？

学生（共同）：都过定点 $C(2,0)$。

教师：根据这个特征，你能提出什么猜想？

学生7：若过点 $(2,0)$ 的直线 l 与抛物线 $y^2=2x$ 交于 A，B 两点（异于原点 O），则 $OA\perp OB$。

教师：表述准确！你认为这是一个真命题，还是一个假命题？（学生沉思）

（教师利用几何画板进行演示，直观地验证了它是真命题）

教师：这个命题的逆命题怎样表述呢？

学生7：直线 l 与抛物线 $y^2=2x$ 相交于 A,B 两点（异于原点 O），若 $OA\perp OB$，则直线 l 过定点 $(2,0)$。

教师：这个命题的真假性又如何呢？

（教师用几何画板再次演示验证，发现它也是真命题）

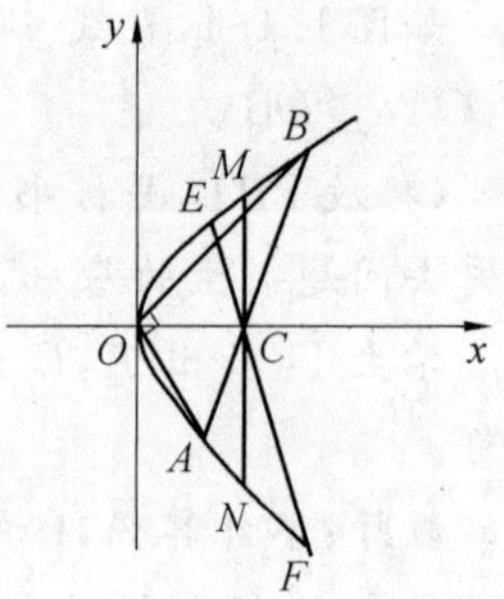

图 1.1.5

教师：这两个命题合到一起应该怎么表述呢？

学生8：若直线 l 与抛物线 $y^2=2x$ 相交于 A,B 两点（异于原点 O），则 $OA\perp OB$ 的充要条件是直线 l 过定点 $(2,0)$.

教师：非常好！我们不妨称其为命题1。

3.理性分析，演绎证明

教师：根据刚才的演示，可知命题1是真命题，你能给出证明吗？

（学生思考，教师巡视，几分钟后，学生9板演证明过程）

学生9：设 $A(x_1,y_1)$，$B(x_2,y_2)$。

（充分性）直线 l 的方程为 $y=k(x-2)$，与抛物线方程联立，消去 y，得 $k^2x^2-(4k^2+2)x+4k^2=0$，显然 $\Delta=(4k^2+2)^2-16k^4=16k^2+4>0$，又 $x_1+x_2=\dfrac{4k^2+2}{k^2}$，$x_1x_2=4$。

所以 $y_1y_2=k^2(x_1-2)(x_2-2)=k^2x_1x_2-2k^2(x_1+x_2)+4k^2$。

所以 $\overrightarrow{OA}\cdot\overrightarrow{OB}=x_1x_2+y_1y_2=4+4k^2-2(4k^2+2)+4k^2=0$。所以 $OA\perp OB$。

（必要性）设直线 l 过点 $(m,0)$，斜率为 k，则其方程为 $y=k(x-m)$。与抛物线方程联立，可得 $k^2x^2-(2mk^2+2)x+m^2k^2=0$，结合韦达定理，易得 $\overrightarrow{OA}\cdot\overrightarrow{OB}=x_1x_2+y_1y_2=m^2-2m$，而 $\overrightarrow{OA}\cdot\overrightarrow{OB}=0$，即 $m=0$ 或 $m=2$，又 l 不过原点，所以直线 l 过点 $(2,0)$。

教师：他的证明可以吗？

学生（共同）：不可以！他没有讨论斜率 k 的存在性！

（学生9马上意识到了自己的错误，迅速地对证明进行了修改）

教师：在本题的证明中，我们能否避免讨论呢？（学生沉思）

教师：讨论是由谁引起的？

学生（共同）：直线 l 的斜率 k！

教师：那我们是否可以在设直线 l 的方程时，回避斜率 k 呢？（学生没有回答）

教师（自问自答）：在充分性的证明中，我们可设直线 l 的方程为 $x=my+2(m\in\mathbf{R})$，这样即使直线 l 的斜率不存在也行，并且可以保证其恒过定点

$(2,0)$。

学生(共同):哇!好神奇呀!

教师:将此方程与抛物线方程联立,并消去 x,得 $y^2-2my-4=0$,显然 $\Delta>0$,于是 $y_1y_2=-4$,所以 $\overrightarrow{OA}\cdot\overrightarrow{OB}=x_1x_2+y_1y_2=\frac{y_1^2}{2}\cdot\frac{y_2^2}{2}+y_1y_2=0$,即得 $OA\perp OB$。

(学生自言自语:这样设直线方程,运算量也减少了!)

教师:是呀!在抛物线 $y^2=2px$ 与过定点 (a,b) 的直线相交的问题中,常把直线方程设为 $x-a=m(y-b)$,这样设直线方程,既可回避讨论,又可减少运算量,是两全其美的好方法,大家可要记住呀!

教师:在命题 1 必要性的证明中,是不是也可以用这种方法设直线 l 的方程呢?

学生10:可以!设直线 l 的方程为 $x-n=my$,与抛物线方程联立,消去 x,得 $y^2-2my-2n=0$,由韦达定理及 $\overrightarrow{OA}\cdot\overrightarrow{OB}=x_1x_2+y_1y_2=0$ 可得 $n=2$,所以直线 l 的方程为 $x=my+2$,从而 l 过定点 $(2,0)$。

4. 特殊验证,一般化猜想

(播放 PPT):猜想 → 验证 → 猜想:

(1) 若直线 l 与抛物线 $y^2=3x$ 交于 A,B 两点(异于原点 O),则 $OA\perp OB$ 的充要条件是直线 l 过定点________;

(2) 若直线 l 与抛物线 $y^2=4x$ 交于 A,B 两点(异于原点 O),则 $OA\perp OB$ 的充要条件是直线 l 过定点________;

(3) 一般化猜想:________。

(通过前面的探究,学生很容易得到(1)(2) 的答案是 $(3,0)$ 和 $(4,0)$,并写出(3) 的猜想:若直线 l 与抛物线 $y^2=2px$ 相交于 A,B 两点(异于坐标原点 O),则 $OA\perp OB$ 的充要条件是直线 l 过定点 $C(2p,0)$)

教师:(3) 的一般化猜想我们不妨称其为命题 2,你能给出证明吗?

(师生交流,将原来板书命题 1 的证明过程稍加改动即得命题 2 的证明)

5. 发散思考 深入探索

教师:通过刚才的探究,我们发现并证明了命题 2,那么过定点 $C(2p,0)$ 的直线 l 在旋转过程中,一定存在很多变化的量,你能提出一些与变量有关的问题吗?

(随后教师动画演示直线 l 绕着点 $C(2p,0)$ 旋转的过程,如图 1.1.6,并启发学生提出问题。学生提问的积极性很高,提出的问题也很多,经过梳理主要有以下两类)

(1) 探索动点的轨迹方程问题。

问题1：弦 AB 的中点 M 的轨迹是什么曲线？

问题2：若过 O 作直线 l 的垂线，则垂足 N 的轨迹是什么曲线？

（教师用几何画板演示，帮助学生直观感知，发现问题1是抛物线，问题2是圆，然后引导学生探索其轨迹方程）

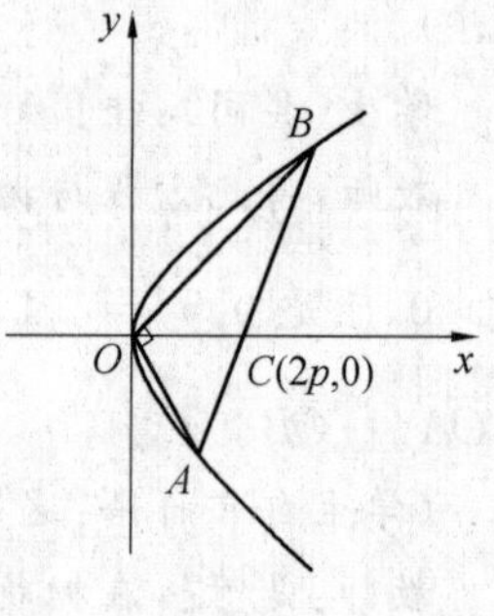

图 1.1.6

学生11（探索问题1）：设 $A(x_1, y_1)$，$B(x_2, y_2)$，动点 M 的坐标为 (x, y)，直线 l 的方程为 $x = my + 2p$，与抛物线方程联立，并消去 x，得 $y^2 - 2pmy - 4p^2 = 0$，于是有 $2y = y_1 + y_2 = 2pm$，$2x = x_1 + x_2 = m(y_1 + y_2) + 4p = 2pm^2 + 4p$，从两式中消去 m 即得点 M 的轨迹方程为 $y^2 = p(x - 2p)$. 所以该曲线为抛物线。

教师：非常好！涉及弦的中点问题，我们也可以用“点差法”求解：

当直线 l 的斜率 k 存在，即 $x \neq 2p$ 时，由于直线 l 过点 $M(x, y)$ 和点 $C(2p, 0)$，所以 $k = \dfrac{y}{x - 2p} = \dfrac{y_1 - y_2}{x_1 - x_2}(x \neq 2p)$，把 $y_1^2 = 2px_1$ 和 $y_2^2 = 2px_2$ 两式相减，得 $(y_1 + y_2)(y_1 - y_2) = 2p(x_1 - x_2)$，于是 $2y \cdot \dfrac{y}{x - 2p} = 2p$，从而有 $y^2 = p(x - 2p)$。显然点 $C(2p, 0)$ 也满足此方程，所以点 M 的轨迹方程为 $y^2 = p(x - 2p)$。

学生12（探索问题2）：当直线 l 的斜率 k 存在（图1.1.7），即 $x \neq 2p$ 时，设动点 $N(x, y)$，所以 $k_{ON} = \dfrac{y}{x}$，$k_{AB} = \dfrac{y}{x - 2p}(x \neq 2p)$，而 $k_{ON} \cdot k_{AB} = -1$，从而易得点 N 的轨迹方程为 $x^2 + y^2 - 2px = 0$，显然点 $(2p, 0)$ 也满足此方程，所以点 N 的轨迹为圆。

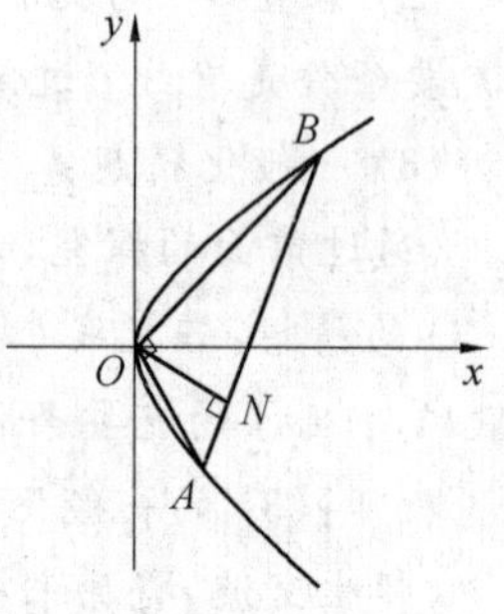

图 1.1.7

(2) 探索变量的最值问题。

问题3：弦 AB 的长有最大和最小值吗？

问题4：$\triangle OAB$ 的面积有最大和最小值吗？

问题5：点 O 到直线 l 的距离有最大和最小值吗？

问题6：$\triangle OAB$ 的周长有最大和最小值吗？

（由于时间所限，课上只探究问题3和问题4，问题5和问题6让学生课下思考）

学生13（探索问题3）：当 $l \perp x$ 轴时，易求得 $|AB| = 4p$；当 l 不垂直 x 轴时，设直线 l 的方程为 $x = my + 2p(m \neq 0)$，与抛物线方程联立，消去 x，得 $y^2 -$

$2pmy-4p^2=0$,由弦长公式,可求得 $|AB|=2p\sqrt{(1+m^2)(4+m^2)}$,显然,$|AB|$ 没有最大值,而当直线 l 与 x 轴垂直时,$|AB|$ 有最小值,即 $|AB|_{\min}=4p$。

学生 14(探究问题 4):如图 1.1.6,$S_{\triangle OAB}=S_{\triangle OBC}+S_{\triangle OAC}=\frac{1}{2}\cdot 2p\cdot|y_1-y_2|=p\sqrt{(y_1+y_2)^2-4y_1y_2}=p\sqrt{4p^2m^2+16p^2}$,显然,$S_{\triangle OAB}$ 没有最大值,而当 $m=0$,即直线 l 与 x 轴垂直时,$S_{\triangle OAB}$ 取得最小值 $4p^2$。

教师:两位同学都做得非常好!韦达定理、弦长公式、三角形面积公式等都是解含有变量的综合问题要用到的工具,特别是在使用弦长公式 $|AB|=\sqrt{1+k^2}\,|x_1-x_2|=\sqrt{1+\frac{1}{k^2}}\,|y_1-y_2|$ 求弦长时,无论怎样设直线方程,都要考虑直线的斜率 k 不存在或 $k=0$ 的情况,因此,一般是需要讨论的,这是需要注意的问题。

与弦 AB 有关的变量问题还有很多,若同学们有兴趣,课下还可以做进一步的探索。

6. 迁移联想,类比推广

教师:以上我们通过探究的方式,对抛物线中的一类特殊弦进行了探索,得到了几个很有价值的性质。类比联想,椭圆中是否也有这样的性质呢?下面这个问题,请大家课下探讨!

点 P 是椭圆 C:$\frac{x^2}{4}+y^2=1$ 的左顶点,直线 AB 与椭圆 C 交于 A,B 两点(异于点 P),若 $PA\perp PB$,则直线 AB 过定点。判断并证明此命题的真伪。

(教师用几何画板演示,让学生直观感知该命题的真伪性。)

7. 归纳小结,提炼升华

教师:这节课你有哪些收获呢?

(学生发言省略)

教师:大家说得很好!我也谈几句。第一,这节课我们从课本上的一道习题出发,通过适当的挖掘,观察类比,直观感知,大胆猜想,小心求证,得到了几个有益的结论。在小心求证中,根系关系、函数的思想方法帮了我们大忙。第二,这节课我们研究的问题,主要是在抛物线内部进行的,我们还可以做进一步延伸类比,研究一下在椭圆中、在双曲线中有没有类似的性质,请大家课下探索一下我上面布置的问题。(宣布下课)

【课例点评】

让学生在数学探究中丰富经验、发展素养
——评毛金海老师"课例:对抛物线一类特殊弦性质的探究"

高中数学学习,给不少学生带来的不是享受、愉悦和成功,而是艰深、苦涩

和失败。理论的抽象、方法的灵活,使得许多学生对数学望而生畏、望题兴叹。尽管他们每天都投入了大量的时间做数学题,但数学成绩依然不佳。如何通过更为有效的方法,让学生从整体上把握高中数学的核心内容,了解知识发展脉络,透析数学思想方法,洞察解题基本规律,帮助学生从学习数学的"苦海"中解脱出来,使他们在高考中获得成功,是每一位数学教师都在深思和探索的问题。这不但需要数学教师要有科学严谨的教学态度和勤奋敬业的工作精神,还需要有长期的高中数学教学经验的积淀和贮存,只有这样,才能在数学教学中,做到高屋建瓴、游刃有余、厚积薄发。

毛老师开设的这节习题课,从教学设计的技术层面看,突破了"复习知识,综合应用"的常规模式,他依托一道课本中的习题,通过动态的、开放性的探究方式,对抛物线的一类特殊弦的性质进行了有效串通和拓展研究。其教学的基本思路是:在探究与思考中提出问题,在合作与交流中去解决问题。其课堂的形式是开放的,学生的思维可以自由驰骋,合作交流可以非常热烈,在交流中师生可以不分彼此,是相互平等的,同时,师生的各自任务又是非常明确的:教师是课堂的组织者、引导者、合作者和促进者,而学生既是问题的提出者,又是问题的解决者。在这样的课堂里,学生收获的不单纯是数学知识,更重要的是丰富了经验,增长了智慧,能够学会"用数学眼光观察世界,用数学思维思考世界,用数学语言表达世界"。

1. 民主、宽松的课堂环境能够促进学生积极思考

纵观毛老师的这节课,教师以民主的精神、开放的态度、合作的方式、宽松的环境组织教学活动,教学过程呈现出一种双向的交流、动态的建构、生长的愉悦、发展的快乐,课堂成为师生共同拥有的家园。在整节课中,毛老师和蔼可亲、谈笑风生,不仅是用理智上课,更是用情感上课;不仅掌控着必要的话语权,同时又给学生留下了充分发挥的自主空间。

(1) 尊重学生的主体地位,为学生探索新知创设条件。从整节课看,除了几个重要的教学环节是老师预设的以外,每个环节怎样展开?老师并没有做太多的预设,而是完全尊重学生,按照学生的认识和理解过程动态地生成。如,在探索课本题的解法时,可能老师也没想到学生会有那么多的解法;再如,在让学生板演命题的推证过程、让学生充分发表见解、让学生提出问题等过程中,生成了很多课堂即时事件,而毛老师在不断地调整教学预设,恰当地把握着时机,巧妙地进行了点拨、引导和评价,充分展示了教师敏锐的教学智慧,也展示了他"注重倾听、尊重学生"的教学风格。这种教学风格,没有盛气凌人、咄咄逼人、高高在上的"大老师"的架子,使得师生之间缩小了心理距离,学生在老师面前没有心理压力,完全可以放开地自由思考和发挥。这样的课堂,其教学氛围是融洽的,师生配合是默契的,课堂教学是高效的。

(2) 活而不乱的课堂环境，促进了学生自主探究与合作交流。从这节课看，不但有教师的充分民主，更有课堂环境的宽松。“松而不散、活而不乱”是对这节课课堂环境的最好描述。课堂中，学生有窃窃私语、有狂烈的讨论；有踌躇满志、有破解题目的惊喜。而学生这一幕幕情景的发生，都与老师的掌控有关。当学生板演命题证明过程，忘记讨论“直线斜率的存在性”时，毛老师用了一句“他对充分性的证明可以吗？”巧妙地进行了纠错提示；一句“在本题中，我们能否避免讨论呢？”，引发了学生百思不得其解的皱眉沉思，一个点拨“设直线方程为 $x=my+2$”又给学生带来了神秘的惊奇；不经意间的一句“你们的问题提得太好了”的诚挚鼓励，带给学生的是无穷的动力。可以说，毛老师在点拨、评价中，善于运用激励性的语言，激活了课堂。这种活而不乱的课堂环境，为学生参与自主探究、合作交流活动提供了不竭的“正能量”，也使学生在成功与失败、正确与错误的矛盾冲突中层层深入，思维碰撞时时激起，个体的创造力、潜能、天赋和个性等得以表达。

2. 自主、开放的探究情境能够发展学生“三会”素养

江苏省特级教师黄安成先生说：“数学的真理性是不容置疑的……几千年的数学发展史就是一轴追求真理、探索真理、发展真理、坚持真理、捍卫真理、应用真理的漫长无涯、丰富瑰丽的画卷。这轴画卷五光十色、耀眼夺目、灿烂多姿，其中既充满了智慧、创造和情趣，也充满了艰辛、博弈和争斗。”学生在学习先哲们发现的数学真理时，不能只局限于对数学知识的学习，更重要的是对“学习和研究数学的方法”的学习。丰富学习经验、提高学习能力、增长聪明才智，应该成为学生学习数学的终极目标。这不仅是当今升学考试的需要，也是发展学生“会用数学眼光观察世界，会用数学思维思考世界，会用数学语言表达世界”的数学学科核心素养的需要。综观本节课，毛老师在“丰富学生数学学习经验，发展学生数学学科核心素养”方面做了行之有效的尝试。

(1) 按照“从特殊到一般”的认知规律设计教学。人们认识事物的发展规律，往往都是先从特殊开始的。探寻数学规律通常也是如此，为了让学生发现和认识一个数学问题的变化规律，在教学过程的设计中，一般需要先从特例开始引入，通过几个特例的共同属性，提出一般化的命题猜想，然后再进行演绎证明，这就是数学发现最为一般的方法。

在本节课中，毛老师就是按照这样的认知规律设计教学的。他首先从一道典型的课本题出发，通过解法探究、观察思考，不断地发散展开。一个“满足 $OA\perp OB$ 的直线有几条？”的动态问题，让学生经历了一次从特殊到一般的发现探究过程（学生开始时认为有三条：即直线 $y=x-2$，$y=-x+2$ 和 $x=2$，后来在老师的动画演示下，学生发现这样的直线有无数条）；一个“满足 $OA\perp OB$ 的直线 l 都过定点(2,0)”的发现，很自然地有了命题1的猜想和验证，进一步的

一般化思考，又有了命题2的猜想和验证，两个猜想的连续提出，再一次让学生经历了从特殊到一般的发现探究过程。接下来，毛老师又从“静”与“动”、“定”与“变”的哲学视角引导学生展开思考(命题1和命题2，描述的都是“垂直”和“过定点”的问题，这在数学中都可以认为是“定量”问题)，探索这类抛物线弦中所蕴含的“变量”问题。最后，毛老师又按照类比的思维方法，提出了“在椭圆中是否也有类似的性质？”的问题，并让学生在课下思考和探索。学生在经历了这样的学习过程后，思想得到了洗礼，心智得到了提高，方法得到了优化，经验得到了丰富。

(2) 鼓励学生提出一个问题比让其解决一个问题更重要。从思维的形式看，提出一个问题是开放的思维形式，相比较而言，解决一个问题是收敛的思维形式。从数学的学习看，提出一个问题属于数学研究的思维领域，而解决一个问题属于数学解题的方法范畴。提出一个数学问题，特别是能够提出一个内涵深刻、价值较高的数学问题，往往要比解决一个数学问题难得多。因此，在教学中，善于鼓励学生提出问题、提出有价值的问题，往往比让学生多解一道题更有意义、更重要。

在本节课的教学中，毛老师特别注重鼓励和引导学生提问题、提有价值的问题。在每一步思考中，他都向学生发问：“你有什么猜想？你能提出什么问题？”在老师的不断“逼迫”下，学生由开始时的被动地提问，慢慢变为积极主动地提问。特别是在研究“变量”问题时，毛老师不惜花费大量的时间，让学生在充分思考和讨论的基础上，各抒己见地提问题，学生提问的积极性很高，而且提出的问题“五花八门”、类型广泛，有动点轨迹问题，也有变量最值问题。经过梳理归类后，这些问题有在课上解决的，也有让学生在课下思考的。学生在不断地经历提问的过程中，问题意识明显增强，提问的水平也不断提高。可以设想，如果我们教师每节课都能调动学生提出一些问题，那么他们将会变得多么的聪明啊！

3. 探究、合作的学习方式能够促进学生增长智慧

探究学习比较开放，它更重视学生的学习动机和独立思考，更强调过程，在积累直接经验、培养学生的创新精神和实践能力方面有其独到之处。探究学习是以问题为中心的学习，问题是探究学习的起点，能否提出具有挑战性和吸引力的问题是进行探究学习的关键。只有当学生意识到问题存在，感到自己需要问个“为什么”“是什么”“怎么办”时，才会有思考和探索，才会激起碰撞和交流。

合作学习是当代学生数学学习的又一种重要方式。现实生活中的工作，大都需要通过人与人之间的交往、合作才能得以完成。学会合作是时代对人的基本要求，是现代人必须具备的一项素质。课堂上学生的合作学习，不仅仅是为

了完成学习任务，更重要的是培养学生的合作意识和习惯。通过合作学习，要让学生学会倾听、学会交流、学会从不同的角度思考问题。

探究学习、合作学习是数学教师在教学中必须强化的两种重要的学习方式。

(1) 在合作中求共进，在探究中获双赢。综观本节课，毛老师非常注重培养学生的这两种学习方式。教学中，他通过几个预设的教学环节，鼓励和引导学生自主地提出了一个又一个有层次性、有吸引力、有挑战性的问题。这样的问题串，能够不断地激发学生的探究欲望，促进合作交流。在探究过程中，学生真正成为探究性学习的行动者，自主地发现问题，并在师生之间、生生之间的合作交流中解决问题。探究中有疑问、有猜想、有惊讶、有沉思、有经历探索的刺激、有茅塞顿开的喜悦，学生的思维过程和精神世界得到了实质性的发展与提升，真正落实了"促进学生全面、持续、和谐发展"的新课标理念；教师也真正成为探究性教学的实践者，在不断捕捉、判断、重组从课堂涌现出来的各类信息中，推进了教学过程在具体情境中的动态生成，也使教学实践成为探究性的改革实践，成为提升教师自身专业水平的实践，成为课堂教学创造者体验自己的成功与欢乐的实践。

(2) 在探究中转知为智，在合作中化识成慧。圆锥曲线的性质较多、题型灵活、运算复杂，这一内容在高三复习中既是重点，又是难点，很多学生因为不能掌握解题规律而感到学习困难。毛老师根据课标和考纲的要求，对"抛物线的弦"这一重要内容进行了整合，既复习了通性通法，又渗透了技能技巧；既梳理了一般性质，又探索了变化规律。这样的复习课，学生会感到很充实、很扎实，不但清除了复习中的盲点、疑点和心理障碍，而且还把握了考点、难点和解题规律。学生不再会感到解析几何很难，不再会有太大的学习压力。在这样的课堂里，学生充分经历了探究与合作的过程，充分体验了数学的发现和创造的历程，知识与技能、过程与方法都会转化为学生永恒的能力和智慧，使他们终生受益。

4. 研究、创新的工作方式能够促进教学青春永驻

数学教师需要在不断地研究教育教学规律、不断地创新教学工作方法中保持教学青春。一位老师如果整天都陷入上课、批改、辅导、解题等常规事务的泥潭中，而不能进行有效的思考、总结和研究的话，那么他的专业成长一定会走入泥潭，一般不会有太大的发展。一个老师如果失去了教学青春，变成了一个"教书匠"是很可悲的，也是很可怕的，因为"教书匠"必定会有"误人子弟"之嫌。"教书匠"在应试教育下可能能教出高分的学生，但很难教出能力超群的人才。同时，一个数学教师的教学青春，还需要在创新教学方法中保持。"抱残守旧"虽然可以使你的教学"轻车熟路"，但没有开拓创新的教学也很难创造教学

的奇迹。数学教师要学会教学、研究两条腿走路，要通过“创新”不断地调整两条腿走路的步伐，只有这样，教师的教学青春才能永驻。

毛老师就是一位善于研究、善于创新的老师。从他所上的这节课看，没有按照教学的一般套路，而是以探索规律为线索，通过深入浅出、适度整合、横挖纵拓的展开，使学生在数学知识层面、思想方法层面、学习策略层面都有颇多的收获，学生的数学学科核心素养得到了有效提升，这种高屋建瓴、恢宏大气、富有弹性的教学设计，展示了教者高超的教学技艺，也赢得了学生和听课老师的一致赞誉。

【教学反思】

作为数学教师我们要清楚，通过高中阶段的数学教育培养出来的人是什么样的。数学学科是基础教育阶段最为重要的学科之一，通过基础教育阶段的数学教育，无论接受教育的人将来从事的工作是否与数学有关，其终极培养目标都可以描述为：会用数学眼光观察世界，会用数学思维思考世界，会用数学语言表达世界。因此，在本质上，这“三会”就是高中阶段的数学学科核心素养，是超越具体数学内容的教学目标。

数学眼光是什么？主要表现为数学抽象。因为数学源于对现实世界的抽象，基于抽象结构，通过符号运算、形式推理、模型构建等，理解和表达现实世界中事物的本质、关系和规律。正因为有了数学抽象，使得数学能够解释普遍规律，数学的第一个基本特征——一般性才得以形成。与数学抽象关系密切的是直观想象，直观想象是实现数学抽象的思维基础，是人在思维的过程中逐步形成的思想方法和思考能力，因此把直观想象作为一个数学学科核心素养提出。

数学思维是什么？主要表现为逻辑推理。数学的发展依赖的是逻辑推理，通过逻辑推理得到数学的结论，也就是数学命题。推理是指从命题判断到命题判断的思维过程，其中的命题是指可供判断正确或者错误的陈述句。所谓逻辑推理，就是从一些前提或事实出发，依据一定的规则得到或者验证命题的思维过程，这里所说的规则是指推理过程具有传递性。正因为有了逻辑推理，数学的第二个基本特征——严谨性才得以形成。数学运算是一种特殊的逻辑推理，在计算机迅猛发展的时代，数学运算显得尤为重要，因此把数学运算作为一个数学学科核心素养提出。

数学语言是什么？主要表现为数学模型。数学模型使得数学回归于外部世界，构建了数学与现实世界的桥梁。在现代社会，几乎所有的学科在科学化的过程中都要使用数学的语言，除却数学符号的表达之外，主要是通过建立数学模型刻画研究对象的性质、关系和规律。正因为有了数学建模，数学的第三个基本特征——数学应用的广泛性才得以形成。在大数据时代，数据分析变得越来越重要，逐渐形成了一种新的数学语言，因此把数据分析作为一个数学学科核心素养提出。

数学学科核心素养包括：数学抽象、逻辑推理、数学建模、直观想象、数学运算和数据分析。这些数学学科核心素养既相互独立，又相互交融，是一个有机的整体。

四、如何发展学生的数学学科核心素养

1. 如何发展学生的数学抽象素养

数学在本质上研究的是抽象了的东西。“数学是研究数量关系和空间形式的一门学科。”而“数量关系”和“空间形式”这些抽象了的东西来源于现实世界，是人们通过直观和抽象得到的，这种抽象是不能独立于人的思维而存在的，因此，数学的一切理论都是抽象思维活动的结果。

课程标准指出：数学抽象是指通过对数量关系与空间形式的抽象，得到数学研究对象的素养。主要包括：从数量与数量关系、图形与图形关系中抽象出数学概念及概念之间的关系，从事物的具体背景中抽象出一般规律和结构，并用数学语言予以表征。

数学抽象主要表现为：获得数学概念和规则，提出数学命题和模型，形成数学方法与思想，认识数学结构与体系。

【教学实践】

课例：函数的概念

（人教 A 版高中数学必修第一册 3.1.1 节）

（一）创设问题情境，提出数学问题

问：你能用函数知识判断 $y=x$ 和 $y=\frac{x^2}{x}$ 是否相同吗？

教师：要解决这个问题，就需要进一步学习函数概念。

问题 1：某“复兴号”高速列车加速到 350 km/h 后保持匀速运行半小时。这段时间内，列车行进的路程 S（单位：km）与运行时间 t（单位：h）的关系可以表示为

$$S=350t$$

这里，t 与 S 是两个变量，而且对于 t 的每一个确定的值，S 都有唯一确定的值与之对应，所以 S 是 t 的函数。

设计分析：问题 1 是有解析式的，与“变量说”比较，提升点在于明确时间 t 的变化范围。教科书用“有人说：‘根据对应关系 $S=350t$，这趟列车加速到 350 km/h 后，运行 1 h 就前进了 350 km。’你认为这个说法正确吗？”进行了

引领示范。教学中还可以进一步细化，例如提出如下问题串：

① 时间 t 的变化范围是什么？

② 你能回答"1 小时后对应的距离是多少"吗？为什么？

（不能，因为半小时后列车的运行状况未知。）

③ 你认为如何描述才能真实反映列车的运动过程呢？

问题 2：某电气维修公司要求工人每周工作至少 1 天，至多不超过 6 天。如果公司确定的工资标准是每人每天 350 元，而且每周付一次工资，那么你认为该怎样确定一个工人每周的工资？一个工人的工资 w（单位：元）是他工作天数 d 的函数吗？

设计分析：问题 2 与问题 1 的解析式相同但定义域不同，是离散型函数。这里要让学生模仿问题 1 给出精确描述，并且将两者进行比较，使学生进一步体会关注自变量的取值范围的重要性。

问题 3：图 1.1.8 是北京市 2016 年 11 月 23 日的空气质量指数（Air Quality Index，简称 AQI）变化图，如何根据该图确定这一天内任一时刻 t h 的空气质量指数（AQI）的值 I？你认为这里的 I 是 t 的函数吗？

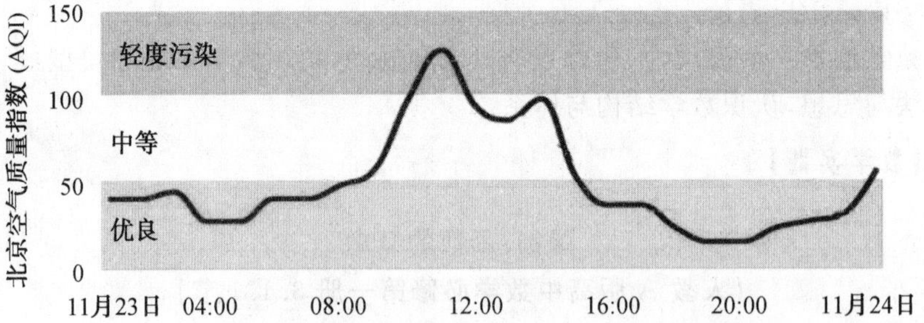

图 1.1.8

设计分析：问题 3 是用图象表示的函数关系，教学中普遍存在着马虎处理的现象，仅仅以"因为任意一个时间 t 都有唯一一个 AQI 的值与之对应"了事，导致学生对这个对应关系的理解似是而非，埋下对抽象符号 $f:A\to B$ 本质不理解的隐患。这个问题的教学可以让学生思考如下问题：

① 时间 t 的变化范围是什么？AQI 的值 I 的变化范围是什么？

② I 是 t 的函数吗？为什么？—— 不能仅以"因为任意一个时间 t 都有唯一一个 AQI 的值 I 与之对应"了事，应让学生在图上找出来，再借助信息技术，把对应过程表达出来！

③ 从所给的图中能回答"11 月 24 日 8 时对应的 AQI 是多少"吗？

④ 这是一个函数，有解析式吗？如果让你表示出这个函数，你会怎么做？把这个图搬出来吗？—— 符号意识，$I=f(t)$ 呼之欲出。

⑤ 模仿问题1,你能用准确的集合语言和对应关系描述这个问题情境吗?

问题4:国际上常用恩格尔系数$r(r=\frac{食物支出金额}{总支出金额})$反映一个地区人民生活质量的高低,恩格尔系数越低,生活质量越高。表1.1.1表示我国某省城镇居民恩格尔系数的变化情况,从中可以看出,该省城镇居民的生活质量越来越高。

表1.1.1　我国某省城镇居民恩格尔系数的变化情况

年份y	2006	2007	2008	2009	2010	2011	2012	2013	2014	2015
恩格尔系数$r/\%$	36.69	36.81	38.17	35.69	35.15	33.53	33.87	29.89	29.35	28.57

你认为按上表给出的对应关系,恩格尔系数r是年份y的函数吗?如果是,你会用怎样的语言来刻画这个函数?

设计分析:与问题3一样,问题4恩格尔系数变化表也需要精细化处理。例如可以让学生回答如下问题:

① 这个表格中,时间的变化范围是什么?能不能用[2006,2015]表示?恩格尔系数的变化范围是什么?(可以是[0.285 7,0.381 7],其实是(0,1])

② 由这个表格,能判断恩格尔系数是年份的函数吗?你能说清楚到底是怎么对应的吗?

③ 由这个表格,能得到2016年的恩格尔系数吗?

④ 这是一个函数,有解析式吗?你认为该如何表示这个函数?把这个表搬出来吗?——符号意识,设恩格尔系数为r,年份为y,$r=f(y)$呼之欲出。

⑤ 模仿问题3,你能用准确的集合语言和对应关系描述这个问题情境吗?

(二)归纳共同特征抽象概念

在上述细致处理的基础上,归纳共同特征就水到渠成了。可以提出以下问题:

① 它们都是函数,有什么共同特征?——数集A,B,一个对应关系;对应关系的表示形式不同(解析式、图、表),但本质一样:对于集合A中任意一个数,在集合B中都有唯一一个数与之对应。(函数三要素:定义域、对应关系、值域)

② 怎样简洁地表示出来?——用符号化表达是数学的智慧,数学家是这么做的

$$f:A\to B$$
$$x\to y=f(x)$$

设计分析:在函数概念的教学过程中,首先要从初中学习和日常生活经验中举例,再让学生经历归纳它们共性的过程,并概括到同类事物中而给出函数

的一般概念。要循序渐进地使学生理解函数符号 $y=f(x)$ 的意义：把对应关系 f 作用到 x 就得到一个结果 y；f 可以是一个解析式，也可以是一个图象，还可以是一个表格，从图、表中我们可以比较直观地看出 x 与 y 之间的对应关系。随着学习的深入，f 的表现形式还可以更多。

（三）概念辨析

……

【教学反思】

上面课例通过给出四个实例，分别从解析式、离散的点、图象、表格等不同形式，通过比较分析，归纳出它们共同的本质特征（即函数的三要素），抽象概括出函数的概念。由于数学抽象的特殊性，决定了数学抽象具有理想化、模式化、形式化和符号化的特征。

数学概念的形成通常经历两种不同层次的抽象过程：一种是从数学外部的事物出发，经过数学化抽象出数学概念；另一种是在数学内部，对已有数学概念进行进一步抽象的结果。

【教学实践】

培养抽象素养的解题教学案例

题目：普林斯顿大学的康威教授于 1986 年发现了一类有趣的数列并命名为“外观数列”（Look and say sequence）。该数列的后一项由前一项的外观产生。以 $i(i\in\mathbf{N},0\leqslant i\leqslant 9)$ 为首项的“外观数列”记作 A_i，其中 A_1 为 1，11，21，1211，111221，…，即第一项为 1，外观上看是 1 个 1，因此第二项为 11；第二项外观上看是 2 个 1，因此第三项为 21；第三项外观上看是 1 个 2，1 个 1，因此第四项为 1211，…。现按照相同的规则可得其他 A_i，例如 A_3 为 3，13，1113，3113，132113，…。现给出下列四个结论：

① 若 A_i 的第 n 项记作 a_n，A_j 的第 n 项记作 b_n，其中 $2\leqslant i<j\leqslant 9$，则 $\forall n\in\mathbf{N}^*$，$a_n-b_n=i-j$；

② A_1 中存在一项，该项中某连续三个位置上均为数字 3；

③ A_1 的每一项中均不含数字 4；

④ 对于 $k\geqslant 2,i\neq 1$，A_i 的第 k 项的首位数字与 A_1 的第 $k+2$ 项的首位数字相同。

其中所有正确结论的序号是________。

教学设计：首先要注意培养学生的阅读理解能力。阅读理解能力包括对文字语言的阅读理解能力、对数学符号语言的阅读理解能力、对数学图形语言的阅读理解能力。其中对数学符号语言和图形语言的阅读理解能力，是培养学生抽象素养的一个重要渠道。

在本题教学中，首先要读懂什么是“外观数列”？需要对抽象的数学概念进行理解；其次，在读懂概念的同时，能够会写“外观数列”，这是抽象素养的一个较高层次 —— 符号化；第三，需要对四个命题中的数学符号语言进行转化，即将抽象的符号语言“翻译”成容易理解的命题，这是对抽象素养更高层次的考查；第四，根据理解，设计判断推理，若思考数学化的推理，则需要用数学知识、方法、符号语言展开推理，这是将一般性语言转化为抽象的数学符号语言的过程，是抽象素养的再提升过程。

解析：A_1：1，11，21，1211，111221，312211，13112221，…

A_i：i，$1i$，$111i$，$311i$，$13211i$，$111312211i$，$31131122211i$，…

A_j：j，$1j$，$111j$，$311j$，$13211j$，$111312211j$，$31131122211j$，…

对于①，因为$2 \leqslant i < j \leqslant 9$，所以$a_n - b_n = (\cdots)i - (\cdots)j = i - j$，故①正确；

对于②，假设$a_k = \cdots 333 \cdots$，则$a_{k-1} = \cdots 333111 \cdots$，或$a_{k-1} = \cdots 333222 \cdots$

依此类推，则$a_1 = \cdots 333 \cdots$，这与$a_1 = k$矛盾，故②错误；

对于③，若某项要含有数字4，则前面一项必然含有4个1(或4个2，或4个3)，显然不可能，故③正确；

对于④，比较A_1和A_i可知，当$k \geqslant 2$，$i \neq 1$，A_i的第k项的首位数字与A_1的第$k+2$项的首位数字相同，故④正确。

综上，正确结论的序号是①③④。

【教学反思】

在形成数学命题的活动中，数学抽象素养主要表现在以下几个方面：一是用数学的语言和形式去重新表述给定的情境、问题及其蕴含的数量关系或空间形式，特别是与现实生活或其他学科相关的问题，首先就需要一个数学化的过程。二是理清命题的逻辑结构，如命题的条件和结论分别是什么？条件是否充分？结论是否完整？在这个过程中，最重要的是弄清楚命题背后的数学结构。

模型的抽象是数学联系现实世界的主要环节，通常表现为两个方面：一是在实际情境中发现与数量关系或空间形式有关的某种带有普遍性的规律，并把这种规律用数学的形式或结构表示出来，从而形成一般的模式；二是利用给定情境中的特殊数量关系或空间形式确定所构建的一般模式中的各种参数及其变化范围，从而得到具体的模型。从实际情境中抽象出的数学模型虽然都与给定的情境有关，但由于数学本身的抽象性，这些模型通常也会具有普遍的意义。

数学思想是人们对数学知识和方法形成的规律性的理性认识和基本看法，它不仅是抽象的产物，其存在形式也是抽象的。数学思想方法的形成通常蕴含在数学概念、原理、命题的抽象过程及数学问题解决的过程中。

数学抽象的更高水平是对数学基本结构和理论体系的抽象。通过这种抽象可以让人们看清楚数学知识的发生和发展过程、数学理论体系的完善过程，以及不同数学研究领域的相互联系和统一性。在高中阶段，关于数学结构和体系的抽象主要表现在以下三方面：一是在高观点下对已学知识的系统梳理；二是系统描述某个数学领域的知识体系；三是利用数学的某些核心概念串联相关知识，统一处理表面上不同的问题。

课程标准将高中数学课程内容划分为必修、选择性必修和选修课程。这些课程在数学的知识结构中有一定的递进关系，这种递进关系在多数情况下是逐级抽象的结果。课程标准把数学活动划分为情境与问题、知识与技能、思维与表达、交流与反思四个方面，每个方面都可以依据任务的抽象程度及认知水平划分为不同的水平。例如，在“情境与问题”方面，从“熟悉的情境”到“关联的情境”再到“综合的情境”，其抽象水平是逐步提高的；在“知识与技能”方面，可以依据任务的认知需求（如了解、理解、应用）对数学抽象提出不同的水平要求和途径。我国数学家徐利治曾提出用“弱抽象”与“强抽象”两个概念来刻画“数学抽象度”。

2. 如何发展学生的逻辑推理素养

课程标准指出：逻辑推理是指从一些事实和命题出发，依据规则推出其他命题的素养。主要包括两类：一类是从特殊到一般的推理，推理形式主要有归纳、类比；一类是从一般到特殊的推理，推理形式主要有演绎。

（1）归纳推理：从经验和概念出发，按照某些法则所进行的、前提与结论之间有或然联系的推理，叫作归纳推理。归纳推理是“由部分到整体”“由个别到一般”的推理。归纳推理的本质是为了推断的推理，即从经历过的东西推断未曾经历过的东西，从事物的过去和现在推断事物的未来。

（2）类比推理：由两类对象具有某些类似特征和其中一类对象的某些已知特征，推出另一类对象也具有这些特征的推理称为类比推理（简称类比）。类比推理与归纳推理一样，都是通过经历过的东西去推断未经历过的东西，也是“由个别到一般”的推理，基于这样的认识，课程标准把“类比推理”划为“归纳推理”。

（3）演绎推理：从假设和定义出发，按照某些规定了的法则所进行的、前提与结论之间有必然联系的推理，叫作演绎推理。演绎推理的本质是为了证明的推理，即推理是从一般性的原理出发，推出某个特殊情况下的结论。演绎推理是“从一般到特殊”的推理。

演绎推理是基于“理念”的推理，而归纳推理是基于“事实”的推理；演绎推理是追求“形式”的推理，而归纳推理是追求“实用”的推理；演绎推理是命题所涉及的范围由大到小的推理，而归纳推理是命题所涉及的范围由小到大的推理。在一般情况下,人们是借助归纳推理“预测”数学结果,借助演绎推理“验证”数学结果,把这两种推理模式结合起来,就得到了数学推理的全部过程。就推理的功能而言,预测结果和推测原因都依赖于归纳推理,而验证结果和原因则依赖于演绎推理。

【教学实践】

课例:运用逻辑推理,探索圆锥曲线的切线方程

(一)教学目标

1. 通过对过圆上一点的切线方程的推导,运用归纳、类比和演绎推理,探索椭圆、双曲线、抛物线的切线方程的基本形式和证明方法。

2. 在联想类比和演绎推理的过程中,丰富学生的学习经验,发展学生的逻辑推理素养。

(二)教学过程

问题1:已知圆 O 的方程为 $x^2+y^2=1$,求过点 $\left(\frac{1}{2},\frac{\sqrt{3}}{2}\right)$ 的切线方程。

设计意图:引导学生探索求圆的切线方程的方法和一般步骤:运用点斜式设出切线方程;利用圆心到切线的距离等于半径求出斜率 k;化简整理即得切线方程为 $\frac{1}{2}x+\frac{\sqrt{3}}{2}y=1$。

为方便归纳,引导学生再求过点 $\left(\frac{1}{3},\frac{2\sqrt{2}}{3}\right)$ 的切线方程,得到切线方程的形式为 $\frac{1}{3}x+\frac{2\sqrt{2}}{3}y=1$。

问题2:根据上面的求解,你有什么猜想?(若学生不会回答,进行下面的追问)

追问:过圆 $x^2+y^2=r^2$ 上的点 $P(x_0,y_0)$ 的切线方程是什么样的形式?你能给出证明吗?

设计意图:通过前面的具体(特殊)形式,到一般形式,培养学生归纳推理的能力和演绎推理的能力,发展逻辑推理素养。

学生1:我猜切线方程的基本形式为 $x_0x+y_0y=r^2$。证明如下:

证明:当 $y_0\neq0$ 时,过点 P 的切线的斜率一定存在,可设其方程为 $y-y_0=k(x-x_0)$,化为一般式为 $kx-y+y_0-kx_0=0$。

由圆心 O 到切线的距离 $d=r$,得 $\frac{|y_0-kx_0|}{\sqrt{k^2+1}}=r$。

又点 P 在圆 O 上,所以 $y_0^2=r^2-x_0^2$,从而上式可化简为 $x_0^2+2kx_0y_0+$

$k^2y_0^2=0$，即$(x_0+ky_0)^2=0$，从而$k=-\dfrac{x_0}{y_0}$。

于是过点P得到的切线方程为$y-y_0=-\dfrac{x_0}{y_0}(x-x_0)$，进而可得$x_0x+y_0y=r^2$。

当$y_0=0$时，$x_0=\pm r$，此时过点$P(x_0,y_0)$的切线方程仍为$x_0x+y_0y=r^2$。

综上，过点$P(x_0,y_0)$的切线方程为$x_0x+y_0y=r^2$。

学生2：老师！我是这样证明的：

因为OP垂直过点P的切线，而OP的斜率为$\dfrac{y_0}{x_0}(x_0\neq 0)$，当$y_0\neq 0$时，切线的斜率为$-\dfrac{x_0}{y_0}$，于是过点$P$的切线方程为$y-y_0=-\dfrac{x_0}{y_0}(x-x_0)$，进而可得$x_0x+y_0y=r^2$。

当$x_0=0,y_0=0$中有一个成立时，切线方程仍是$x_0x+y_0y=r^2$。

学生3：我是用复合函数求导的方法，直接求出了过点P的切线的斜率，证法如下：

利用复合函数对圆的方程求导，得$2x+2yy'=0$。

从而过点P的切线斜率为$k=y'|_{x=x_0}=-\dfrac{x_0}{y_0}(y_0\neq 0)$。

于是可得切线方程为$x_0x+y_0y=r^2$。

当$y_0=0$时，切线方程仍是$x_0x+y_0y=r^2$。

教师：几位同学回答得很好！证明也很严谨。学生1利用了圆心到切线的距离等于半径这一结论，解法使用了点到直线的距离公式；学生2利用了图形的位置关系，即圆心与切点的连线与切线垂直，然后利用两条直线垂直，斜率互为负倒数进行求解；学生3利用了复合函数求导法则，借助导数的几何意义进行求解。下面看看问题3：

问题3：已知点$P(x_0,y_0)$是圆C：$(x-a)^2+(y-b)^2=r^2$上一点，求过点P的切线方程。

学生4：直线CP的斜率为$\dfrac{y_0-b}{x_0-a}(x_0\neq a)$，当$y_0\neq b$时，切线的斜率为$-\dfrac{x_0-a}{y_0-b}$。

于是过点P的切线方程为$y-y_0=-\dfrac{x_0-a}{y_0-b}(x-x_0)$，即

$$(y_0-b)(y-b+b-y_0)+(x_0-a)(x-a+a-x_0)=0$$

所以

$$(x_0-a)(x-a)+(y_0-b)(y-b)=(x_0-a)^2+(y_0-b)^2$$

即过点 P 的切线方程为 $(x_0-a)(x-a)+(y_0-b)(y-b)=r^2$。

当 $x_0=0$ 与 $y_0=0$ 有且只有一个成立时，过点 P 的切线方程仍是 $(x_0-a)(x-a)+(y_0-b)(y-b)=r^2$。

问题4：已知椭圆 C：$\frac{x^2}{4}+\frac{y^2}{3}=1$，求过点 $P\left(1,\frac{3}{2}\right)$ 且与 C 相切的直线方程。

设计意图：按照从特殊到一般的思路，类比联想椭圆切线方程的形式。

学生5：显然过点 P 的切线斜率存在，设其切线方程为 $y-\frac{3}{2}=k(x-1)$。

联立 $\begin{cases} y=k(x-1)+\frac{3}{2} \\ 3x^2+4y^2=12 \end{cases}$，消去 y，得

$$(4k^2+3)x^2+4k(3-2k)x+4k^2-12k-3=0$$

令 $\Delta=[4k(3-2k)]^2-4(4k^2+3)(4k^2-12k-3)=0$，即 $4k^2+4k+1=0$，所以 $k=-\frac{1}{2}$。

从而过点 P 的切线方程为 $y-\frac{3}{2}=-\frac{1}{2}(x-1)$，即 $\frac{x}{4}+\frac{y}{2}=1$。

学生6：我是用导数求切线斜率的。

对椭圆方程两边求导，得 $\frac{x}{2}+\frac{2yy'}{3}=0$。

所以在点 $P\left(1,\frac{3}{2}\right)$ 处的切线斜率 $k=y'|_{x=1}=-\frac{1}{2}$。

……

问题5：若点 $P(x_0,y_0)$ 为椭圆 C：$\frac{x^2}{a^2}+\frac{y^2}{b^2}=1(a>b>0)$ 上任意一点，则你能猜想出过点 P 的切线方程吗？请给予证明。

学生7：老师，我想这样做：当切线的斜率 k 存在时，可设其方程为 $y-y_0=k(x-x_0)$，然后与椭圆方程联立，化为关于 x 的一元二次方程，再令其判别式 $\Delta=0$，解出斜率 k，即可求出切线方程，但这样求很麻烦，所以我采用求导的方法来求解。

对椭圆方程两边求导，得 $\frac{2x}{a^2}+\frac{2yy'}{b^2}=0$，从而求得斜率 $k=-\frac{b^2x_0}{a^2y_0}(y_0\neq 0)$，所以切线方程为 $y-y_0=-\frac{b^2x_0}{a^2y_0}(x-x_0)$，即 $\frac{x-x_0}{a^2y_0}+\frac{y-y_0}{b^2x_0}=0$。

即 $\frac{xx_0}{a^2}+\frac{yy_0}{b^2}=\frac{x_0^2}{a^2}+\frac{y_0^2}{b^2}$，亦即切线方程为 $\frac{xx_0}{a^2}+\frac{yy_0}{b^2}=1$。

当 $y_0=0$ 时也成立。

问题6：若点$P(x_0,y_0)$为双曲线$C:\frac{x^2}{a^2}-\frac{y^2}{b^2}=1(a>0,b>0)$上任意一点，则你能猜想出过点$P$的切线方程吗？请给予证明。

学生8：对双曲线方程两边求导，得$\frac{2x}{a^2}-\frac{2yy'}{b^2}=0$。

当$y_0\neq0$时，切线斜率$k=\frac{b^2x_0}{a^2y_0}$，从而切线方程为$y-y_0=\frac{b^2x_0}{a^2y_0}(x-x_0)$，化简即得$\frac{xx_0}{a^2}-\frac{yy_0}{b^2}=1$。当$y_0=0$时也成立。

问题7：若点$P(x_0,y_0)$为抛物线$C:y^2=2px\ (p>0)$上任意一点，则你能猜想出过点P的切线方程吗？请给予证明。

学生9：对抛物线方程两边求导，得$2yy'=2p$，所以过点P的切线的斜率$k=y'|_{y=y_0}=\frac{p}{y_0}(y_0\neq0)$，即切线方程为$y-y_0=\frac{p}{y_0}(x-x_0)$，化简，得切线方程为$y_0y=p(x+x_0)$。

总结：（略）

【教学反思】

数学的产生和发展始于对具体问题或具体素材的观察、实验、归纳与类比等或然推理，但又不停留于这些活动，而是在此基础上进一步通过比较、分析、综合、概括去揭示事物的本质，通过演绎推理得出数学结论。数学学习和研究从不满足于特殊情况的结果，而是通过归纳、类比等方法去探索、研究各种对象的一般规律，寻找解决问题的一般方法。数学学习和研究也从不满足于局部范围的统一，而是通过拓宽原来的概念和理论去寻求更大范围的统一，发展和构建新的结果和理论。数学发展与数学学习的过程，形成了数学的特定思维方式。

本课例是逻辑推理在探索发现数学事实中的应用：运用归纳推理，猜想问题的一般性结论，运用演绎推理对猜想进行证明。“数学是锻炼思维的体操”，数学在培养人的思维能力、发展智力方面具有不可替代的作用。数学思维不仅有想象、归纳、类比、联想、直觉、顿悟等生动活泼的探究过程，更有严谨理性的演绎推理证明过程。在数学学习中能培养辩证唯物主义世界观和方法论，形成实事求是、严谨理性的工作态度，以及勇于质疑、创新的思维品质和科学精神。

下面再看一个在解题教学中发展学生逻辑推理素养的例子：

【教学实践】

题目：已知有限集X,Y，定义集合$X-Y=\{x\mid x\in X，且\,x\notin Y\}$，$|X|$表示集合$X$中的元素个数。

(1) 若$X=\{1,2,3,4\},Y=\{3,4,5\}$，求集合$X-Y$和$Y-X$，以及

$|(X-Y)\cup(Y-X)|$的值；

(2) 给定正整数n，集合$S=\{1,2,\cdots,n\}$。对于实数集的非空有限子集A，B，定义集合$C=\{x\mid x=a+b,a\in A,b\in B\}$。

① 求证：$|A-S|+|B-S|+|S-C|\geqslant 1$；

② 求$|(A-S)\cup(S-A)|+|(B-S)\cup(S-B)|+|(C-S)\cup(S-C)|$的最小值。

解：(1) 因为定义集合$X-Y=\{x\mid x\in X,且x\notin Y\}$，$|X|$表示集合$X$中的元素个数。且$X=\{1,2,3,4\}$，$Y=\{3,4,5\}$，所以$X-Y=\{1,2\}$，$Y-X=\{5\}$，$|(X-Y)\cup(Y-X)|=3$。

评析：本题的已知条件定义了一个新集合，即$X-Y=\{x\mid x\in X,且x\notin Y\}$及$|X|$表示集合$X$中的元素个数。给出了两个集合$X$,$Y$，求集合$X-Y$和$Y-X$，以及$|(X-Y)\cup(Y-X)|$的值。这个过程显然是一个“从一般到特殊”的过程，所以这个逻辑推理是演绎推理，这是逻辑推理“水平一”的要求。

(2)① 分析：可以分类思考问题：

若$A\cup B$中至少有一个不在S中，则$|A-S|+|B-S|\geqslant 1$，显然命题成立；

若$A\subseteq S$，且$B\subseteq S$，则C中的最小元素大于等于2，于是$1\in S$，且$1\notin C$，所以$|S-C|\geqslant 1$，从而命题也成立。

证明：显然$|X|\geqslant 0$。

若$A\cup B$中含有一个不在S中的元素，则$|A-S|+|B-S|\geqslant 1$，即$|A-S|+|B-S|+|S-C|\geqslant 1$。

若$A\subseteq S$，且$B\subseteq S$，则$|A-S|=|B-S|=0$。此时A中最小的元素$a\geqslant 1$，B中最小的元素$b\geqslant 1$，所以C中最小的元素$a+b\geqslant 2$。所以$1\notin C$。

因为$S=\{1,2,\cdots,n\}$，所以$|S-C|\geqslant 1$，即

$$|A-S|+|B-S|+|S-C|\geqslant 1$$

综上，$|A-S|+|B-S|+|S-C|\geqslant 1$。

② 分析：由①易得

$$|(A-S)\cup(S-A)|+|(B-S)\cup(S-B)|+|(C-S)\cup(S-C)|$$
$$\geqslant |S-A|+|S-B|+|C-S|+1$$

若$A\cap S=\varnothing$，或$B\cap S=\varnothing$，则$|S-A|+|S-B|\geqslant n$；

若$A\cap S=\{a_1,a_2,\cdots,a_s\}$，$B\cap S=\{b_1,b_2,\cdots,b_t\}$，则易得$C$中至少有$s+t-1$个元素，从而

$$|C-S|\geqslant s+t-1-(n-1)=s+t-n$$

于是

$$|S-A|+|S-B|+|C-S|\geqslant 2n-s-t+(s+t-n)=n$$

所以

$$|(A-S)\cup(S-A)|+|(B-S)\cup(S-B)|+|(C-S)\cup(S-C)|$$
$$\geqslant|S-A|+|S-B|+|C-S|+1\geqslant n+1$$

并且易得，当 $A=B=S,C=\{2,3,\cdots,2n\}$ 时，有

$$|(A-S)\cup(S-A)|+|(B-S)\cup(S-B)|+|(C-S)\cup(S-C)|$$
$$=n+1$$

所以最小值为 $n+1$。

解：由 ① 知 $|A-S|+|B-S|+|S-C|\geqslant 1$。

所以

$$|(A-S)\cup(S-A)|+|(B-S)\cup(S-B)|+|(C-S)\cup(S-C)|$$
$$=|A-S|+|S-A|+|B-S|+|S-B|+|C-S|+|S-C|$$
$$\geqslant|S-A|+|S-B|+|C-S|+1$$

若 $A\cap S=\varnothing$，或 $B\cap S=\varnothing$，则 $|S-A|+|S-B|\geqslant n$。

若 $A\cap S\neq\varnothing$，且 $B\cap S\neq\varnothing$，设 $A\cap S=\{a_1,a_2,\cdots,a_s\}$，$B\cap S=\{b_1,b_2,\cdots,b_t\}$，且 $1\leqslant a_1<a_2<\cdots<a_s\leqslant n$，$1\leqslant b_1<b_2<\cdots<b_t\leqslant n$，则 $|S-A|=n-s$，$|S-B|=n-t$。

若 $s+t\leqslant n$，则 $|S-A|+|S-B|=2n-s-t\geqslant n$。

若 $s+t>n$，因为 $2\leqslant a_1+b_1<a_1+b_2<\cdots<a_1+b_t<a_2+b_t<a_3+b_t<\cdots<a_s+b_t$，所以 $a_1+b_1,a_1+b_2,\cdots,a_1+b_t,a_2+b_t,a_3+b_t,\cdots,a_s+b_t$ 这 $s+t-1$ 个数一定在集合 C 中，且均不等于1。所以 $|C-S|\geqslant s+t-1-(n-1)=s+t-n$。

所以 $|S-A|+|S-B|+|C-S|\geqslant 2n-s-t+(s+t-n)=n$。所以

$$|(A-S)\cup(S-A)|+|(B-S)\cup(S-B)|+|(C-S)\cup(S-C)|$$
$$\geqslant|S-A|+|S-B|+|C-S|+1\geqslant n+1$$

当 $A=B=S,C=\{2,3,\cdots,2n\}$ 时，有

$$|(A-S)\cup(S-A)|+|(B-S)\cup(S-B)|+|(C-S)\cup(S-C)|=n+1$$

所以 $|(A-S)\cup(S-A)|+|(B-S)\cup(S-B)|+|(C-S)\cup(S-C)|$ 的最小值是 $n+1$。

评析：本题第(2)问是通过列举(特殊)分析，归纳得出证明或解题思路，然后运用演绎推理的方式完成证明和解题。能恰当分类讨论是关键，其中能否读懂抽象的数学符号语言的含义是难点。对数学抽象、逻辑推理等素养的考查非常深刻。第(1)问是逻辑推理素养水平一的难度；第(2)①问是逻辑推理素养水平二的难度；第(2)②问是逻辑推理素养水平三的难度。

【教学反思】

数学在培养人的思维能力、发展智力方面具有不可替代的作用。数学思维

不仅有想象、类比、联想、直觉、顿悟等生动活泼的探究过程，而且有严谨理性的证明过程，通过数学学习培养学生的逻辑思维能力是最好、最经济的方法。在学习数学知识及运用数学知识解决问题的过程中，能培养辩证唯物主义世界观，能培养实事求是、严谨认真的科学精神和反思质疑、勇于创新等良好的个性品质。

逻辑推理是数学学科的特色，贯穿在数学学习和应用的始终。逻辑推理素养的水平以归纳、类比和演绎两类推理形式体现出来，通过对推理基本形式和规则的掌握程度分析水平的高低；结合不同情境发现问题和提出命题，情境的复杂程度将反映水平的高低；在探索解决问题的过程中，思路的形成伴随着问题的难易和表述论证过程都体现水平的差异；构建知识体系，整体把握知识的来龙去脉，抓住问题的本质，也是反映逻辑推理素养水平的重要方面；在表达与交流的过程中，表述思想和过程的条理性也反映了逻辑推理素养水平。

3. 如何发展学生的数学建模素养

课程标准指出：数学建模是对现实问题进行数学抽象，用数学语言表达问题、用数学方法构建模型解决问题的素养。数学建模过程主要包括：在实际情境中从数学的视角发现问题、提出问题，分析问题、建立模型，确定参数、计算求解，检验结果、改进模型，最终解决实际问题。

数学模型搭建了数学与外部世界联系的桥梁，是数学应用的重要形式。数学建模是应用数学解决实际问题的基本手段，也是推动数学发展的动力。

数学建模主要表现为：发现和提出问题，建立和求解模型，检验和完善模型，分析和解决问题。

通过高中数学课程的学习，学生能有意识地用数学语言表达现实世界，发现和提出问题，感悟数学与现实之间的关联；学会用数学模型解决实际问题，积累数学实践的经验；认识数学模型在科学、社会、工程技术等诸多领域的作用，提升实践能力，增强创新意识和科学精神。

【数学建模活动】

温度对冰的硬度影响初探①

【摘要】冰作为特殊材料，在硬度方面的研究甚少。研究冰的硬度对滑冰场冰面温度的控制，以及科研工作（如极地研究和开发）有着重要的意义。运用统计思想进行数学建模，可推算出冰在不同温度下的布氏硬度的数学模型，这对现实生产、生活和科学研究都有重要意义。

① 作者：孟令禹；指导教师：张健。本文获得北京市高中学生数学建模比赛二等奖。

【关键词】冰 硬度 温度

【引言】冰上运动是一项方兴未艾的体育运动，为了大力发展冰上运动，我国的许多城市都建立了室内滑冰场。室内滑冰场很重要的一项工作，就是要控制好冰的硬度。倘若冰过硬，就不能提供足够的摩擦力，从而容易发生意外；倘若冰过软，又会对滑冰场造成严重磨损，使冰面不再光滑。在极地科研考察中，冰的硬度又是钻探碎岩理论的重要考虑因素，研究冰的硬度，可以为合理选择冰钻钻头切削角、钻压提供指导。另外，对冰硬度的研究，在工程建设、物理研究上也有重大意义。

很明显，冰的硬度与温度是相关的，倘若能够建立一个冰的硬度与温度之间的数学模型，就可以非常方便地通过调节温度来控制冰的硬度。

笔者查阅了我国关于冰的硬度的研究成果，仅找到文献[1]①。因此有必要进一步对冰的硬度与温度之间的关系做进一步的研究，力图通过实验与计算，运用统计方法，建立一个冰的硬度与温度之间关系的数学模型。

（一）实验与分析

1. 布氏硬度

根据国家规范给出的布氏硬度检测方法，布氏硬度值可由以下公式计算②

$$\mathrm{HB}=\frac{0.102\times 2F}{\pi D(D-\sqrt{D^2-d^2})}$$

其中：HB为布氏硬度值；F为施加在压头上的力(N)；D为压头球直径(mm)；d为压痕直径(mm)。

公式中 F 和 d 为测量结果，其中压痕直径 d 可根据压头压入冰样的深度和压头球直径 D 进行计算

$$d=2\sqrt{D^2-(D-h)^2}$$

其中：h 为压头压入冰样的深度(mm)。

2. 实验数据

笔者在北京市奥体中心的水立方滑冰场，与那里的技术人员进行了相关实验，测得了不同温度下，压力、压入深度、压痕直径的相关数据，并通过上面给出的公式进行了冰的硬度计算，得到了下面的表1.1.2：

---

① [1] 范晓鹏，Pavel Talalay，张楠，等. 冰硬度试验台设计与试验[J]. 探矿工程（岩土钻掘工程），2014(9)：67-70.

② GB 231－84，金属布氏硬度实验方法[S]。

表 1.1.2　2 mm 层理冰样垂直层理方向硬度测试数据

测试温度点 /℃	压入深度 h/mm	压力 F/N	压痕直径 d/mm	HB
−10	0.14	33.5	1.67	1.50
−20	0.14	39.2	1.69	1.71
−30	0.13	42.6	1.64	1.97
−40	0.11	43.0	1.49	2.43

3. 初步建模

在平面直角坐标系中呈现以上 4 组数据如图 1.1.9。

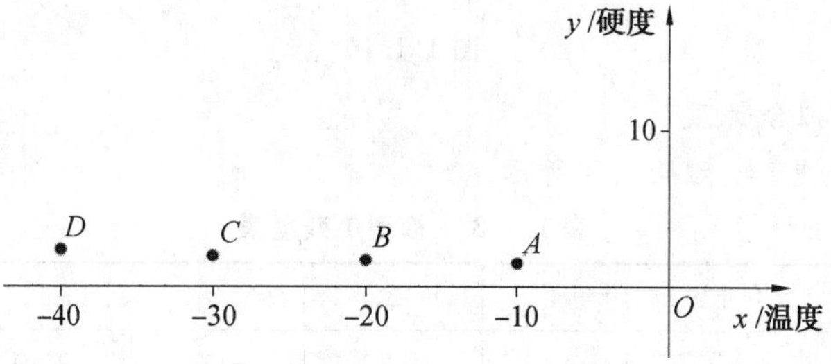

图 1.1.9

根据数据点的变化趋势，我们选取以下两组函数模型来拟合上述各点：

模型 1：$y=k\lg(-x)+b$（其中 x 表示温度，且 $x<0$）。

模型 2：$y=k\sqrt{-x}+b$（其中 x 表示温度，且 $x<0$）。

4. 模型 1 的确定

(1) 用统计思想确定模型。

分别带入点 A 和点 B 的坐标，得

$$\begin{cases}1.5=k_1\lg 10+b_1\\1.71=k_1\lg 20+b_1\end{cases}$$

解得 $k_1\approx 0.679$，$b_1\approx 0.803$。

得到函数 $f_1(x)=0.697\lg x+0.803$。

同理，分别代入点 A 和点 C 的坐标，解得 $k_2\approx 0.985$，$b_2\approx 0.515$；

分别代入点 A 和点 D 的坐标，解得 $k_3\approx 1.544$，$b_3\approx -0.044$；

分别代入点 B 和点 C 的坐标，解得 $k_4\approx 1.476$，$b_4\approx -0.210$；

分别代入点 B 和点 D 的坐标，解得 $k_5\approx 2.391$，$b_5\approx -1.400$；

分别代入点 C 和点 D 的坐标，解得 $k_6\approx 3.681$，$b_6\approx -3.465$。

由上述 k 与 b 的 6 组值，可得它们的均值分别为 $\bar{k}\approx 1.792\ 1$，$\bar{b}\approx$

-0.6335,于是可得模型 1 的回归方程为

$$f(x)=1.7921\times\lg(-x)-0.6335$$

(2) 模型 1 的拟合情况图示。

用模型 1 拟合上面 6 组值的情况如图 1.1.10 所示。

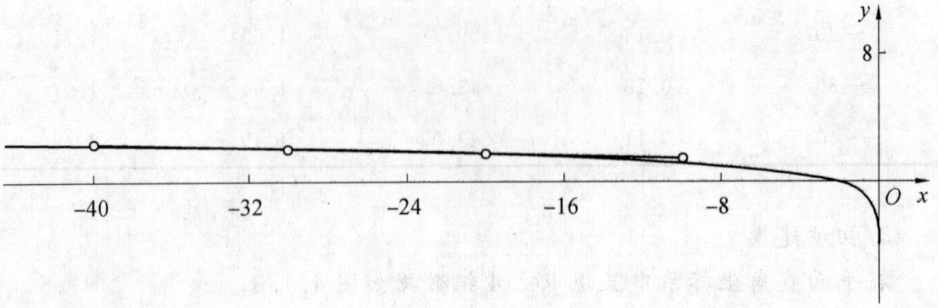

图 1.1.10

(3) 计算拟合优度。

计算其残差,如表 1.1.3 所示。

表 1.1.3　模型 1 残差表

序号	1	2	3	4
温度 x/℃	-10	-20	-30	-40
硬度 y/HB	1.50	1.71	1.97	2.43
残差 $\hat{e}$	0.3415	0.0121	-0.0435	0.1926

根据残差公式 $R^2=1-\dfrac{\sum\limits_{i=1}^{n}(y_i-\hat{y}_i)^2}{\sum\limits_{i=1}^{n}(y_i-\bar{y})^2}$,可求出此回归方程的拟合优度($R^2$)为 0.7135。

5. 模型 2 的确定

与模型 1 的方法一致:

由点 A,B 可得 $k_1\approx 0.160, b_1\approx 0.994$;

由点 A,C 可得 $k_2\approx 0.203, b_2\approx 0.858$;

由点 A,D 可得 $k_3\approx 0.294, b_3\approx 0.570$;

由点 B,C 可得 $k_4\approx 0.258, b_4\approx 0.556$;

由点 B,D 可得 $k_5\approx 0.388, b_5\approx -0.025$;

由点 C,D 可得 $k_6\approx 0.542, b_6\approx -0.998$。

于是可得 $\bar{k}\approx 0.308, \bar{b}\approx 0.326$。

从而得到模型2的回归方程 $g(x)=0.308\sqrt{-x}+0.326(x<0)$。

该模型的拟合程度见图1.1.11：

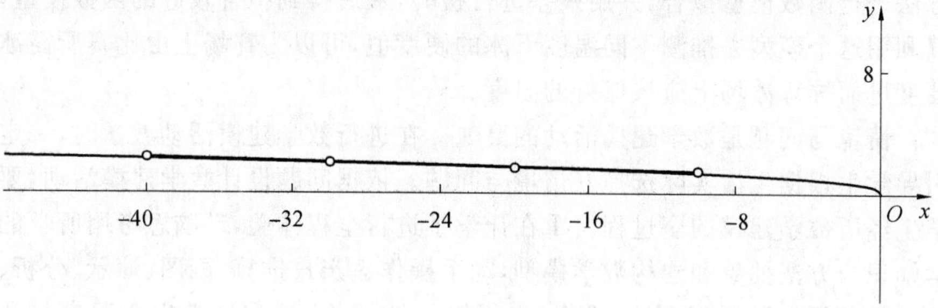

图1.1.11

计算此函数的残差，如表1.1.4所示。

表1.1.4 模型2残差表

序号	1	2	3	4
温度 x/℃	-10	-20	-30	-40
硬度 y/HB	1.50	1.71	1.97	2.43
残差 $\hat{e}$	-0.2	0.006 6	-0.043	0.156

于是可计算出此回归方程的拟合优度（R^2）为0.862 8。

6.两模型拟合度比较

通过上面的计算可知：模型1的拟合优度为0.713 5，模型2的拟合优度为0.862 8，显然，模型2的拟合优度较大，特别是，当温度接近0 ℃时，显然模型1不符合实际，故选取模型2进行上述点拟合比较恰当。于是，得到冰的硬度与温度之间的回归方程为

$$g(x)=0.308\sqrt{-x}+0.326(\text{其中 } x \text{ 表示温度，且 } x<0) \qquad (*)$$

（二）结论

根据现有数据得出的温度对冰硬度的影响模型可以直接运用到室内滑冰场温度控制上。运用模型（*）通过实验，很容易计算出最适宜滑冰时的冰面温度为 $-8\sim-5$ ℃，此时，冰刀不会对冰场有过大过多的磨损，同时也能提供足够的摩擦力，避免意外危险的发生，而且还能不浪费滑冰场的能源。

不仅如此，利用模型（*）还可以推算出最适宜进行冰雕的温度，使冰易于雕刻又不会太脆。同时，模型（*）对极地科考和工程建设也可能产生重大意义。

【教学反思】

本文是笔者所教2016年高三毕业生孟令禹同学于2015年参加北京市高中

学生数学建模比赛所写的论文。该同学首先选择了要研究的实际问题情境(调查冰的硬度与温度的关系),然后通过画图,假设了数学模型,运用回归分析的方法进行函数模型拟合,并用残差进行检验,最后得到拟合较好的函数模型,可以利用这个模型去推测不同温度下冰的硬度值,可以为赛场上由比赛所需冰的硬度进而推算冰场上应该保持的温度。

情境与问题是数学建模活动的灵魂。在进行数学建模活动教学时,一定要引导学生根据生活实际选择好情境与问题。依据问题设计数学建模活动,要让学生经历数学建模的全过程。重在让学生进行全程体验,动脑思考用所学的数学知识与方法抽象和建构数学模型,动手操作去亲自推算、画图、演示、分析、比较。教师要鼓励创新,多元评价,少用终结性评价,重在让学生全程参与和经历,使不同学生的数学建模素养得到不同的发展。

下面再看一个在解题中发展学生建模素养的案例:

【教学实践】

题目:对 24 小时内降水在平地上的积水厚度(mm)进行如下定义(表1.1.5):

表 1.1.5

0 ~ 10	10 ~ 25	25 ~ 50	50 ~ 100
小雨	中雨	大雨	暴雨

小明用一个圆锥形容器接了 24 小时的雨水(图 1.1.12),则这一天的雨水属于哪个等级(　　)。

A. 小雨　　B. 中雨　　C. 大雨　　D. 暴雨

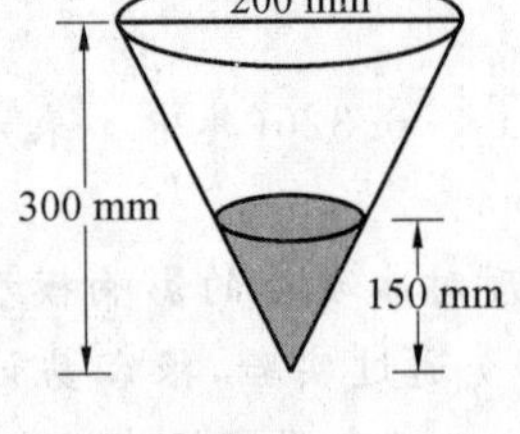

图 1.1.12

分析:分三步完成解题。

第一步,对现实问题的数学抽象:问题转化为求圆锥中水的体积(即一个圆锥的体积);

第二步,用数学语言表达问题:圆锥的底面半径为 100,高为 300,现用一个平行于底面的平面去截该圆锥,截面到顶点的距离为 150,求截得的圆锥体积;

第三步，用数学方法建立模型解决问题：

设雨水在圆锥中的截面面积为 s，则由圆锥底面与雨水截面的面积之比等于高度比的平方，可得 $\frac{s}{100^2\pi}=\frac{150^2}{300^2}$，即 $s=2\ 500\pi$，从而容器中雨水的体积为 $\frac{1}{3}\times 2\ 500\pi\times 150=125\ 000\pi$，又圆锥的底面面积为 $10\ 000\pi$，所以这些雨水铺在地上的厚度为 $\frac{125\ 000\pi}{10\ 000\pi}=12.5(\text{mm})$，故为中雨，选 B。

【教学反思】

本题以学生综合实践活动为背景，通过自制雨量器，收集雨水，测量降雨量。题目源自古代降雨量测量的真问题，旨在考查学生数学应用能力，弘扬传统文化。

数学建模素养包含三层含义：一是对现实问题的数学抽象；二是用数学语言表达问题；三是用数学方法构建模型解决问题。数学建模素养是基于现实情境、构建数学模型，经历“发现、提出、分析、解决问题”的过程，数学建模素养内涵丰富，与其他五个核心素养紧密关联，不但包含对数学知识在实际问题中的应用，还包括丰富的数学思想和方法，以及数学的理性精神和态度。数学建模是沟通数学与现实世界的桥梁，对于培养学生的实践能力、创新意识、科学精神具有极高的价值。

4. 如何发展学生的直观想象素养

课程标准指出：直观想象是指借助几何直观和空间想象感知事物的形态与变化，利用空间形式，特别是图形，理解和解决数学问题的素养。主要包括：借助空间形式认识事物的位置关系、形态变化与运动规律；利用图形描述、分析数学问题；建立形与数的联系，构建数学问题的直观模型，探索解决问题的思路。

直观想象是发现和提出问题、分析和解决问题的重要手段，是探索和形成论证思路、进行数学推理、构建抽象结构的思维基础。

直观想象主要表现为：建立形与数的联系，利用几何图形描述问题，借助几何直观理解问题，运用空间想象认识事物。

通过高中数学课程的学习，学生能提升数形结合的能力，发展几何直观和空间想象能力；增强运用几何直观和空间想象思考问题的意识；形成数学直观，在具体的情境中感悟事物的本质。

下面看一个在解题中培养数学直观素养的例子：

【教学实践】

题目：在棱长为 2 的正方体 $ABCD-A_1B_1C_1D_1$ 中，点 P_1，P_2 分别为 AB，BD_1（不包含端点）上的动点，且线段 P_1P_2 平行于平面 A_1ADD_1，则四面体

$P_1P_2AB_1$ 的体积的最大值为(　　)。

A. $\frac{1}{24}$　　B. $\frac{1}{12}$　　C. $\frac{1}{6}$　　D. $\frac{1}{3}$

分析：这是一道在运动变化中探求最值的问题，教学时留给学生充足的时间去画图想象，运用函数模型和逻辑推理求出结果，以发展学生的几何直观和空间想象能力，以及数学素养。

由直线与平面平行的性质定理，可知 $P_1P_2 /\!/ AD_1$，于是可得 $P_1P_2 \perp AB$，这样就可表示出 $\triangle AP_1P_2$ 的面积。联结 BC_1 与 B_1C 交于点 O，容易证明 $B_1O \perp$ 平面 ABD_1，即 B_1O 即为棱锥 $B_1-AP_1P_2$ 的高。于是通过建立棱锥的体积表达式，求出其最大值。

解：联结 AD_1，BC_1，B_1C，并设 BC_1，B_1C 的交点为 O，如图 1.1.13.

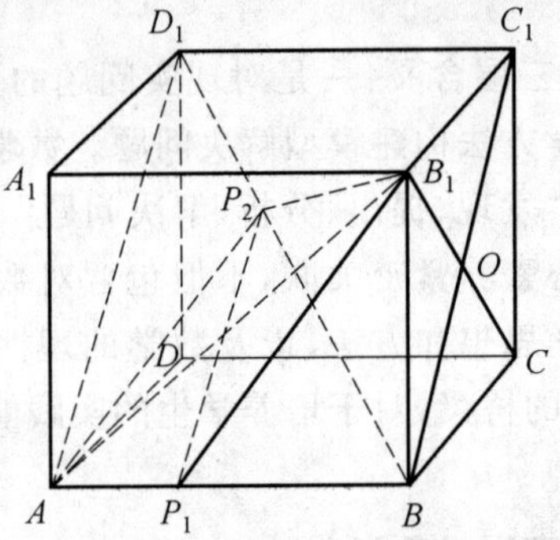

图 1.1.13

因为 $P_1P_2 /\!/$ 平面 A_1ADD_1，$P_1P_2 \subset$ 平面 ABC_1D_1，平面 $A_1ADD_1 \cap$ 平面 $ABC_1D_1 = AD_1$，所以 $P_1P_2 /\!/ AD_1$。所以 $\frac{P_1P_2}{AD_1}=\frac{BP_1}{AB}$。

设 $AP_1 = x(0 < x < 2)$，则 $\frac{P_1P_2}{2\sqrt{2}}=\frac{2-x}{2}$，所以 $P_1P_2=\sqrt{2}(2-x)$。

所以 $S_{\triangle AP_1P_2}=\frac{1}{2}AP_1 \cdot P_1P_2=\frac{\sqrt{2}}{2}x(2-x)$。

又因为 $BC_1 \perp B_1C$，$B_1C \perp AB$，$AB \cap BC_1 = B$，所以 $B_1C \perp$ 平面 ABC_1D_1。而 $B_1O=\frac{1}{2}B_1C=\sqrt{2}$。

所以 $V_{四面体P_1P_2AB_1}=V_{三棱锥B_1-AP_1P_2}=\frac{1}{3}S_{\triangle AP_1P_2}\cdot B_1O=\frac{1}{3}(2x-x^2)$。

抛物线的对称轴为 $x=1\in(0,2)$，所以当 $x=1$ 时，$(V_{四面体P_1P_2AB_1})_{\max}=\frac{1}{3}$，故选 D。

【教学反思】

空间想象以现实世界为背景，基于对几何图形的运动、变换和位置关系的把握，对事物的几何表象进行加工、改造，甚至去创造新的空间形象。

直观想象是数学抽象和数学建模的基础。在解决数学问题时常用的“以形助数，以数辅形”的数形结合思想就是图形描述和直观模型，是表现在具体操作层面的直观想象素养。在复杂的情境中发现和解决实际问题，通常需要通过直观想象对问题进行分析，探寻问题的实质，再通过数学抽象或通过数学建模将其转化为数学问题；在进行复杂的逻辑推理或数学运算中，人们需要运用直观想象来理清逻辑推理或数学运算的思路，探寻逻辑推理或数学运算的方向和路径，将复杂的问题简单化；在进行大数据分析时，人们也通常运用直观想象将数据图表化，并利用图表和相关的统计方法对数据进行分析和处理。

5. 如何发展学生的数学运算素养

课程标准指出：数学运算是指在明晰运算对象的基础上，依据运算法则解决数学问题的素养。主要包括：理解运算对象，掌握运算法则，探究运算思路，选择运算方法，设计运算程序，求得运算结果等。

数学运算是解决数学问题的基本手段。数学运算是演绎推理，是计算机解决问题的基础。

通过高中数学课程的学习，学生能进一步发展数学运算能力；有效借助运算方法解决实际问题；通过运算促进数学思维发展，形成规范化思考问题的品质，养成一丝不苟、严谨求实的科学精神。

【教学案例】

从一则化简问题看数学运算素养水平

题目：化简$\frac{1}{2^x+1}+\frac{1}{2^{-x}+1}$。

水平一：能够了解运算法则及其适用范围，正确进行运算；能够在熟悉的数学情境中，根据问题的特征形成合适的运算思路，解决问题。

解法1：直接通分。

$$\frac{1}{2^x+1}+\frac{1}{2^{-x}+1}=\frac{2^{-x}+1+2^x+1}{(2^x+1)(2^{-x}+1)}=\frac{2^{-x}+2^x+2}{2^x\cdot 2^{-x}+2^x+2^{-x}+1}$$

$$=\frac{2^{-x}+2^x+2}{2^x+2^{-x}+2}=1$$

水平二：能够针对运算问题，合理选择运算方法、设计运算程序，解决问题。

解法 2：思考运算方法，运用 $2^{-x}=\frac{1}{2^x}$ 设计运算程序。

$$\frac{1}{2^x+1}+\frac{1}{2^{-x}+1}=\frac{1}{2^x+1}+\frac{1}{\frac{1}{2^x}+1}=\frac{1}{2^x+1}+\frac{2^x}{2^x+1}=1$$

水平三：能够对运算问题，构造运算程序，解决问题。

解法 3：思考式子的特征和两部分的关系，构造运算程序：将第二个式子的分子和分母同乘以 2^x。

$$\frac{1}{2^x+1}+\frac{1}{2^{-x}+1}=\frac{1}{2^x+1}+\frac{2^x}{2^x(2^{-x}+1)}=\frac{1}{2^x+1}+\frac{2^x}{2^x+1}=1$$

【教学反思】

以上是一个很基本的指数式与分式综合的化简问题，难度不大。但从上面给出的三种解法，能很好地反映不同学生的数学运算素养。要使学生能够做到运算正确、有据、合理、简捷，必须熟练掌握运算法则、探究运算思路、选择运算方法、设计运算程序、求得运算结果。

【教学实践】

案例：化简为繁 绝处逢生

从常规思维的角度看，数学运算过程大都是由繁到简的处理过程，即把题设中抽象的、复杂的条件转化为简单形式的过程。有时我们受这种常规定式思维的影响，会导致某些数学运算很难继续下去，使解题者感到就像走入了死胡同，走上了“绝境”。如果摆脱这种定式思维的影响，逆向考虑问题——化简为繁，有时会使难题“绝处逢生”。

下面以等比数列前 n 项和公式的逆向应用，引导学生逆向思维，提升数学运算素养。

例 1：已知 $\{a_n\}$ 是等差数列，$\{b_n\}$ 是公比为 q 的等比数列，$a_1=b_1$，$a_2=b_2\neq a_1$，记 S_n 为数列 $\{b_n\}$ 的前 n 项和，若 $b_3=a_i$（i 是某一正整数），求证：q 是整数，且数列 $\{b_n\}$ 中的每一项都是数列 $\{a_n\}$ 中的项。

证明：设等差数列的公差为 d，则由题设，得 $a_1+d=a_1q$，所以 $d=a_1(q-1)$，且 $q\neq 1$，由 $b_3=a_i$，得 $b_1q^2=a_1+(i-1)d$，即 $b_1q^2=a_1+(i-1)a_1(q-1)$，$a_1(q^2-1)=a_1(i-1)(q-1)$，因 $a_1=b_1\neq 0$，$q\neq 1$，得 $q=i-2$，故 q 为整数。以下证明数列 $\{b_n\}$ 中的每一项都是数列 $\{a_n\}$ 中的项：

设 b_n 是数列 $\{b_n\}$ 中的任意一项，只要讨论 $n>3$。

令 $b_1q^{n-1}=a_1+(k-1)d$，即 $a_1q^{n-1}-a_1=(k-1)a_1(q-1)$，得

$$k-1=\frac{q^{n-1}-1}{q-1}$$

因为$\dfrac{q^{n-1}-1}{q-1}=1+q+q^2+\cdots+q^{n-2}$，所以

$$k=2+q+q^2+\cdots+q^{n-2}$$

因 $q=i-2$，当 $i=1$ 时，$q=-1$，$q+q^2+\cdots+q^{n-2}$ 为 -1 或 0，则 $k=1$ 或 2。

而 $i\neq 2$，否则 $q=0$，矛盾。

当 $i\geqslant 3$ 时，q 为正整数，所以 k 为正整数，从而 $b_n=a_k$。

综上所述：数列 $\{b_n\}$ 中的每一项都是数列 $\{a_n\}$ 中的项。

评析：该题导致考生无法完整解答的症结在于考生不能逆向使用式子："$\dfrac{q^{n-1}-1}{q-1}=1+q+q^2+\cdots+q^{n-2}$"，即由简到繁地逆用这一公式，实际上这就是等比数列前 n 项和公式的逆向应用。

辩证地看，"化简为繁"的思维形式有其积极的一面，它是一个把抽象的问题具体化的过程。比如，式子"$1+q+q^2+\cdots+q^{n-1}$"能具体地给出一个等比数列的前 n 项和，而当合并化简成为"$\dfrac{1-q^n}{1-q}$"时，它是该等比数列前 n 项和的抽象概括形式，我们不太容易看出它所表示的原意。困扰学生无法解下去的主要原因在于学生从"$k-1=\dfrac{q^{n-1}-1}{q-1}$"的抽象形式里，看不出"$k-1$"是整数。因此通过化简为繁，反其道而行之，能够把抽象的问题具体化，使难题"柳暗花明"。

例 2：已知函数 $f(x)=\dfrac{2^x-1}{2^x+1}$，证明：对于任意不小于 3 的自然数 n，都有 $f(n)>\dfrac{n}{n+1}$。

证明：要证原不等式成立，即证$\dfrac{2^n-1}{2^n+1}>\dfrac{n}{n+1}$，亦即证

$$2^n-1>2n(n\geqslant 3,n\in \mathbf{N}^*)$$

因为

$$\frac{2^n-1}{2-1}=1+2+2^2+\cdots+2^{n-1} \quad ①$$

倒序得

$$\frac{2^n-1}{2-1}=2^{n-1}+2^{n-2}+\cdots+2+1 \quad ②$$

由 ①＋② 得

$$2\times\frac{2^n-1}{2-1}=(1+2^{n-1})+(2+2^{n-2})+\cdots+(2^{n-1}+1)$$

$$>2\sqrt{2^{n-1}}+2\sqrt{2^{n-1}}+\cdots+2\sqrt{2^{n-1}}=2n\sqrt{2^{n-1}}$$

所以 $2^n-1>n\times 2^{\frac{n-1}{2}}$，因为 $n\geqslant 3$，故 $2^n-1>2n(n\geqslant 3,n\in \mathbf{N}^*)$，即原命

题成立。

评析：这道题的证明中将“$\frac{2^n-1}{2-1}$”化简为繁，倒序相加后应用基本不等式使问题得到解决，其中将“2^n-1”化简为繁是解决问题的关键。

公式 $1+q+q^2+\cdots+q^{n-1}=\frac{q^n-1}{q-1}$ 可推广为

$$a^n+a^{n-1}b+a^{n-2}b^2+\cdots+b^n=\frac{a^{n+1}-b^{n+1}}{a-b}$$

其中 $n\in\mathbf{N}^*$，a,b 是不为 0 的常数，且 $a\neq b$。

这一问题的证明难度不大，可是将该结论逆向应用时，因受常规思维定式的影响，造成化简为繁、化抽象为具体的意识不强，导致学生在数学运算中找不到运算思路，以至难于解出。

【教学反思】

“化简为繁”属于逆向思维的一种形式，是将抽象形式具体化的过程。当数学运算遇到困难时，要敢于“反其道而思之”，将化简向化繁发展，有时能将抽象的问题具体化，收到意想不到的效果。从思维品质的角度来评价化简为繁，它表现出个体思维的灵活性和敏捷性。在教与学的过程中，既要引导学生关注所涉及的知识，更要挖掘附着在这些知识上的数学思想方法。

数学运算是一种思维过程，更是逻辑推理过程。在数学学习中，数学运算素养所体现的是发现和提出问题、分析和解决问题的能力。数学运算主要表现为：理解运算对象、掌握运算法则、探究运算思路、求得运算结果。而数学运算素养主要包括：理解运算对象，掌握运算法则，探究运算思路，选择运算方法，设计运算程序，求得运算结果等。

运算对象是数学运算的载体，运算对象来自于其他学科与实际的抽象，深入理解运算对象，可以不断地开发应用的领域，体现数学应用的广泛性；运算法则可以保障运算结果的唯一性，也可以产生不同的思想方法，使得数学在广泛的应用中具有独特的位置；运算思路是解决问题的关键，它是在分析运算对象、运用运算法则的基础上产生的，是数学运算素养最重要的环节；运算方法是解决一个一个具体问题的措施与手段，其中最基本最重要的是解决这些问题的通性通法；运算程序是运算方法的具体化，是解决问题的具体操作步骤，也是借助计算机和外部力量解决问题的线路图；运算结果是运算程序实施的结果，可以是一个问题的结果，也可以是一类问题的结果。

高中数学课程中所学习的数学运算，不仅包括进一步发展数、字母代数的运算能力，还需要学习一些新的运算，例如，指数（扩充）运算、对数运算、向量运算、复数运算等，深入感悟数学运算对象的多样性、数学运算应用的广泛性，形成规范化、程序化的思考问题的品质，感悟运算中所蕴含的逻辑推理，养成一丝不苟、严谨求实的科学精神。

6. 如何发展学生的数据分析素养

课程标准指出:数据分析是指针对研究对象获取数据,运用数学方法对数据进行整理、分析和推断,形成关于研究对象知识的素养。数据分析过程主要包括:收集数据,整理数据,提取信息,构建模型,进行推断,获得结论。

数据分析主要表现为:收集和整理数据,理解和处理数据,获得和解释结论,概括和形成知识。

通过高中数学课程的学习,学生能提升获取有价值信息并进行定量分析的意识和能力;适应数字化学习的需要,增强基于数据表达现实问题的意识,形成通过数据认识事物的思维品质;积累依托数据探索事物本质、关联和规律的活动经验。

【教学实践】

培养数据分析素养的解题教学两例

例 1:在某地区,某项职业的从业者共约 8.5 万人,其中约 3.4 万人患有某种职业病。为了解这种职业病与某项身体指标(检测值为不超过 6 的正整数)间的关系,依据是否患有职业病,使用分层抽样的方法随机抽取了 100 名从业者,记录他们该项身体指标的检测值,整理得到如下统计图 1.1.14 和 1.1.15:

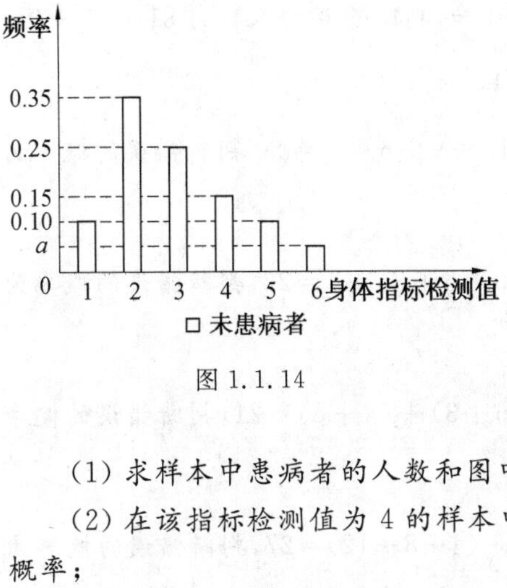

图 1.1.14

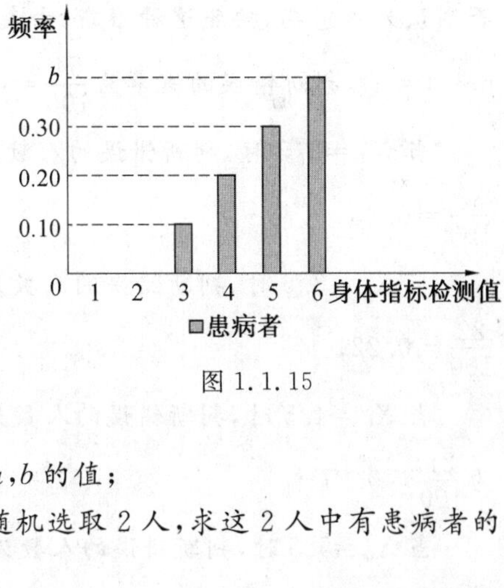

图 1.1.15

(1) 求样本中患病者的人数和图中 a,b 的值;

(2) 在该指标检测值为 4 的样本中随机选取 2 人,求这 2 人中有患病者的概率;

(3) 某研究机构提出,可以选取常数 $X_0=n+0.5(n\in \mathbf{N}^*)$,若一名从业者该项身体指标检测值大于 X_0,则判断其患有这种职业病;若检测值小于 X_0,则判断其未患有这种职业病。从样本中随机选择一名从业者,按照这种方式判断其是否患有职业病。写出使得判断错误的概率最小的 X_0 的值及相应的概率,并说明理由。

解:(1) 根据分层抽样原则,容量为100的样本中,患病者的人数为 $100\times\frac{3.4}{8.5}=40$ 人。

$$a=1-0.10-0.35-0.25-0.15-0.10=0.05$$

$$b=1-0.10-0.20-0.30=0.40$$

(2) 指标检测数据为4的样本中,有患病者 $40\times0.20=8$ 人,未患病者 $60\times0.15=9$ 人。设事件 A 为"从中随机选择2人,其中有患病者",则 $P(\overline{A})=\frac{C_9^2}{C_{17}^2}=\frac{9}{34}$,所以 $P(A)=1-P(\overline{A})=\frac{25}{34}$。

(3) 分析:从统计图中,可以得到下面人数(表1.1.6):

表1.1.6

身体指标检测值	1	2	3	4	5	6
未患病者人数	6	21	15	9	6	3
患病者人数	0	0	4	8	12	16

因为 $X_0=n+0.5(n\in\mathbf{N}^*)$,所以:

当 $X_0=1.5$ 时,若一个人的身体指标值大于1.5,则认为患有这种职业病,否则认为不患病,按照这种推断,由表中可知,判断错误的人数为 $21+15+9+6+3=54$,判断错误的概率为 $\frac{54}{100}=0.54$;

当 $X_0=2.5$ 时,判断错误的人数为 $15+9+6+3=33$,判断错误的概率为 $\frac{33}{100}=0.33$;

当 $X_0=3.5$ 时,判断错误的人数为 $(9+6+3)+4=22$,判断错误的概率为 $\frac{22}{100}=0.22$;

当 $X_0=4.5$ 时,判断错误的人数为 $(6+3)+(4+8)=21$,判断错误的概率为 $\frac{21}{100}=0.21$;

当 $X_0=5.5$ 时,判断错误的人数为 $3+(4+8+12)=27$,判断错误的概率为 $\frac{27}{100}=0.27$;

当 $X_0=6.5$ 时,判断错误的人数为 $4+8+12+16=40$,判断错误的概率为 $\frac{40}{100}=0.40$;

所以,使得判断错误的概率最小的 $X_0=4.5$。

当 $X_0=4.5$ 时,判断错误的概率为 $\frac{21}{100}=0.21$。

评析:本题的第(2)问是难点,需要读懂给出的两个统计图所提供的信息,在理解的基础上"用数据说话"。"用数据说话"的核心是通过对数据的分析来探索事物发展的特性和规律,以达到解决相应问题的目的。"能够对熟悉的概率问题,选择合适的概率模型,解决问题;能够对熟悉的统计问题,选择合适的抽样方法收集数据,掌握描述、刻画、分析数据的基本统计方法,解决问题。"是对数据分析素养的基本要求。

例 2:新型冠状病毒(2019-nCoV)是一种可以借助飞沫和接触传播的变异病毒。某定点医院为筛查某些人是否感染该病毒,需要检验血液是否为阳性,现有 n 份血液样本,有以下两种检验方式:

(a) 逐份检验,则需要检验 n 次;

(b) 混合检验,将其中 $k(k\in\mathbf{N}^*$ 且 $k\geqslant 2)$ 份血液样本分别取样混合在一起检验。若检验结果为阴性,则这 k 份的血液全为阴性,因而这 k 份血液样本只要检验一次就够了;若检验结果为阳性,为了明确这 k 份血液究竟是哪几份为阳性,就要对这 k 份再逐份检验,此时这 k 份血液的检验次数总共为 $k+1$ 次。

假设在接受检验的血液样本中,每份样本的检验结果是阳性还是阴性都是独立的,且每份样本是阳性结果的概率为 $p(0<p<1)$。

(1) 假设有 6 份血液样本,其中只有 2 份样本为阳性,若采用逐份检验方式,求恰好经过 4 次检验就能把阳性样本全部检验出来的概率;

(2) 现取其中 $k(k\in\mathbf{N}^*$ 且 $k\geqslant 2)$ 份血液样本,记采用逐份检验方式,样本需要检验的总次数为 ξ_1,采用混合检验方式,样本需要检验的总次数为 ξ_2。

(ⅰ) 运用概率统计的知识,若 $E(\xi_1)=E(\xi_2)$,试求 p 关于 k 的函数关系式 $p=f(k)$;

(ⅱ) 若 $p=1-\mathrm{e}^{-\frac{1}{4}}$,采用混合检验方式可以使得样本需要检验的总次数的期望值比逐份检验的总次数的期望值更小,求 k 的最大值。

参考数据:$\ln 2\approx 0.6931$,$\ln 3\approx 1.0986$,$\ln 5\approx 1.6094$,$\ln 6\approx 1.7918$,$\ln 7\approx 1.9459$,$\ln 8\approx 2.0794$,$\ln 9\approx 2.1972$。

解:(1) 两种情况:① 前三次检验出 1 人,第四次检验出 1 人;② 前四次都不是阳性,剩下 2 人必为阳性。

由题意得所求概率 $p=\frac{C_2^1C_3^1A_4^4}{A_6^6}+\frac{A_4^4A_2^2}{A_6^6}=\frac{144+48}{720}=\frac{4}{15}$。

所以恰好经过 4 次检验就能把阳性样本全部检验出来的概率为 $\frac{4}{15}$。

(2)(ⅰ) 由已知得 $E(\xi_1)=k$,ξ_2 的所有可能取值分别为 $1,k+1$,所以

$$P(\xi_2=1)=(1-p)^k, P(\xi_2=k+1)=1-(1-p)^k$$

所以

$$E(\xi_2)=(1-p)^k+(k+1)[1-(1-p)^k]=k+1-k(1-p)^k$$

因为 $E(\xi_1)=E(\xi_2)$，所以 $k=k+1-k(1-p)^k$，即 $1=k(1-p)^k$，所以

$$(1-p)^k=\frac{1}{k}, p=1-\left(\frac{1}{k}\right)^{\frac{1}{k}}$$

所以 p 关于 k 的函数关系式为 $p=f(k)=1-\left(\frac{1}{k}\right)^{\frac{1}{k}}$（$k\in\mathbf{N}^*$ 且 $k\geqslant 2$）。

（ⅱ）由题意可知 $E(\xi_2)<E(\xi_1)$，所以 $k+1-k(1-p)^k<k$，即 $\frac{1}{k}<(1-p)^k$。

因为 $p=1-\mathrm{e}^{-\frac{1}{4}}$，所以 $\frac{1}{k}<(\mathrm{e}^{-\frac{1}{4}})^k=\mathrm{e}^{-\frac{k}{4}}$，两边取对数得 $\ln k>\frac{1}{4}k$。

设 $g(x)=\ln x-\frac{1}{4}x(x\geqslant 2)$。

因为 $g'(x)=\frac{4-x}{4x}$，当 $x>4$ 时，$g'(x)<0$，即函数 $g(x)$ 在 $(4,+\infty)$ 上单调递减。

又因为 $\ln 5\approx 1.6094$，$\frac{5}{4}=1.25$，所以 $\ln 5>\frac{5}{4}$。

因为 $\ln 6\approx 1.7918$，$\frac{6}{4}=1.5$，所以 $\ln 6>\frac{6}{4}$。

因为 $\ln 7\approx 1.9459$，$\frac{7}{4}=1.75$，所以 $\ln 7>\frac{7}{4}$。

因为 $\ln 8\approx 2.0794$，$\frac{8}{4}=2$，所以 $\ln 8>\frac{8}{4}$。

因为 $\ln 9\approx 2.1972$，$\frac{9}{4}=2.25$，所以 $\ln 9<\frac{9}{4}$。

所以 k 的最大值为 8。

评析：随机现象是许多研究对象的基本特征。本题是以新型冠状病毒筛查的随机现象为背景而设计的问题，需要学生运用所学的概率知识选择模型，构建模型，然后运用函数与导数的知识解决问题。问题中既有随机变量，也有定量估计。“能够针对具体问题，选择离散型随机变量或连续型随机变量刻画随机现象，理解抽样方法的统计意义，能够运用适当的概率或统计模型解决问题。”是高考数学对数据分析素养的要求。

【教学反思】

统计学作为一门学科，它的核心是数据分析。“所谓数据是指对客观事物

进行记录并可以鉴别的符号的组合。它是可识别的、抽象的符号。所谓的分析是针对数据而言的，是一个透过数据探索客观事物本质和规律的过程。”

数据分析素养包含三个方面：

一是有效收集和整理数据。能有效的、科学的和较为精确的获得能够反映客观事物的随机特性和内在规律的数据是数据分析的前提；数据整理是有效进行数据分析的基础，数据的整理主要是数据的可视化（如绘制频率分布直方图、茎叶图等），达到“看图说话”的目的，为进一步分析数据提供对数据的感性认识。

二是有效地建模和推断数据。这是对数据的理性认识阶段。在经历了对数据的可视化形成感性认识后，需要对数据进行集中趋势和离散程度分析（如均值、方差等），还要从解决问题出发，利用统计的知识与方法，构建统计模型（如回归分析、随机变量分布模型、正态分布模型、独立性检验等）。

三是获得结论形成知识。获得结论和形成知识是数据分析的终极目标，服务于科学发现、技术创新和管理决策。形成知识是对研究对象的特性和内在规律的深刻认识和精确掌握程度的判断。

义务教育阶段关于统计学习的要求是学生形成“数据分析观念”；高中阶段关于统计学习的要求是“数据分析是学生应具备的适应终身发展和社会发展需要的必备品格和关键能力”。

第 2 节　关注高中数学课程性质的变化

一、数学的学科本质是什么

课程标准指出：数学是研究数量关系和空间形式的一门科学。数学源于对现实世界的抽象，基于抽象结构，通过符号运算、形式推理、模型构建等，理解和表达现实世界中事物的本质、关系和规律。数学与人类生活和社会发展紧密关联。数学不仅是运算和推理的工具，还是表达和交流的语言。数学承载着思想和文化，是人类文明的重要组成部分。数学是自然科学的重要基础，并且在社会科学中发挥越来越大的作用，数学的应用已渗透到现代社会及人们日常生活的各个方面……数学直接为社会创造价值，推动社会生产力的发展。

【教学实践】

教学设计:平面向量的加法①

(一) 课前分析

1. 教材分析 —— 地位、作用和教学价值

① 向量是中学数学的核心内容,具有工具性、基础性的地位。

② 向量加法是向量学习中"继往开来"的一课:

继往:第一,向量的工具性是通过运算实现的,只有通过向量运算的学习才能加深对向量概念和方法的理解;第二,向量概念是从有向线段、位移、力等几何、物理对象中抽象出来的,向量加法的学习将把这个抽象过程继续下去,是向量建构活动的继续。

开来:第一,向量加法是向量运算的起始课,是学习向量其他运算的基础;第二,向量加法是学生第一次有意识地定义数学运算,这无疑是学生对运算认识的一次飞跃。

③ 教学价值:理解数学的学科本质,即数学是什么? —— 数学是研究数量关系和空间形式的一门科学;数学有什么用? —— 应用的广泛性,几乎所有学科、生产生活、科技进步……,各个领域都要应用数学。

知识的价值:作为思维活动的结果 —— 知识,它的价值集中地体现在向量运算的工具价值中。

过程的价值:向量加法的学习是一个数学模式建构、研究、应用的过程,它提供了从物理原型中抽象出数学运算的经验,有助于学生体会数学研究方法的模式化的特点,过程中还蕴藏着丰富的数学思想。

思想的价值:形数结合思想;运算的思想;结构化思想 ;模式化思想。

2. 学情分析 —— 学生的知识、经验与缺陷

(1) 学生已有的知识。

① 熟悉抽象的原型:物理中所学习的力、位移等矢量的合成,使学生熟悉了抽象的原型;

② 熟悉类比对象和方法:数和式的运算为向量运算提供了类比对象与方法。

(2) 学生已有的经验。

① 经历过从物理原型抽象出向量概念的过程:在学习"向量的概念和表示"时,已经历过……

---

① 这是江苏省盐城中学侯爱娟老师参加全国赛课的教学设计,本书作者进行了设计指导。

② 具有建构和学习数学模式的经验:通过函数的学习,学生已具有……

③ 已有过运算思想的渗透:在学习集合的并、交、补时,已有过……

(3) 学生知识结构中的缺陷。

① 对运算的经验局限于数或式等代数对象上,认为运算就是计算;

② 对运算的理解局限于算法层面,没有经历过自觉地建构数学运算的过程。

所以向量加法意义的建构与理解是本节课的重点,也是难点。

3. 目标分析

(1) 价值取向:渗透思想,再现过程,落实知识。

(2) 目标定位。

① 理解向量加法的含义,掌握向量加法的三角形法则和平行四边形法则;掌握向量加法的交换律与结合律,并会利用它们进行向量运算;

② 感受和体会将实际问题抽象为数学概念的过程和思想,培养学生归纳、类比与迁移的能力,渗透数形结合与化归等思想;

③ 发展学生的数学应用意识,提高学生学习数学的热情。

4. 教法学法

(1) 教学方法:教师指导下的探究式学习。

(2) 教学手段:借助多媒体手段,直观迅速地展示问题,提高课堂效率。

(二) 课堂实施

整个教学过程按数学模型的建构、数学模型的研究、数学模型的应用三部分来组织教学。

1. 向量加法的建构

数学模型的建构是一个数学抽象的过程。抓住三个环节:

创设情境 → 意义建构 → 逻辑建构

(1) 创设情境。

课的开始以杭州湾跨海大桥为整体背景,让学生就两个问题展开讨论。

问题1:大桥通车之后人们可从嘉兴(O)直达宁波(B),建桥之前是如何从嘉兴到达宁波的?这里涉及了几个位移?它们之间有何关系?

问题2:这是大桥南航道A型独塔斜拉桥,其中两根拉索对塔柱的拉力分别为F_1,F_2,则它们对塔柱的作用效果能否用一个力代替?

该环节的作用是:呈现问题背景,激发学生的探究欲望,提供抽象原型。

(2) 意义建构。

该环节是建构活动中的关键环节,其目的是让学生通过思维活动,在头脑中创建"向量加法"的意义。分为"对抽象原型的分析"和"数学抽象"两步。

① 由问题1引导学生作出位移等效图,指出其实质就是探求三个位移间的

关系，即物理学中的位移合成。

② 在分析三个位移关系时，充分鼓励学生发表自己的看法，得到以下回答：

三个位移之间是分位移与合位移的关系；

位移 OB 是位移 OA 与位移 AB 的和：$\overrightarrow{OB}=\overrightarrow{OA}+\overrightarrow{AB}$。

进一步引导学生思考：这里的“+”“和”“合位移”是什么含义？OB 的长度与 OA，AB 的长度和相等吗？

通过讨论使学生明白：这里的“和”与“合”都是累计的含义，是指问题中两次位移的累计等效于一次位移，与“数的和”的意义是一致的，但又不同于单纯的数量相加。

由问题 2，作出力的合成图，进而展开类似的讨论。提出：

问题 3：上述问题中有何共同点？

学生发现：① 位移和力都是有大小有方向的量；

② 都涉及三个量，其中一个量是另外两个量的“和”。

进而提出：

问题 4：你们是怎样求和(即合位移与合力）的？两种方法有何关系？

通过讨论，得到用三角形法则和平行四边形法则都可以求合位移与合力，其结果是一致的。这样又得到新的共同点，即：

③ 都可以用三角形法则求“和”。

学生在生动、具体的现实情境中找到向量加法的物理原型，并由两种法则获得丰富的感性认识，为有效地突破难点，进行数学抽象奠定基础。

(3) 数学抽象。

数学抽象是意义建构的第二步，我运用了奥苏贝尔的先行组织者的策略：即利用适当的引导性材料，对当前所学内容做出定向和引导。

我们曾以有向线段、位移、力等几何物理对象为原型，抽象出向量这个数学模型。

问题 5：你能以位移的合成、力的合成等物理运算为原型抽象出新的数学运算吗？

这样，学生的抽象活动便有序展开：

① 把位移和力抽象为向量；

② 把合位移和合力抽象为向量的和；

③ 把求合位移和合力的“运算”抽象为向量的加法运算。

问题 6：对于给定的两个向量 $\boldsymbol{a}$，$\boldsymbol{b}$，如何确定它们的和呢？—— 突出本节课的重点—— 学生用求合位移与求合力的方法，即三角形法则。但需要突破的思维难点是：如何平移两个向量使其满足三角形法则的图形特征。由于前面已

有若干铺垫，学生在这一点上的突破还是比较顺利的。(视频插播1)

(4) 逻辑建构。

经过上述活动，学生在头脑中创建了一个新的数学对象——向量的和，要使这个数学对象成为客观的存在，还得通过下定义的逻辑手段，以获得确定的意义。

问题7：你们能概括出向量和的定义吗？

由问题7引导学生概括出：向量和的定义→明晰：向量加法的定义→总结出：向量加法法则。

向量加法定义是一个“构造性定义”，为了让学生明确定义的含义，应立即让学生进行操作演练：如图1.2.1，已知 $\boldsymbol{a}, \boldsymbol{b}$，作出 $\boldsymbol{a}+\boldsymbol{b}$(插入视频)。

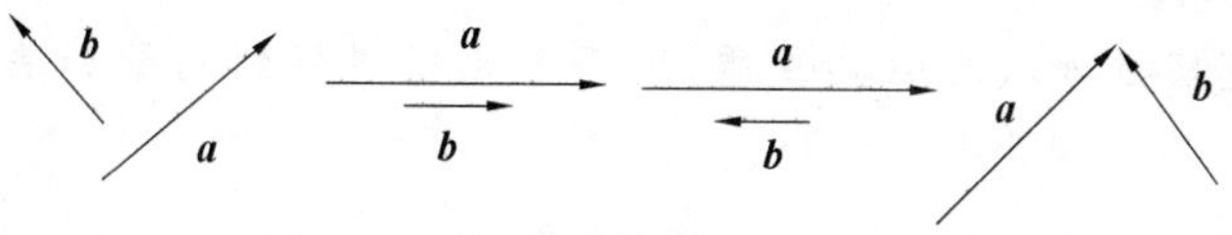

图1.2.1

演练也是概念形成的一个重要环节，它有利于学生把“过程”凝聚为“对象”。

在学生通过演练对向量加法有了初步的体验之后，引导学生进行更深入的思考：

问题8：求两个给定向量的和时，会因为点 O 选取的不同而得到不同的结果吗？

问题9：求向量的和时若不构成三角形或平行四边形该怎么办呢？这种情况下是不是和就不存在了呢？

有了演练的基础，学生不难得出：根据定义，任意两个给定的向量都存在唯一确定的和向量。体会到向量加法定义的合理性，渗透了代数运算的思想。

通过师生合作，共同建构出向量加法这个数学模型。

2. 数学模型的研究

设计思路是：以数学结构思想为指导，采用先行组织者的策略，通过类比的方法，引导学生探究发现向量加法的运算性质。

(1) 给出先行组织者。

研究一种运算总要研究它的性质，因为只有掌握了运算性质，才能合理、简捷地进行运算。

问题10：向量的加法具有哪些运算性质？

为了解决这个问题，我们可以把向量的加法和数的加法进行类比，数的加法具有哪些性质？向量加法具有相应的性质吗？若有，具体形式是什么？

从而提供了研究框架(表1.2.1)：

表 1.2.1

	实数的加法	向量的加法
性质		

(2) 类比猜想。

学生联想实数加法的运算性质，进而类比猜想得到向量加法的运算性质(表 1.2.2)：

表 1.2.2

	实数的加法	向量的加法
性质	$a+0=a$ $a+(-a)=0$ $a+b=b+a$ $(a+b)+c=a+(b+c)$	$\boldsymbol{a}+\boldsymbol{0}=\boldsymbol{a}$ $\boldsymbol{a}+(-\boldsymbol{a})=\boldsymbol{0}$ $\boldsymbol{a}+\boldsymbol{b}=\boldsymbol{b}+\boldsymbol{a}$ $(\boldsymbol{a}+\boldsymbol{b})+\boldsymbol{c}=\boldsymbol{a}+(\boldsymbol{b}+\boldsymbol{c})$

(3) 画图验证。

再引导学生通过画图验证向量加法的运算律。

说明：在探究运算性质的过程中，学生经历了联想、类比、猜测验证等思维过程，使用了合情推理与演绎推理的方法，掌握了向量加法的运算律，丰富了向量加法的内涵。通过将向量加法和实数加法进行比较，让学生从运算的角度认识到向量加法与实数加法所具有的相似性，加深了对数学运算的认识和理解。教学过程中，应关注以下两点：

① 先行组织者的作用：正是由于它，学生的探究活动有序而活跃；

② 数学结构思想的渗透：上面运算性质的表征是根据数学结构思想制定的，它体现了群的观点，教学中虽然没有说明，但这种思想的渗透对学生有着深远的影响。

3. 数学模式的运用

出于两方面目的：

① 与前面两部分一起构成一个完整的数学研究过程；

② 提供练习机会，建立解题规范，巩固知识，形成技能，加深理解，保证知识层面教学目标的达成。

下面的两道例题分别由教材的例1、例2改编而来。

例1：如图1.2.2，O为正六边形$A_1A_2A_3A_4A_5A_6$的中心，作出下列向量：

(1) $\overrightarrow{OA_1}+\overrightarrow{OA_3}$；(2) $\overrightarrow{A_2A_3}+\overrightarrow{A_6A_5}$；(3) $\overrightarrow{A_1A_3}+\overrightarrow{A_4A_6}+\overrightarrow{A_3A_4}$；

(4) $\overrightarrow{A_1A_2}+\overrightarrow{A_2A_3}+\overrightarrow{A_3A_4}+\overrightarrow{A_4A_5}+\overrightarrow{A_5A_6}$。

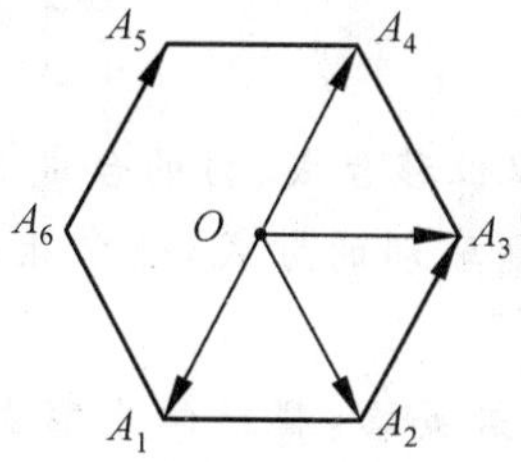

图 1.2.2

推广：① $\overrightarrow{A_1A_2}+\overrightarrow{A_2A_3}+\overrightarrow{A_3A_4}+\cdots+\overrightarrow{A_{n-1}A_n}=\overrightarrow{A_1A_n}$；

② $\overrightarrow{A_1A_2}+\overrightarrow{A_2A_3}+\overrightarrow{A_3A_4}+\cdots+\overrightarrow{A_{n-1}A_n}+\overrightarrow{A_nA_1}=\mathbf{0}$。

让学生在正六边形中，作出以上向量。

① 为学生运用向量加法法则和运算律提供了范例，为三角形法则推广到多边形法则提供了载体。

② 同时还联系了奥运圣火传递活动，为上述结论提供现实原型，激发学生的学习兴趣，渗透爱国教育，体现数学的生活性。

例2：如图1.2.3，已知桥是南北方向，受落潮影响，海水以12.5 km/h的速度向东流，现有一艘工作艇，在海面上航行检查桥墩的状况，已知艇的速度是25 km/h，若艇要沿着与桥平行的方向由南向北航行，则艇的航向如何确定？

图 1.2.3

例2是以大桥为背景设计的速度合成问题，目的是使学生学会用向量语言和方法表达与解决实际问题，体会数学的应用价值。并体现了向量加法解决物理问题的工具作用，有效地进行了学科渗透，分解如图1.2.4所示。

……

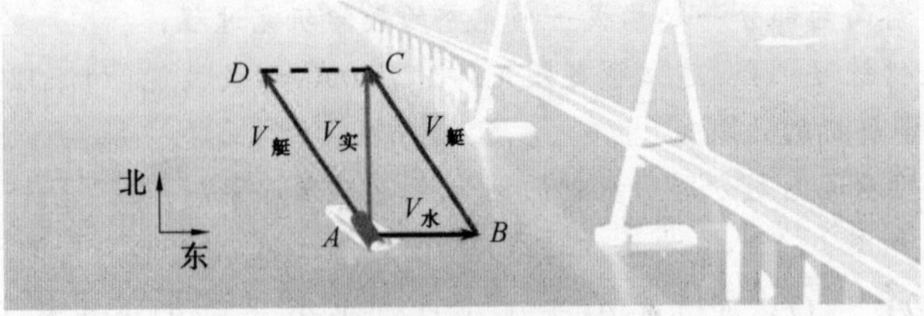

图 1.2.4

（三）课后反思

1. 可取之处

(1) 重视问题的设置：以位移合成、力的合成这两个初始问题，再现了向量加法的历史形成过程，以问题驱动的方式，让学生经历了数学知识发生发展的原过程。

(2) 多次采用先行组织者策略：帮助学生形成有意义学习的心向，对当前学习进行定向与引导。

(3) 重视数学思想方法的渗透，引导学生领悟数学学科的本质，以及向量的工具性作用。

2. 需改进之处

(1) 设计过细，“留白”不够，加之多媒体的限制，会失去一些生成性精彩片断。

(2) 重视问题解决的同时，更应该培养学生提出问题的能力，这一点我还应该做出更多的努力。

(3) 学生的活动往往是无意识的，教师如果能抓住它，促使学生进行反思，帮助他们暴露隐藏在无意识背后的思维活动，是有巨大价值的。比如，教学中不少学生在操作演练第 4 题时，平移 $\boldsymbol{b}$ 使其终点与 $\boldsymbol{a}$ 的起点重合(图 1.2.5)，认为这就是 $\boldsymbol{a}+\boldsymbol{b}$，这是因为学生没有意识到 $\boldsymbol{a}+\boldsymbol{b}$ 和 $\boldsymbol{b}+\boldsymbol{a}$ 的区别，还是默认了向量加法的交换律？帮助学生弄清这个问题是很有价值的，这又为向量加法性质探究提供了一个很好的切入点。但我在教学中却没有充分地抓住这个契机。觉得很遗憾！

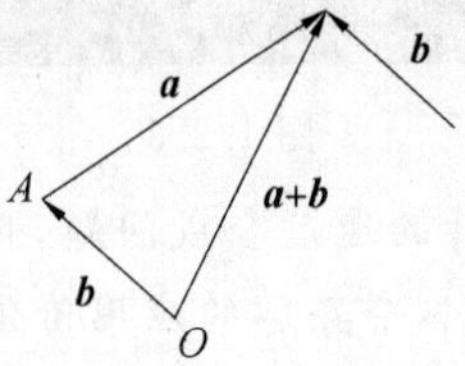

图 1.2.5

【教学反思】

平面向量是学生继“数”的学习之后,新学习的一个“量”,学习一个新的量就要有相关的概念、运算、逻辑关系(后学习的量不能与前面学习的运算规则矛盾)、应用等。从中不难看出,“数学是研究数量关系和空间形式的科学”这一学科本质,以及数学作为一门科学有其独有的研究对象和属性。虽然数学有着极其丰富多样的表现,但数学始终是围绕“数量关系”与“空间形式”这两个基本对象不断地抽象、提炼而演进的。数学与人类生活和社会发展紧密关联。(描述数学)

现代数学的发展表明,数学具有抽象、推理、模型、结构、运算等几个固有的本质属性(数学的本质是“度量”—— 东北师范大学史宁中先生的观点),人们是通过数学的这些本质属性来理解和表达现实世界中事物的本质、关系和规律的。因此,数学不仅是自然科学的重要基础,而且在社会科学中发挥越来越大的作用,数学的应用已渗透到现代社会及人们日常生活的各个方面。(学科本质)

深入认识数学的研究对象和本质属性,是充分挖掘和发挥数学育人功能、设计数学课程、有效进行数学教学的基础。数学在形成人的理性思维、科学精神和促进个人智力发展的过程中发挥着独特的、不可替代的作用。数学所体现出的严谨、求真、求实的思维品质和精神对于人的健康成长乃至形成风清气正的社会风气都是非常重要的,因此,数学教育与人的素养的养成紧密联系,数学素养是现代社会每一个公民应该具备的基本素养。数学教育承载着基于时代要求的整体育人功能,它不仅使学生掌握现代生活和学习所必需的数学知识、技能、思想和方法,更发挥着数学在培养人的思维能力、创新意识以及形成正确的世界观方面的特有功能,促进学生全面发展,并为学生适应终身学习奠定基础。(教育价值)

二、高中数学教育的根本任务是什么

课程标准指出:数学教育承载着落实立德树人的根本任务、发展素质教育的功能。

数学在形成人的理性思维、科学精神和促进个人智力发展的过程中发挥着不可替代的作用。数学素养是现代社会每一个人应该具备的基本素养。

数学教育帮助学生掌握现代生活和进一步学习所必需的数学知识、技能、思想和方法;提升学生的数学素养,引导学生会用数学眼光观察世界,会用数学思维思考世界,会用数学语言表达世界;促进学生思维能力、实践能力和创新意识的发展,探寻事物的变化规律,增强社会责任感;在学生形成正确人生观、价值观、世界观等方面发挥独特作用。

【教学实践】

突出“立德树人”导向　落实“五育并举”目标
——从高考数学命题看数学教育的根本任务

党的十九大明确提出新时代教育改革的任务:“全面贯彻党的教育方针,落实立德树人根本任务,发展素质教育,推进教育公平,培养德智体美劳全面发展的社会主义建设者和接班人。”

高考数学卷的命制,深入贯彻党的十九大精神,优化考试内容,创新试题形式,加强情境设计,加强与社会生产、生活实际的联系,注重综合性、开放性、应用性、探究性,科学设置难度,重点考查学生运用所学知识分析问题和解决问题的能力,充分体现新时代高考的功能,促进“立德树人”根本任务和“五育并举”教育方针的落地生根。

(一)运用抗击新冠肺炎疫情素材,引导学生关注社会热点

2020年突如其来的新冠肺炎疫情大爆发,灾难危机已经遍及全世界,世界经济严重衰退,国际贸易投资大幅萎缩,国际市场剧烈震动,全球产业链、供应链严重受阻,直接关系到世界70多亿人口的生命健康安全。在这次抗疫中,全国人民在中国共产党的领导下,团结一心、众志成城,取得了抗疫的伟大胜利。运用新冠病毒研究、抗疫期间的网络经济等为素材设计试题,引导学生关注社会热点,弘扬爱国精神。

例1:[2020·山东卷第6题]基本再生数R_0与世代间隔T是新冠肺炎的流行病学基本参数。基本再生数指一个感染者传染的平均人数,世代间隔指相邻两代间传染所需的平均时间。在新冠肺炎疫情初始阶段,可以用指数模型:$I(t)=e^{rt}$描述累计感染病例数$I(t)$随时间t(单位:天)的变化规律,指数增长率r与R_0,T近似满足$R_0=1+rT$。有学者基于已有数据估计出$R_0=3.28$,$T=6$。据此,在新冠肺炎疫情初始阶段,累计感染病例数增加1倍需要的时间约为($\ln 2\approx 0.69$)(　　)。

A. 1.2天　　B. 1.8天　　C. 2.5天　　D. 3.5天

评析:本题以流行病学调查的数学模型为背景进行设计,让学生了解新冠肺炎传染是呈“指数型”增长方式传播的,主要考查指数与对数运算,试题对数学建模、数学运算、数学抽象等核心素养进行了深入考查。答案选B。

(二)渗透环保理念,引导学生关注生态环境

当今世界,生态环境问题已成为全球普遍关注的问题。中华人民共和国成立以来,特别是改革开放以来,党中央、国务院采取一系列政策措施,有力地促进了生态建设和环境保护事业的发展。为落实习近平总书记“绿水青山就是金山银山”的环保理念,在高考数学试卷中,出现了许多以环境保护为背景的试

题,引导学生关注生态环境问题。

例 2:[2020·北京卷第 15 题] 为满足人民对美好生活的向往,环保部门要求相关企业加强污水治理,排放未达标的企业要限期整改。设企业的污水排放量W与时间t的关系为$W=f(t)$,用$-\dfrac{f(b)-f(a)}{b-a}$的大小评价在$[a,b]$这段时间内企业污水治理能力的强弱,已知整改期内,甲、乙两企业的污水排放量与时间的关系如图 1.2.6 所示。

给出下列四个结论:

① 在$[t_1,t_2]$这段时间内,甲企业的污水治理能力比乙企业强;

② 在t_2时刻,甲企业的污水治理能力比乙企业强;

③ 在t_3时刻,甲、乙两企业的污水排放都已达标;

④ 甲企业在$[0,t_1]$,$[t_1,t_2]$,$[t_2,t_3]$这三段时间中,在$[0,t_1]$这段时间的污水治理能力最强。

其中所有正确结论的序号是________________。

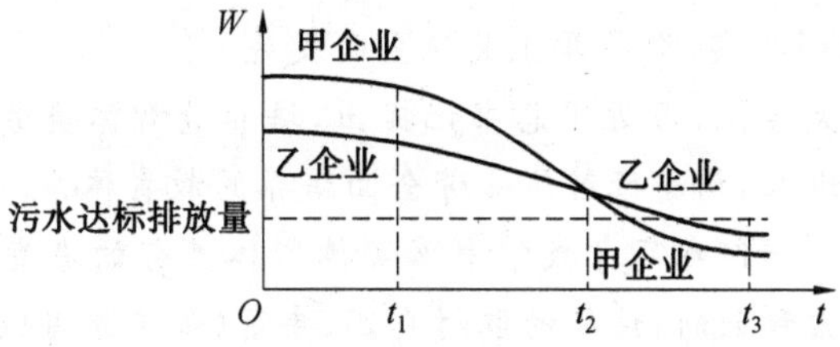

图 1.2.6

评析:本题以甲、乙两个企业污水排放治理能力的强弱为背景,考查函数图象、直线的斜率、函数的平均变化率、导数的几何意义等内容,对图象识别、符号语言的理解、知识的综合运用能力要求很高。答案为 ①②③。

(三) 融入文明成果,引导学生关注数学文化

数学是人类文化的重要组成部分,数学既是人类认识自然的中介,也是一种创造与发现活动,数学是促进人类文明进步、推进社会发展的强大动力。数学具有人文价值、科学价值、应用价值,它可以促进人类文化不断进步,促进人类文明不断迈向更高阶段。2020 年的高考数学中出现了许多考查数学文化的新颖命题,这些试题注重传统文化在现实中的创造性转化和创新性发展,将数学知识、思想方法、中外古代文明成果融为一体,有效考查学生在新情境下对知识的理解和迁移运用能力。

例 3:[2020·全国卷 Ⅱ 理科第 4 题] 北京天坛的圜丘坛(图 1.2.7)为古代祭天的场所,分上、中、下三层,上层中心有一块圆形石板(称为天心石),环绕天心石砌 9 块扇面形石板构成第一环,向外每环依次增加 9 块,下一层的第一环比上一层的最后一环多 9 块,向外每环依次也增加 9 块,已知每层环数相同,且下

层比中层多 729 块，则三层共有扇面形石板(不含天心石)(　　)。

图 1.2.7

A. 3 699 块　　　B. 3 474 块　　　C. 3 402 块　　　D. 3 339 块

评析：本题是以中国古代著名建筑北京天坛的圜丘坛的地面"天心石"的铺设为背景进行设计的，主要考查与等差数列前 n 项和有关的计算问题，对数学建模、空间想象、逻辑推理、数学运算、数学抽象等核心素养进行了深入考查，答案选 C。

(四) 背景取材丰实，引导学生关注全面发展

在全国教育大会上，习近平总书记提出，培养德智体美劳全面发展的社会主义建设者和接班人，构建德智体美劳全面培养的教育体系。这使得素质教育的内涵更加丰富。如何在高考数学中落实德智体美劳的考查目标？命题专家进行了深入的探索和创新：试题的取材真实、丰富(如志愿者服务、体育运动、工厂实习、生产劳动、乐器原理、科技实验等)，加强了对"德育、体育、美育、劳动教育"等在高考数学中的渗透，在考查知识目标的同时，引导学生全面发展，落实"五育并举"的教育方针。

例 4：[2020·全国卷 Ⅰ 理科第 19 题] 甲、乙、丙三位同学进行羽毛球比赛，约定赛制如下：累计负两场者被淘汰；比赛前抽签决定首先比赛的两人，另一人轮空；每场比赛的胜者与轮空者进行下一场比赛，负者下一场轮空，直至有一人被淘汰；当一人被淘汰后，剩余的两人继续比赛，直至其中一人被淘汰，另一人最终获胜，比赛结束。经抽签，甲、乙首先比赛，丙轮空。设每场比赛双方获胜的概率都为$\frac{1}{2}$。

(1) 求甲连胜四场的概率；

(2) 求需要进行第五场比赛的概率；

(3) 求丙最终获胜的概率。

评析：本例是以羽毛球比赛为背景进行设计的，引导学生关注体育运动，加强体育锻炼，强壮体魄，高质量地学习、生活和工作，考查数据处理、数学运算、数学抽象等核心素养。

答案是：(1) $\frac{1}{16}$；(2) $\frac{3}{4}$；(3) $\frac{7}{16}$。

例 5：[2020·山东卷第15题] 某中学开展劳动实习，学生加工制作零件，零件的截面如图 1.2.8 所示。O 为圆孔及轮廓圆弧 AB 所在圆的圆心，A 是圆弧 AB 与直线 AG 的切点，B 是圆弧 AB 与直线 BC 的切点，四边形 $DEFG$ 为矩形，$BC \perp DG$，垂足为 C，$\tan\angle ODC=\frac{3}{5}$，$BH \parallel DG$，$EF=12$ cm，$DE=2$ cm，A 到直线 DE 和 EF 的距离均为 7 cm，圆孔半径为 1 cm，则图 1.2.8 中阴影部分的面积为________ cm^2。

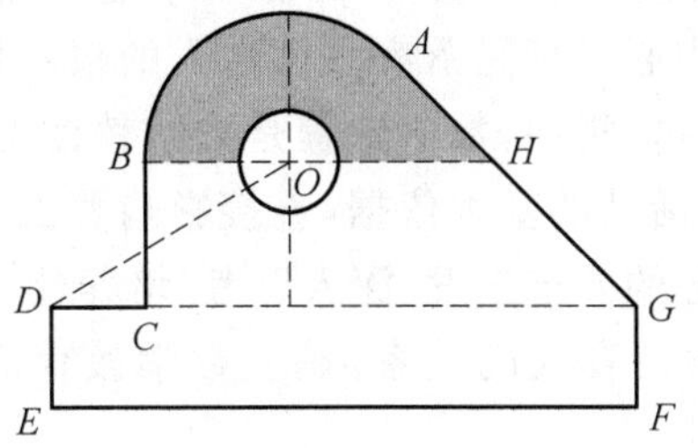

图 1.2.8

评析：本例是将劳动实习的劳动场景融入试题，其目的是向学生渗透劳动教育，考查数学建模、数据处理、数学推理、数学运算等核心素养。答案为 $4+\frac{5\pi}{2}$。

纵观高考数学试题，在践行“立德树人”的根本任务，落实“五育并举”的教育方针上进行了诸多尝试：加大对社会主义核心价值观的考查力度，积极引导学生树立正确的价值观；强化对思维品质的考查，促使学生在思考的基础上将对价值观的认知内化；增加反映我国经济、政治、文化、社会、生态文明、科学技术等领域发展进步的内容，增加体现中外优秀传统文化和社会主义先进文化的内容，促使学生增强“四个自信”。使高考切实成为全面培养学生的教育体系中的一环，这样才能真正发挥高考在引导素质教育、促进学生全面发展中的指挥棒和改革龙头作用，从而更加有力地把考试招生制度、教育评价体系、教育体制机制改革推向前进。

【教学反思】

“数学在形成人的理性思维、科学精神和促进个人智力发展的过程中发挥着不可替代的作用。数学素养是现代社会每一个人应该具备的基本素养”“数学教育帮助学生掌握现代生活和进一步学习所必需的数学知识、技能、思想和方法”。这既是对数学育人功能较为全面的概括，也为立德树人落实于数学教育指出了相对具体的路径。“三会”素养生动地诠释和刻画了数学育人体现在人身上的三个重要特征:数学眼光、数学思维、数学语言,体现了数学学科核心素养对学生的要求,是数学核心素养内化于人的结果。在发展学生核心素养的主旨下,数学课程在处理人与自我、人与社会、人与环境关系上要做好价值拓展,以促进学生思维能力、实践能力和创新意识的发展,探寻事物变化规律,增强社会责任感,从而使学生形成正确的人生观、价值观和世界观。

数学教育要落实立德树人的根本任务。《教育部关于全面深化课程改革落实立德树人根本任务的意见》明确指出:"立德树人是发展中国特色社会主义教育事业的核心所在,是培养德智体美劳全面发展的社会主义建设者和接班人的本质要求。"在新时代背景下,数学课程改革进入全面深入推进的新阶段,深化数学课程改革的中心目标是落实立德树人的根本任务。数学课程要集中体现国家教育方针的目标指向,数学课程是数学教育思想、目标和内容的主要载体,是学校教育教学活动的基本依据,直接影响着人才培养质量。我们要从落实立德树人根本任务的要求出发,深入思考"培养什么人,怎样培养人"等教育本源问题,理清数学与育人的关系,确立数学教育应有的育人价值取向和定位。

三、高中数学课程的性质是什么

课程标准指出:高中数学课程是义务教育阶段后普通高级中学的主要课程,具有基础性、选择性和发展性。必修课程面向全体学生,构建共同基础;选择性必修课程、选修课程充分考虑学生的不同成长需求,提供多样性的课程供学生自主选择;高中数学课程为学生的可持续发展和终身学习创造条件。

【教学反思】

上述有关课程标准的内容指明了高中教育阶段数学课程的基本性质:高中教育是在九年义务教育基础上进一步提高国民素质、面向大众的基础教育。高中阶段是学生人生成长的重要阶段,是学生个性形成、自主发展的关键时期,高中教育对提高国民素质和培养创新人才具有特殊意义,因此,要注重培养学生自主学习、自强自立和适应社会的能力。

长期以来,我国的高中教育被过度强化了高考的功能,高中数学教育陷入了应试的漩涡难以自拔,机械模仿、题海训练充斥着数学课堂,学生被当成了"刷题工具",重复训练、唯分数论导致师生苦不堪言,被异化的高中数学教育已经失去了"是在九年义务教育基础上进一步提高国民素质、面向大众的基础教育"的性质。因此,课程标准中对"课程性质"的阐述,就是对高中阶段数学课程的本质属性进行"拨乱反正"和"正本清源",回归高中数学教育的本真,以适应新时代的育人要求,不断提升学生的数学核心素养,为学生适应终身学习和未来可持续发展创造条件。①

第3节　关注高中数学课程理念的变化

【高中数学课程的基本理念】

(1) 以学生发展为本,立德树人,提升素养。落实数学学科核心素养要求,实现人人都能获得良好的数学教育,不同的人在数学上得到不同的发展;

(2) 优化课程结构,突出主线,精选内容。课程内容主线有函数、几何与代数、概率与统计、数学建模活动和数学探究活动等。每条主线又有若干核心内容;

(3) 把握数学本质,启发思考,改进教学。教学要以发展学生数学学科核心素养为导向,创设合适的教学情境,启发学生思考,引导学生把握数学内容的本质。提倡独立思考、自主学习、合作交流的学习方式;激发学生的学习兴趣,培养良好的学习习惯,促进学生实践能力和创新意识的发展;提高教学实效性,不断引导学生感悟数学的价值。

(4) 重视过程评价,聚焦素养,提高质量。高中数学课程理念的变化必然导致数学课堂教学理念的深刻变化。

【教学实践】

课例:平衡:数学课堂教学的基本理念
——平均变化率

(一) 教学过程简录

1.从学生感兴趣的问题出发,引出课题

(播放音乐《蜗牛》)

教师:同学们,刚才大家听到的是哪一首歌的旋律呀?

学生:周杰伦的《蜗牛》。

教师:有谁知道他最近又出了什么新专辑吗?

学生:《我很忙》

教师:看来大家对他还是比较熟悉的!

(用多媒体投影图1.3.1,以后不再注明)

教师:这条曲线近似地代表新专辑《我很忙》10月份在北京销售量的变化

---

① 史宁中,王尚志.普通高中数学课程标准(2017年版)解读.北京:高等教育出版社,2018,5:第48页.

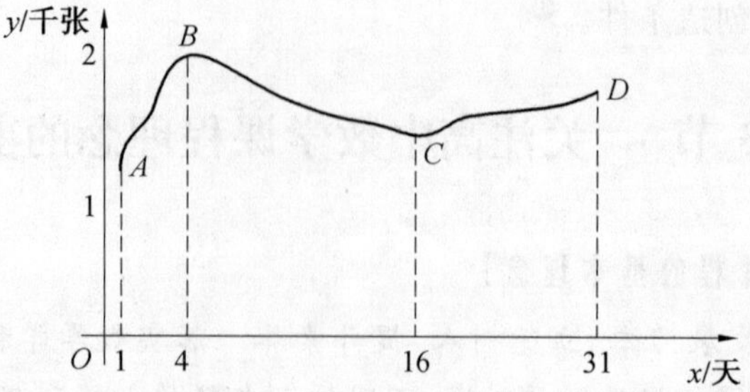

图 1.3.1

情况。你能看出曲线上哪一段的销售量是增加的吗？

学生 1：在区间[1,4]和[16,31]上，其销售量是增加的。

教师：那哪一段上销售量增加得快呢？为什么？

学生 1：区间[1,4]上销售量增加得快。因为 AB 这段曲线比较“陡峭”。

教师：因为 AB 这段曲线比较“陡峭”，所以反映了销售量增加得快。我们如何来量化曲线的“陡峭”程度呢？这是我们这节课要研究的问题——平均变化率(板书课题)。

2. 通过实际问题，抽象出数学概念

教师：为了弄清“平均变化率的概念，我们先来研究一个实际问题：

这是某市2004年3月18日至4月20日每天最高气温的变化图(图 1.3.2)，以 3 月 18 日为第一天，那么坐标轴上的 32,34 各表示的是几月几日呢？

学生 2：32 表示 4 月 18 日；34 表示 4 月 20 日。

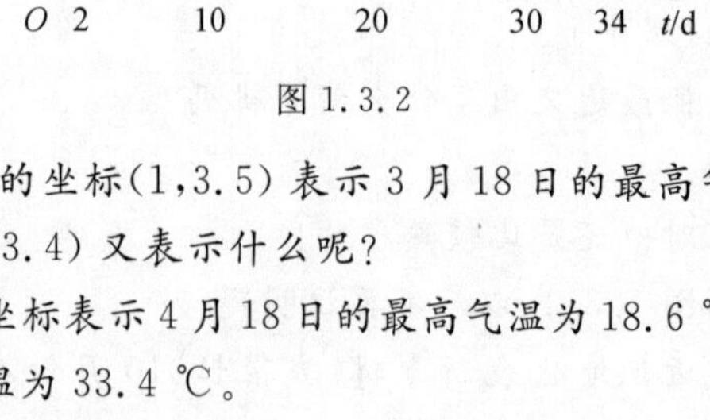

图 1.3.2

教师：如果点 A 的坐标(1,3.5)表示 3 月 18 日的最高气温为 3.5 ℃，那么 $B(32,18.6)$，$C(34,33.4)$ 又表示什么呢？

学生 3：点 B 的坐标表示 4 月 18 日的最高气温为 18.6 ℃；点 C 的坐标表示 4 月 20 日的最高气温为 33.4 ℃。

教师：4 月 18 日到 4 月 20 日两天的温差达到了多少？

学生(众)：14.8 ℃。

教师：在短短的两天内，温差达到了 14.8 ℃，人们就会感到气温变化得真快！而3月18日到4月18日的温差是15.1℃,但人们却没有这样的感觉,这是为什么呢?

(学生讨论、交流)

学生4:3月18到4月18日气温平均每天的变化情况为:$\frac{18.6-3.5}{32-1}\approx 0.5$(℃/天);

4月18日到4月20日气温平均每天的变化情况为:$\frac{33.4-18.6}{34-32}=7.4$(℃/天)。

因为$7.4>0.5$,所以4月18日到4月20日气温变化得快。

教师:你从“数”的角度,通过量化,给予了很完美的解释,非常好！还能从其他角度加以比较吗?

(学生的兴趣被激发,探索的欲望高涨起来)

学生5:从3月18日到4月18日经历的时间比较长,所以人们感觉气温的变化不明显;而从4月18日到4月20日经历的时间比较短,所以人们感觉气温的变化明显。

教师:经历的时间长,就会感觉气温的变化不明显?！经历的时间短,就会感觉气温的变化明显?!

(学生沉思,没有回应)

教师:时间越长,变化越不明显,时间越短,变化越明显,这是在什么前提之下呢?

(学生豁然开朗)

学生6:在温差相近的情况下,经历的时间越长,感觉气温的变化越不明显,经历的时间越短,感觉气温的变化就会越明显。

教师:回答得很准确,语言表达也非常的清晰、简练。虽然你(指学生5)的回答不太准确,但你的回答为大家提供了思路,你的功劳是非常大的,谢谢你,请坐下。大家看看,学生6与学生4的比较本质上有什么区别吗?

(学生们发现了其一致性)

教师:那还有其他的比较方法吗?

学生7:我们把这两个时间段每天的最高气温值都写出来,然后计算这两段时间内温度变化的方差,方差大的那个时间段表明气温变化比较快。

教师:太好了！这位同学非常聪明,他把“方差”也用上了。我们知道:方差越小,表示越稳定,方差越大,表示波动越大。因此,我们可以用方差的大小来比较这两段时间气温变化的情况。还有其他方法吗?

(学生学习的欲望越来越大,都在积极思考,但又都没有好的答案)

教师:(用手势演示了这两段图象的上升趋势,这时有很多学生发现“新大陆”了)

学生8:因为曲线 BC 比较“陡峭”,所以在这段时间里气温的变化比较明显,而曲线 AB 比较“平缓”,所以这段时间里气温的变化不明显。

教师:她从图象上直观地看出:曲线越“陡峭”,表示气温的变化越快;曲线越“平缓”,表示气温的变化越慢。

教师:同学们刚才从两个不同的角度,对气温的变化情况进行了比较,得出的结论是:4月18日到4月20日的曲线比较“陡峭”,说明气温的变化快;我们还通过计算每天气温的平均变化情况也得出了这段时间里气温变化得较快。看来这两者之间是有关系的,比值7.4可以来量化曲线 BC 的“陡峭”程度,我们把这个比值就叫作气温在区间[32,34]上的平均变化率。同样,把比值0.5叫作气温在[1,32]上的平均变化率。

教师:平均变化率的这个比值我们是怎么计算的呢?

学生9:是区间端点所对应的纵坐标之差比上横坐标之差。

教师:是的。刚才我们给大家定义了气温在某区间上的平均变化率的概念,其实,在实际生活中,还有很多与平均变化率有关的问题。我们将具体问题中平均变化率的概念一般化:

(师生讨论、交流,抽象得出平均变化率的定义)

板书:一般地,函数 $f(x)$ 在区间 $[x_1,x_2]$ 上的平均变化率为 $\dfrac{f(x_2)-f(x_1)}{x_2-x_1}$。

(教师强调使用定义时要注意的问题)

3. 平均变化率的几何意义

教师:平均变化率有什么几何意义呢?

(学生沉默)

教师:这个公式与以往我们学习过的哪一个公式相似呢?

(通过老师的点拨,许多学生有所感悟)

学生10:它的几何意义是曲线上经过 A,B 两点的直线的斜率。

教师:你不仅联想丰富,而且叙述也十分严谨。

(用多媒体演示图1.3.3,并板书几何意义)。

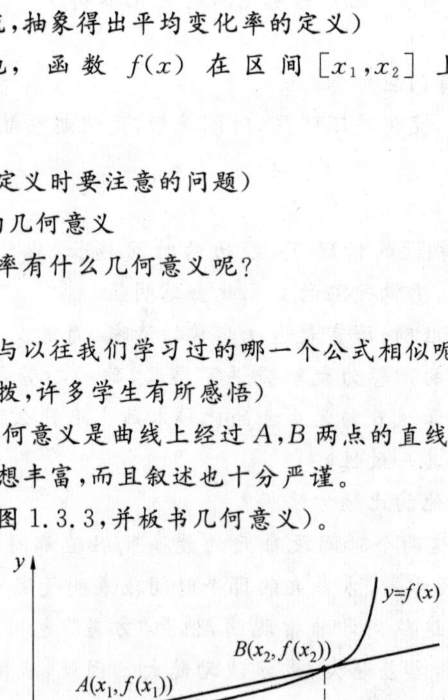

图1.3.3

教师：我们再回到上面的气温曲线图，现在就可以知道刚才计算的气温平均变化率的实际意义了。我们用直线的斜率来刻画直线的倾斜程度，同样，我们用平均变化率来近似地量化曲线在某一个区间上的“陡峭”程度，具体地说：曲线越“陡峭”，说明变量变化越快；曲线越“平缓”，说明变量变化越慢。

4. 数学概念的应用

教师：刚才我们学习了平均变化率的概念和几何意义，下面我们来解决几个实际问题。

例 1：小远从出生到第 12 个月的体重变化如图 1.3.4 所示，试比较小远从出生到第 3 个月与第 6 个月到第 12 个月体重变化的快慢情况。（体重：kg；身高：cm）

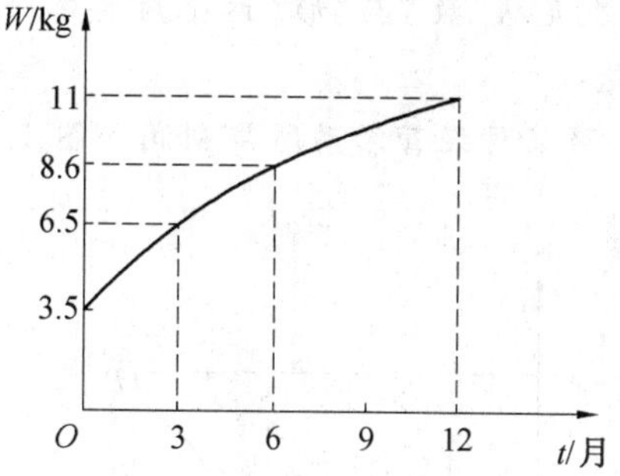

图 1.3.4

学生 11：从出生到第 3 个月，体重的平均变化率为 1；第 6 个月到第 12 个月体重的平均变化率为 0.4。

因为 $1>0.4$，所以从出生到第 3 个月体重增加得快。

教师：这位同学算出了体重的平均变化率的值，从“数”的角度进行了体重变化快慢的比较。还可以怎样比较？

学生 12：从图象上看，在 $[0,3]$ 上图象比较“陡峭”，因此在这段时间内，小远的体重变化较快。

教师：这位同学通过观察图象的“陡峭”程度，也比较出来了。两位同学分别从“数”和“形”的不同角度对小远的体重变化情况做出了比较。说明大家对平均变化率的概念有了一定的理解，能力也有了很大的提升。下面还有更难的问题等待你们去解决！

例 2：国家环保局在规定的排污达标的日期前，对甲、乙两家企业进行检查，其连续检测结果如图 1.3.5 所示（其中 $W_1(t)$，$W_2(t)$ 分别表示甲、乙两家企业的排污量）。试问哪个企业治污效果好？

学生 13：甲企业治污效果好，因为在相同的时间内，甲企业治污的平均变化率较大。

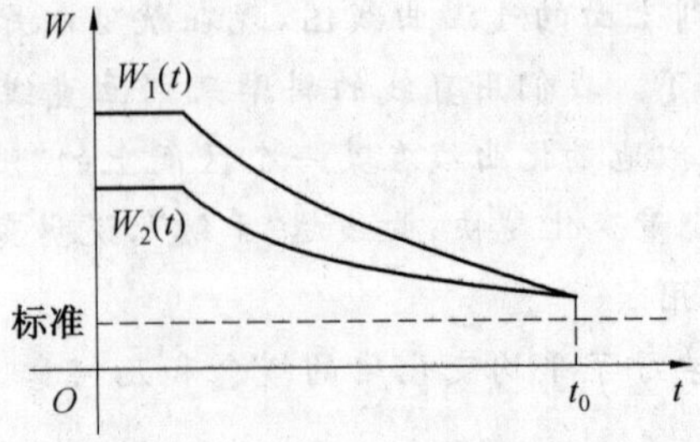

图 1.3.5

学生 14：也可以从曲线的“陡峭”程度去分析，甲企业治污的变化曲线比较“陡峭”，因此，甲企业治污的效果比乙企业要好一些。

教师：这两位同学也是从“数”与“形”两个角度分别进行分析比较的，都很好。再看这样一个问题：

例 3：甲、乙两人从事某种经营活动所得利润如图 1.3.6 所示，试比较并评价两人的经营效果。

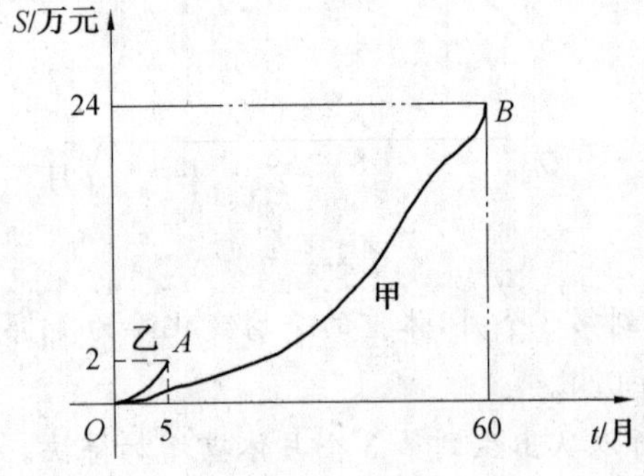

图 1.3.6

学生 15：乙的图象比较“陡峭”，所以，乙的经营效果比较好。

学生 16：我不同意她的观点，我通过计算，发现甲和乙的平均变化率是相同的，都是 0.4。

教师：大家的意见呢？

（两种观点产生了冲突，学生通过辩论与计算，基本上都同意了学生 16 的观点）

学生 17：在[0,5]之间乙的图象确实比甲“陡峭”，但是在[0,60]之间两者的图象“陡峭”程度如何？我们说不清楚。所以在不同的区间上，通过观察两个图象得出的结论是不可靠的。要想通过观察得出正确的结论，还必须知道乙在[0,60]的图象。

教师：真不简单，这么复杂的问题，谜底很快被你揭开了，表明你认识问题的深邃和敏捷。在不同的区间，比较两个不同的变量的变化快慢，不能单凭直观，还需要通过计算，才能准确地加以比较。我们来看看这个问题中两个变量的平均变化率的几何意义（多媒体演示图 1.3.7），可以看出，两个平均变化率是相等的。

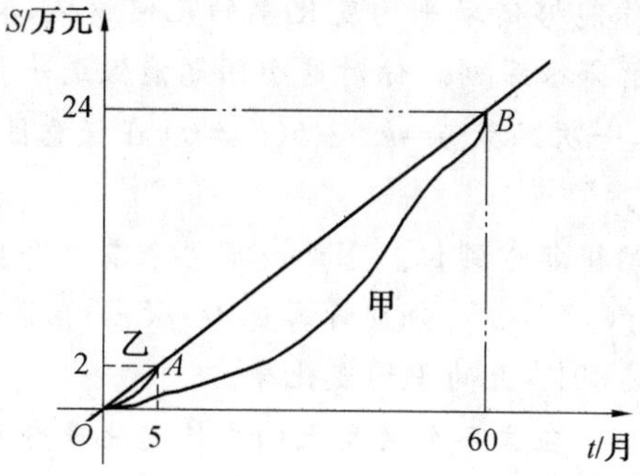

图 1.3.7

例 4：水经过虹吸管从容器甲中流向容器乙（图 1.3.8），t s后容器甲中水的体积 $V(t)=5\times 2^{-0.1t}$（单位：cm^3），计算第一个 10 s 内 V 的平均变化率。（已知：$e\approx 2.718\ 28$，$e^{-1}\approx 0.368$）

学生 18（板演）：$\frac{V_{10}-V_0}{10-0}\approx\frac{5\times 0.368-5}{10}=-0.316(cm^3/s)$

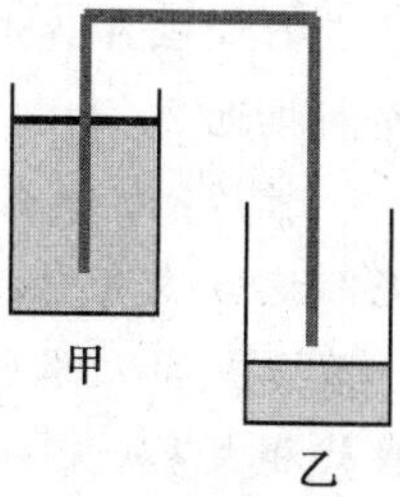

图 1.3.8

（教师口述并修改学生 18 书写不规范之处）

教师：大家看看，本题中的“—”有什么实际意义吗？

学生 19：“—”表示容器甲中水的体积在逐渐减少。

教师：你真聪明，一语道破“天机”！平均变化率可以为正，也可以为负，可不可以为 0 呀？

学生 20：可以，比如函数 $y=1$ 在任何区间上的平均变化率都为 0。

教师：很好！你不仅回答了问题，还举了具体实例。那么一般在什么情况下平均变化率为 0 呢？

学生 20：当 $f(x_2)=f(x_1)$ 时为 0。

教师：通过上面四个例子我们研究了平均变化率在实际生活中的应用，那么它在数学上有什么应用呢？

例 5：已知函数 $f(x)=2x+1$，$g(x)=-2x$，分别计算在区间 $[-3,-1]$，$[0,5]$ 上函数 $f(x)$ 及 $g(x)$ 的平均变化率。

学生 21：函数 $f(x)$ 在这两个区间上的平均变化率都是 2，$g(x)$ 都是 -2。

教师：如果把这两个具体区间换成任意的区间 $[m,n]$ $(m<n)$，情况又如何呢？

学生21：$f(x)$ 还是2，$g(x)$ 还是-2。因为平均变化率的几何意义是对应直线的斜率，而同一条直线的斜率是唯一的，所以不管区间怎样变化，它们的平均变化率不会变。

教师：太好了！你能够借助平均变化率的几何意义，洞察出问题的本质所在，说明你对概念理解得很深刻。你对这个问题能做进一步的归纳吗？

学生21：一般地，一次函数 $y=kx+b(k\neq 0)$ 在任意区间 $[m,n](m<n)$ 上的平均变化率等于 k。

教师：不错！归纳得非常到位。下面我们再来看一个更复杂的问题：

例6：已知函数 $f(x)=x^2$，分别计算函数 $f(x)$ 在区间 $[1,3]$，$[1,2]$，$[1,1.1]$，$[1,1.01]$，$[1,1.001]$ 上的平均变化率。

学生22：函数 $f(x)$ 在这5个区间上的平均变化率分别为：4，3，2.1，2.01，2.001。

教师：从上面计算的结果，你发现了什么？

学生23：当区间的右端点逐渐接近1时，平均变化率逐渐接近2。

教师：你发现了这个奇特的规律，的确很不简单呀！（用几何画板演示图1.3.9，脱动点B向点A逐渐靠近，显示的平均变化率逐渐接近2。）

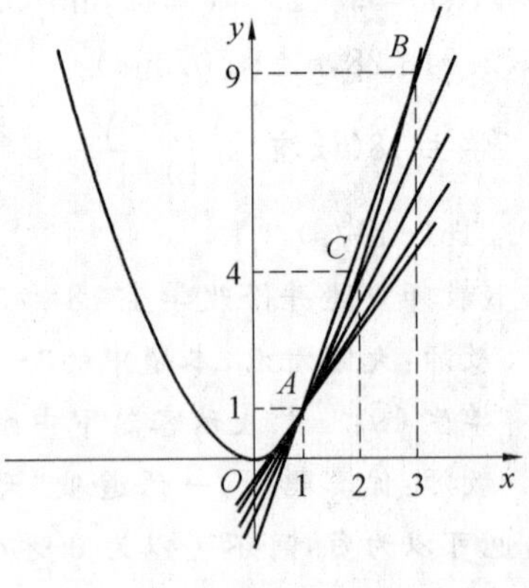

图1.3.9

教师：为什么平均变化率逐渐接近2呢？这当然有它特定的意义！这是我们下一节课要和大家研究的问题。好！本节课我就和大家一起研究到这里。

（师生共同总结，这里省略）。

（二）教学特色简评

学习“平均变化率”的目的是“引导学生经历由平均变化率到瞬时变化率的过程，认识和理解导数的概念。”这节课的内容平淡、单薄，教学中很难“出新、出奇、出彩”。如何在教学中构建生动的情境，让学生在探索中求知、在思考中求智、在品味中求美，使课堂充满灵动、演绎精彩、彰显魅力，是对教师的悟性和能力的极好考验。

纵观这节课，教师以民主的精神、开放的态度、合作的方式、宽松的环境组织教学活动，教学过程呈现出一种双向的交流、动态的建构、生长的愉悦、发展的快乐，课堂成为师生共同拥有的家园。在整节课中，教师不仅仅是用理智上课，同时还投入了自己的情感。她尊重学生的主体地位，为学生探索新知创设条件；她尊重学生的个人感受和独特见解，鼓励学生自主探究与合作交流。她敏锐地捕捉发生在课堂情境中的每一次思维灵感的闪现和稍纵即逝的教育契机，并巧妙地加以引导、点拨、放大，课堂中有疑问、有猜想、有惊讶、有沉思、有经历探索的刺激、有茅塞顿开的喜悦，学生的理智过程和整个精神世界得到了实质性的发展与提升，真正落实了“促进学生全面、持续、和谐发展”的新课标理念。具体地说，这节课的“亮点”是教师做到了“四个平衡”：

1. 在教材的处理上，做到了“尊重”与“超越”的平衡

新教材是课程标准的物化，是许多教育专家理论研究成果和优秀教师教学实践经验的结晶，是依据学生的年龄特征、心理特征和身心发展规律精心策划、不断打磨的成果。教材中的每道例题、每幅插图都蕴含着某些数学思想和方法，都具有其特定的教育功能。这些功能需要教师“深入”教材，认真研究，从课程的高度来理解、思考和处理，其价值才能得以阐释。教学的实践证明，对教材的彻底反叛和完全盲从都是极端化的做法，都不利于学生的发展和教学目标的全面实现。本节课我们看到，教师在教材的处理上，做到了“尊重”与“超越”的平衡。

(1) 用足和放大了教材的育人功能。数学课堂在完成其特定的教学任务的同时，理应承担着“为学生的终身发展打好基础”的责任。教师用教材教，不能简单地把教学目标锁定在完成“教材”上。在这节课开始时，教师能够紧紧抓住学生的心理，通过播放学生喜爱的歌曲，顺理成章地过渡到“新专辑《我很忙》的销售变化情况”中，将学生轻松愉快地带入到了探究数学问题的“殿堂”，引入和谐自然，学生的情感态度也得到升华，学习兴趣倍增。在教学过程中，教师能够依据教材中“气温变化”的实际场景和例题素材，设计一系列的探究活动，将教材中“单一的、静态的、冰冷的形式化美丽的数学知识”转化为学生“多样的、动态的、火热的思考”，让学生亲身经历了“平均变化率”概念的形成、发展和应用过程，使学生既加深了对数学概念本质的理解，也使学习的愿望和能力得到了提升。在这节课的结尾处，教师巧妙地利用教材中的例 3 设计了一个探究性问题，还利用几何画板设计了动画演示，使学生在“火热思考”和“形象直观”中生成了智慧，学生从中既进行了数学思想方法的学习，又感到问题中的变化规律的奇特，更会被数学之美所诱惑！殊不知，这是老师特意设计的悬念，为下节课的引入做好了铺垫。

(2) 设计合理的教学顺序。教材的编写蕴含着数学知识自身的逻辑体系，教学活动的展开遵循着学生的认知规律。当学生的认知规律和教材的呈现发生矛盾时，教材呈现的顺序未必就是教学的顺序。从本节课的教学看，教师对教材的呈现顺序做了很大的调整，如，例题教学的顺序为：例 1(教材的例 1) → 例 2(教材第 7 页练习 2) → 例 3(教师设计的问题) → 例 4(教材的例 2) → 例 5(教材的例 4) → 例 6(教材的例 3)；同时又对教材的不足进行了必要的修改、补充、拓展，如，对教材中的三道应用问题的设问方式都进行了修改，使其更符

合生活实际，更具有亲和力，体现人性化的新课程理念；例 6 在教材的基础上增设了区间[1,1.01]，这样设计更符合学生的认知规律；例 3 是以评价经营效果为素材，教师自己创编的问题，是两条曲线分别在不同区间上比较变量变化快慢的问题，设计的目的是让学生发现用曲线的“陡峭”程度观察变量变化的快慢时，应该注意的问题。

这节课中，教师对教材的感悟之深、处理之活，是教师良好素质的展现。应该说，没有教师对教材的“深入”，也就没有对教材的“浅出”，更不会有对教材的“超越”。教材是案例，不是范例；教材是话题，不是习题；教材是教学线索，不是教学目标。教学中既要尊重教材，又不为教材所束缚，在“尊重”与“超越”之间寻求平衡点是最佳选择。

2. 在目标的设置上，做到了“过程”与“结果”的平衡

过程和结果是辩证统一的。就其性质而言，结果通常只涉及认知层面，它以“产品”的形式存在，是封闭的、固定的、静态的；而过程则既涉及认知层面，又渗透着活动主体的情感、态度、意志等心理因素，它以“活动”的形式存在，是开放的、灵活的、发展变化的，它对学生身心素质的形成与发展具有促进作用。“没有过程的结果是没有体验、没有深刻理解的结果，不追求结果的过程是缺乏价值和意义的过程”。

本节课中，教师用了很大篇幅，设计了“平均变化率”概念的形成过程，通过“新专辑销售的变化曲线”和“气温变化曲线”的生活实例，引导学生在自主探究、合作交流的过程中，利用生活常识分析问题，找出刻画变量变化快慢的数学方法。学生通过对具体问题的探究，经历了质疑、判断、比较、选择，以及相应的分析、综合、概括等多样化的过程，有了数学学习个性化的感悟和创造，有了数学经验的孕育和理解能力的提升，自然而然的会对“平均变化率”概念的本质有深刻的理解。

通过 6 道有目的、有层次的例题训练，“平均变化率”概念的应用得到了强化。教师在例题教学中，能够充分地放手让学生参与自主探究、合作交流活动，使学生在成功与失败、正确与错误的矛盾冲突中层层深入，思维碰撞时时激起，个体的创造力、潜能、天赋、个性等得以表征，凝固在活动结果上的是学生完全掌握了从“数”和“形”两个角度分析比较变量的变化快慢问题，达到了对数学概念的深刻理解，形成了一个既有血肉、又有灵魂的活的数学知识结构，理智过程和整个精神世界得到了实质性的发展和提升。

3. 在方法的运用上，做到了“探究”与“接受”的平衡

探究学习比较开放，它更重视学生的学习动机和独立思考的能力，更强调过程，在积累直接经验、培养学生的创新精神和实践能力方面有其独到之处，但是，这种学习方式花费的时间较多。接受性学习可以在较短的时间内让学生吸

取更多的信息，在积累间接经验、传递系统的学科知识方面，其效率之高是其他学习方式无法比拟的，但这种方法不利于学生形成爱质疑、乐探究的心理倾向，不利于激发学生探索和创新的积极欲望。接受性学习和探究性学习作为两种对立的学习方式，在实际的教学中，教师不能采取非此即彼、二元对立的方式看问题，要尽可能地做到"探究"与"接受"的平衡，实现多种学习方式的优化组合。综观本节课，教师在这方面的做法堪称样板：

(1) 教师能以问题串的形式推进教学。课堂中教师以问题串的形式层层设疑，不断地激发和调动学生去自主探究、合作交流，逐步完成学习任务，并且注意设问方式的和谐自然，设计的问题有开放度、有梯度、有思维量，能使学生产生亲切感、好奇心、能回答。如"哪一段上销售量增加得快呢？""那么……又表示什么呢？""这是为什么呢？""还能从其他角度加以比较吗？""还有其他方法吗？""如何来定义……平均变化率呢？""与……哪一个公式相似呢？""哪个企业治污效果好？""可不可以为0呀？""……情况又如何呢？"，等等。

(2) 教师能及时捕捉探究时机。当学生4的回答很完美时，教师发现学生的学习欲望很强烈，不失时机地抓住学生的心理，提出更富有挑战性的问题："还能从其他角度加以比较吗？"于是在师生、生生之间的相互合作与交流中，学生7和学生8又得出了两种不同的方法。特别是学生7的回答，很出乎预料，虽然与本节课的学习内容无关，但学生7思维水平的广阔性和解决问题的发散性思维能力是很值得肯定的，教师也给了他很高的"奖赏"："太好了！这位同学非常聪明，他把'方差'也用上了"。当学生15和学生16的观点不一致时，教师能够慧眼识金，及时捕捉住"两种观点交锋"这稍纵即逝的时机，故意"放纵""煽动"，不予以裁判，将"球"抛给了学生："大家的意见呢？""灯不拨不明，理不争不透"，通过争辩，使学生的注意力高度集中、思维更加缜密，从而出现了"别同异"、"辨是非"、去伪存真、别有洞天的景象。

(3) 教师能合理运用激励机制。应该说，学生4、学生6、学生7、学生10、学生17、学生19、学生21回答问题时，思维缜密、推理严谨、语言精练、表达准确、有深度、质量高，理应得到老师给予的这些恰当的表扬："你从……，给予了很完美的解释，非常好！""回答得很准确，语言表达也非常的清晰、简练。""太好了！这位同学非常聪明！……""你不仅联想丰富，而且叙述十分严谨。""真不简单，这么复杂的问题，谜底很快被你揭开了，表明你认识问题的深邃和敏捷。""你真聪明，一语道破天机！""太好了！你能够……，洞察出问题的本质所在，说明你……理解得很深刻。"当学生5对问题的回答不够圆满时，教师也不是不理不睬，或"当头一棒"责令其坐下，而是给了他很好的鼓励："虽然你的回答不太准确，但你的回答为大家提供了思路，你的功劳是非常大的，谢谢你”，教师一句诚挚的鼓励，带给学生的是无穷的动力，这位同学很体面地坐下了。从上面这些实例中，我们能够看出教师的机智：该表扬时不吝啬，且表扬有度不“廉价”、夸奖有理让人服，该低调时不高歌，该委婉时不过露，切实能让学生感到老师的点头、微笑、赞许的目光都是崇高的精神奖赏。应该说，教师合理地运用这些激励机制，为学生能够顺利地完成本节课的探究任务注入了“润滑剂”。

(4)“探究”之中有“接受”。在概念教学中，当学生通过对实际问题探究后，需要呈现“平均变化率”的概念时，当学生发现“平均变化率”与曲线的“陡峭”程度的关系时，当学生得出平均变化率的几何意义时，教师都是用言简意赅的语言、画龙点睛地进行规范和总结：“把比值……，叫作 × 函数在区间 ×× 上的平均变化率”“平均变化率就是…… 直线的斜率。”“曲线越陡峭，说明变量变化越快；曲线越平缓，说明变量变化越慢。”，等等。教师规范地讲解概念、原理，是培养学生思维缜密性的得力举措；在利用平均变化率的概念计算时，教师多次强调应注意的问题；在订正学生 18 书写解题过程不规范的问题时，教师一边口述强调一边板演；在整个教学过程中，教师既注意利用媒体所产生的动感、美感、快速、高效的课堂效果，更注重黑板上粉笔下流淌出来的文字所产生的“示范”的即时效应，教师课堂上所表现出来的这些规范意识，体现了对学生的严要求、高要求，更是教师良好的素质、素养的外显。

4. 在教学的过程上，做到了“主体”与“主导”的平衡

教学是一种教师价值引导和学生自主建构相统一的活动。一方面，教学投射、蕴含着教师的主观意趣，这种主观意趣内含着教师的价值选择和价值预设；另一方面，学生的精神世界是自主地、能动地生成、建构的，而不是外部力量塑造而成的。过分强调前者，教学就会走向机械灌输、被动接受；过分强调后者，教学就会走向无目标的误区，演变为一种信马由缰的活动。因此，在教学中，一方面，我们应当承认学生是学习的主人，尊重学生在学习中的主体地位，促进学生积极、主动地建构；另一方面，也要看到，教师相对于学生而言是闻道在先，肩负着帮助学生增加自我价值感和追求成功的责任。也就是说，课堂教学还要在“主体”和“主导”之间寻求一种平衡，在教师有目的的引领下，通过学生的自主探究、自主建构去不断地触摸历史、感悟文化、习得智慧、丰富人生，实现完善大脑、发展思维的终极目标。

在本节课中，不但学生的主体地位体现得淋漓尽致，而且教师还能牢牢抓住价值引导这根“权杖”，使得课堂教学既鲜活，又能按照预设的“绿色通道”有序地推进。

(1) 在探究活动中学生的个性得到张扬。纵观整节课，在教师设计的问题串的引领下，学生通过自主探究、合作交流，解决了诸多的问题，如，变量变化快

慢的比较方法;几何意义的发现;"—"号的实际意义解释;过直线上两点的平均变化率的规律性的发现,等等,都是由学生独立获得的。学生在解决问题的过程中,一次次地尝到了成功带来的喜悦,成功感、成就感油然而生,心灵得到洗礼,个性得到张扬,主体得到凸显。

(2) 有价值的引导彰显了教师的睿智。学生在探究中,有过困惑、有过迷茫、有过失败、有过错误,产生情绪波动也在意料之中,每每遇到这些,教师给予学生的都是恰到好处的扶持帮助、点拨引导、启发诱思、牵线搭桥。如"经历的时间长,就会感觉气温的变化不明显?! 经历的时间短就会感觉气温的变化明显?! ""这在什么前提之下呢? ""这个公式与以往我们学习过的哪一个公式相似呢? "等。特别是学生在探究气温变化快慢的比较方法时,教师对教学内容之外的"话题"(如学生 7 的回答) 点到为止,不做过多的"纠缠",在学生回答出预设的"两种方法"后,教师引领学生直奔教学主题,恰当地把学生的思绪引向了下一个问题。这些都说明了教师是在用理智上课,也展示了教师高超的教学技艺和运筹帷幄的驾驭课堂教学的能力,彰显了教师的睿智。

数学课堂教学改革的一个基本要义是寻求"平衡"。我国新一轮数学课程改革正处于积极实施之中,教师的教学理念、教学行为正悄悄地发生着变化。如何预防认识上的极端化和做法上的片面性? 本节课为我们提供了很好的范例。诚如顾泠沅先生所说:"搞理论要走一点极端,搞实践应用必须'执其两端而用之',真理往往在两个极端的中间。"这也许是《中庸》中的"极高明而道中庸"在实际教学中的应用吧!

【教学反思】

在面对高中数学课程新一轮课改的形式下,对高中数学教学提出了很高要求,站在新的历史起点上,我们教授的高中数学新课程,需要有怎样的学生观? 有怎样的课程观? 有怎样的教学观? 有怎样的学生学习评价观? 上面的课例和点评给了我们很好的启示:

一、数学教师要有怎样的学生观

课程标准指出:高中数学课程以学生发展为本,落实立德树人的根本任务,培育科学精神和创新意识,提升数学学科核心素养。高中数学课程面向全体学生,实现人人都能获得良好的数学教育,不同的人在数学上得到不同的发展的目标。

【教学启示】

基础教育课程改革的基本出发点就是坚持以育人为本,把育人工作作为教育工作的根本要求和中心任务,坚持"三全育人"(全程育人、全科育人、全员育人)的基本原则,建立健全综合协调、充满活力的育人体制机制,使得教育能够很好地承载起立德树人的根本任务的课程改革目标。学生为本是方向，立德树人是根本，核心素养是聚焦点。

从“人”的发展角度出发，数学课程必须解决好“所有人”和“不同的人”学习数学的问题，即“人人都能获得良好的数学教育，不同的人在数学上得到不同的发展。”

首先，它鲜明地指出高中阶段的数学教育不是面向部分人的，而是面向全体的；它不是精英教育，而是大众教育；不是自然淘汰，适者生存的教育，而是人人受益、人人成长的教育。这就要求在具体的数学教学中，为每一位学生提供机会均等和高质量的数学教育，要公平地给予所有学生平等的关注和帮助，要公正地评价每一位学生的学习情况和结果。从而使所有学生都能达到高中阶段数学课程的基本质量要求，人人都能在数学教育上获得成长与进步。

其次，它体现了数学教育中对人的主体地位的回归与尊重 —— 不同的人在数学上得到不同的发展。这就需要正视学生的差异，尊重学生的个性，不搞一刀切，促进学生发展的多样性，最大限度地满足每一位学生的数学要求，最大限度地开启每一位学生的智慧潜能，为每一位学生提供多样化的弹性发展空间，这也是新时代对数学教育提出的新要求。

总之，“以学生发展为本，立德树人，提升素养”是课程标准所倡导的学生观。

二、数学教师要有怎样的课程观

课程标准指出：高中数学课程体现社会发展的需求、数学学科的特征和学生的认知规律，发展学生数学学科核心素养。优化课程结构，为学生发展提供共同基础和多样化选择；突出数学主线，凸显数学的内在逻辑和思想方法；精选课程内容，处理好数学学科核心素养与知识技能之间的关系，强调数学与生活以及其他学科的联系，提升学生应用数学解决实际问题的能力，同时注重数学文化的渗透。

【教学启示】

“选择什么样的课程内容才最有价值”是课程改革中的根本性问题。影响和制约数学课程发展的重要因素来自社会、数学和学生三个方面，要处理好这三个方面的关系，而发展学生数学学科核心素养也就找准了制约课程结构和内容上的平衡点。高中数学课程要处理好基础性与发展性，统一性与多样性的关系，把握好整体与局部、必修与选修、板块与单元等的关系，形成一个内部有机关联、功能上良性互补的数学课程结构；要处理好数学的逻辑序与学生心理发展序；要处理好“人人”与“每个人”的需要关系；要深入数学内容明晰数学主线，准确把握数学的本质，捋清各部分、板块内在的逻辑关系，突出数学的思想方法。

当前高中课程内容的主线包括函数、几何与代数、概率与统计、数学建模活动和数学探究活动等，每条主线又有若干核心内容。高中数学课程应从这几条主线出发，精选教学内容，处理好数学学科核心素养与知识技能之间的关系，科学设置知识内容的逻辑走向，突出核心内容要求，并强调数学与生活，以及与其他学科的联系，提升学生应用数学解决实际问题的能力。鼓励在课程设计、教材编写、教学实施等多个层面展开以发展学生数学学科核心素养为目标的关于课程内容结构的改革探索。①

总之，“优化课程结构，突出主线，精选内容”是课程标准所倡导的课程观。

三、数学教师要有怎样的教学观

课程标准指出：既要重视教，更要重视学，加强学生学会学习的能力。教师要把教学活动的重心放在促进学生学会学习上，积极探索有利于促进学生学习的多样化教学方式，不仅限于讲授与练习，也包括引导学生阅读自学、独立思考、动手实践、自主探索、合作交流等。教师要善于根据不同的内容和学习任务采用不同的教学方式，优化教学，抓住关键的教学与学习环节，增强实效。例如，丰富作业的形式，提高作业的质量，提升学生完成作业的自主性、有效性。

教师要加强学习方法指导，帮助学生养成良好的数学学习习惯，敢于质疑、善于思考，理解概念、把握本质，数形结合、明晰算理，厘清知识的来龙去脉，建立知识之间的关联。教师还可以根据自身教学经验和学生学习的个性特点，引导学生总结出一些具有针对性的学习方式，因材施教。

【教学启示】

在发展学生数学核心素养的视域下，我们需要树立与之相适应的数学教学观念：把握数学本质，启发思考，改进教学。要注重“教”与“学”方式的转变，注重对学生独立思考、动手实践、自主探索、合作交流等良好学习习惯的培养，帮助他们养成“能学、想学、会学、坚持学”的自主学习意识。

1. 数学教学是数学课程创生与开发的过程

数学是一种有目标有计划的活动，教学的运行需要一定的程序，并表现出相对的封闭性。没有预设，教学就会成为信马由缰的活动。但是，传统的数学课堂过分强调预设和封闭，从而使课堂教学变得机械、沉闷、程式化，缺乏生气和乐趣，缺乏对智慧的挑战和对好奇心的刺激，师生的生命力难以得到充分的发挥。

---

① 参见：史宁中，王尚志．高中数学课程标准(2017年版)解读．北京：高等教育出版社，2018，5：52-53．

从过程角度讲，学生是开放性的、创造性的存在，他们有着独特的个性、鲜活的生命活力，有着自己的真情实感，有着自己的知识经验，课堂教学不能用僵化的形式限定学生，只能引导学生全面、自由、积极地学习。学生作为一种活生生的力量，带着自己的知识、经验、思考、灵感和兴致参与数学课堂，成为课堂教学不可分割的部分，从而使数学课堂呈现出丰富性、复杂性和多变性。因此，数学课堂教学不应当是一个封闭的过程，也不应该拘泥于预设的固定不变的程式，预设的目标在实施过程中需要开放地纳入直接经验、弹性灵活的成分，以及始料未及的体验，要鼓励师生互动中的即兴创造，超越目标预定的要求。这样，数学课堂教学就不只是忠实地实施课程计划，而是课程的创生与开发，教学过程也由此成为课程内容持续生成与转化、课程意义不断建构与提升的过程。

学生是一个完整的人、是一个处于发展中的人，具有生命的表现形态。课堂教学应该关注正在生长、成长中的人的整个生命。对智慧没有挑战性的课堂是不具有生成性的，没有生命气息的课堂教学也不具有生成性。从生命的高度看，每一节课都是不可重复的激情和智慧综合生成的过程。

教师要有发展学生核心素养的意识，并能突出地体现在教学目标的制定上，在教学中教师要思考：我是否真正自觉地在课堂教学上以数学学科核心素养来立意？是否对数学学科核心素养的内涵有正确的认知？是否为落实数学学科核心素养于课堂主动地进行教学改革？是否思考数学学科核心素养在教学中的孕育点和生长点？是否积极地去创新教学上的方式以更好地支撑核心素养的培育？是否能从核心素养的角度反思和改进自己的教学？关注数学学科核心素养目标在教学中的可实现性，以及将其融入教学内容和教学过程的具体方式及载体，使核心素养真正成为可以落实的教学目标。

教师要有创设情境的意识，引导学生把握数学内容的本质。通过情境创设，能够启发学生深入思考、自主探究，对激发学生学习数学的兴趣，揭示数学产生和发展的脉络、背景，引导学生把握数学内容的本质和解决生活中的实际问题等，起到了积极的推动作用，促进了教学改进和质量的提高。但是在教学实践中，对创设问题情境也出现了一些问题：如情境虚设、情境过度对数学本质理解的干扰；生活化、情景化与数学的形式化之间的关系处理与平衡等。因此，课程标准提倡“创设合适的教学情境，启发学生思考，引导学生把握数学内容的本质”。

2. 教师是学生发展中的促进者和引路人，是数学学习的合作者和启发者

培养什么人，是教育的首要问题。这对教师的素质要求越来越高，教师不仅要能教好书，更要能育好人。习近平总书记对教师提出：“要在坚定理想信念上下功夫；要在厚植爱国主义情怀上下功夫；要在加强品德修养上下功夫；要在增长知识见识上下功夫；要在培养奋斗精神上下功夫；要在增强综合素质上下功夫。”他还要求教师要做“有理想信念、有道德情操、有扎实学识、有仁爱之心”的“四有”教师。他还强调广大教师要“做学生锤炼品格的引路人，做学生学习知识的引路人，做学生创新思维的引路人，做学生奉献祖国的引路人。”

教学是师生交往、积极互动、共同发展的过程，教学相长。真正的互动与交往应该是平等展开的，教师和学生都是教学过程的主体，二者的关系是平等、理解、双向的人与人的关系。在交往与互动中，教师感受到来自对方的智慧挑战，学生感受到与对方在理智上的冲突，其结果两方面都发生了一定的正向变化。通过交往与互动，重建人文、和谐、民主、平等的师生关系。学生是数学学习的主人，教师是数学学习的组织者、引导者与合作者。

“组织者”的任务包括组织学生发现、寻找、搜集和利用学习资源，组织学生营造和保持教学中和学习过程中积极的心理状态等。

“引导者”的任务包括引导学生设计恰当的学习活动，引导学生激活进一步探究所需的先前经验，引导学生围绕问题的核心进行深度探索、思想碰撞等。

“合作者”的任务包括参与小组研究活动，成为学生中的一员，师生对话，交流互动，必要的解疑、补充、讲述、总结、板书等。

教师角色转变的重心在于使传统意义上的教师教和学生学不断让位于师生互动，彼此将形成一个真正的“学习共同体”。通过师生之间、生生之间的动态信息交流，实现师生互动，相互沟通，相互影响，相互补充。在这样的师生关系中，学生能体验到民主、平等、自由、尊重、信任、友善、理解、宽容、亲情和关爱，同时感受到鞭策、激励、鼓舞、感化、召唤，形成积极、丰富的人生态度和情感体验。

3. 数学教学要关注学生的发展，处理好“人人”和“不同的人”的关系

正是从“人”的发展出发，数学课程才提出“人人都能获得良好的数学教育，不同的人在数学上得到不同的发展。”

所谓的“良好的数学教育”，首先对学生来说是适宜的、满足发展需求的教育；第二是全面实现育人目标的教育；第三是促进公平、注重育人质量的教育。要处理好“人人”和“不同的人”的关系，首先要创造必要的环境和条件，倡导民主、平等的教学氛围，尊重学生的个性差异和自我选择，反对教育中的绝对控制和支配，处理好课程中数学与学生、教师与学生的关系，构建和谐、共生的数学学习共同体。

数学教育面对的是一个个鲜活的生命，必然要承认个性与差异。要看到，数学特有的逻辑序和形式结构所形成的“刚性”要求，常常成为教学“齐步走”和“一刀切”最为有力的依据。为迅速“链接高考”采取的“短平快”式的教学，泯灭了学生带有童真的生动思想和富有个性色彩的想象。课程标准之所以提出“不同的人在数学上得到不同的发展”，就是希望数学教育能最大限度地满足每一个学生的数学需求，最大限度地开启每一个学生的智慧潜能，为每一个学生提供多样化的弹性发展空间。

数学教学还要关注学生的个人知识和直接经验。教学要根据学生的年龄特点和心理发展规律选材，要从学生的生活经验和已有的体验开始，从直观的和容易引起想象的问题出发，让数学背景包含在学生熟悉的事物和具体情景之中，并与学生已经了解或学习过的数学知识相联系，特别是与学生生活积累的常识性知识和那些学生已经具有的、但未经训练或不那么严格的数学知识体验相关联。

数学学习是学生经历数学化的活动，是学生经过自己的能力解决以前未曾遇到的新问题。面对问题情境，由于学生的生活背景和思考角度不同，学生在自主探究的过程中存在着时间差和路径差，所使用的方法必然是多样化的。教师应当尊重学生的想法，允许学生从不同的角度认识问题，采用不同的方式表达自己的想法，鼓励学生独立思考，提倡解决问题策略和方法的多样化。

4. 学生的学习方式由单一、被动走向自主、多样

学生的数学学习方式对学习结果具有决定性的影响，强调自主学习、合作学习、探究学习成为数学课堂改革的亮点。教师要把教学活动的重心放在促进学生学会学习上，这是学生素养发展的重要方面。

(1) 自主学习。概括地说，自主学习就是以"自我导向、自我激励、自我监控"为特征的学习。也就是学习者在学习活动之前自己能确定学习目标，制定学习计划，做好具体的学习准备；在学习活动中能够对学习进展、学习方法做出自我监控、自我总结、自我反馈、自我调节；在学习活动后能够对学习结果进行自我检查、自我总结、自我评价、自我补救，那么他的学习就是自主的。概括起来说：自主学习是建立在自我意识发展基础上的能学，建立在具有一定内在学习动机基础上的想学，建立在学生掌握了一定的学习策略基础上的会学，建立在意志努力基础上的坚持学。

自主学习具有以下特征：学习者参与对自己有意义的学习目标的提出，自己制定学习进度，参与设计评价指标；学习者在学习过程中能积极发展各种学习策略和思考策略，在解决问题中学习；学习者在学习过程中有情感的投入，有内在的动力支持，能从学习中获得积极的情感体验；学习者在学习过程中对认知获得能够进行自我监控，并做出相应的调适。

(2) 合作学习。当今社会，一些重大发现、科研成果，大都是合作的结果，合作能力是现代人必备的素质之一。合作学习将个人之间的竞争转化为小组之间的竞争，有助于培养学生合作精神和竞争意识，有助于因材施教，可以弥补一个教师难以面向有差异的众多学生的教学不足，从而真正实现"人人都能获得良好的数学教育，不同的人在数学上得到不同的发展"。合作意识和承担责任是合作学习产生良好效果的关键。

合作学习有以下几个要素：积极地相互支持、配合，特别是面对面的促进性的互动;积极承担在完成共同任务中个人的责任;期望所有学生能进行有效沟通,建立并维护组内成员之间的相互信任,有效解决组内冲突;对个人完成的任务进行组内加工;对共同活动的成效进行评价,并寻求提高其效率的途径。

(3)探究学习。学生学习数学的过程和科学家的探究过程只有程度上不同,其实质是一样的,都要经历发现问题、提出假设、分析论证假设、得出结论、评价交流的过程。这个过程一方面是暴露学生各种疑问、困难、障碍和矛盾的过程,另一方面是展示学生聪明才智、独特个性、创新成果的过程。正因为如此,新课程强调学生开展探究学习,强调数学课程不仅是“文本课程”,更是“体验课程”。

数学课堂中的探究学习泛指学生在教师指导下,以类似科学研究的方式浓缩地经历数学知识的“再创造”过程的学习方式。数学课堂开展探究学习的目的不单是简单地证明事实,而是努力使学生获得发现,获得体验,丰富活动经验,形成探究的意识和习惯。

所有能促进学生发展的学习一定是自主学习,真正的合作学习和探究学习也一定是自主学习。所有能够促进学生发展的教学也一定是有效教学。只有那些能够激发学生强烈的学习需要与兴趣的教学,那些能够带给学生理智的挑战的教学,那些在教学内容上能够切入并丰富学生经验的教学,那些能给学生足够自主的空间、足够活动机会的教学,那些真正做到“以参与求体验,以创新求发展”的教学,才能有效地增进学生的发展。发展的即时感受大多数表现为茅塞顿开、豁然开朗、悠然心会、深得吾心,表现为怦然心动、百感交集、妙不可言,表现为心灵的共鸣和思维的共振。

总之,“把握数学本质,启发思考,改进教学”是课程标准所倡导的教学观。

四、数学教师要有怎样的学生学习评价观

课程标准指出:高中数学学习评价关注学生知识技能的掌握,更关注数学学科核心素养的形成和发展,制定科学合理的学业质量要求,促进学生在不同学习阶段数学学科核心素养水平的达成。评价既要关注学生学习的结果,更要重视学生学习的过程。开发合理的评价工具,将知识技能的掌握与数学学科核心素养的达成有机结合,建立目标多元、方式多样、重视过程的评价体系。通过评价,提高学生的学习兴趣,帮助学生认识自我,增强自信;帮助教师改进教学,提高质量。

评价的目的是考查学生学习的成效,进而也考查教师教学的成效。通过考查,诊断学生学习过程中的优势与不足,进而诊断教师教学过程中的优势与不足;通过诊断,改进学生的学习行为,进而改进教师的教学行为,促进学生数学学科核心素养的达成。

【教学启示】

数学学习评价是指根据课程目标的要求，按一定计划采取特定的方式收集和获取学生数学学习的信息，并对学生数学学习的状况做出结论的过程。

过去对学生的学习评价过分强调甄别的功能，使得学生学业成绩成为学生排名的主要工具。现在希望学习评价从“甄别”走向“发展”。

要加强发展性评价，发挥评价促进学生成长、教师发展和改进教学实践的功能；要根据核心素养体系，明确学生完成不同学段、不同年级、不同学科学习内容后应该达到的程度要求，指导教师准确把握教学的深度和广度，使考试评价更加准确反映人才培养要求。

课程标准提出的评价标准，就是要通过制定学业质量要求，科学地描述核心素养形成、发展的水平进阶，这不但是课程改革的新尝试，也表明学习评价正在走向更为科学的轨道，预示着教育评价观念的发展变化：质量意识、标准意识、水平意识将会主导数学教学评价。

1. 评价是为了促进核心素养目标的达成

评价是为了改进“教”与“学”的行为，促进核心素养目标的达成。教学评价要以数学学科核心素养的达成作为评价的基本要素，评价内容包括：情境设计是否体现数学学科核心素养，数学问题的产生是否自然，解决问题的方法是否为通性通法，情境与问题是否有助于学生数学学科核心素养的达成。在设计学习评价工具时，要关注知识技能的范围和难度，要有利于考查学生的思维过程、思维深度和思维广度，要关注六个数学学科核心素养的分布和水平；要聚焦数学的核心概念和通性通法，聚焦它们所承载的数学学科核心素养。

2. 要关注日常评价(过程评价)

日常评价不仅要关注学生当前的数学学科核心素养水平，更要关注学生成长和发展的过程；不仅要关注学生的学习结果，更要关注学生在学习过程中的发展和变化。学生的知识掌握、数学理解、学习自信、独立思考等是随着学习过程而变化和发展的，只有通过观察学生的学习行为和思维过程，才能发现学生思维活动的特征及教学中的问题，及时调整学与教的行为，改进学生的学习方法和思维习惯。良好的学习态度是学生形成和发展数学学科核心素养的必要条件，也是最终形成科学精神的必要条件。在日常评价中应把学生的学习态度作为教学评价的重要目标，在对学生学习态度的评价中，应关注主动学习、认真思考、善于交流、集中精力、坚毅执着、严谨求实等。

3. 提倡评价的方式要多样化

评价方式的多样化是指除了传统的书面考试等量性的终结性评价以外，还可以采用课堂观察、口头测验、开放式活动中的表现、课内外作业等质性评价。质性评价通过对学生的教育鉴赏、描述、解释等，能够反映学生形成的关键能力和思维品质情况。通过量评与质评的结合，能全面评价学生的“四基”“四能”水平，以及数学学科核心素养的达成状况。

要重视日常教学中的形成性评价。在本质上，形成性评价是与教学过程融为一体的。在形成性评价中，教师不仅要关注学生对知识与技能的掌握情况，还要关注学生的思维过程，判断学生是否“会用数学的眼光观察世界，是否会用数学的思维思考世界，是否会用数学的语言描述世界”。形成性评价非常困难，需要教师在日常教学中对学生的学习情况从不同的视角多观察、多考查、多活动、细评价，才能全面评价每一个学生的数学学习情况，评价数学学科核心素养目标的达成度。形成性评价通常更关注数学建模和数学探究这类综合性的数学活动。相比较之下，终结性评价容易量化、容易操作、追求结果，并且是在教师的主导下、学生缺乏自主参与的评价，因此终结性评价很难全面评价数学学科核心素养目标的达成情况。

评价应以课程目标、课程内容和学业质量为基本依据，不但要评价学生的知识与技能的掌握情况，更要关注学生数学学科核心素养水平的达成。教师要基于对学生的评价，反思教学过程，总结教学经验，发现问题，提出改进思路。评价结果的呈现要有利于增强学生学习数学的自信心，提高学生学习数学的兴趣，使学生养成良好的学习习惯，促进全面发展。评价要尽量避免终结性评价的负面效应，不能简单依据分数对学生进行“贴标签”，关注过程评价和学习态度评价，重视形成性评价，尊重学生的个性发展。

总之，“重视过程评价，聚焦素养，提高质量”是课程标准所倡导的学生学习评价观。

第4节　关注高中数学课程内容的变化

高中数学课程经历了从“统一”到“选择”的几次变化。改革开放以前，课程是统一的：统一学习内容、统一学习要求、统一评价标准，没有正视学生的差异，整齐划一、一刀切式的数学教育必然限制了学生的个性发展。改革开放以来，课程从统一走向选择，从“以知识为本”到“以人为本”，课程的选择性越来越受到重视，特别是本次课程改革更是把数学课程从原来的“模块”式“必修、选修”变为“单元主题”式的“必修、选择性必修、选修”，进一步增加了高中数学课程的选择性，使“不同的人学习不同的数学，不同的人在数学上得到不同发展”的理念能够进一步得到落实。

一、关注高中数学课程结构的变化

1. 原《普通高中数学课程标准(实验)》中的课程结构是(图 1.4.1)：

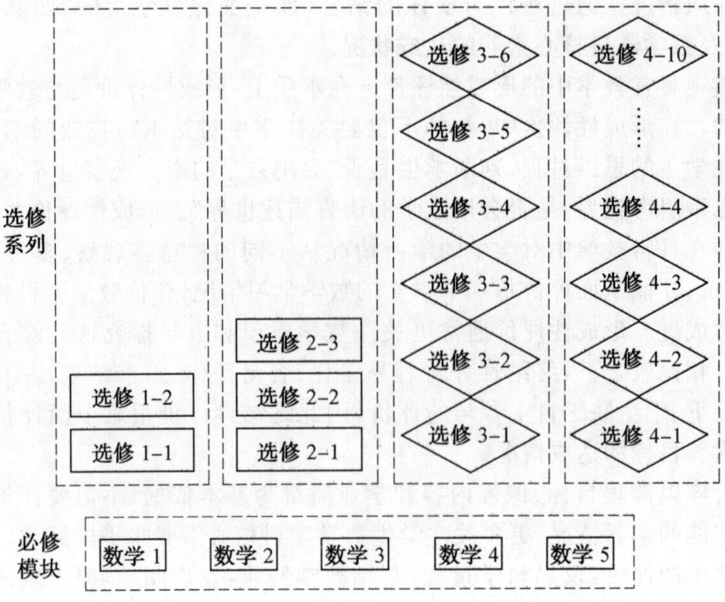

图 1.4.1

注：上图中□代表模块（36 学时），◇代表专题（18 学时）。

2.《普通高中数学课程标准（2017 年版 2020 年修订）》的课程结构是（图1.4.2）：

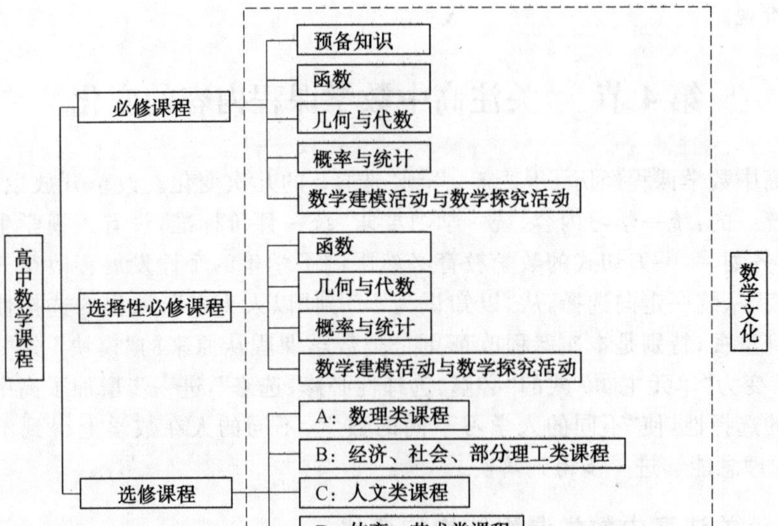

图 1.4.2

【教学启示】

1.原《普通高中数学课程标准(实验)》中采用模块化设计的思路,不利于数学知识体系的整体性。而《普通高中数学课程标准(2017年版2020年修订)》中采用“主线 — 主题 — 核心内容”的课程内容结构,设置了函数、几何与代数、统计与概率、数学建模活动与数学探究活动四条主线,并把四条主线贯穿在必修、选择性必修和选修课程中,体现了数学本身的系统和结构。

2.原《普通高中数学课程标准(实验)》中,对初高中数学过渡问题只考虑知识层面的,采用补课的方式进行衔接。而《普通高中数学课程标准(2017年版2020年修订)》中,更加重视初高中数学的过渡问题,不但关注了知识层面,还关注了学生的学习心理、学习习惯和学习方法,采用的方法是设置“预备知识”,强调遵循学生的认识规律。

3.《普通高中数学课程标准(2017年版2020年修订)》中的选修课程,进一步克服了原《普通高中数学课程标准(实验)》中选修课程结构的不足,使得选修课程更具有系统性。

二、关注高中数学课程内容的变化

1. 原《普通高中数学课程标准(实验)》中的课程内容①

(1) 必修课程:必修课程是每个学生都必须学习的数学内容,包括5个模块。

数学1:集合、函数概念与基本初等函数Ⅰ(指数函数、对数函数、幂函数)。

数学2:立体几何初步、平面解析几何初步。

数学3:算法初步、统计、概率。

数学4:基本初等函数Ⅱ(三角函数)、平面上的向量、三角恒等变换。

数学5:解三角形、数列、不等式。

(2) 选修课程:对于选修课程,学生可以根据自己的兴趣和对未来发展的愿望进行选择。选修课程由系列1,系列2,系列3,系列4组成。

◆ 系列1:由2个模块组成。

选修1—1:常用逻辑用语、圆锥曲线与方程、导数及其应用。

选修1—2:统计案例、推理与证明、数系的扩充与复数的引入、框图。

◆ 系列2:由3个模块组成。

选修2—1:常用逻辑用语、圆锥曲线与方程、空间中的向量与立体几何。

---

① 参见:中华人民共和国教育部.《普通高中数学课程标准(实验)》,北京:人民教育出版社,2003,1.

选修 2－2：导数及其应用、推理与证明、数系的扩充与复数的引入。

选修 2－3：计数原理、统计案例、概率。

◆ 系列 3：由 6 个专题组成。

选修 3－1：数学史选讲。

选修 3－2：信息安全与密码。

选修 3－3：球面上的几何。

选修 3－4：对称与群。

选修 3－5：欧拉公式与闭曲面分类。

选修 3－6：三等分角与数域扩充。

◆ 系列 4：由 10 个专题组成。

选修 4－1：几何证明选讲。

选修 4－2：矩阵与变换。

选修 4－3：数列与差分。

选修 4－4：坐标系与参数方程。

选修 4－5：不等式选讲。

选修 4－6：初等数论初步。

选修 4－7：优选法与试验设计初步。

选修 4－8：统筹法与图论初步。

选修 4－9：风险与决策。

选修 4－10：开关电路与布尔代数。

(3) 关于课程设置的说明。

◆ 课程设置的原则与意图。

必修课程内容确定的原则是：满足未来公民的基本数学需求，为学生进一步的学习提供必要的数学准备。

选修课程内容确定的原则是：满足学生的兴趣和对未来发展的需求，为学生进一步学习、获得较高数学素养奠定基础。其中系列 1 是为那些希望在人文、社会科学等方面发展的学生而设置的；系列 2 则是为那些希望在理工、经济等方面发展的学生而设置的；系列 1，系列 2 内容是选修系列课程中的基础性内容；系列 3 和系列 4 是为对数学有兴趣和希望进一步提高数学素养的学生而设置的。

2.《普通高中数学课程标准(2017 年版 2020 年修订)》中的课程内容①

(1) 必修课程。

---

① 参见：教育部制订.《普通高中数学课程标准(2017 年版 2020 年修订)》.北京：人民教育出版社，2020，5：13-73.

主题1——预备知识：内容包括集合、常用逻辑用语、相等关系与不等关系、从函数观点看一元二次方程和一元二次不等式；

主题2——函数：内容包括函数概念与性质，幂函数、指数函数、对数函数，三角函数，函数应用；

主题3——几何与代数：内容包括平面向量及其应用、复数、立体几何初步；

主题4——统计与概率：内容包括概率、统计。

主题5——数学建模活动与数学探究活动：

数学建模活动是对现实问题进行数学抽象，用数学语言表达问题、用数学方法构建模型解决问题的过程。主要包括：在实际情境中从数学的视角发现问题、提出问题，分析问题、构建模型，确定参数、计算求解，检验结果、改进模型，最终解决实际问题。数学建模活动是基于数学思维运用模型解决实际问题的一类综合实践活动，是高中阶段数学课程的重要内容。

数学探究活动是围绕某个具体的数学问题，开展自主探究、合作研究并最终解决问题的过程。具体表现为：发现和提出有意义的数学问题，猜测合理的数学结论，提出解决问题的思路和方案，通过自主探索、合作研究论证数学结论。数学探究活动是运用数学知识解决数学问题的一类综合实践活动，也是高中阶段数学课程的重要内容。

数学建模活动与数学探究活动以课题研究的形式开展。在必修课程中，要求学生完成其中的一个课题研究。

(2) 选择性必修课程。

主题1——函数：内容包括数列、一元函数的导数及其应用；

主题2——几何与代数：内容包括空间向量与立体几何、平面解析几何；

主题3——统计与概率：内容包括计数原理、概率、统计；

主题4——数学建模活动与数学探究活动：要求学生完成一个课题研究，可以是数学建模的课题研究，也可以是数学探究的课题研究。课题可以是学生在学习必修课程时已完成课题的延续，或者是新的课题。

(3) 选修课程。

选修课程是由学校根据自身情况选择设置的课程，供学生依据个人志趣自主选择，分为A,B,C,D,E五类。

A类课程是供有志于学习数理类(数学、物理、计算机、精密仪器等)学生选择的课程。

B类课程是供有志于学习经济、社会类(如数理经济、社会学等)和部分理工类(如化学、生物、机械等)学生选择的课程。

C类课程是供有志于学习人文类(如语言、历史等)学生选择的课程。

D类课程是供有志于学习体育、艺术(包括音乐、美术)类学生选择的课程。

E类课程包括拓展视野、日常生活、地方特色的数学课程,还包括大学数学的先修课程等。大学数学先修课程包括:微积分、解析几何与线性代数、概率论与数理统计。

数学建模活动、数学探究活动、数学文化融入课程内容。

【教学启示】

高中数学新课程内容主线分析:①

1. 函数主线

主要围绕以下几个主题展开:

(1) 理解一般的函数概念,学会研究函数的性质;

(2) 掌握一批具体函数模型(函数类);

(3) 了解函数应用问题,学会运用函数解决这些问题;

(4) 掌握研究函数的思想方法,主要有:① 几何的思想方法;② 运算的思想方法;③ 极限的思想方法;

(5) 通过函数的学习和应用,提升数学学科核心素养。

2. 几何与代数主线

"运算与代数""图形与几何"都是数学选项的主要内容。在高中数学中,几何与代数是联系密切的整体。

(1) 整体把握运算素养:要学习一种新的运算——向量;还要补充一些数与多项式运算的新知识(如复数及其运算、二项式定理等);

① 理解运算对象:数、能表示数的字母、向量等;

② 掌握运算规则:运算律、运算顺序、等式性质与不等式性质等;

③ 学会运算应用:运算应用领域、探索运算思路、确定运算方法;

④ 概括通性通法:待定系数法、换元法、消元法、配方法等;

⑤ 感悟运算思想方法:从思维方式看运算是一种推理,且是一种典型的演绎推理,因此,在运算时一定要"讲理"。

(2) 整体把握几何图形:重点是平面图形要研究直线和曲线;空间图形要研究直线、平面和简单的旋转曲线;

① 几何图形的分类:一是按照维度进行分类;二是按照"直的"和"曲的"进行分类;

② 图形研究的基本问题:一是能从不同角度描述图形;二是研究图形之间

---

① 史宁中,王尚志.普通高中数学课程标准(2017年版)解读.北京:高等教育出版社,2018,5:166.

的位置关系和度量关系；

③ 图形研究的主要思想方法：如综合几何法、解析几何法、向量几何法；

④ 几何直观 — 形数结合。

学生学习数学若缺少直观，仅从形式到形式，是很难理解数学的。因此，将“直观想象”与“数学运算”有机地融合，是解决学生理解数学困难的最有效方法，这也是设计“几何与代数主线”的初衷所在。

3. 概率与统计主线

(1) 概率内容。

① 对随机现象的认识：统计理解和随机变量；

② 借助有限样本空间(特别是古典概型) 初步理解概率模型；

③ 借助几个典型随机变量分布(二项分布、超几何分布、正态分布等) 初步掌握与运用模型解决问题。

(2) 统计内容。

① 对研究对象的认识(总体与样本)；

② 统计分析的过程(收集数据、整理数据、提取信息、分析和解决问题)；

③ 掌握统计的几个基本问题(成对数据相关性、回归分析、独立性检验)。

理解总体与样本的关键是理解分布，掌握了研究对象的指标(随机变量) 的分布，就得到了完成后续工作的基础。感悟、理解、掌握数据中的随机性是联系概率与统计的桥梁。

第二章　如何提高对教材的研究水平

教材为学生的学习活动提供了基本线索，是教师实施教学、实现课程目标的重要资源。教师应当"用教材教"，而不是"教教材"。

在教学中，我们经常看到这样的现象：同样的教材，经过不同教师的处理，教学效果截然不同。优秀教师常把复杂的内容教得非常简单，平庸的教师常把简单的内容教得非常复杂。这其中的原因就是教师对教材的研究水平存在差距。那么，作为一名高中数学教师，怎样才能提高对教材的研究水平呢？

第1节　要树立正确的教材观

一般而言，不同时期的教材都有其时代背景，都是众多数学教育专业工作者研究的成果和优秀教师教学实践智慧的结晶，是当时最先进教学理念的物化。无数的事实证明，教师在教学中对教材的完全盲从和彻底反叛都是极端化的做法，都不利于学生的发展和教学目标的全面实现。

【教学实践】

创造性地使用教材的一个课例
——余弦定理

课例背景简述：这是笔者于2011年3月从江苏徐州来到北京丰台二中（当时笔者还在江苏省工作）开设的一节"面试课"。由于不了解学生和教学情况，若按照教材给出的示例去授课，效果肯定不好，于是笔者根据自己的行程路线设计了这节课，收到了非常满意的效果。

（一）教学案例

1.创设情境，提出问题

教师（PPT动画演示行程路线）：老师是乘飞机从徐州经郑州到达北京的。听乘务员介绍，徐州到达郑州的航线长约300 km，郑州到达北京的航线长约600 km，从地图上测量两条航线大约成75°角（图2.1.1），我所走的这条航线比徐州直达北京航线要远多少千米？

问题1：假设把"航线"都看成线段，你能把这个问题抽象成数学问题吗？

学生1：如图2.1.2，在$\triangle ABC$中，已知$BC=300$，$AC=600$，$C=75^\circ$，求AB

的长。

教师：这实际是“已知三角形的两边及其夹角，求第三边的长”的问题。若将这个问题一般化，可得下面的问题：

如图2.1.2，在$\triangle ABC$中，a,b,c分别是角A,B,C所对的边，已知a,b和C，求c。

图2.1.1

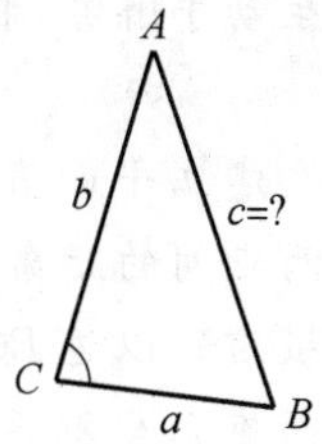

图2.1.2

2.探究方法，解决问题

问题2：你能解决这个问题吗？请试一试。

（示意前后左右桌的同学可以进行讨论）

学生2：我尝试了上节课学习的“正弦定理”，好像解决这个问题很麻烦呀！

教师：（追问）用正弦定理一般能解决哪几类“解三角形”的问题呢？

学生2：两类：已知两角及其一边；已知两边及其一边所对的角。

教师：要解决一个数学问题，就要选择解决问题的数学工具和方法，从本问题的已知和未知看，你应该选择怎样的数学工具和方法呢？

学生3：“已知两边及其夹角”，可以用平面向量的数量积吧？

教师：怎样使用向量的数量积求c呢？

（示意学生再次讨论，形成共识：建立向量等式，两边平方后化简。学生3板演）

因为$\overrightarrow{AB}=\overrightarrow{CB}-\overrightarrow{CA}$，所以$\overrightarrow{AB}^2=(\overrightarrow{CB}-\overrightarrow{CA})^2$，即

$$|\overrightarrow{AB}|^2=|\overrightarrow{CB}|^2+|\overrightarrow{CA}|^2-2|\overrightarrow{CB}|\cdot|\overrightarrow{CA}|\cos C$$

所以$c^2=a^2+b^2-2ab\cos C$。从而可求出边长c。

学生4：老师，我们几个人是这样列向量等式的：$\overrightarrow{AB}=\overrightarrow{AC}+\overrightarrow{CB}$。两边平方，得

$$|\overrightarrow{AB}|^2=|\overrightarrow{AC}|^2+|\overrightarrow{CB}|^2+2|\overrightarrow{AC}|\cdot|\overrightarrow{CB}|\cos(\pi-C)$$

从而有

$$c^2=a^2+b^2-2ab\cos C$$

教师：两位同学的解答都非常好！当看到两边及其夹角的问题时，首先应

该想到使用“向量的数量积”这个工具，因此“向量法”是解决这类问题的强有力武器！还有其他方法吗？（学生沉思不语）

教师：显然，边长 c 与点 A,B 有关！

学生 5（迅速地接答）：求边长 c，就是求 A,B 两点间的距离！

教师：对！那应该怎么办呢？

（教师示意学生动手解答，教师巡视，然后让学生 5 述说）

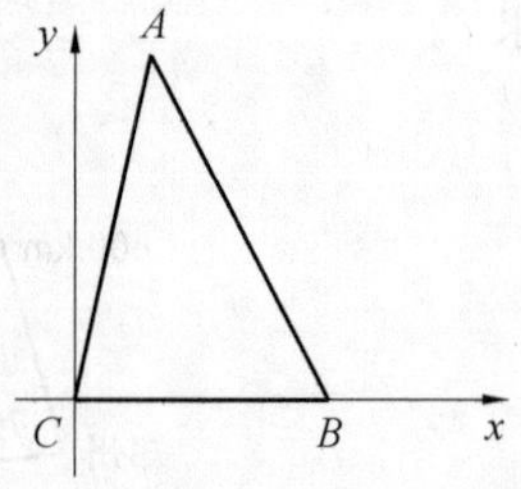

图 2.1.3

学生 5：可通过建立平面直角坐标系，求出 A,B 两点的坐标，利用两点间的距离公式即可求出。

（学生说老师板演）：以边 BC 所在直线为 x 轴，点 C 为原点，建立平面直角坐标系（图 2.1.3）。则由三角函数定义有 $A(b\cos C, b\sin C)$，而 $B(a,0)$，所以

$$|AB|^2=(b\cos C-a)^2+(b\sin C-0)^2$$

即 $c^2=a^2+b^2-2ab\cos C$。

教师：求线段长问题一般可以转化为求两点间的距离问题，“两点间的距离公式”也是解决求距离问题的有力工具，由于需要建系，求点的坐标，因此，这种方法也叫“坐标法”。

教师：还有其他方法吗？

学生 6：用向量数量积的坐标运算，好像也行！

（师生合作完成）：建立图 2.1.3 所示的平面直角坐标系，设 $A(x_1,y_1)$，$B(x_2,0)$，$C(0,0)$。

由 $\overrightarrow{CA}\cdot\overrightarrow{CB}=|\overrightarrow{CA}||\overrightarrow{CB}|\cos C$，得 $x_1x_2=\sqrt{x_1^2+y_1^2}\sqrt{x_2^2}\cos C$，而

$$2x_1x_2=(x_1^2+y_1^2)+x_2^2-[(x_1-x_2)^2+y_1^2]=b^2+a^2-c^2$$

$$\sqrt{x_1^2+y_1^2}\sqrt{x_2^2}\cos C=ab\cos C$$

所以 $c^2=a^2+b^2-2ab\cos C$。

教师：运用向量的数量积的坐标运算，关键是用坐标“配凑”出边长，这是非常灵活、不容易想到的。还有其他方法吗？（没有人回答）

教师：在初中，我们是怎样解决求线段长问题的？

学生（共同）：构造直角三角形！

教师：是呀！请大家尝试一下吧！

（有学生小声说：好像还需要讨论呀！教师微笑着点点头给予肯定）

学生 7（板演）：当角 C 为直角时，显然有 $c^2=a^2+b^2=a^2+b^2-2ab\cos C$；

当角 C 为钝角时，如图 2.1.4，作高 AD，则

$$AB^2=AD^2+DB^2=[b\sin(\pi-C)]^2+[a+b\cos(\pi-C)]^2$$

即 $c^2=a^2+b^2-2ab\cos C$；

当角C为锐角时，如图2.1.5，作高AD，则$AD=b\sin C$，$BD=a-b\cos C$，在$\mathrm{Rt}\triangle ABD$中，由$AB^2=AD^2+BD^2$，即得$c^2=a^2+b^2-2ab\cos C$。

综上可得，对任意的$\triangle ABC$，都有$c^2=a^2+b^2-2ab\cos C$。

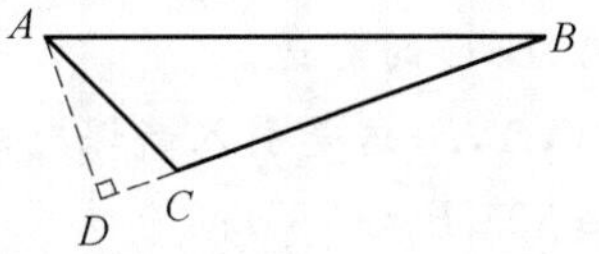

图 2.1.4

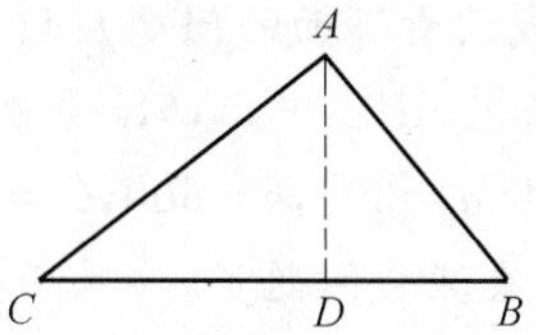

图 2.1.5

教师：他的解法可以吗？（学生都点头表示可以）

教师：他的解法是否有不够严密的地方？（学生没有人接答）

教师：你们看图2.1.6是否也满足角C是锐角的情况？（有学生惊讶地表示认同）

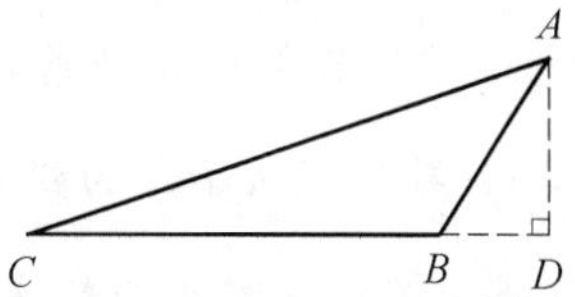

图 2.1.6

学生7（修改板演）：当角C为锐角时，如图2.1.5和图2.1.6两种情况，……$BD=|a-b\cos C|$，……

教师：直角三角形也是求线段长常用的工具，这种求解方法在几何中运用得比较广泛，因此，这种方法又称“几何法”。当然，在解决本例问题中，这种方法可行，但是麻烦、不太方便，若使用这种方法，讨论必须严密。在以上的几种方法中，向量法和坐标法相对来说要简单。解决一个数学问题，我们不但要考虑如何解，还要考虑怎样解更简捷，一个好的方法，可以简化运算、省时省力。

3. 数学建构，获得定理

教师：刚才几位同学分别运用向量法、坐标法和几何法，解决了“已知三角形的两边及其角，求第三边长”的问题，显然这应该成为一个公式，我们把这个公式叫作余弦定理。（教师板书定理，并通过字母轮换的方式，可知定理中的公式有三个，这个定理是一组公式）

教师：到目前为止，我们已经能够解决三类解三角形的问题了！我们再看下面一类问题。

问题3：当已知三角形的三边长时，如何求三角形的角？

（引导学生得出余弦定理的变形式）

教师：我们看到余弦定理中的这组公式都与三角形三条边的平方有关，这使你有什么联想？（学生共同回答：勾股定理！然后让学生思考问题4）

问题4：余弦定理和勾股定理之间是否有联系呢？

学生7：当两边的夹角为直角时，勾股定理与余弦定理是一致的。

教师：不错！勾股定理是余弦定理的特殊形式，余弦定理又是勾股定理的推广。特别要注意的是(以角 C 为例):当角 C 为直角时,$c^2=a^2+b^2$;当角 C 为锐角时,$c^2<a^2+b^2$;当角 C 为钝角时,$c^2>a^2+b^2$。

4. 巩固深化,数学运用

教师:我们看下面的问题应该怎样解决?(用 PPT 播放)

例 1:在 $\triangle ABC$ 中,a,b,c 分别为角 A,B,C 的对边。

(1) 已知 $a=300,b=600,C=75^\circ$,求 c,A,B(这是引入新课时的问题,现在学生可以解决这个问题了。$c\approx 579,A\approx 30^\circ,B\approx 75^\circ$);

(2) 已知 $a=3,b=5,c=7$,求 C;

例 2:在 $\triangle ABC$ 中,a,b,c 分别为角 A,B,C 的对边。

(1) 若 $B=60^\circ,b^2=ac$,试判断 $\triangle ABC$ 的形状;

(2) 若角 C 为钝角,且 $a=1,b=2$,则边长 c 的取值范围是________;

例 3:设 a,b,c 为锐角三角形的三边长,对任意的 x,$f(x)=\frac{1}{4}x^2-bx+(a^2+c^2)$,试探究函数 $f(x)$ 的零点情况。

(简解:由锐角三角形,可得 $b^2<a^2+c^2$,从而由判别式 $\Delta<0$,可知无零点。)

5. 总结归纳,提炼升华

教师:同学们,这节课你有哪些收获?请说说与大家一起分享。

(师生共同总结,然后宣布下课,这里省略)

(二) 案例分析

这节课获得了全体学生非常高的满意度,得到了听课老师和专家的一致好评。他们认为:这节课的教学思路清晰,重点突出,过程流畅,互动默契,目标达成度高。其最大亮点是教学理念新颖,探究活动的设计科学、合理,能够让学生充分经历知识的形成、发展和应用过程,充分体验数学的发现和创造历程。笔者在设计这节课时,重点思考了以下问题:

1. 怎样创设情境,提出问题

在引入新课时,笔者思考了两个问题:一是到异地上课,对教学环境不熟悉,师生之间很陌生,这将影响课堂的互动交流,怎样快速拉近师生之间的距离,是笔者要考虑的;二是怎样提出折射本节课核心内容的问题,这也是笔者需要考虑的。于是,笔者运用现实生成的教学情境(即乘飞机从徐州经郑州到北京的路线图),既快速拉近了师生之间的情感和距离,化陌生为熟悉,又比较顺畅地提出了探究余弦定理的核心问题"已知三角形的两边及其夹角,怎样求第三边?"。创设的情境真实有效,富有内涵和吸引力,这是本节课的一个成功点。

2. 怎样点拨引导,解决问题

当问题提出后,如果直接放手让学生去探究,可能会有很多学生束手无策、不知应该怎样去做，这样既浪费时间，也会降低学生的探究欲望，这是不利于探究任务高效完成的。于是，笔者设计了一个辅助性的点拨做铺垫——“要解决一个数学问题，就要选择解决问题的数学工具和方法，从本问题的已知和未知看，你应该选择怎样的数学工具和方法呢？”引导学生进行有效的思考和探究。同时，在探究中，笔者还通过察言观色，洞察学生的疑惑，组织讨论交流，运用教学机智，因势利导，巧妙地解惑。于是，学生凭借自己的学习经验，非常顺利地获得了向量、坐标、几何等诸多解决问题的方法。在每一种方法之后，教师还进行了总结与评价，使学生加深了对方法的理解和掌握。

3. 怎样发展延伸，拓展问题

根据教学要求，笔者认为还需要学生掌握余弦定理的变形式，需要了解余弦定理与勾股定理之间的关系，了解在三角形中，角的大小是怎样影响三边关系的。如何在余弦定理的基础上，发展对这三个问题的延伸呢？笔者认为，还是需要通过提出问题，让学生讨论交流、探究发现。于是，就有了“当已知三角形的三边长时，如何求三角形的角？”“我们看到余弦定理中的这组公式都与三角形三条边的平方有关，这使你有什么联想？”这样两个问题，从而也带动了对“角的大小如何影响三边关系”问题的探索。

4. 怎样设计应用，编选问题

教学要完成规定的内容和任务，这就需要教师要尊重教材。情境、例题在教学中都可以不用教材上的，但更改不能改变原有的基本功能，教师要在尊重这些基本功能的前提下，去创造性地使用教材。本节课围绕定理的应用，笔者设计了三个层次的例题，每个例题的功能和作用都是不一样的，但涵盖了教材所诠释的所有功能。例 1 是解三角形的基础问题，设计此题的目的是让学生练习使用余弦定理及其变形式直接解决问题；例 2 是解三角形的综合问题，设计此题的目的是让学生学会灵活运用余弦定理及其变形式解决问题；例 3 是跨度较大的综合性问题，目的是让学生学会从余弦定理的等量关系中，分析不等关系，理解余弦定理与勾股定理的关系。三个例题都是组织学生通过讨论交流完成的。

(三) 教学启示

这个案例给我们的教学启示是：数学教学要关注探究活动的设计。具体地说，在设计数学探究活动中，我们不能被教材所束缚，不敢越雷池半步，要根据实际情景创造性地使用教材。

1. 探究是从一个好的问题开始的

一节课是有明确的教学目标和教学任务的，不是教师随心所欲的。课堂上各种活动的设计都要围绕目标和任务进行展开，否则，教学将会变成信马由缰的活动。要实现教学目标、完成教学任务，必须要有好的问题来驱动。而什么样的问题才算是好问题呢？笔者认为：好的问题应该是目标清晰明确，承载着教者预设的教学任务的问题。这样的问题不能似是而非，不能含糊不清，不能无法作答或不好回答。而怎样才能提出好的问题呢？这需要教师发挥聪明才智，创设新颖的问题情境，在引趣激疑中抽象出数学问题。由此可见，创设立意深刻、新颖独特的问题情境，应该成为设计探究活动的第一个关注点。

2.探究是在教师的引导下展开的

教学是一种教师有价值的引导和学生自主建构相统一的活动。一方面，教学投射、蕴含着教师的主观意趣，这种主观意趣内含着教师的价值选择和价值预设；另一方面，学习者的精神世界是自主地、能动地生成、建构的，而不是外部力量强加塑造而成的。过分强调前者，教学就会走向机械灌输、被动接受；过分强调后者，教学就会走向漫无目标的误区，演变成一种信马由缰的活动。因此，教学中，一方面，我们应当承认学生是学习的主人，尊重学生在探究过程中的主体地位，促进学生积极、主动地探究、建构；另一方面，也要看到，教师相对学生而言是闻道在先，肩负着帮助学生增加自我价值感和追求成功的责任。因此，在探究过程中，为师者要时刻把握方向，牢牢抓住有价值的“引导”这根“拐杖”，引领学生在探究的过程中去感悟思想、提炼方法、习得智慧、丰富经验，实现“发展”的最终目标。由此可见，预设探究活动中，学生可能出现的问题，设计点拨、引导的方式、方法，应该成为设计探究活动的第二个关注点。

3.探究是在多元的合作交流中完成的

从本质上说，探究是教师和学生以课堂为主渠道的一种交往活动。当一个问题随着创设的情境提出后，学生自然会问个“怎么办”“为什么”“是什么”。“怎么办”是获得“方法”问题，“为什么”是反思“方法”是否可行问题，“是什么”是预测探究结果问题。当学生有了这样的问题意识后，才会有思考和探索，才会激起碰撞和交流。因此，探究需要教师充分发挥自身的组织、引导、促进、激励、唤醒的功能，为学生充分地提供自主思考与合作交流的时间和空间，让他们能够带着自己的知识、经验、思考、灵感和兴趣，按照自己的视角和思维习惯，主动参与探究活动，使他们在师生之间、生生之间合作交流、相互启发中，把一次次的“再创造”演绎得多姿多彩。同时，在这样的多元对话课堂中，师生也分享彼此的思考、见解和知识，交流彼此的情感、观点和理念，丰富教学内容，完成探究任务，实现教学相长。由此可见，预设探究活动中的多元合作交流环节，设计合作交流的方法和内容，应该成为设计探究活动的第三个关注点。

总之，教无定法，当然设计探究活动也没有固定的模式。随着教学内容、教学手段、学生个体的不同，我们设计探究活动的方式、方法也有很大的差异。但不管怎样变化，都需要根据实际情况，发挥智慧，在尊重教材的前提下，创造性地使用教材才是最重要的。

【教学反思】

一、教材不是神圣的

教材不是“圣经”，教师也不是“神父”。教学设计既要尊重教材，完成规定的任务，又要兼顾学情，不被教材所束缚。数学学习是学生自身的“再创造”活动，虽然教材规定了要教些什么，但至于怎样教，运用哪些素材、事例、例题去教，则是教师自己的事情。

1. 教材编写没有“最好”

尽管教材的编写者都有较为丰富的理论与实践经验，他们在编写教材的过程中，能够努力做到遵循规律、循序渐进、适度创新、螺旋上升，但由于受各种因素所限，能够进入编写者视线并能编入教材作为学生学习的数学事实，还只能是生活多棱镜的一个侧面。教育事实的海洋是无比宽阔的，因此，教材所呈现的数学事实，就难免会因为编写者的认识所限而存在某种片面性，也难免会因为编写者的主观臆断而带有某些“一厢情愿”的人为设定。另外，教材不可能经常变化，它的使用有一个相对稳定的时期，以便教师积累教学经验，这就导致一些反映时代的素材不可能被及时地收集进教材。因此，绝对“完美”的教材是不存在的。

2. 内容呈现不能“穷尽”

教材由于受篇幅的限制，内容的呈现不可能罗列很多的示例供教学参考，更不可能过多地呈现教学的探究过程。教材中的教学内容多是以静态的形式化的“学术形态”呈现的，其呈现的方式也是多种多样的，同一内容不同版本的教材都有其不同的呈现方式。究竟哪种呈现方式好，哪种呈现方式与学生接受知识的动态过程更吻合，需要教师再选择、再加工、再创造。

3. 素材选择是个“例子”

数学学习素材是数学知识和数学问题的基本载体，是学生感受数学与生活的密切联系、体验数学价值、形成正确的数学观的重要资源。因此，教学中应该高度重视对数学学习素材的遴选。事实上，可供选用的数学学习素材是多样的，教材选编的只是许许多多素材中的一个，是供教学参考的一个“例子”，这个“例子”是否适合你的教学，需要根据学情而定。可见，对教材我们不能过分地迷信、崇拜，更不能唯教材是瞻：将其信奉为“圣经”，使我们的教学不敢越“雷池”半步。教材不是“紧箍咒”，它是教学线索、是教学话题、是教学案例，教师可以根据教学实际，有的放矢、灵活多样地对其进行改造、加工、重组，从而创造性地使用。

二、教材是需要尊重的

1. 教材是实现课程目标、实施教学的最主要依据

新课程实施后，虽然课程标准在课程目标、教学内容等方面都有要求和解读，但具体“教什么”（用哪些素材教）、“怎么教”却没有明确的规定。而新教材的诞生，为我们实施新课程提供了具体、现实、可操作的文本：它加强了数学与现实生活的联系，使数学成为学生对其已有知识和经验的提炼与升华的有力工具。

人教A版教材的编写思路体现在“明线”与“暗线”的有机融合中。其中，明线是“事实—概念—性质（关系）—结构（联系）—应用”，暗线则是“事实—方法—方法论—数学学科本质观”。教材首先强调了以反映现实的“事实”为素材创设情境，使学生感受数学知识的背景，产生对数学的亲切感，激发数学学习兴趣和激情；从情境出发提出问题，引导学生开展观察、分析、归纳、概括等思维活动，抽象出数学概念；以“研究对象要素、相关要素的关系就是性质”等为指导展开对数学对象的性质、关系、规律的研究；通过例题、习题和拓展性材料等，促使学生在用概念、性质解决问题的过程中建立它们之间的联系，加深对所学数学知识的理解，形成功能良好的数学认知结构。

新教材以学生的发展为宗旨，为他们提供了大量的观察、猜想、思考、操作、验证、自主探究与合作交流的机会，使学生收获自信，感受自尊。因此，新教材是教师在新课程理念下实施教学最主要的依据，在教学中，教师必须尊重它、研究它、领会它，并善于发现其选材的独特视角，尽可能地发挥其教育教学功能。

2. 改造教材、重组教材不能降低原教材所承载的目标

在教学中，教师可以根据教学实际改造教材、重组教材，但是改造和重组教材，应当以不改变教材的“意图”为前提，所选择的素材和例题、所设计的探究过程都应当包含原教材的功能，不能降低原教材所承载的目标，这是改造和重组教材的基本准则，是“底线”不可“突破”。因此，教师要思考：教材这样设计和选材的价值到底在哪里？其背后更深远的意义是什么？只有对教材的意图充分理解了，改造和重组教材才能不降低原教材所承载的目标，才可能做到有利于揭示数学本质，彰显教师对教材的个性化处理。

教材是经过教学实践“千锤百炼”、反复打磨出来的精品课程资源：其文字语言、数学表述都十分的简洁明了；情境创设、问题探究几乎都是经典范例；每幅插图、每道例题都具有其特定的教育功能，都蕴含着某些数学思想和方法。教材所蕴藏的本质内涵和其所折射出的深远意义等灵魂性的东西，在教学中是需要教师予以尊重的。教师在教学中不可无视教材的存在，不可采取对其全盘

否定的态度。如何改造教材？“创造性地使用教材”要注意什么？是教师必须要深思的问题。改造和重组教材不能改变原教材的意图和所承载的目标，否则，将会使教学陷入形式主义的泥潭，使教学任务大打折扣，降低其育人功能。

三、“用教材教”，不是“教教材”

从上面的课例看出，学生在课堂中实实在在地经历和体验了公式推导的探究过程，提炼了数学思想方法，锻炼了思维品质，深化了理性认识，提升了数学学科核心素养。教师能把“现成”的数学变为“活动”的、学生能够自己建构的数学，是教师“用教材教”，而不是“教教材”的具体体现。

1. 拉长教材空间，凸显探究过程

由于受篇幅所限，教材对知识的形成、发展和应用过程不可能展现的太长，教学时，如果教师直截了当地把教材呈现给学生，就会掩盖数学知识获得的思维过程，这是不利于培养学生数学思维能力的。学生学习数学不是被动的吸取、记忆、练习、强化储存的过程，而是以自己的知识经验为基础，进行积极主动地“再创造”的过程。拉长教材空间，让学生在探究过程中充分地“体验”，这样的学习才是刻骨铭心的，所获得的知识才是真实、全面的。

2. 教材提供的是话题，是支持对话的文本

教师用教材教，就要借助“文本”智慧地展开师生之间、生生之间的对话，让对话的双方敞开心扉，真诚地倾听和接纳，实现精神相遇、相通，共享经验、知识、智慧与价值；教师用教材教，就要借助“文本”着力凸显学生与教材之间的对话，为学生创造更多的与问题情境、与现实生活、与自身的知识经验等进行对话与互动的机会，促使学生对教材的自我理解、自我解读，让学习过程成为一个富有个性化的过程；教师用教材教，就要将教材中的知识有效地“激活”，使其恢复到鲜活的状态，使它呈现出生命的本色，从而实现教材知识与学生的心灵世界、经验世界、生活世界的沟通。

总之，树立正确的教材观，就是教师在教学中，对教材既要做到“尊重”，又要做到“超越”，坚决摒弃“盲目地崇拜”和“无视其存在”两种极端化的做法，正确地认识教材的地位和作用，深入地理解“用教材教”的本质内涵。有什么样的教材观，就有什么样的数学教学，教师的教材观决定着课堂教学的呈现方式和教学效果。

第 2 节　要充分领会教材的编写意图

教材是重要的课程资源。从目前我国基础教育的现状和教师的基本素质看，客观地说，教材仍然是教师课堂教学的最主要依据，所以，强调对教材编写意图的理解具有深远的现实意义。那么，作为数学教师，怎样去领会教材的编写意图呢？

一、宏观上理清思路

【教学实践】

“三角函数”教材分析①

三角函数是一类最典型的周期函数。在高中数学课程中，课程标准把三角函数内容安排在必修课程“主题二 函数”中，把“函数概念与性质”“幂函数、指数函数、对数函数”“三角函数”“函数应用”视为一个整体。

“三角函数”内容包括：角与弧度、三角函数概念和性质、同角三角函数的基本关系式、三角恒等变换、三角函数应用。

教科书遵循“注重教科书的整体结构”“体现内容之间的有机衔接”“凸显内容和数学学科核心素养的融合”等原则，帮助学生从整体上把握三角函数的概念、性质和应用，理解“三角函数”与“函数概念与性质”以及“幂函数、指数函数、对数函数”等内容的联系，掌握利用三角函数构建数学模型的方法和技能，通过三角函数的定义、性质和应用等内容的学习，提升数学学科核心素养。

根据课程标准的规定，学生通过本章学习，能借助单位圆建立一般三角函数的概念，体会引入弧度制的必要性；能用几何直观和代数运算的方法得到三角函数的周期性、奇偶性、单调性和最大（小）值等性质，以及三角函数之间的一些恒等关系；能利用三角函数构建数学模型，解决实际问题，从而重点在数学抽象、逻辑推理、直观想象、数学运算和数学建模等素养上得到提升。

（一）本章学习目标

1. 角与弧度

了解任意角的概念和弧度制，能进行弧度与角度的互化，体会引入弧度制的必要性。

2. 三角函数概念和性质

（1）借助单位圆理解任意角的三角函数（正弦、余弦、正切）的定义，能画出这些三角函数的图象，了解三角函数的周期性、奇偶性。借助单位圆的对称性，利用定义推导出诱导公式（$\pi\pm\alpha$，$\frac{\pi}{2}\pm\alpha$ 的正弦、余弦、正切）。

---

① 引自人民教育出版社高中数学 A 版教材培训材料.

(2) 借助图象理解正弦函数在$[0,2\pi]$上、余弦函数在$[-\pi,\pi]$上、正切函数在$\left(-\frac{\pi}{2},\frac{\pi}{2}\right)$上的性质。

(3) 结合具体实例，了解$y=A\sin(\omega x+\varphi)$的实际意义；能借助图象理解参数$\omega,\varphi,A$的意义，了解参数的变化对函数图象的影响。

3. 同角三角函数的基本关系式

理解同角三角函数的基本关系式：$\sin^2 x+\cos^2 x=1,\frac{\sin x}{\cos x}=\tan x$。

4. 三角恒等变换

(1) 经历推导两角差余弦公式的过程，知道两角差余弦公式的意义。

(2) 能从两角差的余弦公式推导出两角和与差的正弦、余弦、正切公式，二倍角的正弦、余弦、正切公式，了解它们的内在联系。

(3) 能运用上述公式进行简单的恒等变换（包括推导出积化和差、和差化积、半角公式，不要求记忆这三组公式）。

5. 三角函数应用

会用三角函数解决简单的实际问题，体会可以利用三角函数构建刻画事物周期变化的数学模型。

（二）本章知识结构框图（图 2.2.1）

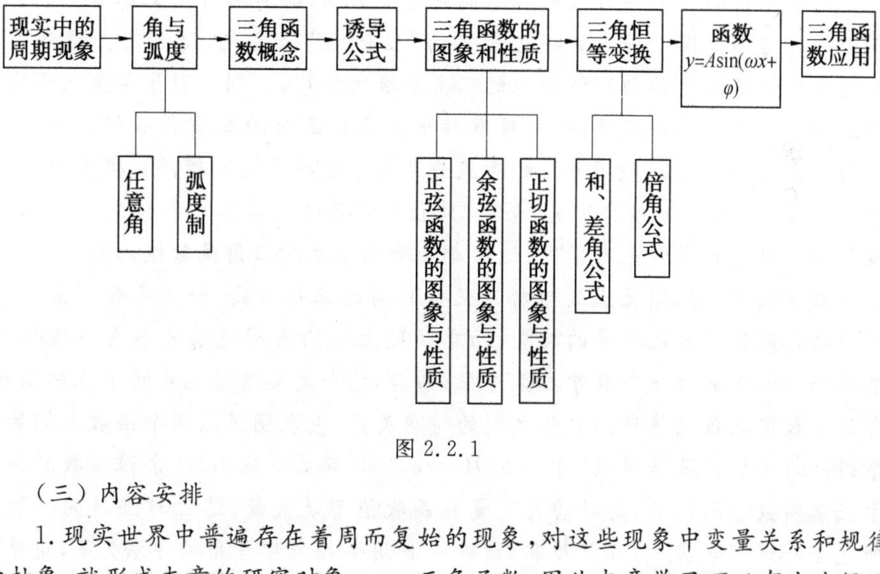

图 2.2.1

（三）内容安排

1. 现实世界中普遍存在着周而复始的现象，对这些现象中变量关系和规律的抽象，就形成本章的研究对象 —— 三角函数，因此本章学习可以有力地促进学生数学抽象素养的发展。

本章学习的认知基础主要是几何中圆的性质、相似形的有关知识，以及前面建立的函数一般概念，幂函数、指数函数、对数函数的研究经验。单位圆是研究三角函数的重要工具，借助它的直观，可以使学生更好地理解三角函数的概念和性质，从而发展学生的直观想象素养。三角恒等变换与学生熟悉的代数恒等变形有较大的不同，可用的公式多、变化灵活，可以有效促进学生的数学运算、逻辑推理等素养的发展。三角函数作为描述周期现象的重要数学模型，与其他学科(特别是物理、地理)有紧密联系，因此本章的学习对发展学生的数学建模素养很有作用。

2. 为了加强三角函数学习的目的性，本章采用月相变化图为章头图，在章引言中列举了一些现实世界中具有周期性变化的现象，然后明确"这些现象都可以用三角函数刻画"。这样的安排使得三角函数的作用体现得更加清楚，也能使学生更加明确学习三角函数的意义。

3. 在本章开始，教科书首先通过体操中的转体、齿轮旋转等实际问题引出角的概念的推广问题，然后借助具体例子，将初中学过的角的概念推广到任意角，在此基础上引出象限角概念、终边相同的角的表示(可以看成是象限角的性质)。对于弧度制，教科书首先通过类比长度、质量等的不同度量制，引出弧度制，给出1弧度的定义，然后探究得到弧度数的绝对值公式，并得出弧度与角度的换算方法。任意角和弧度制的引入，建立了角的集合与实数集的一一对应关系，为学习任意角的三角函数奠定了基础。

4. 任意角的三角函数可以有不同的定义方法，而且各种定义都有自己的特点。许多老师习惯于用角的终边上点的"坐标比"来定义，这种定义方法能够表现出从锐角三角函数到任意角的三角函数的推广，有利于引导学生从已有认知基础出发学习三角函数，但它对准确把握三角函数的本质有不利影响。"从角的集合到'坐标比'的集合"的对应关系与学生熟悉的一般函数概念中的"数集到数集"的对应关系有冲突，而且"比值"需要通过运算才能得到，这与函数值是一个确定的实数也有不同，这些都会影响学生对三角函数概念的理解。

本章利用单位圆上点的坐标定义任意角的正弦函数、余弦函数。第一，圆周运动是周期性变化现象的典型，而单位圆上点的圆周运动又不失一般性，这个过程可以理解为一个数学抽象过程；第二，这个定义清楚地表明了正弦函数、余弦函数中从自变量到函数值之间的对应关系，也表明了这两个函数之间的关系；第三，如果α是弧度数，即$\angle xOP=\alpha$ rad，那么正弦函数、余弦函数就是关于任意实数α的函数，这时的自变量和函数值都是实数，这就与函数的一般概念完全一致。事实上，在弧度制(这是一种用半径来度量角的方法)下，角度和长度的单位是统一的，正是这种单位的统一，使得我们可以这样来描述这两个函数的对应关系。

基于上述理由，利用单位圆定义三角函数可以更好地反映三角函数的本质，也正是三角函数的这种形式决定了它们在数学(特别是应用数学)中的重要性。事实上，后续的内容，特别是在微积分中，最常用的是弧度制以及弧度制下的三角函数。另外，这样的定义使得三角函数所反映的数与形的关系更加直接，数形结合更加紧密，这就为后续内容的学习带来方便，也使三角函数更加好用了。例如，从定义可以方便地推导同角三角函数的关系式、诱导公式、和(差)角公式，而且为公式的记忆提供了图形支持；单位圆为讨论三角函数的性质提供了很好的直观载体，我们可以借助单位圆，直接从定义出发讨论三角函数的性质，等等。

当然，这个定义与人们熟悉的用角的终边上点的“坐标比”来定义是等价的，这正是教科书在5.2.1中安排例2的原因。

5. 对称性是圆的重要性质，诱导公式与圆的对称性有密切联系。教科书借助单位圆，先引导学生讨论了 $\pi\pm\alpha$，$-\alpha$，$\frac{\pi}{2}\pm\alpha$ 这些角的终边与角 α 的终边之间的对称关系，然后根据三角函数定义导出所有诱导公式。这样，既能很好地反映诱导公式的本质(圆的对称性的代数表示)，又使它们成了一个有机的整体。另外，为了使学生尽快熟悉并形成使用弧度制的习惯，在诱导公式中全部采用了弧度制。

6. 正弦、余弦函数按照“从函数的定义到作函数图象，再到讨论函数性质，最后到函数模型应用”的顺序展开，这一顺序与研究其他函数的顺序一致。另外，把周期性作为第一条性质，目的是为了体现它的重要性。对于正切函数，先利用诱导公式、单位圆讨论性质，然后再利用性质作图象，这样做的目的是为了使学生体会可以从不同角度讨论函数性质。

7. 三角恒等变换过去是单独的一章内容，现在是整个三角函数体系中的一个重要环节。三角恒等变换中的和、差角公式体现了圆的旋转对称性。这一内容展开的顺序是，首先利用圆的旋转对称性质推导两角差的余弦公式，然后导出两角和与差的正弦、余弦、正切公式，进而导出二倍角的正弦、余弦、正切公式。

8. 与以往比较，对函数 $y=A\sin(\omega x+\varphi)$ 的研究有实质性变化。为了使学生了解参数 A，ω，φ 的实际意义，教科书先安排了实际问题情境，通过数学建模得到三角函数模型 $y=A\sin(\omega x+\varphi)$，然后再对它的图象与性质展开研究。由于涉及的参数有3个，因此本章引导学生结合参数的实际意义，先讨论某个参数对图象的影响(其余参数相对固定)，再综合考虑三个参数的影响，以此来具体安排内容，线索如下：

(1) 探索 φ 对 $y=\sin(x+\varphi)$ 的图象的影响；

(2) 探索 ω 对 $y=\sin(\omega x+\varphi)$ 的图象的影响；

(3) 探索 A 对 $y=A\sin(\omega x+\varphi)$ 的图象的影响；

(4) 上述三个过程的合成。

在对上述四个问题的具体讨论中，先引导学生对参数赋值，形成对图象变化的具体认识，然后再推广到一般情形。

这样安排既分散了难点，又使学生形成清晰的讨论线索，从中能使学生学习到如何将复杂问题分解为简单问题并“各个击破”，然后整合为解决整个问题的思想方法。这样能培养学生有条理地思考的习惯，从而提升学生的逻辑思维能力。

9.“三角函数的应用”主要以举例的方式说明三角函数模型的应用方法。安排本节内容的目的是要让学生感受到三角函数在解决具有周期变化规律的问题中的作用，体验三角函数与日常生活和其他学科的联系，使学生体会三角函数的价值和作用，增强应用意识，同时还要使学生加深理解有关知识。

在这部分内容安排时，特别注意了数学应用过程的完整性，加强了对问题情境和解题思路的分析，以及解题后的反思这两个环节。这样做可以保持数学应用中的数学思维水平，提高学生对相应的思想方法的认知层次，培养学生良好的解题习惯。

(四) 课时安排

本章教学时间约需 24 课时，具体分配如下(仅供参考)：

5.1 任意角和弧度制	约 2 课时
5.2 三角函数的概念	约 3 课时
5.3 诱导公式	约 2 课时
5.4 三角函数的图象与性质	约 4 课时
5.5 三角恒等变换	约 6 课时
5.6 函数 $y=A\sin(\omega x+\varphi)$	约 2 课时
5.7 三角函数的应用	约 2 课时
小结	约 3 课时

(五) 本章编写思考

1. 注重三角函数内容的整体性，体现内容之间的有机衔接

在《普通高中数学课程标准(实验)》(以下简称《课程标准(2003 年版)》)中，三角函数与函数的一般概念及其他基本初等函数被分隔开，分别安排在必修四和必修一中，而且三角函数内容也被分成了两部分：三角函数，三角恒等变换。《课程标准(2017 年版)》(指《普通高中数学课程标准(2017 年版 2020 年修订)》) 加强了函数内容和三角函数内容的整体性：在“内容要求”中把“三角函数”纳入“主题二 函数”中，把“三角恒等变换”纳入“三角函数”中；在“主题二 函数”的“教学提示”中明确提出“教师应把本主题的内容视为一个整体”；在“教材编写建议”中明确提出“教材编写必须遵从课程标准设定的课程结构”。

为了体现整体性思想，教科书按照《课程标准(2017年版)》的上述要求安排内容，并注重体现内容之间的有机衔接。教科书按照“事实(周期性现象)—角与弧度—数学对象(三角函数的定义)—图象与性质(周期性、单调性、奇偶性、最大值与最小值等)—三角恒等变换—联系—应用”的结构来展开。其中，“角与弧度”是刻画圆周运动的预备知识，而“三角恒等变换”是三角函数的特殊研究内容。与原教科书相比，这样的设计使三角函数内容的整体性更强。

《课程标准(2017年版)》对教科书的章节设计提出了“三个关注”的要求，即：关注同一主线内容的逻辑关系，关注不同主线内容之间的逻辑关系，关注不同数学知识所蕴含的通性通法、数学思想。本章在修订过程中特别注意改进原教科书在内容衔接上的缺陷，努力落实“三个关注”。例如，注意以函数的一般概念为指导，借鉴指数函数、对数函数的研究经验，设计三角函数的研究路径，引导学生自主构建三角函数的研究内容、过程和方法；注意引导学生关注三角函数的特殊性，充分利用周期性简化研究过程，并在正切函数中有意设计“先研究性质，再作图象”的过程，使学生体验研究函数图象与性质方法的多样性；特别是，强调单位圆的作用，引导学生利用圆的几何性质(特别是对称性)发现和研究三角函数的性质，等等。

2. 充分体现三角函数作为刻画一类现实世界周期变化现象的数学模型的思想，提升学生的数学建模素养

数学建模是对现实问题进行数学抽象，用数学语言表达问题、用数学方法构建模型解决问题的素养。本章是培养学生数学建模素养的很好的载体，在教科书编写时我们充分注意到了这一点。

教科书在开篇语中列举了大量现实世界中的周期变化现象，这些周期现象有着不同的变化规律，需要用不同的函数来刻画，而三角函数是刻画其中一类具有周期变化规律的重要数学模型。这样可以使学生在三角函数的学习之初就明确三角函数的地位和作用。

在研究三角函数的图象、性质时，尽量结合物理中的简谐运动等典型实例。为了加强数学模型思想，教科书专门设置了“三角函数的应用”一节，通过典型实例，引导学生经历分析实际问题，建立三角函数模型、用三角函数模型解决问题的基本过程，以使学生更好地体会三角函数在解决周期变化现象时的作用。例如，5.7节的例2由给出的潮起潮落的变化数据，通过作散点图、选择函数模型、建立函数模型并用得到的函数模型解决有关问题，这是一个比较完整的建立三角函数模型解决实际问题的过程。通过这样的例子，可以使学生经历用三角函数刻画一些典型的周期现象的过程。

3. 注重发挥单位圆的作用，提升学生的直观想象素养

直观想象是指借助几何直观和空间想象感知事物的形态与变化，利用图形

理解和解决数学问题的素养，建立形与数的联系是其包括的主要方面。在本章，从三角函数的定义方法可以看出，三角函数与圆有着直接的联系。事实上，任意角、任意角的三角函数、三角函数的性质（周期性，单调性、最大值、最小值等）、同角三角函数的关系式、诱导公式、三角函数的图象等，都可以借助单位圆得到认识，这也是人们把三角函数称作“圆函数”的原因。因此，在三角函数的研究中，借助单位圆的几何直观是非常重要的手段，而且这也是使学生领会数形结合思想，学会数形结合地思考和解决问题的好机会。

为了发挥单位圆的作用，教科书在引进弧度制时就渗透了单位圆概念，并在讲三角函数概念之前给出单位圆概念，然后直接由单位圆引出三角函数定义。在后续内容的处理中，始终以单位圆作为一个载体。

例如，三角函数诱导公式的推导，教科书引导学生利用单位圆的对称性，通过讨论单位圆上对称点的坐标的关系来发现诱导公式，使得诱导公式二 ～ 公式六都与单位圆上的对称图形（即角的终边的对称性）联系在一起，从而使这五组公式形成一个有机整体。

又如两角差的余弦公式的推导，教科书利用单位圆的旋转对称性（任意一个圆绕着圆心旋转任意角后都与原来的圆重合的性质）进行推导。首先以单位圆的圆心为顶点、x 轴的非负半轴为始边画出角 α，β，$\alpha-\beta$，然后根据三角函数的定义写出角 α，β，$\alpha-\beta$ 的始边和终边与单位圆的交点 A，P_1，A_1，P 的坐标；接下来，利用圆的旋转对称性，得到等量关系：$AP=A_1P_1$；最后根据两点间的距离公式得到两角差的余弦公式。这样，以单位圆的几何直观为纽带，将三角恒等变换与整个三角函数内容融为一体。

4.突出数学思想方法，在类比、推广、特殊化等一般逻辑思考方法上进行引导

类比、联系、特殊化、推广、化归等是数学研究中的常用方法，本章努力引导学生学习这些方法。例如，通过类比长度、重量的不同度量单位引入弧度制；联系一般函数性质的研究思路引出研究三角函数性质的思路；在两角差的余弦公式这一关键性问题的解决中体现了数形结合思想的应用；从两角差的余弦公式推出两角和与差的正弦、余弦、正切公式，二倍角的正弦、余弦和正切公式的过程中，始终引导学生体会化归思想；在应用公式进行恒等变换的过程中，渗透观察、类比、推广、特殊化、化归等思考方法；研究函数 $y=A\sin(\omega x+\varphi)$ 的图象，按照 $y=\sin x\rightarrow y=\sin(x+\varphi)\rightarrow y=\sin(\omega x+\varphi)\rightarrow y=A\sin(\omega x+\varphi)$ 的线索展开，体现了从简单到复杂、由特殊到一般的思考方法。

5.通过问题引导学生主动思考，使学生得到思维训练

为了使学生得到思维方法上的训练，教科书根据知识的发生发展过程，利用“观察”“思考”“探究”等栏目自然地提出问题，引导学生层层深入地进行

思考。

例如，在众多三角公式的学习中，教科书紧紧围绕三角函数的定义，借助单位圆，以栏目为载体，构建了这样一条问题链：

(1) 根据定义，直接得出“公式一”；

(2) 以“探究 公式一表明终边相同的角的同一三角函数值相等，那么终边相同的角的三个三角函数值之间是否也有某种关系呢”引导学生探究同角三角函数的基本关系；

(3) 以“利用圆的几何性质，得到了同角三角函数之间的基本关系。我们知道，圆最重要的性质是对称性，而对称性(如奇偶性)也是函数的重要性质。由此想到，可以利用圆的对称性，研究三角函数的对称性”为引导，设置连续的“探究”栏目，让学生探究角的终边与单位圆的交点关于原点对称、关于x轴(或y轴)对称、关于直线$y=x$对称等条件下，相应的三角函数值之间的关系；

(4) 以“观察诱导公式，可以发现它们都是特殊角与任意角α的和(或差)的三角函数与这个任意角α的三角函数的恒等关系。如果把特殊角换为任意角β，那么任意角α与β的和(或差)的三角函数与α，β的三角函数会有什么关系呢”为引导，并具体化为“探究如果已知任意角α，β的正弦、余弦，能由此推出$\alpha+\beta$，$\alpha-\beta$的正弦、余弦吗”，让学生自主探索两角和与差的三角函数。

整体上看，上述栏目设计体现了“问题引导学习”的理念，从诱导公式的来龙去脉中，通过推广、特殊化等方式环环相扣地给出了一条观察事物(情境)、提出问题、分析问题、解决问题的线索，把学生的思维活动逐步引向深入，帮助学生在获得“四基”的过程中，逐步提高“四能”，发展数学实践能力及创新意识，培育科学精神，促进学生学会学习。我们认为，这样的设计是使学生发展数学学科核心素养这一理念切实落地的有力举措。

(六) 本章教学建议

1. 把握本章内容的主要变化

与按照《课程标准(2003年版)》编写的教科书相比，本章内容主要有如下一些变化：

(1) 弧度制：强调引入弧度制的必要性，加强了用初中已学的弧长与半径的关系解释弧度制定义的合理性。

(2) 三角函数的定义：直接从建立周期现象的数学模型出发，利用单位圆上点的坐标定义三角函数，然后再建立与锐角三角函数的联系。

(3) 正弦线、余弦线和正切线：根据《课程标准(2017年版)》的设置，删除了正弦线、余弦线和正切线。

(4) 诱导公式：从单位圆关于原点、坐标轴、直线$y=x$等的对称性出发探究诱导公式，即通过把圆的对称性“代数化”，获得诱导公式。

(5) 正弦函数的图象：体现函数图象与三角函数定义之间内在的逻辑联系——图象是函数的一种表示法，先根据定义画出任意一点，掌握了任意一点的作法原理后，通过选择具体的、足够多的点进行描点，最后借助技术描任意多的点，连续成线画三角函数的图象，这里加强了信息技术的应用。

(6) 三角恒等变换：一以贯之地强调单位圆的作用，两角差的余弦公式利用圆的旋转对称性导出。

(7) 函数 $y=A\sin(\omega x+\varphi)$：为体现数学建模的过程，在本节的开始先借助筒车运动的实际背景探究匀速圆周运动的函数模型，体现函数 $y=A\sin(\omega x+\varphi)$ 的现实背景；然后借助信息技术研究参数 A,ω,φ 对函数 $y=A\sin(\omega x+\varphi)$ 图象的影响；最后以摩天轮为实际背景，应用这个模型解决典型的周期性变化的实际问题。

(8) 三角函数的应用：体现三角函数应用的层次性，有关三角函数应用的问题大致分成三类：第一类是匀速圆周运动的问题，如筒车匀速圆周运动的问题；第二类是弹簧振子、交变电流等物理学中的周期性现象的刻画；第三类是现实生活中仅在一定范围内呈现出近似于周期变化的问题，如温度随时间呈周期性变化的问题、港口海水深度随时间呈周期性变化的问题。

与原教科书一样，本章仍然强调三角函数作为刻画现实世界中一类周期变化现象的数学模型，借助单位圆理解三角函数的概念、性质，以及通过建立三角函数模型解决实际问题等，强调"削枝强干"。因此，教学中应把重点放在使学生理解三角函数及其基本性质，体会三角函数在解决具有周期变化规律的问题的作用上。

2. 加强单元教学设计，注重局部范围内知识的系统化

单元教学设计是以教科书为基础，用系统论的方法对教科书中"具有某种内在关联性"的内容进行分析、重组、整合并形成相对完整的教学单元，在教学整体观的指导下将教学诸要素有序规划，以优化教学效果的教学设计。单元教学设计具有使局部范围内的知识系统化的优点，因此有利于学生构建条理清楚、层次分明的整体认知结构。本章共 24 个课时，包含任意角、弧度制、三角函数的概念、诱导公式、三角恒等变换等诸多内容，是一个"大章"。对于大章来说，如何处理好整体和局部的关系是教学中的一个难点。鉴于本章内容的特点，在教学中应认真分析各个部分的内容的特点，考虑单元教学设计，并通过单元教学设计促进学生形成良好的整体认知结构。

例如，"5.2 三角函数的概念"一节，包含的内容有：三角函数的概念，三角函数的基本性质：三角函数值的符号、诱导公式一、同角三角函数的基本关系。这些内容在教科书中的呈现顺序是：三角函数的概念 → 例 1、例 2 和练习 → 三角函数值的符号、例 3、诱导公式一、例 4、例 5 和练习 → 同角三角函数的基本关

系、例6、例7和练习(三角函数的基本性质分散呈现)。把这些内容作为一个单元,可以得到如下框图(图2.2.2)。

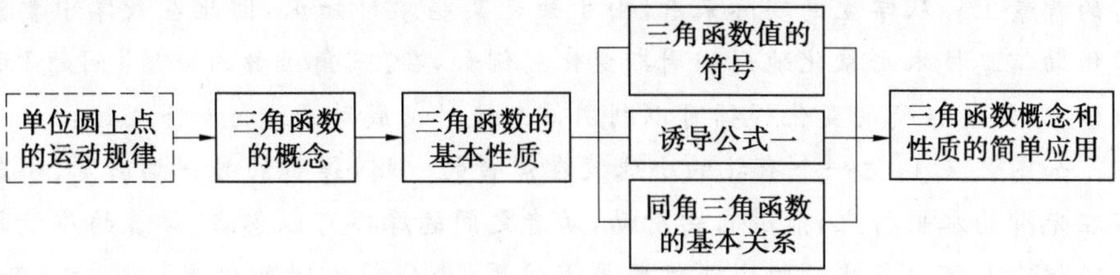

图2.2.2

根据上面的框图,可以对单元内容进行划分,同时给出课时:

第一部分,三角函数的概念(1课时);

第二部分,三角函数的基本性质(1课时);

第三部分,概念和性质的简单应用(1课时)。

接下来,可以进行单元教学设计的细化工作,完成单元分析工作("内容和内容解析""目标和目标解析""教学问题诊断分析""教学支持条件分析")和单元重组、整合工作("教学过程设计"),最终形成完整的教学设计。

又如,"5.4.1 正弦函数、余弦函数的图象""5.4.2 正弦函数、余弦函数的性质"两小节包含的内容有:正弦函数、余弦函数图象的画法,正弦函数、余弦函数的周期性、奇偶性、单调性、最大值与最小值。这些内容在教科书中的呈现顺序是:正弦函数的图象→余弦函数的图象、例1和练习→周期性、例2、奇偶性和练习(周期性、奇偶性与其他性质分散呈现)→单调性、最大值与最小值、例3、例4和练习。把这两小节内容作为一个单元,可以得到如下框图(图2.2.3)。

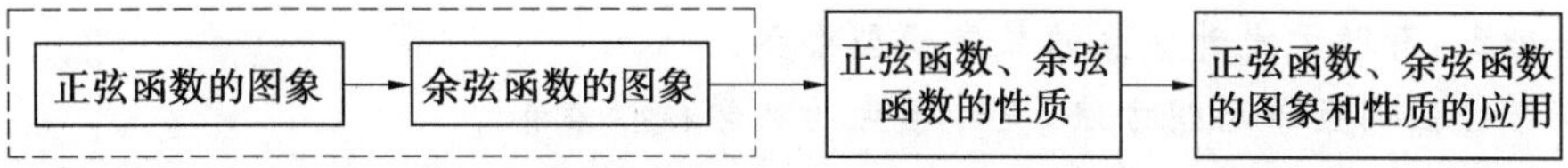

图2.2.3

同样地,根据框图可以对单元内容进行划分,同时给出课时:

第一课时,形成研究思路,并画出正弦函数、余弦函数的图象(1课时);

第二课时,研究正弦函数、余弦函数的性质(1课时);

第三课时,正弦函数、余弦函数的图象与性质的应用(1课时)。

与前面的案例类似,在此基础上可以形成完整的单元教学设计。

3.加强与其他学科的联系,借助信息技术形象化地说明周期变化

由于周期现象在现实中广泛存在,例如,单摆运动、弹簧振子、圆周运动、交变电流、音乐、潮汐、波浪、四季变化、生物钟等,因此它是物理、地理、生物、天文

等其他学科研究的对象，这样，本章内容与其他学科有紧密联系。因此教学中应充分利用学生的生活经验以及其他学科的知识，使三角函数的学习建立在丰富的背景上。从学生的实际来看，由于缺乏某些学科知识，因此在教学中要注意借助信息技术形象化地说明周期变化。例如，在“三角函数的应用”问题1的教学中，弹簧振子的变化规律可以利用信息技术制成动画进行如下描述：

如图2.2.4，把一个有孔的小球装在弹簧的一端，弹簧的另一端固定，小球穿在光滑的水平杆上，能够自由滑动，两者之间的摩擦可以忽略，弹簧的质量与小球相比也可以忽略。把小球拉离平衡位置（小球静止时的位置），然后放开，它就会在平衡位置附近振动。这样的系统称为弹簧振子（简称振子）。

图2.2.5所示的是弹簧振子的频闪照片。频闪仪每隔0.05 s闪光一次，底片从右向左匀速运动，因此在底片上留下了小球一系列的像。建立坐标系并把这些像用一条光滑的曲线连接起来，可以得到小球的位移随时间变化的函数图象，这个图象可以用 $y=A\sin(\omega x+\varphi)$（其中 $A>0,\omega>0$）表示。

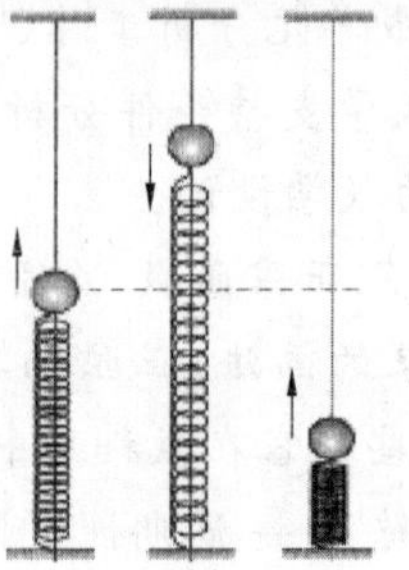

图2.2.4

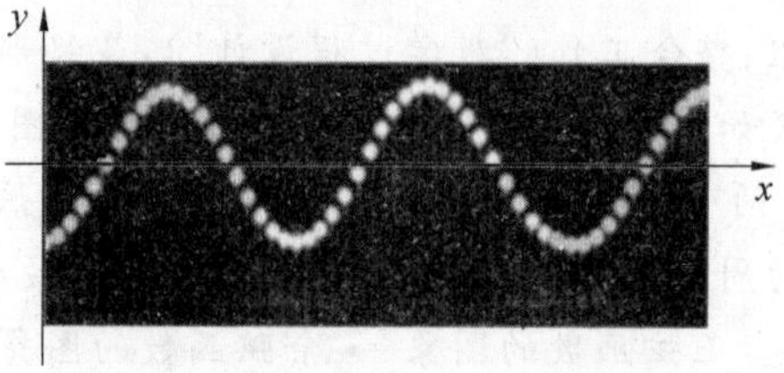

图2.2.5

这样，根据教科书中的表和散点图得到的函数解析式建立在形象化背景的基础上，有助于提升学生的数学模型素养。

4. 强调数学思想方法，提升学生的数学核心素养

《课程标准（2017年版）》指出：数学学科核心素养是“四基”的继承和发展，“四基”是发展学生数学学科核心素养的有效载体。数学思想方法包含“基本思想”和“基本技能”中蕴含的思想方法，因此，数学思想方法是“四基”的重要组成部分，是发展学生数学学科核心素养的有效载体。

从数学思想方法看，本章的重点是数学抽象思想、模型思想和数形结合思想。教学中应当充分利用章引言提供的情境，引导学生从“刻画一类周期现象的重要数学模型”的角度来认识三角函数，使学生从学习之初就建立起从数学模型的角度看三角函数的意识。在此基础上，要充分注重运用三角函数模型解决实际问题的教学，使学生经历运用三角函数模型描述周期现象、解决实际问题的全过程。

前面已经指出，本章讨论的内容都可以用单位圆作为直观工具。因此，为了更好地体现数形结合思想，教学中要充分发挥单位圆的作用，并且要注意逐渐使学生形成用单位圆讨论三角函数问题的意识和习惯，引导学生自主地用单位圆探索三角函数的有关性质，提高分析问题和解决问题的能力。

5. 加强数学学习方法的引导，提高数学思维水平

《学记》中提到："善学者，师逸而功倍，又从而庸之；不善学者，师勤而功半，又从而怨之"，其中体现了学习方法的重要性。《课程标准(2017 年版)》在"教材编写建议"中提出：教材要为学生提供学习方法的指导，促进学生形成良好的学习习惯和思维习惯。按照课程标准的要求，教科书为学生提供了一定的数学学习方法指导，但是要使学生真正获得这些数学学习方法，还需要在教学中加强引导。

三角函数是学生在高中阶段系统学习的最后一个基本初等函数，教学中应当注意引导学生以前面学到的研究函数的方法为指导来学习本章知识。例如，在教学中可以结合三角函数引导学生进一步理解集合与对应观点下的函数概念，以及函数中研究的基本问题和基本思路(根据刻画现实中周期现象的需要，引进三角函数来描述周期性变化的规律；在遇到一个新的函数时，总要看看它的图象、单调性、有没有特殊取值等)，这样可以使学生在通过梳理已有经验形成的高观点的指导下进行数学学习与研究，这对提高学生在学习过程中的数学思维水平是非常有帮助的。

6. 注重信息技术的使用，加强知识的发生发展过程，加深概念的理解与认识

在本章，信息技术的使用在如下几个方面得到体现：一是利用信息技术工具进行角度制、弧度制的单位互换，求三角函数值，作函数图象等；二是利用信息技术研究问题；三是利用"信息技术使用"栏目提供弹性内容。例如，在利用信息技术通过单位圆作函数图象时，将三角函数的定义、三角函数的图象等方面紧密联系在一起，并通过角的变化，将这种联系直观地、动态地表现出来；在三角函数模型的应用中，既强调了信息技术工具对数据处理的必要性，又突出了信息技术工具在函数作图中的优势，还提出了利用信息技术进行函数的拟合，等等。

在下列内容的教学中，应积极鼓励学生使用信息技术，以加强知识的发生发展过程，加深对有关概念的理解与认识，突破学习中可能遇到的困难。

(1) 终边相同的角的概念的认识；

(2) 弧度制的认识，弧度与角度的互化，非特殊角的三角函数值的计算；

(3) 任意角的三角函数的定义；

(4) 画三角函数的图象，用三角函数的图象研究三角函数的性质；

(5) 画函数 $y=A\sin(\omega x+\varphi)$ 的图象,探索 A,ω,φ 对 $y=A\sin(\omega x+\varphi)$ 图象的影响;

(6) 根据实际数据拟合函数图象。

【教学反思】

上面是对人教A版高中数学教材必修第一册第五章三角函数的教材分析,详细阐明了设计理念、学习目标、知识结构、内容安排、课时安排、编写思考、教学建议等。在本章的教学中,教师就是要把教材编写的这些意图全部弄清楚,做到宏观上把握,才能有的放矢地进行每一节课的教学。

新教材是根据不同年龄学生的认知能力和心理发展规律,按照"主题"的方式编写的,这对习惯于按照"螺旋上升"的方式组织教学内容的老师来说,会感到很不适应。一些教师认为:新教材在必修、选择性必修中同一个知识板块要分不同的主题进行,不好把握教学的"度"。事实上,很多教学内容不是一次完成的(分为必修、选择性必修、选修内容),同一个教学内容可能要分散在几个主题中来完成,对这一教学内容又有不同的教学要求,体现了"逻辑上升"的思想。这就需要教师要从整体上了解教材。

"宏观上理清思路"就是理清教材中每一个教学内容的编排线索,了解这一教学内容是安排在几个主题中完成的,每个主题中的主要任务和要求都是什么,然后再将本节课要教授的内容放置于这个主题、这个内容领域、甚至整个高中阶段的数学知识体系中来审视,从而把握它的地位和作用。这样研究教材,才能做到"高瞻远瞩""深刻领悟"、不追逐"细枝末节"。

二、微观上推敲细节

【教学实践】

案例:基于三个理解的古典概型教学分析[①]

当今社会是一个信息化的社会,人们常需要从获取的数据中提取信息,为决策提供依据。因此,概率统计知识是公民的必备常识。概率对于高中学生来说并不陌生,学生从小学开始就接触概率。到了高中,概率的教学遇到了三个问题:

第一个问题是教什么。学生在小学、初中阶段已经接触了概率。初中教材对概率、古典概率和几何概率都有所涉及。许多老师认为高中概率与初中概率

---

① 本案例为北京十二中的高宇、黄蔚,北京教育学院丰台分院的李振雷三位老师的研讨交流文章,在此表示感谢。

所涉及的内容基本相同，计算方法与小学初中一样是“列举法”，于是产生了“高中概率还能教什么”的困惑。

第二个问题是为什么而教。由于在概率统计部分的学业考核中，往往难以有效考查学生的概率统计思想，所以概率统计的考核常常“沦为考算术”。这就导致在教学中，许多老师对概率统计的基本思想并不重视。

第三个问题是教师概率统计知识的储备。在概率统计的教学研究中，我们确实发现“许多中学教师在大学里接触的概率统计知识并不多，教师的数学知识结构中统计与概率知识也比较薄弱，对概率统计思想的把握也有所欠缺”。比如统计定义与古典定义在逻辑上、在教学上有何区别与联系等。

本案例从理解数学、理解学生、理解教学三个角度分析古典概型的教学，以期阐述对以上三个问题的解答。

1. 理解数学，明确古典概型在概率统计学中的地位和作用

人教A版教材中古典概型一节开篇指出：“通过试验和观察的方法，我们可以得到一些事件的概率估计值。但这种方法耗时多，而且得到的仅是概率的近似值。在一些特殊的情况下，我们可以构造出计算事件概率的通用方法。”教学中，许多老师将它理解为“通过试验和观察的方法耗时多，试验成本高，结果不准确。因此要学习一种通过计算得到随机事件概率的通用方法”。这种认识否定了概率的统计定义，忽视了古典概型只有“在一些特殊的情况”下才适合这个前提，是对概率的统计定义与古典定义理解的偏差。因此，有必要梳理两个定义在概率统计学中的地位和作用。

从概率论的发展史看。人们首先由对博弈问题的研究产生了古典概率定义，古典概型是概率论发展初期主要的研究对象，许多概率的最初结果是由它得到的。后来人们在对人口性别比例，人寿保险等问题的研究中产生了统计学定义。因此，概率的观念源于古典概型。

从数学角度看。依据大数定理，当实验次数充分大时频率$\frac{m}{n}$依概率收敛于概率p，这是概率统计定义的核心；古典概率适用于“一些特殊情况”，是区别于通过大量重复试验估计概率的一种简捷方法。但它的前提是“理想状态”下的，具有高度的抽象性。其中“等可能”是一个原始概念，无法确切证明，只能借助实际背景体会。而概率的统计定义无须“等可能”的条件，因此从应用角度看，虽然其确定概率的过程复杂，但使用的范围更广。所以，概率的统计定义与古典定义相互独立，不能互相取代，又相互联系，适用于不同类型的随机事件。

从概率的实际应用看，大量生产生活的实际决策依赖于概率的统计定义；古典概型需符合两个条件：试验的基本事件为有限个；每个基本事件出现的可

能性相同。但现实生活中很难界定"事件的等可能性"。有些随机事件虽符合此特征,但由于多方面现实因素不易得出基本事件的个数(见下文教学设计中学生活动3)。要解决这类问题,仍需利用概率的统计定义,通过大量重复试验进行估计。所以不能因"一定要大量重复试验才能估计概率"而否定统计定义。

从教材对概率统计内容安排的顺序看。高中教材先讲统计概率,再谈古典概率,从概率观念形成的角度看,概率统计定义是古典定义的上位概念。

2. 理解学生,了解学生已有学习经历,明确学什么

"概率"一词经常出现在现实生活中,学生小学开始,"通过实例感受简单的随机现象;能列出简单的随机现象中所有可能发生的结果";到了初中,"能够通过列表,画树状图等方法列出简单随机事件所有可能的结果,以及指定事件发生的所有可能结果,了解事件的概率",并"知道通过大量的重复试验,可以用频率来估计概率"。

从对概率的理解看,高中之前学生对概率的认识是随机事件发生的"大概规律",所以,在高中要求学生"在具体情境中,了解随机事件发生的不确定性和频率的稳定性,进一步了解概率的意义以及频率与概率的区别",使学生认识到概率是对随机事件发生的可能性大小的度量。

从概率的求法看,小学、初中阶段学生主要通过"列举法"求简单的古典概率,学生会在直观感知基础上进行一些简单的概率计算,但没有形成古典概型的观念。所以,高中阶段需要使学生在过去的经验基础上,将直观的感性认识提升到理论层面,通过归纳提炼出基本事件的概念,古典概型的基本特征和计算公式,并能正确应用。

3. 理解教学,明确如何教

从教学重点看,高中古典概型教学的重点应放在对基本事件和古典概型的认识上。教学中,我们发现许多老师将教学重点定位在计算方法上。而实际上,由于学生在小学、初中都接触了大量古典概型的实例,其学习的重点偏向于在直观感知基础上进行概率的计算。具体来说,学生清楚"指定事件发生的所有可能结果"的个数除以"简单随机事件所有可能的结果"个数即为所求概率。然而如何理解"所有可能结果"?这是初中阶段直观感知,高中必须明确的"基本事件"的概念,是学生正确理解古典概型并进行计算的前提。另外,由于学生在此前学习中并未提及古典概型的概念,因此在本课的学习中应该通过实例归纳提炼古典概型的"等可能性"和"有限性"两大特征,对古典概率模型形成清晰的认识。

从教学难点来看,对古典概型基本特征的理解,尤其是"等可能性"的理解是高中古典概型学习的难点。它决定了学生是否能够正确识别古典概率模型,

准确判断“基本事件”并在此基础上正确计算概率。实际教学中我们发现,“扔两枚相同的硬币”“一个家庭中两个孩子的性别”这类问题,虽然学生初中已经接触过,但在当前乃至之后的学习中常常由于不同的生活经验产生认识上的分歧。如“扔两枚相同的硬币”,基本事件究竟是“两正”“两反”“一正一反”三个,还是(正,正)(反,反)(正,反)(反,正)四个?要突破这一理解上的难点,最有力的解释莫过于用数据说话。教师可以设计学生活动:“扔两枚相同的硬币”记录试验结果,通过大量重复试验观察频率的稳定值——利用概率的统计定义,估计“两正”“两反”“一正一反”的概率。通过学生亲自试验,亲身经历与反思,加深对古典概型等可能性的理解,突破本课难点,同时使学生感受到概率统计定义的价值,印证概率统计定义与古典概率的和谐统一。

从教学过程的设计看,大多按人教A版教材编排顺序,先提出“基本事件”的概念,再归纳古典概型的基本特征,学生在短时间内“知道”古典概型的定义后开始题型训练。这种教学从应试角度固然能取得一定的教学效果,但没有充分的留给学生体会古典概型与概率统计定义的关系和感悟古典概型特征的机会。笔者认为应“延长知识的获得过程,加强动手,思考和感悟的实践,培养渴求知识的感觉”。实践中可以通过学生试验,用统计定义估计概率,体会在一些特殊的情况下事件的概率不必通过大量重复试验获得,有更为简捷的计算方法。然后带着问题去探究这类随机事件的特征,即“基本事件”“有限个”“等可能”,使学生经历“发现—论证”的过程,真正感悟古典概型的概念。

4.教学设计构想

依据上述分析,对古典概型教学我们给出教学设计构想,笔者用如下框图表示教学过程,并就几个重要环节做出说明(图2.2.6):

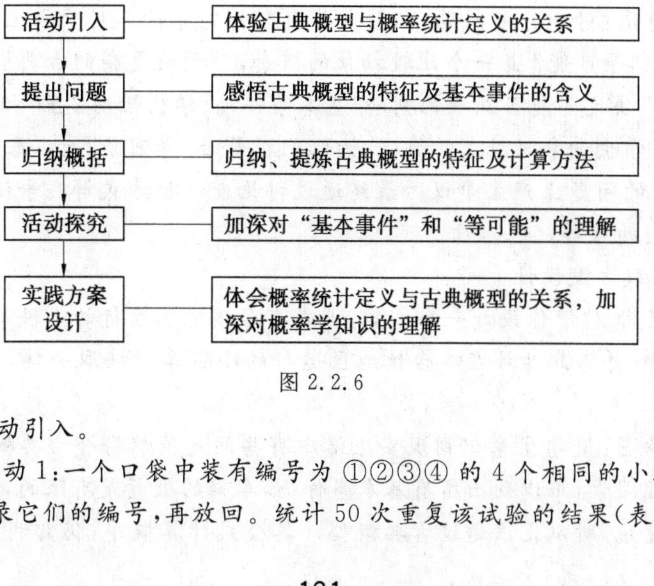

图2.2.6

(1)活动引入。

学生活动1:一个口袋中装有编号为①②③④的4个相同的小球,从中摸出2个,记录它们的编号,再放回。统计50次重复该试验的结果(表2.2.1)。

表 2.2.1

球号编号	①②	①③	①④	②③	②④	③④
频数						
频率						
估计的概率						

回答下列问题：

① 两数字之和是 3,4,5,6,7 的频率分别是多少？

② 估计从口袋中任意摸出 2 个球，数字之和是 3,4,5,6,7 的概率分别是多少？

③ 不用试验的方法，你能得到上述事件的概率吗？

设计意图：延长知识获得的时间，给学生充分的时间动手实践和感悟。在试验基础上，通过问题①②进一步体会频率与概率的区别与联系；通过问题③意识到在一些特殊的情况下事件的概率不必通过大量重复试验获得，有更为简捷的计算方法。那么这种"特殊的情况"应该具备什么样的特征呢？——学生带着问题在教师引导下进行探究，体会古典概型和概率统计定义的联系，理解"基本事件"的概念，归纳古典概型的两个基本特征和计算方法，使学生对古典概率模型形成一定的理性认识。

(2) 活动探究。

学生活动 2：一个口袋中有大小和重量相同的 2 个白球和 1 个红球，不放回地依次摸出 2 个球，求第二次摸出的是红球的概率(学生之间讨论)。

设计意图：对于一般问题，识别古典概型并完成计算对于学生来说并不困难。但由于"等可能"是一个比较抽象的概念，对于较复杂的古典概型问题，是否"等可能"决定了能否正确的判断"基本事件"。学生活动 2 里"相同的 2 个白球"可能给学生带来思维上的障碍，使他们在是否"等可能"和"基本事件究竟有哪几个"的问题上产生争议。最终通过讨论或试验方式解决争议，加深学生对古典概型的理解。

(3) 实践方案设计。

学生活动 3：请你设计一个方案，调查丰台镇地区运行的小轿车中，国产品牌的百分比，并据此估计在丰台镇地区运行的小轿车中任取一辆，它是国产品牌的概率。

设计意图：使学生意识到现实生活中有些问题虽然符合古典概型的特征，但由于实际因素，难以列出所有基本事件(如车辆的数量是有限的，但是难以知道确切数量)。所以无法通过古典概型计算公式计算概率，仍需利用概率的统计定义，通过大量重复试验进行估计。使学生体会到概率统计定义与古典概型之间的关系，加深对概率学知识的理解。同时，我们应树立为学生的终身发展打基础的教育思想，在概率统计的教学中注重概率统计思想的建立和应用意识的培养，使学生能够用概率统计思想认识客观世界。

5. 结语

目前高中阶段多数概率题目，识别古典概型并不困难，难点设置在计算上。于是多数教学忽视了古典概率模型的知识形成过程，而将重点放在了应用或计算方法上，这难免使古典概型的教学出现一定偏差。所以，我们的教学应该更加关注古典概型概念的形成过程，关注概率的统计定义与古典定义的和谐，提高学生的概率统计素养。使我们的教学"发挥数学的内在力量，为学生谋取长期利益"。

【教学反思】

在"古典概型"这节课的教学中，三位老师充分分析了教材、学生、教学三个方面，特别是对"教材都编写了什么""为什么这样编写"等进行了深入分析，分析内容、顺序、情境，找出了教材编写的意图、优点和不足，在"理解学生""理解教学"的基础上对教材设计进行了改进，给出了他们的设计思路和设计方案。

1. 思考教材中编写了什么

从这节课的教学设计中，我们能够看到三位老师对教材的研究是十分透彻的，对课程标准的要求是非常清楚的。这节课要教授的知识有哪些？是在怎样的基础上发展起来的？又是怎样为后面知识的学习做准备的？这节课的教学重点是什么？哪里是学生难以理解的？教学的难点是什么？每个情境、每道例题设计的基本意图和功能都是什么？等。准确地把握教材的知识点、生长点、重难点、意图与功能，教学才能对症下药、有的放矢，才能做到"瞻前顾后""承上启下""继往开来"。

2. 思考教材为什么这样编写

教材创设的情境对帮助学生学习有什么好处？视角是否独特？教材提供的学习线索是什么？数学概念、原理、公式的形成过程为什么要这样设计？是否合理？每道例题、练习题的功能是什么？是否符合本班学生的实际？等。教师只有对这些问题思考透彻了，才能真正把握教材的意图。

第3节　要注重对教材的"再加工"

教材中的数学知识多数是以简洁的、冰冷的形式化美丽的"学术形态"呈现的。在教学时，教师需要通过教学法加工把数学知识的这种"学术形态"转化为"教育形态"，把数学的形式化逻辑链条，转化为符合学生实际的、可以促进学生进行火热思考的多种探究活动，让学生体验数学发现和创造的历程，发展他们的创新意识。

对教学内容进行教学法加工，是教师在充分领悟教材意图、把握教学思路的前提下的一种对教材"再加工"的行为。这种行为的目的是：结合学情和社会热点来突出对教材的个性化处理，使教学设计进一步优化。

对教材"再加工"的关键是对素材的选择。它不仅关乎学生数学学习的兴趣、动机以及对数学的理解，而且直接影响他们学习潜能的发挥，决定学习活动能否生动活泼、富有个性。

一、选取的素材能够引发探究的动机

【教学实践】

案例："等比数列前 n 项和"的引入

一位教师按照教材中给出的例子引入新课时，发现学生的兴趣不高，课堂气氛沉闷。于是这位教师在之后的教学中改用了以下的引入方式，结果使学生的学习兴趣倍增，课堂气氛非常热烈。

教师：大家看过《西游记》吗？

学生（兴奋）：看过！

教师：今天老师想给大家讲一个故事——西游记后传。（电脑显示猪八戒的图片）话说猪八戒自西天取经之后，便回到了高老庄，成立了高老庄集团，自己也摇身一变成了 CEO，但是好景不长，他的公司因为经营不善出现了资金短缺，于是他便想向师兄孙悟空借钱。

孙悟空：No problem！我每天给你投资 100 万元，连续一个月（30 天）。

猪八戒：师兄你太好了，那……我何时还你钱？

孙悟空：咱俩谁跟谁呀！我给你投资的钱就不用还了，你就意思意思，第一天给我 1 元，第二天给我 2 元，第三天给我 4 元，……以后每天给我的钱是前一天的 2 倍，一直给我 30 天，我们就算两清了，你看怎么样？

猪八戒（暗自）：第一天 1 元换 100 万元，第二天 2 元换 100 万元，第三天 4 元换 100 万元，……哇，发财了！

猪八戒：猴哥，你可别反悔。

孙悟空：我们可以签一份合同嘛！说着，就起草了一份合同。

猪八戒正想签字，可转念一想，发现不对劲了。这猴哥本来就精明，做了生意之后就更精了，他会不会又在耍我？

教师：同学们，如果你是猪八戒的参谋，你认为猪八戒该不该签这个合同呢？

【教学反思】

要让教学内容对学生的数学学习充满诱惑性和吸引力，学习材料的“现实性，趣味性和挑战性”是很重要的。教师要善于将视角更多地投向现实生活，努力开掘那些发生在学生身边的，同时又暗含着某种数学现象或数学规律的实际问题来构建学生数学学习的内容体系。

二、选取的素材能够支持探究活动的展开

【教学实践】

课例：两角和与差的三角函数(一)

教材通过一定的铺垫直接提出“$\cos(\alpha-\beta)$能否用α的三角函数与β的三角函数来表示？”的问题，笔者感到不妥，为什么要研究这个问题？研究它有什么用？这必然是学生的疑惑。特别是教材直接提出用向量的数量积在单位圆中研究这个问题，更是显得突兀。如何使得引入更加自然流畅呢？笔者采取了如下方法：

问题1：你能求出$\cos 15°$的值吗？

（目的是让学生得出$\cos 15°=\cos(45°-30°)$，从而想到它能否与$45°$的三角函数和$30°$的三角函数有联系的问题，然后将问题一般化，进而提出下面的问题）

问题2：$\cos(\alpha-\beta)$能否用α的三角函数与β的三角函数来表示？

（从这个问题引出本节课的课题）

教师：为了研究问题的方便，可以将角α与角β的始边重合、顶点重合，以此来研究问题(图2.3.1)。

问题3：要研究与余弦函数有关的问题，我们可以利用哪些数学模型？

（目的是让学生联想到向量的数量积。这个数学模型刚刚学完，学生容易想起）

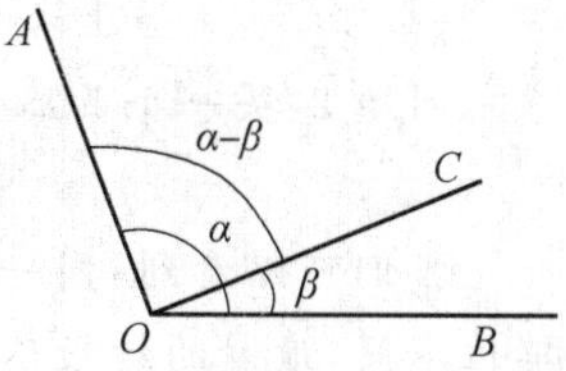

图2.3.1

教师：这就需要构建向量$\overrightarrow{OA}$，$\overrightarrow{OC}$，从而有$\overrightarrow{OA}\cdot\overrightarrow{OC}=|\overrightarrow{OA}|\cdot|\overrightarrow{OC}|\cos(\alpha-\beta)$。这显然与向量的模有关。

问题 4：在第一章中，我们都是怎样研究三角函数问题的？

（在以直角坐标系的原点为圆心的单位圆中，于是得到图 2.3.2）

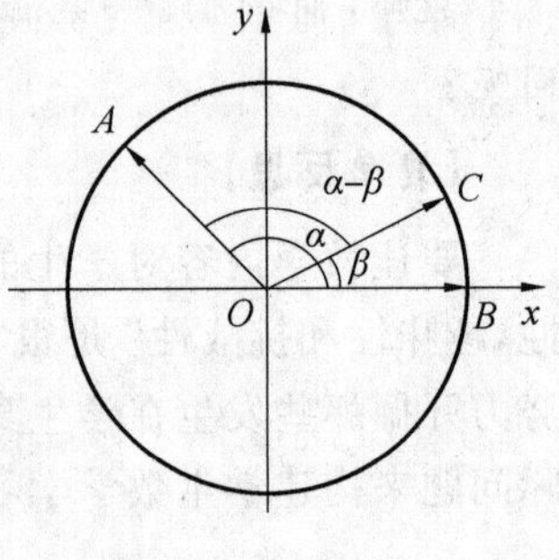

图 2.3.2

问题 5：你能解决问题 1 吗？

学生容易想到：$\overrightarrow{OA}=(\cos\alpha,\sin\alpha)$，$\overrightarrow{OC}=(\cos\beta,\sin\beta)$，于是，$\overrightarrow{OA}\cdot\overrightarrow{OC}=\cos\alpha\cos\beta+\sin\alpha\sin\beta$。

又 $\overrightarrow{OA}\cdot\overrightarrow{OC}=|\overrightarrow{OA}|\cdot|\overrightarrow{OC}|\cos(\alpha-\beta)=\cos(\alpha-\beta)$，进而可得 $\cos(\alpha-\beta)=\cos\alpha\cos\beta+\sin\alpha\sin\beta$。

……

【教学反思】

如此引入和引导学生发现和探究“两角差的余弦”公式显得自然流畅、水到渠成。教材由于受篇幅的限制，不可能把所有知识的形成过程都动态地展示出来，在未进入教学过程之前，教材处于知识储备状态，是静态的、形式化的，这与学生接受知识的动态过程不能吻合。在进入教学过程之后，教师应当对教材进行“教学法加工”，使静态的数学变成活动的、学生重新建构的数学，把教材“冰冷的形式化美丽”变成学生“火热的思考”过程。

三、对素材的组织情节不宜太多

【教学实践】

课例：弧度制

（一）新课引入

问题 1：我们现在要度量一位同学的身高，可以用哪些度量单位？

1 米＝10 分米＝100 厘米＝1 000 毫米

问题 2：买一个西瓜，要称其重量，常用的有哪些不同的重量单位：

1 千克＝1 000 克＝2 斤

我们可以看到：同一个长度，同一个重量，可以用不同的单位来度量，只是单位不同，度量的结果不同，但是各单位之间可以互化。

问题 3：对于一个角，除了用“度”去度量之外，还有没有其他的度量单位？

问题 4：初中学过的 1° 角是怎么定义的？

周角的 $\frac{1}{360}$ 作为一个单位，称为 1 度的角。

（二）讲授新课

1. 初中学过的弧长公式：$l=\frac{n\pi R}{180}$（R 为已知圆的半径，n 为角度数）。

由这个公式可以看到：在一个给定半径的圆中，弧长和圆心角是一一对应的。

2. 现在改变圆的半径，此时，除了半径之外，还有哪些量变了（图 2.3.3）？（弧长）

3. 设大圆半径为 R，小圆半径为 r，圆心角 n° 所对的大圆圆弧为 L，小圆圆弧为 l，则 $L=\frac{n\pi R}{180}$，$l=\frac{n\pi r}{180}$，所以 $\frac{L}{R}=\frac{l}{r}=\frac{n\pi}{180}$。

由此可以看出：当半径不同时，同样大小的圆心角所对的弧长与半径之比不变。既然如此，我们就可以用弧长与半径的比值来定义圆心角的弧度数。

规定：我们把长度等于半径的弧所对的圆心角叫作 1 弧度的角，记此角为 1 rad，读作：1 弧度。（图 2.3.4）

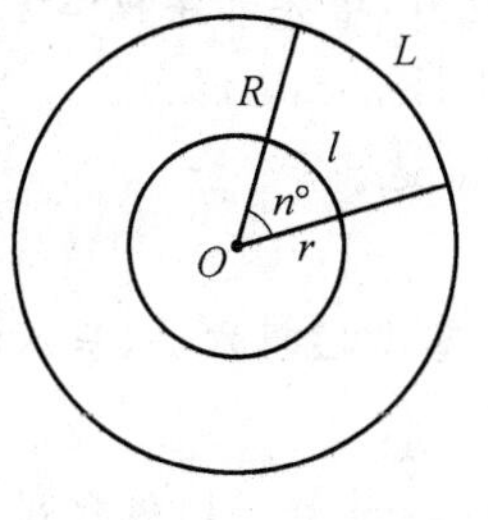

图 2.3.3

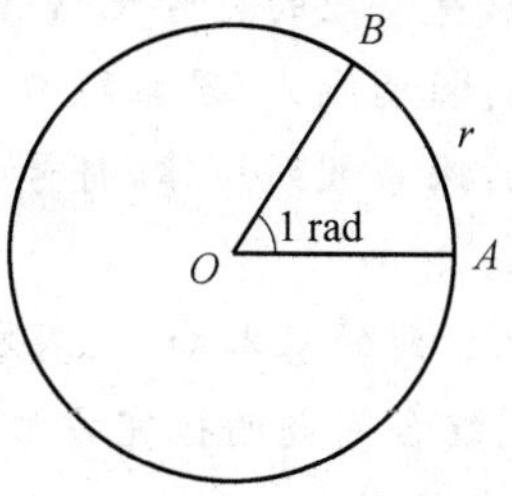

图 2.3.4

说明：一个角的弧度数由该角的大小来确定，与求比值时所取的圆的半径的大小无关。

4. 弧度制与角度制的大小关系

……

【教学反思】

本课例中引入新课环节显得“臃肿”，不够简洁明快，问题 1、问题 2、…… 的设计会让学生感到不知老师想干什么？一个好的引入，通过简单的几个例子（问题），很快聚焦课题，让学生立马知道这节课我们要学习什么内容。在本课例的引入中，只要引导学生回顾度量同一个对象会有不同类的计量单位即可：如，度量长度的单位有 ……（光年；千米、米；尺、寸等）；度量重量的单位有 ……（千克、克；斤、两等）；……，那么度量角的单位除了用“度、分、秒”以外，是否会有其他度量单位呢？（给出课题）。

课堂教学要尽可能地使各个教学环节简洁明快、聚焦集中，便于学生集中精力和时间对问题做深入有效的探究。我们常常看到一些教师在设计教学时，不认真钻研教材，不研究学生，而是翻阅报刊查找教案，或在记忆的深处搜索名师上课的场景，总觉得这个活动很新潮，那个例题很经典，照搬拿来，结果导致教学情节非常臃肿，课堂上，学生思维紊乱，教师顾此失彼。参考借鉴，无可厚非，但参考借鉴不能被名师所困，不能被他人教案所累，应透过现象看本质，将“他山之石”为我所用。教学环节不在于多和热闹，而在于简约和有效。

四、选取的例题要符合学生的现实

【教学实践】

课题：数列探究性问题

教学目标：在数列问题中，熟练等差、等比数列的相关知识，学会运用枚举法探寻数列规律，运用数列符号语言表达问题；提高数学阅读能力，从特殊到一般的探索能力，有条理的符号化语言表达能力，培养数学核心素养。

教学重点：阅读能力、思维能力、符号化语言表达能力。

教学难点：探寻数列规律，符号化语言表达。

教学过程：

(一) 回忆数列的基本知识、基本技能、基本思想方法、基本活动经验。

(二) 数列综合问题的探究方法

例题：给定数列 $a_1, a_2, \cdots, a_n$，对 $i=1,2,\cdots,n-1$，该数列的前 i 项的最大值记为 A_i，后 $n-i$ 项 $a_{i+1}, a_{i+2}, \cdots, a_n$ 的最小值记为 B_i，$d_i=A_i-B_i$。

(1) 设数列 $\{a_n\}$ 为 3,4,7,1，写出 d_1, d_2, d_3 的值；

(2) 设 $a_1, a_2, \cdots, a_n (n \geqslant 4)$ 是公比大于1的等比数列，且 $a_1>0$。证明：$d_1, d_2, \cdots, d_{n-1}$ 是等比数列；

(3) 设 $d_1, d_2, \cdots, d_{n-1}$ 是公差大于 0 的等差数列，且 $d_1>0$。证明：$a_1, a_2, \cdots, a_{n-1}$ 是等差数列。

设计意图：进一步熟悉等差、等比数列的概念与原理，学会用观察、枚举寻找数列规律，学会用符号语言表达数列问题，提高分析问题和解决问题的能力。

分析与解：(1) $d_1=2, d_2=3, d_3=6$；

(2) 设等比数列 $a_1, a_2, \cdots, a_n (n \geqslant 4)$ 的公比为 q，则 $a_n=a_1 q^{n-1}$。

因为 $q>1, a_1>0$，所以数列 $a_1, a_2, \cdots, a_n (n \geqslant 4)$ 是递增数列。

从而 $\frac{d_{k+1}}{d_k}=\frac{A_{k+1}-B_{k+1}}{A_k-B_k}=\frac{a_{k+1}-a_{k+2}}{a_k-a_{k+1}}=\frac{q(a_k-a_{k+1})}{a_k-a_{k+1}}=q (k=1,2,3,\cdots,n-2)$。

所以数列 $d_1, d_2, \cdots, d_{n-1}$ 是公比为 q 的等比数列。

(3) 设数列 $d_1, d_2, \cdots, d_{n-1}$ 的公差为 d。

由 $d>0$ 知该等差数列为递增正项数列，即 $d_{i+1}>d_i>0(i=1,2,\cdots,n-1)$。

分析特征：

具体化：数列3,4,7,1符合递增的正项数列这一特征；数列4,3,7,1不符合递增的特征；数列3,4,7,3不符合首项为正的特征。

由此可得以下两个规律：

①$a_1, a_2, \cdots, a_{n-1}$ 是递增数列；

②a_n 是最小项，即 $a_n<a_1<a_2<\cdots<a_{n-1}$。

下面证明第①个规律：

由题意可知，$A_i \geqslant a_i, B_i \leqslant a_{i+1}; A_{i+1} \geqslant A_i, B_{i+1} \geqslant B_i$。

若 $A_{i+1}=A_i$，则 $d_{i+1}=A_{i+1}-B_{i+1}=A_i-B_{i+1} \leqslant A_i-B_i=d_i$，这与 $d_{i+1}>d_i>0(i=1,2,\cdots,n-1)$ 矛盾，故 $A_{i+1}>A_i$，从而 $a_{i+1}=A_{i+1}>A_i \geqslant a_i$，即 $a_{i+1}>a_i(i=1,2,\cdots,n-1)$，所以数列 $a_1, a_2, \cdots, a_{n-1}$ 是递增数列，即 $A_i=a_i$，$B_i=a_{i+1}(i=1,2,\cdots,n-1)$。

下面再证第②个规律：

因为 $A_1=a_1, d_1=A_1-B_1=a_1-B_1>0$，所以 $B_1<a_1<a_2<\cdots<a_{n-1}$，所以 $B_1=a_n$。

即 $a_n<a_1<a_2<\cdots<a_{n-1}$，所以 $B_1=B_2=\cdots=B_{n-1}=a_n$。

从而 $d_{i+1}-d_i=(A_{i+1}-B_{i+1})-(A_i-B_i)=(a_{i+1}-a_n)-(a_i-a_n)=a_{i+1}-a_i=d$，所以数列 $a_1, a_2, \cdots, a_{n-1}$ 是等差数列。

（三）练习与作业

……

【教学反思】

这是一节数列拓展课，适合于数学能力较强的班级进行拓展深化。在实际教学中，我们看到这位老师设计完这节课后，在两个班级都上了此课，其中一个班是尖子班，学生的数学基础好，能力很强，课堂上学生的探究热情如火如荼，非常高涨，课堂氛围达到极致，教学效果非常好。可惜的是这位老师没有根据学情，将这节课的内容同样“搬到”了他所带的另一个普通班去讲，结果效果事倍功半。学生理解得非常困难，不会探究，老师只好自己讲，但多数学生还是听不懂，老师忙得汗流浃背，非常尴尬，学生也因不懂而对学习失去兴趣。

同样道理，一本教材要照顾不同地区的学生，因此，教材中的情境、例题往往会出现不适合学生实际的现象，对重点高中的尖子班的学生来说，可能会感到情境、例题有些简单，而对于普通高中的普通班的学生来说，可能会感到情境、例题有些难。这就需要老师根据学情对情境、例题进行“教学法加工”。对尖子班的学生，可以设计较为复杂、隐蔽性、综合性更强的情境，对于例题，可以在原例题的基础上，进行补充拓深，加强综合；对普通班的学生可以降低情境的难度，在讲解例题之前，“铺设台阶”—— 补充更为基础的题目，由浅入深，然后逐步过渡到例题。以实现因材施教。

五、转化“教”与“学”的方式

【教学实践】

课题：直线和圆的位置关系

（一）教学内容分析

本节课是普通高中数学选择性必修第一册“第二章直线和圆的方程”2.5“直线与圆、圆与圆位置关系”中的2.5.1“直线与圆的位置关系”的第一课时。

直线与圆的位置关系是学生在初中平面几何中已经学过的内容，高中的学习主要突出研究方法上的区别，即坐标法。在本章的前面部分，我们学习了直线与方程。知道在直角坐标系中，直线可以用方程表示，通过方程，可以研究直线间的位置关系，直线与直线的交点等问题。并在此基础上，继续用坐标法探究圆的几何特征，建立它的方程，通过方程研究它的简单性质，并用坐标法解决一些与圆有关的简单几何问题和实际问题，如直线与圆、圆与圆的位置关系等问题，进一步让学生感受数形结合的基本思想方法，形成用代数方法解决几何问题的能力。

研究直线与圆的位置关系，将分成两节课。第一节课，也就是本节课，它的核心内容是如何借助直线的方程和圆的方程来判断直线与圆的位置关系，以及基于三种位置关系所形成与圆有关的各种问题的提出。第二节课，将用坐标法具体研究三种位置关系形成的与圆有关的简单几何问题和实际问题。本节课的学习要求掌握两种判断方法。第一种方法，根据学生在初中学习直线与圆相交、相切、相离的定义的基础上，将直线的方程与圆的方程联立方程组，通过讨论方程组的解的不同情况来判断。本方法主要突出坐标法的思想且具有一般性，可类比地推广到对椭圆、双曲线、抛物线同类问题的研究中。第二种方法，根据学生初中学习的直线与圆三种位置关系的判定，即利用圆心到直线的距离与半径比较。该方法，涉及把点与坐标、直线与方程联系起来，实现空间形式与数量关系的结合。需要特别指出的是：该方法属圆的个性范畴，不能推广。在基于直线和圆的三种位置所形成的各种问题的提出和解决过程中，可以进一步加强对数形结合思想方法的理解，发挥从“数”和“形”两个方面共同分析解决问题的优势。其次,从本节课知识的研究过程来看,由“几何问题(位置关系)”到“代数问题(坐标、方程、点到直线的距离公式、联立方程组等)”,再到“几何问题(分析代数结果的几何含义)”,充分体现了由“形”到“数”,再由“数”到“形”的转化过程,是转化思想的具体应用。通过分析不难看出,“直线与圆的位置关系”起到了承上启下的重要作用。

科学巨匠爱因斯坦说得好:“提出一个问题比解决一个问题更重要,因为解决一个问题也许是一个数学上的或实验上的技能而已,而提出新的问题,新的可能性,从新的角度去看旧的问题,却需要创造性的想象力。”美国《国家科学教育标准》中提出,“对产生于学生的经验的真实问题的探究是科学教学的核心策略”。本节课安排了基于直线和圆的三种位置所形成的数与形相结合的各种问题的提出,学生在教师的指导下通过自主的尝试、体验、实践,主动发现问题、解决问题,升华认识,学会学习,对问题的深层含义进行开放性的、多元化的探究活动。

因此,本节课的教学重点和难点是:

教学重点:直线与圆的位置关系及判断方法,坐标法的基本思想以及基于直线和圆的三种位置所形成的数与形相结合的各种问题的提出。

教学难点:用坐标法解决问题的意识培养和方法的掌握。

(二) 确定教学目标

1. 学生能用直线方程和圆方程联立方程组得到根的组数来判断直线和圆的位置关系,学生能用圆心到直线的距离和半径比较大小的方法来判断直线与圆的位置关系,并能体会理解第一种方法的更多适用性,以及第二种方法抓住图形特殊性质解决问题的简便性。

2. 学生在几何法和坐标法转化使用过程中,进一步体会解析几何的基本思想,以及数形结合、转化等数学思想方法。

3. 学生通过基于直线和圆的三种位置所形成的数与形相结合的各种真实而有价值的问题的提出,有效激发学生的学习兴趣,让学生感受到学习的知识是有用的和鲜活的,学习不再是为了考试而是为了解决实际问题。通过让学生自主提出问题,增强学生的求知欲望,在为解决这些问题而进行的有逻辑的思维活动中,提升自主学习的能力。

(三) 学习者特点分析

所教学生是我校 A 班的学生。数学基础较好,解决问题的思路来的较快,经过一年以自主学习为主的数学学习模式的培养下,大部分同学的自主学习、自我研究的意识和能力都得到很大的提升,对教师的依赖度逐渐下降。可大部分同学满足于问题的解决,习惯于解决已有的问题,而提出新问题,从不同角度提出问题以及对问题的提升迁移的意识和能力较差,对概念本质的把握缺乏深度,还有一部分同学忽视一些基础问题的落实。

学生初中平面几何学得比较好,而对于解析几何的学习才刚刚开始,学生还比较习惯运用初中平面几何的方法解决问题,对运用坐标法解决问题的意识和能力都有待提高和加强。

(四) 教学策略选择

基于以上对教学内容、教学目标和学习者的分析,直线和圆的内容安排了两节课的课时,采用的教学策略以学生的自主学习和小组合作分享为主,以教师的提升为辅,以学生自己提出问题解决问题为主,教师验收后测为辅。在学生独立思考研究学习的基础上,强调讨论质疑,互相启发、分享等过程。

(五) 教学过程

在本节课时之前,教师布置自主学习内容:直线和圆位置关系的判定,完成教材第 91 页到 93 页的内容(人教 A 版教材),并准备第二天上课关于判断方法的交流。

环节一:学生分享自学成果

学生分享直线与圆的位置关系的判断方法,并示例解释之。

环节二:教师提升(表 2.3.1)

表 2.3.1

	方法一		方法二	
位置关系	几何表示	坐标表示	几何表示	坐标表示
相离	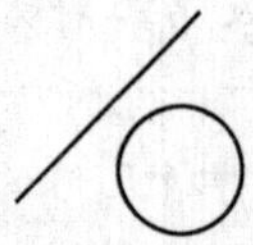 直线和圆没有交点	圆的方程为 $(x-a)^2+(y-b)^2=r^2$ 直线方程为 $Ax+By+C=0$,联立 $\begin{cases}Ax+By+C=0\\(x-a)^2+(y-b)^2=r^2\end{cases}$ 消元化为一元二次方程,$\Delta<0$	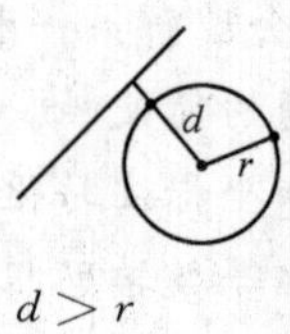 $d>r$	圆的方程为 $(x-a)^2+(y-b)^2=r^2$ 直线方程为 $Ax+By+C=0$ $d=\dfrac{\lvert Aa+Bb+C\rvert}{\sqrt{A^2+B^2}}>r$
相切	 直线和圆有一个交点	$\Delta=0$	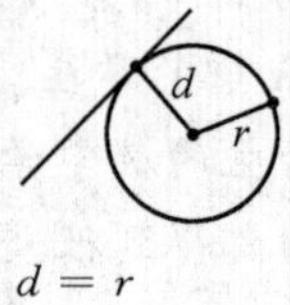 $d=r$	$d=\dfrac{\lvert Aa+Bb+C\rvert}{\sqrt{A^2+B^2}}=r$

续表

位置关系	方法一		方法二	
	几何表示	坐标表示	几何表示	坐标表示
相交	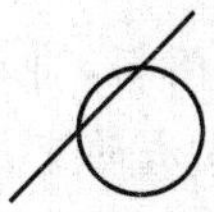 直线和圆有两个交点	$\Delta > 0$	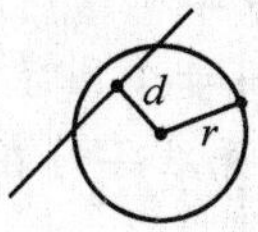 $d < r$	$d=\frac{\lvert Aa+Bb+C\rvert}{\sqrt{A^2+B^2}}<r$

教师播放上述总结PPT，并总结提升：

1.加深理解坐标法：把各几何要素通过建立坐标系，转换成坐标表示的代数要素，经过代数运算，得到代数结论，再分析代数结果的几何意义还原成几何结论。这种由"形"到"数"，再由"数"到"形"的转化过程，是转化思想和数形结合思想的具体运用，也是坐标法的本质。

2.比较两种方法：联立方程组的方法虽然对于本问题比较烦琐，可它的适用性更广，它适用于直线和直线的交点，直线和圆、椭圆、双曲线、抛物线等的交点问题的研究；第二种方法是抓住图形圆的特征，对基本量进行转化，从而得到更简单的形数转换，这种利用图形的特征，对基本量进行转化是解决几何问题很重要的一个想法。

环节三：学生落实后测

1.求直线 $4x+3y=40$ 和圆 $x^2+y^2=100$ 的公共点坐标，并判断它们的位置关系。

2.直线 $l:x+y-4=0$ 与圆 $C:x^2+y^2+2x=0$ 的位置关系是__________。

3.已知圆 C 的方程为 $x^2+y^2=8$，直线 l 过定点 $P(4,0)$，斜率为 k，当直线 l 与圆 C 相交、相切、相离时，分别求 k 的取值。

环节四：学生分组讨论，提出问题

学生先独立思考：关于直线和圆相交、相切、相离的三种情形，提出一些有价值的问题。

小组内部分享交流，整理出本组最有价值的5个问题。

环节五：生师分享问题

教师在学生讨论的时候，在黑板上分割好相交、相切、相离问题的三个空白区域，待学生讨论后书写内容。

每个小组把自己的 5 个问题，分三种类型书写到黑板上。

教师带着学生逐一梳理问题，剃掉重复的问题。

学生和教师补充黑板上还没有的，自己认为有研究价值的问题。

教师拍照，课后整理成 word 文档，打印发给学生。

环节六：教师布置自主学习任务

本节课后任务清单：每个同学对本节课梳理出来的所有问题，自己配上具体题目，完成这些题目，并准备好在下节课对这些问题解决方法的交流分享和验收。

【教学反思】

从这位老师对教材、学情、教法分析看，教师对教学内容非常熟悉，充分了解自己的学生，驾驭课堂的教学能力非常强，是一位很有教学经验和能力的老师。他选择了设计学习方案，用问题作引领，启发学生自主学习，课堂上以合作交流的方式完成“直线与圆的位置关系”一节的教学。

教材虽然给出了课程学习的内容和例题，但如何将教材中“冰冷”的数学学习内容转化为学生“火热”的思考过程，就需要教师要研究学生、研究教材，并在此基础上进行“学术形态”与“教学形态”的巧妙转化：教材的编写遵循知识的逻辑结构（简称“知识链”），而教师的教学要遵循学生的年龄特征和认知结构（简称“思维链”），这两者之间往往是不一致的，教师的教学设计就是要最大化地进行“两链的契合”。

新教材一般采用“创设问题情境 — 学生自主探究 — 建立数学模型 — 解释、应用与拓展”的方式来呈现教学内容，并采用图片、对话、活动等多种形式，给学生提供充分的自主探索、合作交流的机会，促进学生数学学习方式的转变。顺应教材的编排理念，教师也应当围绕这样的程序展开教学，向学生提供充分的从事数学活动的机会，帮助学生在自主探索与合作交流的过程中，体会数学问题的提出，理解数学概念的形成和数学结论的获得，使数学学习成为“一个生动活泼、主动的和富有个性的过程”。

六、教材呈现的顺序未必就是教学的顺序

【教学实践】

课例：诱导公式

1. 新课引入

问题 1：在图 2.3.5 所示的直角坐标系中，已知角 α 的终边与单位圆相交于点 $P(u,v)$，则 $\sin\alpha=$________，$\cos\alpha=$________。

回顾公式一：$\sin(2k\pi+\alpha)=\sin\alpha$，$\cos(2k\pi+\alpha)=\cos\alpha$

设计意图：引导学生回顾已学习过的知识，为学习新知识做铺垫。

问题 2：在单位圆中，以 Ox 轴为角的始边，$\alpha=\frac{\pi}{3}$，$\beta=\frac{2\pi}{3}$，则 α 与 β 的终边有什么对称关系？它们的正弦、余弦值呢？

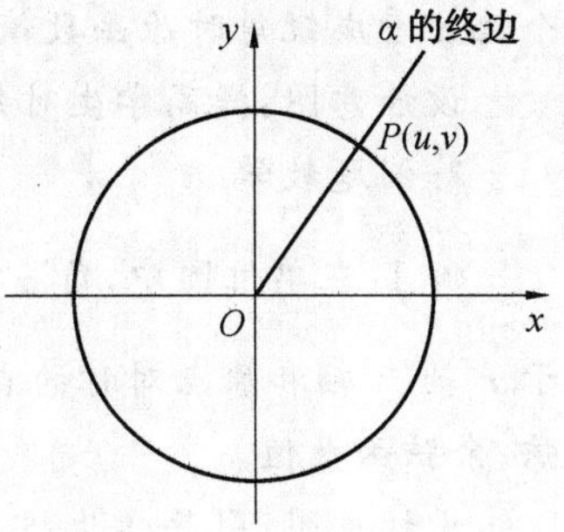

图 2.3.5

设计意图：创设问题情境，引导学生观察、联想，导入课题。

师生活动：教师提出问题，并用多媒体演示单位圆图，引导学生利用单位圆本身的对称性，强调通过观察这两个角的终边与单位圆交点坐标的对称性，来得到两角的正弦、余弦函数关系的本质的变化特征。

2. 新知探究

问题 3：若已知角 α，你能画出角 $\pi-\alpha$ 的终边吗？这两个角的正弦、余弦、正切值有什么关系？

设计意图：引导学生得到两个角的终边关于 y 轴对称，发现终边与单位圆交点的坐标关系，如图 2.3.6 所示。进而得到结论：

诱导公式二：$\sin(\pi-\alpha)=\sin\alpha$；$\cos(\pi-\alpha)=-\cos\alpha$；$\tan(\pi-\alpha)=-\tan\alpha$。

问题 4：已知角 α，你能画出角 $\pi+\alpha$，$-\alpha$，$2\pi-\alpha$ 的终边吗？这些角的正弦、余弦值与角 α 的正弦、余弦值有什么关系？

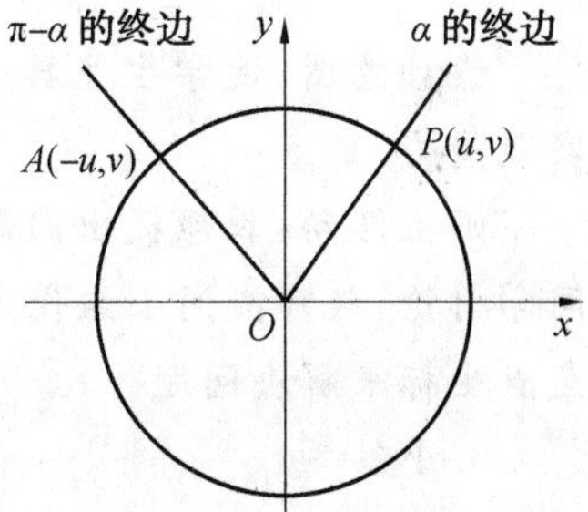

图 2.3.6

设计意图：引导学生发现对称关系（“米”字形图形），得到这些角的终边与单位圆交点的坐标，进而得到下面的结论：

公式三

$\sin(-\alpha)=-\sin\alpha$，$\sin(2\pi-\alpha)=-\sin\alpha$

$\cos(-\alpha)=\cos\alpha$，$\cos(2\pi-\alpha)=\cos\alpha$

公式四

$$\sin(\pi+\alpha)=-\sin\alpha$$

$$\cos(\pi+\alpha)=-\cos\alpha$$

由学生自主探究、合作交流完成。

规律总结：学完了四组公式，你能否给出它们的记忆方法？

（$\pi-\alpha$，$-\alpha$，$2\pi-\alpha$，$\pi+\alpha$ 的三角函数值，等于 α 的同名函数值，前面加上一

个把α看成锐角时原函数值的符号)

设计意图:提高学生对知识进行归纳概括的能力,便于实际操作。

3.例题教学

例1:在单位圆中,角α的终边与单位圆交于点$P\left(-\frac{12}{13},\frac{5}{13}\right)$,写出点$P$关于$x$轴、$y$轴和原点对称的点的坐标,并分别求角$\pi-\alpha$,$-\alpha$,$2\pi-\alpha$,$\pi+\alpha$的正弦、余弦函数值。

设计意图:引导学生练习使用单位圆及其对称性求解三角函数值,进而熟悉诱导公式,再讲解公式的使用方法,总结公式的记忆规律:奇变偶不变,符号看象限,负角化正角,大角化小角,小角化锐角。

例2:求下列各角的三角函数值:

(1)$\sin\left(-\frac{7\pi}{4}\right)$;(2)$\cos\frac{2\pi}{3}$;(3)$\cos\left(-\frac{31\pi}{6}\right)$。

设计意图:熟练负角化成正角,大角化成小角,小角化成锐角的应用规律。

例3:已知锐角α,且$\cos\alpha=\frac{1}{3}$,求$\frac{\sin(\pi-\alpha)+5\cos(2\pi-\alpha)}{3\cos(\pi+\alpha)-\sin(-\alpha)}$的值。

设计意图:进一步熟练诱导公式的应用。

4.深入拓展

你能利用单位圆,求出适合下列条件的角的集合吗?

(1)$\cos\alpha=-\frac{\sqrt{2}}{2}$;(2)$\sin\alpha=\frac{1}{2}$。

设计意图:使学生能再一次探究性学习,提高学生分析问题和解决问题的实践能力。

师生活动:教师提出问题,在多媒体上演示题目,不给出单位圆图,让每组同学讨论,教师提问小组代表,最后教师用多媒体演示利用角的终边与单位圆交点坐标来解决问题。

5.小结

(1) 回顾学了哪些知识? 推导方法,记忆方法等;

(2) 总结运用步骤(图 2.3.7):

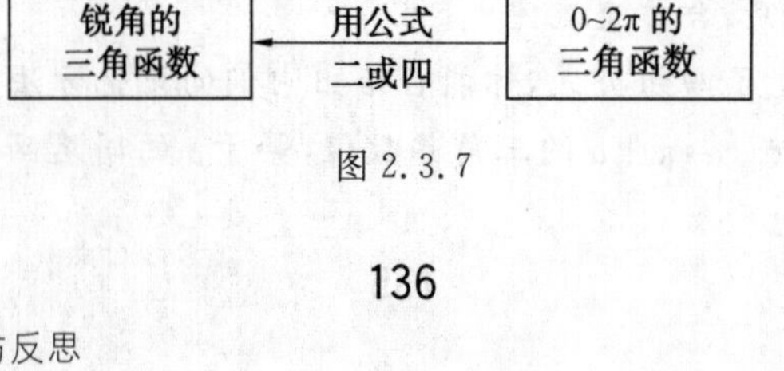

图 2.3.7

设计意图：小结本节课知识的形成和发展过程，加深学生对公式的认识。

【教学反思】

这位老师在讲解诱导公式时，并没有按照教材的内容顺序进行设计教学顺序，而是根据所教班级学生实际和自己对内容的理解和认识进行教学内容顺序的设计。教材的编写蕴含着数学知识自身的逻辑体系，教学活动的展开遵循着学生的认知规律。当学生的认知规律和教材的呈现发生矛盾时，教材呈现的顺序未必就是教学的顺序(即要做到“知识链”与“思维链”的高度契合)。

诱导公式是三角函数式的变换中的一部分内容，公式多学生不易掌握，为了达到学习效果，这位教师将整个班级分成四大组，每大组又分成3个异质学习小组，其中每一小组都有一位数学学习能力强的同学任组长。在探究问题、小结阶段，由组长暂时充当“教师”的角色，引发学生的新奇感、调动学生参与课堂教学的主动性，使得课堂气氛活跃、学生用真情实感融入活动中。教师还充分利用现代教育信息技术来探究，动态的演示增加了直观性，为学生深入探究起到了积极的辅助作用。探究过程始终利用单位圆的对称性，通过对称性观察两个角的终边与单位圆交点的坐标，来发现两角的正弦、余弦函数关系的本质特征。加上教师的精讲与启发，再结合学生的质疑和讨论，从而得出结论，改变了过去那种靠教师“灌输”，学生被动接受的形式，有效地激发了学生的学习兴趣，让学生了解从未知到已知、从简单到复杂的“化归与转化”的思想方法，从而很好地落实了“四基”“四能”“三会”的教学目标。

教学过程是教师、学生、教材之间开放、互动的交流与对话的活动。教材提供的是话题，是支持对话的“文本”。教师用教材教，就是要借助“文本”智慧地展开师生之间、生生之间的对话，让对话的双方敞开心扉，真诚倾听和接纳，实现精神相遇、相通，共享经验、知识、智慧与价值。教师用教材教，就要借助“文本”着力凸显学生与教材之间的对话，为学生创造更多与互动的情境、与现实生活、与自身原有知识经验等进行对话与互动的机会，促使学生对教材的自我理解、自我解读，让学习过程成为一个富有个性化的过程。

第4节　用足、放大教材的育人功能

数学课堂在完成其特定的教学任务的同时，理应承担立德树人的根本任务，承担为学生终身学习和素养的提升的责任。教师用教材教，不能简单地把教学目标锁定在完成“教材”任务上，教师要思考：这道题的教学价值在哪里？仅仅在教知识和思想方法吗？其背后更深远的意义是什么？这样教师才能在理解教材的基础上，充分挖掘教材的育人功能。

【教学实践】

案例:挖掘 2021 年高考试题的育人功能举例

根据高中数学课程标准、高校人才选拔要求和考试测评的规律,高考评价体系将所考查的素质教育目标提炼为“核心价值、学科素养、关键能力、必备知识”四层考查内容。

“核心价值是指即将进入高等学校的学习者应当具备的良好政治素质、道德品质和科学思想方法的综合,是在各学科中起着价值引领作用的思想观念体系,是其在面对现实的问题情境时应当表现出的正确的情感态度和价值观的综合。”2021 年的数学试卷凸显了“立德树人、全面发展”的核心理念,重视对学生的政治立场和思想观念、世界观和方法论、道德品质和综合素质等方面核心价值的引领。

1. 厚植爱国情怀,践行核心价值观

2021 年高考数学能将重大的社会热点事件有机地融入试题,通过设计真实问题,展示我国发展的伟大成就,对学生进行坚定理想信念、厚植爱国情怀、提升品德修养、培养奋斗精神、践行社会主义核心价值观等核心价值的引领。

例 1:(北京卷第 18 题) 为加快新冠肺炎检测效率,某检测机构采取“k 合 1 检测法”,即将 k 个人的拭子样本合并检测,若为阴性,则可以确定所有样本都是阴性的;若为阳性,则还需要对本组的每个人再做检测。现有 100 人,其中有两人是感染新冠病毒的患者。

(1)① 若采用“10 合 1 检测法”,且两名患者在同一组,求总检测次数;

② 已知10人分成一组,两名患者在同一组的概率为$\frac{1}{11}$,求检测次数 X 的分布列和数学期望$E(X)$;

(2) 若采用“5 合 1 检测法”,检测次数 Y 的期望为 $E(Y)$,试比较 $E(X)$ 和 $E(Y)$ 的大小(直接写出结果)。

分析:本题对阅读理解能力要求很高。在(1)① 中,分成 10 组要检测 10 次;由于两名患者在同一组,所以这组的每个人都要做检测,因此共需要做 $10+10=20$ 次检测。

在(1)② 中,若两名患者在同一组,则要检测 20 次;若两名患者不在同一组,则要检测 30 次,因此 X 的取值为 20,30。再由 $P(X=20)=\frac{1}{11}$,可得 $P(X=30)=1-\frac{1}{11}=\frac{10}{11}$,于是可以列出分布列,求出 $E(X)=\frac{320}{11}$。

在(2) 中,按照“5 合 1 检测法”:当两名患者在同一组时,$Y=25$;当两名患者不在同一组时，$Y=30$。于是 $P(Y=25)=\frac{C_{20}^{1}C_{98}^{3}}{C_{100}^{5}}=\frac{4}{99}$（实际上已知的 $P(X=20)=\frac{C_{10}^{1}C_{98}^{8}}{C_{100}^{10}}=\frac{1}{11}$ 也可以通过计算得到），从而 $P(Y=30)=1-\frac{4}{99}=\frac{95}{99}$。

所以 $E(Y)=\frac{4}{99}\times 25+\frac{95}{99}\times 30\approx 29.8$。又 $E(X)=\frac{320}{11}\approx 29.1$，所以 $E(Y)>E(X)$。

在党中央的正确领导下，我国成功地控制住了新冠疫情，当个别地方出现散发病例时，能够使用“10合1检测法”快速检测。真实的问题情境展示了我国科学防疫的成果，有利于增强学生的民族自豪感，培养爱国主义精神。

2. 采撷古今经典，弘扬传统文化

2021年的高考试卷中，还有许多用“经典”传承数学文化的试题，这些“经典”是人类文明的根脉，是立德树人的红色基因，它承载着思想与文化，是对学生弘扬民族精神，培养爱国情操，提高审美情趣，培育劳动精神，健全完善人格，锤炼意志品质等核心价值的引领。

例2：（新高考Ⅰ卷第16题）某校学生在研究民间剪纸艺术时，发现剪纸时经常会沿纸的某条对称轴把纸对折，规格为20 dm×12 dm的长方形纸，对折1次共可以得到10 dm×12 dm，20 dm×6 dm两种规格的图形，它们的面积之和 $S_1=240\ \text{dm}^2$，对折2次共可以得到5 dm×12 dm，10 dm×6 dm，20 dm×3 dm三种规格的图形，它们的面积之和 $S_2=180\ \text{dm}^2$，以此类推，则对折4次共可以得到不同规格图形的种数为________；如果对折 n 次，那么 $\sum_{k=1}^{n}S_k=$ ________ dm^2。

分析：设对折次数为 n。当 $n=1$ 时，得到 10×12，20×6 共2种规格的图形，即 $S_1=240=\frac{(1+1)\times 60}{2^{-1}}$；当 $n=2$ 时，得到 5×12，10×6，20×3 共3种规格的图形，即 $S_2=3\times 60=\frac{(2+1)\times 60}{2^{0}}$；当 $n=3$ 时，得到 $\frac{5}{2}\times 12$，5×6，10×3，$20\times\frac{3}{2}$ 共4种规格的图形，即 $S_3=\frac{4\times 60}{2}=\frac{(3+1)\times 60}{2}$；当 $n=4$ 时，得到 $\frac{5}{4}\times 12$，$\frac{5}{2}\times 6$，5×3，$10\times\frac{3}{2}$，$20\times\frac{3}{4}$ 共5种规格的图形，即 $S_4=\frac{5\times 60}{4}=\frac{(4+1)\times 60}{2^2}$；……；当对折 n 次时，共有 $n+1$ 种规格的图形，其面积之和为 $S_n=\frac{(n+1)\times 60}{2^{n-2}}$。

设 $S=\sum_{k=1}^{n}S_k=\frac{2\times 60}{2^{-1}}+\frac{3\times 60}{2^{0}}+\frac{4\times 60}{2}+\cdots+\frac{(n+1)\times 60}{2^{n-2}}=$

$60\left(\frac{2}{2^{-1}}+\frac{3}{2^{0}}+\frac{4}{2}+\cdots+\frac{n+1}{2^{n-2}}\right)$，于是利用“错位相减法”可求得 $S=720-\frac{15(n+3)}{2^{n-4}}$。故答案为：5；$720-\frac{15(n+3)}{2^{n-4}}$。

本题以我国民间剪纸艺术为背景，考查归纳推理和数列求和等内容，弘扬中国传统文化，落实立德树人的根本任务。

3. 重视数学应用价值，倡导科学发展理念

现代数学在促进科学技术和其他学科发展、社会生活与生产应用、人类文化与社会文明进步等各个领域都有巨大价值和独特功能，这是由于数学的研究对象及其所具有的属性和特征所决定的。2021 年高考的一些试题，是让学生通过数学应用，理解国家的方针政策，倡导科学发展的理念。

例 3：(新高考 Ⅱ 卷第 21 题) 一种微生物群体可以经过自身繁殖不断生存下来，设一个这种微生物为第 0 代，经过一次繁殖后为第 1 代，再经过一次繁殖后为第 2 代，……，该微生物每代繁殖的个数是相互独立的且有相同的分布列。设 X 表示 1 个微生物个体繁殖下一代的个数，$P(X=i)=p_i(i=0,1,2,3)$。

(1) 已知 $p_0=0.4, p_1=0.3, p_2=0.2, p_3=0.1$，求 $E(X)$；

(2) 设 p 表示该种微生物经过多代繁殖后临近灭绝的概率，p 是关于 x 的方程：$p_0+p_1x+p_2x^2+p_3x^3=x$ 的一个最小正实根，求证：当 $E(X)\leqslant 1$ 时，$p=1$；当 $E(X)>1$ 时，$p<1$；

(3) 根据你的理解说明(2) 问结论的实际含义。

分析：(1)$E(X)=0\times 0.4+1\times 0.3+2\times 0.2+3\times 0.1=1$。

(2) 由方程 $p_0+p_1x+p_2x^2+p_3x^3-x=0(x>0)$，因为 p 是关于 x 的方程：$p_0+p_1x+p_2x^2+p_3x^3=x$ 的一个最小正实根，且 $0<p\leqslant 1$，所以 $0<x\leqslant 1$。

令 $f(x)=p_0+p_1x+p_2x^2+p_3x^3-x\ (0<x\leqslant 1)$，则 $f'(x)=p_1+2p_2x+3p_3x^2-1$，$f''(x)=2p_2+6p_3x\geqslant 0$，所以 $f'(x)$ 在$(0,1]$上单调递增。

① 当 $E(X)=p_1+2p_2+3p_3\leqslant 1$ 时，有 $f'(x)\leqslant f'(1)=p_1+2p_2+3p_3-1\leqslant 0$，从而 $f(x)$ 在$(0,1]$上单调递减，所以 $f(x)$ 在$(0,1]$上至多有一个零点。

又 $p_0+p_1+p_2+p_3=1$，所以 $f(1)=p_0+p_1+p_2+p_3-1=0$，即有 $p=x_{\min}=1$；

② 当 $E(X)=p_1+2p_2+3p_3>1$ 时，注意到 $f'(0)=p_1-1<0$，$f'(1)=p_1+2p_2+3p_3-1>0$，所以存在唯一的 $x_0\in(0,1)$，使得 $f'(x_0)=0$。

从而，当 $x\in(0,x_0)$ 时，$f'(x)<0$；当 $x\in(x_0,1]$ 时，$f'(x)>0$。

即 $f(x)$ 在$(0,x_0)$上单调递减，在$(x_0,1]$上单调递增。

又 $f(0)=p_0>0$，$f(x_0)<f(1)=0$，所以 $f(x)$ 在 $(0,x_0)$ 上存在唯一零点 $x_1(0<x_1<1)$，所以 $p=x_{\min}=x_1<1$。

综上，当 $E(X)\leqslant 1$ 时，$p=1$；当 $E(X)>1$ 时，$p<1$。

(3) 当1个微生物个体繁殖下一代的期望小于等于1时，这种微生物经过多代繁殖后临近灭绝；当1个微生物个体繁殖下一代的期望大于1时，这种微生物经过多代繁殖后还有继续繁殖的可能。

本题属于概率综合题，第(2)(3) 问分别是概率与函数、期望与决策的综合问题，折射出科学制定人口生育政策问题：当实行“一对夫妻一个孩”的生育政策时，必然会出现人口锐减、老龄化等问题，这也是国家相继出台“二胎”“三胎”政策的原因所在。此题与科学制定人口生育政策密切相关，可谓是既考能力又考综合素养的好题。数学的科学价值是独特的，应用价值是广泛的，文化价值是多维的，审美价值是丰富的，这些价值是引导学生理性分析问题、树立正确价值观的重要资源。

4. 结合数学学科特点，落实“五育并举”方针

例4：(全国甲卷理科第4题，文科第6题) 青少年视力是社会普遍关注的问题，视力情况可借助视力表测量。通常用五分记录法和小数记录法记录视力数据，五分记录法的数据 L 和小数记录表的数据 V 满足 $L=5+\lg V$。已知某同学视力的五分记录法的数据为 4.9，则其视力的小数记录法的数据为(　　)。($\sqrt[10]{10}\approx 1.259$)

A. 1.5　　B. 1.2　　C. 0.8　　D. 0.6

解析：由 $L=5+\lg V$，当 $L=4.9$ 时，$\lg V=-0.1$，则 $V=10^{-0.1}=10^{-\frac{1}{10}}=\frac{1}{\sqrt[10]{10}}\approx\frac{1}{1.259}\approx 0.8$. 故选C。

本题是以青少年视力这个现实热点问题为背景，考查指数与对数运算及其估算内容，引导学生锻炼身体、保护好视力。很多试题的背景在引导学生加强体育锻炼、关注生产劳动，倡导“五育并举”方针，这对于引导学生德智体美劳全面发展，起到积极的促进作用。

【教学反思】

作为数学学科虽然在考查“核心价值”方面不像人文学科那样鲜明、深入，但从近几年的高考数学试卷可以看出，在考查“品德修养、奋斗精神、责任担当、健全情感、劳动精神”等方面都进行了创新探索与尝试，积极引导学生践行社会主义核心价值观，树立高远志向，培育敢于担当、刚健有为、自强不息、乐观向上的人生态度。新的高考试题引领教学的方向，在高中课程改革的当下，党和国家把“培养什么样的人、怎样培养人、为谁培养人”的问题作为教育的核心问题。作为教师就要不负时代、不负韶华，肩负起为党育人、为国育才的重任。在

平时的教学中，要善于挖掘教材内容的育人功能，并将其放大，切实做到既教书又育人。

【写在后面】

“用教材教”，就是要先“入”教材，再“出”教材。没有对教材的“深入”，也就没有对教材的“浅出”。教师把教材钻研得越深，悟出来的道理就越透彻，对教材就能正确理解、准确把握。教师钻研教材，领会教材的意图，首先要思考教材中编写了什么。教师要拓展视野，不孤立地看教学内容。要善于将某一个知识放置于这一主题、这一学段、甚至是整个数学知识体系中来审视，这样才能进一步明确该知识在教学中的地位、作用，即这一知识是在怎样的基础上发展起来的，又是怎样为后面知识的学习做准备的。其次，思考教材为什么这样编写。这是对教材呈现方式的探讨和对教材编写理念的研究。只有真正把握住教材的编写意图，我们才能回答以下问题：

教材是不是达成课时教学目标所必需的？还需要替换哪些材料？哪些内容要渗透数学思想方法？哪些是落实“立德树人”根本任务的生长点？教材所呈现的顺序是否能直接作为教学的顺序？从教学目标看，本节课教学的重难点是什么？从学生的实际情况看，本节课教学的重难点又是什么？

能够恰当地回答以上问题，才能采用有效的策略，调整教材顺序，提供现实背景，挖掘数学思想方法，改变呈现方式，设计开放问题等，使教材由原来供教师分析和讲解的“教材”转化为供学生探索发现的“学材”。

“用教材教”就要在准确把握教材的基础上，创造性地使用教材，确立课堂中的课程开发意识。将书本中“冰冷、简捷”的“学术形态”的数学知识重新“激活”，转换为学生能够进行“火热、鲜活”思考的“教育形态”的学习内容，实现书本知识与人类生活世界的沟通，与学生经验世界、成长需要的沟通，与发现、发展知识的人和历史沟通。教材对教学的影响，不是“束缚”，而是“引领”。从广义上讲，教师即教材。

第三章　你了解数学教学中的这些问题吗

在数学教学中，有许多问题是需要教师了解并掌握的，如果对这些问题能够掌握并熟练运用，往往就能内化为教师的教学技能，提高教师驾驭课堂教学的能力。若再能在相关的教学理论支撑下对这些技能进行发展和提升，就会形成创新能力和教学素养。一位优秀教师不但要在教学一线不断磨砺，更需要在学习中理解、在理解中提升，这种“锻造”的过程是对教师毅力、品格、素养的考验。

第1节　数学教学需要怎样的教学情境

数学教学“要让学生在现实、生动、具体的情境中和已有知识的基础之上体验和理解数学知识。”“教学应注意创设情境，从具体实例出发，展现数学知识的发生、发展过程，使学生能够从中发现问题、提出问题，经历数学的发现和创造过程，了解知识的来龙去脉。”“教师要创设适当的问题情境，鼓励学生发现数学的规律和问题解决的途径，使他们经历知识形成的过程。”…… 在这些要求之下，教学情境的创设便成为教师们在数学课堂教学中特别关注与探讨的热点。

一、什么是教学情境

自课程改革以来，教学情境就一直是一线教师关注和探讨的热点。也许是新教材对例题情境的突出，也许是课程标准对教学路径(问题情境 — 建立模型 — 解释、应用与拓展)的强调，也许是老师们自身的认识问题 …… 绝大多数的老师曾一度认为，教学情境就是一节课中引入环节的生活场景或小故事。现在，虽然多数老师已经冲破了“引入环节”的认识障碍，明确教学情境可以贯穿于一节课的始终，但是，对教学情境的理解和把握仍不够准确，甚至比较模糊。有的老师可能会举出一两个教学情境的事例，却不清楚“教学情境是什么”。可以说，他们对教学情境的认识还处于一种似懂非懂的境地。

那么，关于什么是教学情境？目前观点比较集中的有以下几种解释：

1. 教学情境是一种特殊的教学环境，是教师为了支持学生的学习，根据教学目标和教学内容有目的地创设的教学环境。

2.教学情境是与教学内容相适切的，包括问题的生活事件。教学情境的本质是生动的生活事件，其中包含与教学内容相应的、具有内在联系的问题。或者说，教学情境既是事件，同时又是问题，但不是知识内容本身。

3.教学情境是指在课堂教学中，根据教学的内容，为落实教学目标所设定的，适合学生主体并作用于学习主体，产生一定情感反应，能够使其主动积极建构性学习的具有学习背景、景象和学习活动条件的学习环境。教学情境就其广义来说，是指作用于学习主体，产生一定情感反应的客观环境。从狭义来说，则指在课堂教学环境中，作用于学生而引起积极学习情感反应的教学过程。

三种解读，体现三种不尽相同的界定视角。无论是把教学情境界定为“一种教学环境”“一种生活事件”，还是“一个教学过程”，其本质上应该是相同（或相通）的，至少我们可以从中发现两点共性。一是它们所包含的情境因素是相同的。所谓的“情境因素”，就是围绕教学目标，引导和拓展学生思维意识的情、意、景、物、事，如感情、事情、物情、环境、物镜、意境、景象、氛围等。再具体一点，亦即：教师的仪表、眼神、言语、动作、板书；图表、教具；问题、事例、故事；设疑、设悬、讨论以及学生的各种活动，等等。教学情境就是这些情境因素中的一种或几种有机凝结而成的。二是凝结而成的教学情境往往是通过一定的教学活动的形式得以外显。正像布朗（J. S. Brown）等在1989年对“情境性学习”进行界定时提出的那样：“情境通过活动来合成知识”。虽然教学活动是教学情境的外在表现形式，但是这种外在的表现形式是直观可感的，是容易让人理解、接受和把握的。因此，通俗地讲，教学情境就是课堂教学中综合利用多种教学手段、融合多种情境因素而生成的一个个具体的教学活动。通过“活动场域”的特殊作用，营造一种氛围，使学生形成良好的求知心理，参与对所学知识的探索、发现和认识过程。

综上所述，可以认为：在数学学科中，教学情境就是数学课堂教学中的一个个具体可感的数学活动，冠以“情境”。如：故事情境、操作情境、辨析情境、竞争情境、交流情境、合作情境、比较情境、质疑情境、想象情境、猜测情境、游戏情境、反思情境等。根据一节课的教学进程，教师可以在课始创设引入情境，引发学生思考，激发探究欲望；可以在学习新知时创设探究情境，让学生在自主探究、合作交流的活动中，激活记忆、开启心智、放飞情愫；可以在课尾时创设应用情境，组织学生应用所学的知识解决具有现实性、挑战性的问题，拓展思维，提高能力。

数学教学情境和问题是多样化的，包括现实的、数学的、科学的。数学学科核心素养是在学生与情境、问题的有效互动中得到提升的。在教学中，应结合教学任务及其蕴含的数学学科核心素养，设计切合学生实际的情境和问题，引导学生用数学的眼光去观察现象、发现问题，使用恰当的数学语言、模型描述问题，用数学的思想、方法解决问题。在问题解决的全过程中，理解数学内容的本质，促进学生数学学科核心素养的发展。

二、创设怎样的教学情境才是有效的

设计适合学生实际的情境对教师来说是具有挑战性的任务，需要教师不断地学习、探索、研究、实践，提升自身的数学素养，了解数学与生活、数学与其他学科的联系，创造出符合学生认知规律、有助于提升学生数学学科核心素养的优秀案例。这也是教师实践创新的载体，利用好这一载体有利于提升教师的专业水平。

要回答清楚这个问题，我们可以从几个案例及其分析中获得启示。

【教学实践】

案例1：简单随机抽样

一位老师在上课前，接到学校通知：要求每班选派五名学生代表参加下午学校举行的学生座谈会。这位教师巧妙地利用这件事情，创设了如下的教学情境：

教师：今天下午学校要召开学生座谈会，要我们班选出5名代表参会，学校为什么不让大家都参加呀？

学生：人数太多，座谈不方便。

教师：让我们班选派5名代表参加座谈，这实际是使用了统计学上的什么方法呀？

学生1：用样本估计总体。

教师：这里的样本和总体都指的什么？

学生1：我们班的全体同学就是“总体”，被选派的5名学生代表就是在我班这个总体中抽取的一个“样本”。

教师：既然这里用了统计学的方法，那么怎样从我们班选出5名代表比较合适呢？

学生2：这好办，为每人准备一张一样的纸，上面写上每个人的名字，随便抽5张就行了。（大部分同学点头表示赞同）

学生3：采用类似于击鼓传花的游戏方法，花掉谁手里就是谁。

学生4：教室里有滚动数字的机器就好了，就像电视上抽奖一样，选择喊到停对应的那个数字即可。（大家全笑了，课堂气氛顿时被调动起来）

教师在此基础上，引导学生通过分析、讨论，很自然地得出“简单随机抽样”的一种方法——抽签法及其操作步骤。

【教学反思】

教师以刚刚发生的现实事件为素材，创设教学情境，有利于学生体会和感悟“随机抽样”的数学价值、作用和方法，激发学习热情。在学生出现意见不一致时，教师不是马上站出来充当一名裁判者，而是充分相信学生，满腔热情地为学生提供交流、讨论、争辩的机会，让他们敞开心扉，进行心与心的交流碰撞。学生能以主人翁的姿态，凭借自己的生活经验，在交流碰撞中自主地去发现知识、理解知识和获取知识，并从同伴的身上学到了乐于思考、勇于挑战、善于学习的态度和技巧，学会倾听、接纳与赏析别人的观点、意见和建议，从而不断地完善自己的人格。课堂上充满了合作学习、享受学习的动人场景。

由此可见，教师以现实的生活事件为素材，创设教学情境，需要考虑它们与学生现实情况的贴近程度。一般来说，用刚刚发生的事情比用过去发生的事情创设的教学情境效果要好；用学生经历过的事情比用学生听说过的事情创设的教学情境效果要好；用发生过的事情比用未发生过的事情创设的教学情境效果要好；用新奇的事情比用普通的事情创设的教学情境效果要好……概括地说，有效的生活情境需要突出适切性、典型性、新颖性、时代感和冲击力等特点。

【教学实践】

案例2：对数

一位教师在进行对数概念的引入时，设计了如下问题：

某人在一家银行存入本金1万元，年利率为1.25%，若不计利息税，那么：

(1)5年后本利和为多少？

(2)几年后本利和达到1.5万元？

学生1：(1)$1\times(1+1.25\%)^5$；(2)$1\times(1+1.25\%)^n=1.5$。

教师：很好！这两种运算之间有什么关系？

学生：互逆运算。

……

学生2：老师！学生1的解法不对！我认为应该是：(1)$1+5\times1\times1.25\%$；(2)$1+n\times1\times1.25\%=1.5$。

……

【教学反思】

教师把对数概念教学与实际问题结合，让学生在现实情境中通过与指数运算对比，学习和理解对数的概念，体现了新课标的理念。但是，创设生活情境，应当尊重生活现实和规律，这样学生在熟悉的情境中，才会感受到数学就在身边，生活中处处有数学。教师随意更改事实，情境与生活不符，必定要出现歧义。现实生活中，去银行存款，一般都不是按复利计息的，因此，面对学生 2 的正确回答，教师煞费苦心地创设的教学情境显得非常徒劳！

数学源于生活，又高于生活。数学是对生活的提炼和对生活的超越。很多的现实材料并不是直接可以拿到课堂上使用的，而是需要教师进行数学加工，剔除过多的非数学信息的干扰，使之更适合学生的学习，这是无可厚非的。但是在对现实材料进行数学加工时，一定要尊重生活现实和规律，切不可让学生有“数学是编造出来的”感想！

【教学实践】

案例 3：随机事件及其概率

教师：第二次世界大战中，美国曾经宣称：1 名优秀数学家的作用超过 10 个师的兵力。同学们可知这句话的由来吗？

多媒体投影：1943 年以前，在大西洋上英美运输船队常常受到德国潜艇的袭击，当时，英美两国囿于实力受限，又无力增派更多的护航舰艇，一时间，德军的“潜艇战”搞得盟军焦头烂额。为此，有位美国海军将领专门去请教了几位数学家，数学家们运用概率论分析后发现，舰队与敌潜艇相遇是一个随机事件，按数学角度来看这一问题，它具有一定的规律。一定数量的船编队规模越小，编次就越多；编次越多，与敌人相遇的概率就越大。比如 5 位同学放学都回自己家里，老师要找 1 位同学的话，随便去哪家都行。但若这 5 位同学都在其中某一家的话，老师要找几家才能找到，一次找到的可能性只有 20%。于是，这位数学家建议美国海军将舰队的编队规模增大。美国海军接受了数学家的建议，命令船队在指定海域集合，再集体通过危险海域，然后各自驶向预定港口。结果奇迹出现了！盟军舰队遭袭被击沉的概率由原来的 25% 降低为 1%，大大减少了损失，保证了物资的及时供应。

你知道是什么原因使盟军舰队遭袭被击沉的概率降低的吗？

……

【教学反思】

教师运用军事典故创设教学情境，其目的是想把原本抽象的数学内容赋予生命灵性，让学生主动地卷入典故的体验中，从而感受数学的应用价值。但是教师在关注创设情境的现实性和趣味性的同时，没有注意到它的简约性，导致过多的非数学信息严重地干扰了学生的学习，游离了数学的本质。

复杂、冗长的教学情境不仅会模糊要解决的数学问题，使学生的思考游离于数学问题之外，而且还会挤占讨论重点问题的黄金时间，降低教学效率。因此，在不影响情境质量的前提下，应尽量减少情境的情节，压缩情境展开的时间，凸显数学问题，让学生能够迅速地瞄准和思考数学问题，促进教学目标的顺利达成。“简约而不简单”应成为创设教学情境的朴素追求。

【教学实践】

案例4:抛物线的标准方程

一位教师为了让学生了解抛物线的用途(即焦点的特殊性质)，课始创设了如下情境：

教师：抛物线是大家比较熟悉的曲线，抛物线在我们生活中有很多有趣的现象。

(多媒体投影画面)

教师：这是美国国会大厦，它以其非电子窃听设计而著名。在1857年以前国会大厦大圆顶厅一直与雕塑厅(该厅设立于1864年，由各个州都要求捐献他们的两位著名市民的塑像而得名)相连。一位叫阿达姆的议员发现：在厅里的某个定点，能够清楚地听到位于厅另一边的谈话，而所有站在两者之间的人，都听不到他们的声音，他们发出的噪音也不能使传递于大厅间的谈话声变得模糊。这是怎么回事呢？

教室里一片寂静。

……

【教学反思】

教师将新奇的材料引入课堂，体现了教师具有较强的选材意识。教师的意图是让学生通过画面观察到“雕塑厅的天花板是抛物面”，人所站的位置是“抛物线的焦点”。虽然多媒体投影的画面和教师富有感染力的解说，使问题显得很有意义和富有挑战性，但教师忽视了学生已有的生活经验和认知能力(还没有深入研究焦点问题)，导致情境创设的失败。

之所以强调数学学习的内容应当是现实的，是因为学生在熟悉的、现实的情境中学习数学，容易调动已有的生活经验，激发学习兴趣。从这个意义上讲，这里所说的现实，是符合学生实际的现实。教师若过分地追求情境的奇特而远离(偏离、脱离)学生的现实，就是对教学情境理解的偏颇。

另外，教学实践也证明，虽然从学生的生活现实出发创设的生活情境，其教育意义是明显的，但是，很多教学内容若能根据学生的现实，从数学的内部创设教学情境，往往会更有其独特的价值和魅力。因此，教师创设教学情境还应该更多的立足于数学的内部，要处理好“创设情境”与“复习铺垫”的关系，不能把数学教学中的“复习铺垫”全部用“创设情境”来取代。如果教师把思维视角死死地盯在现实生活上，一味地用现实生活的事例创设教学情境，那么就是对“教学情境”认识的极端化和做法上的片面性。

【教学实践】

案例 5:充分条件和必要条件

在学习充分不必要条件、充分必要条件、必要不充分条件、既不充分也不必要条件的概念时,一位教师为了让学生更直观地理解这四个概念,创设了如下的教学情境:

教师:如果设“开关 A 闭合”为条件 A,“灯泡 B 亮”为结论 B,那么“A 是 B 的充分不必要条件”“A 是 B 的充分必要条件”“A 是 B 的必要不充分条件”“A 是 B 的既不充分也不必要条件”都可以用怎样的电路图来表示呢?

于是在师生、生生的相互交流和探索中,学生得到以下图形(图 3.1.1):

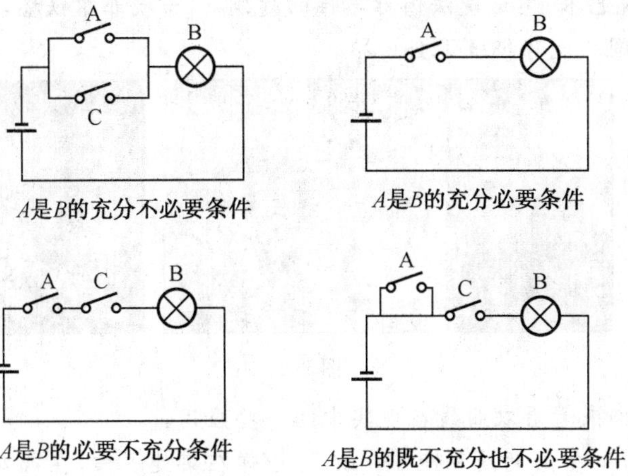

图 3.1.1

【教学反思】

教师运用学生熟悉的物理学中的线路图模型,引导学生形象直观地再现了比较抽象的四个数学概念的本质意义,教学情境简单明了,对概念本质的展现清晰、直观、准确。这样的教学情境既可以使学生探究新知兴趣盎然,又可以使学生对数学概念的理解入木三分。

创设数学教学情境,还要注意根据数学学科比较抽象的特点,尽可能地提供某种直观(如数形结合、与其他学科知识类比、用简单的生活现象说明复杂的数学问题、借助图形揭示抽象的数学概念等),使学生借助于这种直观,领悟数学本质,提炼数学思想方法,灵活地运用数学知识。

【教学实践】

案例6:双曲线的应用举例

教师:生活中很多地方应用了椭圆,同学们知道生活中哪些地方应用了双曲线吗?其实生活中很多地方都应用了双曲线,有兴趣的同学可以查阅资料,比如利用互联网、电子图书等,体会这些地方应用双曲线有什么优点?这里举几个例子,如:(多媒体显示图3.1.2)

(1) 工业生产中:这是双曲线型冷却塔,将物理的流体力学与数学完美结合。

(2) 城市交通中:这是北京为缓解城市交通拥堵,正准备修建的双曲线形通道。

(3) 建筑艺术中:这是法国标志性的建筑——埃菲尔铁塔,双曲线形线条,简洁而又壮阔的气势征服了全世界。

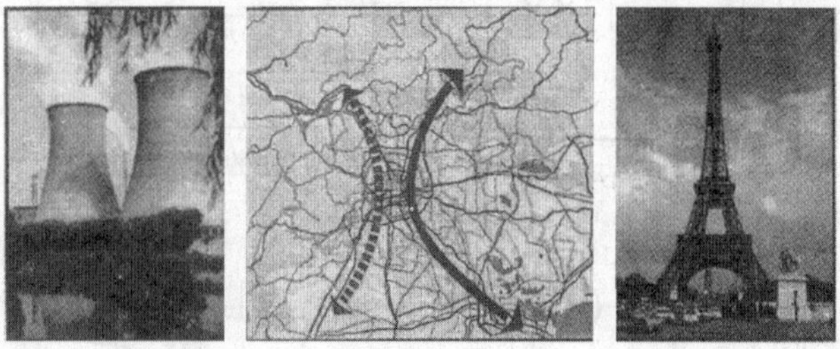

图3.1.2

下面我们来看看双曲线在现实中的一些应用:

例题:已知A,B两地相距800 m,一炮弹在某处爆炸,在A处听到爆炸声的时间比在B处迟2 s,设声速为340 m/s。

① 爆炸点在什么曲线上?

② 求这条曲线的方程。

学生1:爆炸点在一条双曲线上。因为若设点M为爆炸点,则根据题意有

$$MA-MB=340\times 2=680$$

由双曲线的定义可以知道这是一条双曲线。

教师:很好!请大家求出这条双曲线吧!

……

问题探究:军事演习中:我方某炮兵团冒着生命危险,侦察出对方阵地,我方当机立断,火速炮击,可不久对方就会将炮弹比较准确地打到我方阵地,那么对方为何能这样准确呢?

原来他们在阵地旁建有如多媒体显示的A,B,C三个固定的观测站,根据

听到我方阵地任意位置 D 处打炮声的时间差及声速就能确定我方位置(图 3.1.3),而不需要冒任何生命危险。大家能用已学的知识解释其中的原因吗?请同学们分组讨论,保持上次分组的组员不变。

图 3.1.3

教师:哪个组已经研究出了初步成果?

学生 2:根据时间差和声速,便可算出我方阵地 D 到 A,B 两点的距离之差,这是一个双曲线模型?

教师:是 D 到 A,B 两点的距离之差,而非"距离之差的绝对值"!

学生 3:应是双曲线的一支。

教师:好。那如何确定我方阵地的位置?

学生 3:我方阵地应在以 A,B 为焦点的双曲线的一支上,同理又在以 B,C 为焦点的双曲线的一支上。所以这两支双曲线的交点就是我方的准确位置。

……

【教学反思】

从椭圆的应用过渡到双曲线的应用,问题的提出简洁、自然,符合学生的认知实际。通过多媒体展示图片,能够使学生切实感受到"双曲线"在实际生活中有着广泛的应用。通过一个例题做铺垫,并在此基础上,设计了一个探究活动,让学生探究一个军事问题,使学生进一步感受数学在解决现实问题中的强大威力!

本案例中,无论是教学的引入情境,还是后面的探究情境,既可以使学生巩固双曲线的定义、标准方程,又渗透着爱国主义教育。心理学研究表明:情感是人的意识和潜意识行为最深层次的动力因素,它能使人的注意、感知、思维都倾向于某种研究对象,促使其潜能得到最佳发挥。本案例中的情境创设对激发学生的学习情感,提高探索的积极性都有很好的效果。

【写在后面】

综上所述,有效的教学情境应该是贴近学生数学学习和生活实际的,并在促进学生积极、主动地进行知识建构中是"有效果、有效率、有效益"的。所谓"贴近学生数学学习实际"就是教学情境要具有"可及性、直观性、体验性、挑战性和开放性";所谓"贴近学生的生活实际"就是教学情境要具有适切性、典型性、新颖性、时代感和冲击力，要与学生的实际生活经验相符合。同时，有效的教学情境不应该是局限于形式上的，它可以是“现实生活的情境”“数学内部的情境”，也可以是“数学与其他学科相联系的情境”等。另外，由于学生的生活经验、所处的环境（如城市与农村）、地域的不同，同一教学情境应用于不同的学校、不同的班级，往往会有不同的教学效果。因此，创设教学情境还要考虑学生个体经验、所处的环境和地域的差别。所使用的教学情境是否有效？需要经过课堂教学的检验。

三、创设教学情境的原则

在数学课堂教学中，教学情境的创设必须达成以下三个目标：引发学生的问题意识；激活学生的探究欲望；提供学习的智力背景。教学情境需要靠教师智慧地创造。创设教学情境应当考虑以下几个因素：

1. 时效性。教师创设教学情境，既要重形式，更要重实质，力争在最短的时间内，吊起学生的“胃口”，让学生达到“欲罢不能”的地步，从而以最佳的思维状态投入学习活动。如果是问题情境，那么提出的问题应该紧紧围绕教学目标，明确具体，有启发性，学生只有理解问题的含义，才有可能去思考、探索和解决这些问题。

2. 趣味性。兴趣是最好的老师。创设教学情境要选择与学生现实生活密切相关的、富有时代气息的内容。把情境与学生的生活紧密联系起来，学生容易对数学产生一种亲切感。创设教学情境要针对不同年级高中生的实际特点，了解他们的心理发展规律、爱好和需求分别创设。

心理学家的研究告诉我们：高中一年级是个转折点，学生的抽象思维慢慢开始从经验型占主导向理论型占主导转变，并且将迅速进入理论型发展的关键期。这时，学生遇事开始有了“个人的见解”，自主意识和独立解决问题的能力显著增强，感觉自己“真正长大了”。一个值得关注的问题是：在关键期如果所学的知识具有一定的挑战性（挑战就是激励），并且教育与训练的方式得当，那么学生的思维水平就会得到“神奇般地发展”！反之，如果教育内容乏味，措施无力或不当，就会贻误甚至摧残发展，给学生留下终生的遗憾。因此在高一年级的教学中，教师创设教学情境除了注意现实性外，更重要的是要注意问题的挑战性和新颖性，如典型故事、生活常识、多媒体模拟现实情境、动手操作等都是创设教学情境的好方法。

心理学家的研究还告诉我们：高二、高三年级的学生的抽象思维水平已经进入“理论型”发展的成熟期，在这个阶段如果教育和训练得法、适当，思维水平还能得到很大的发展，思维能力将会进一步完善。因此，对这两个阶段的教学，教师创设的教学情境要注意问题的抽象性，注意发展学生的抽象思维能力和逻辑推理能力。因此，这两个阶段的教学，教师创设教学情境除了要注重生活现实情境外，更要注重从数学的内部深入挖掘，创设符合学生实际要求的教学情境，并为他们尽可能地创设自主学习、合作交流的教学情境，尽量用数学本身的魅力去吸引学生。

3. 挑战性。问题情境不应只是绚丽多彩的动态画面，其要害是必须暗含着数学问题。问题情境只要能产生学生认知的“不平衡”，引起他们的思维冲突，就能激起他们的好奇心、求知欲，就会出现发展，就会使教学过程始终在动态平衡中前进，就能达到有效学习。衡量一个问题情境的优劣，不在于问题提供方式的差异之分和氛围营造的简洁华丽之别，而应归结为本质上有无刺激和引起学习主体主动做出反应，并在心里造成一种悬而未决但又必须解决的求知状态。

第 2 节　数学教学应该怎样引导学生探究

【教学实践】

案例：余弦定理

教师(一边讲一边板演)：上节课我们学习了“正弦定理”…… 正弦定理主要解决哪两大类问题？

学生 1：已知两角及其一边，解三角形问题；已知两边及其一边的对角，解三角形问题。

教师：很好！这节课我们来学习新的内容 —— 余弦定理(板书课题)。

教师：我们看这样一个问题应该如何解决？

已知 $\triangle ABC$ 的两边 b,c 及其夹角 A，怎样求 a？

(学生沉思，老师询问，无人应答，于是老师按照自己的思路讲起来)

教师：显然，这个问题用正弦定理不好解决，我们可以利用向量来解决这个问题(教师画出图形，如图 3.2.1)，这三条向量之间有什么关系？

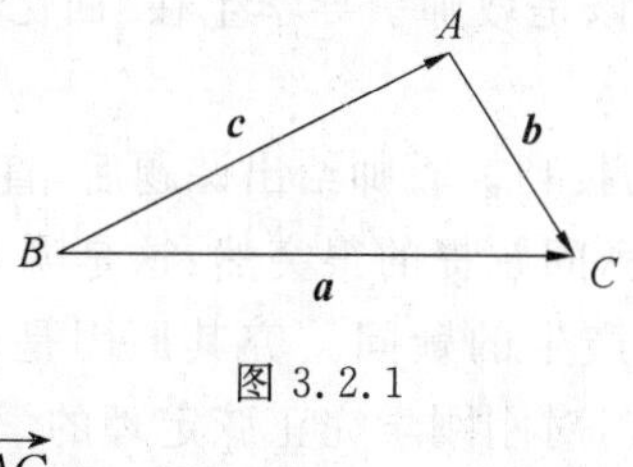

图 3.2.1

学生 2：$\overrightarrow{BC}=\overrightarrow{BA}+\overrightarrow{AC}$。

教师：将这个向量等式转化为数量关系，代入已知的边长和角，即可求出

a。请大家把这个关系转化一下(让学生3板演)。

(学生3没做出来)

教师:哪位同学做出来了?(学生沉默)

教师:看来这个问题还真的把大家难倒了!我们可以这样进行转化(老师继续讲解)

$$\begin{aligned}\overrightarrow{BC}\cdot\overrightarrow{BC}&=(\overrightarrow{BA}+\overrightarrow{AC})(\overrightarrow{BA}+\overrightarrow{AC})=\overrightarrow{BA}^2+2\overrightarrow{BA}\cdot\overrightarrow{AC}+\overrightarrow{AC}^2\\&=|\overrightarrow{BA}|^2+2|\overrightarrow{BA}||\overrightarrow{AC}|\cos(180°-A)+|\overrightarrow{AC}|^2\\&=c^2-2cb\cos A+b^2\end{aligned}$$

即 $a^2=b^2+c^2-2bc\cos A$。

同理可得:……

教师:大家还有什么问题不懂吗?

学生4:老师,你是怎么想出来用向量解决这个问题的?把向量等式转化为数量关系的这种作数量积的方法,你又是怎么想到的呢?

学生突如其来的发问,让老师措手不及,不知该怎样回答这位学生的问题(可能因为我们听课,教师也有些紧张)。最后,老师用了一些搪塞的话,草草地把这位学生打发了。

……

【教学点评】

探究性学习是以问题为中心的学习,只有让学生意识到问题的存在,感到需要问个"为什么""是什么""怎么办",才能产生思维的火花,才会有探究的欲望,也才会有深度的思考。教师要清楚:"探究"是学生探究,不是教师探究,探究应该由学生来完成(包括提出问题和解决问题),教师的任务是在学生有困难(或出现困惑)时,给予恰当的点拨、引导,以保证探究活动的顺利展开。从这个案例看,教学主要存在以下几方面的不足:

1. 新课的引入不恰当。教学开始时,教师引导学生回忆上节课学习的正弦定理及其能解决的两大类问题后,直接给出课题——余弦定理。这样的引入,太直白,没有悬念,不能引发问题,无法激发学生探究新知的激情,很不科学。比较好的引入方式应该是教师引导学生在"回忆"的基础上,通过分析,提出问题,从而生成课题。

2. 缺乏提问和引导的技巧。教师给出课题后,直接提出了"已知两边及其夹角,解三角形"问题,这个问题提的很突然:这是哪儿来的问题?为什么要解决这个问题?这是学生要产生的疑问。究其原因是教师在提出问题时,缺少"过渡环节"的引导。还有,对刚刚学完正弦定理的学生来说,这个问题的开放性很大(表现在探究的解法上),学生在较短的时间内找到解法是很困难的,教师应该适时、恰当地予以点拨、引导,帮助学生从杂乱无章的思绪中理清思路,去发现解决问题的方法,但"引导"绝不是直接告诉。而本案例中,对问题的解法看似探究了,但实质上是教师讲出来的,不是学生探究出来的,这与我们平时反对的"教师告诉,学生接受"的灌输式教学有何区别?

3. 对学生的了解不够。主要表现在教师不清楚学生关于新知识的生长点,也就是教学的起点没有与学生的认知实际对接(也可以称为"不匹配")。学生 4 之所以提出那样的问题,是因为教师给出的解法不是从学生脑海中的知识生长点"长出来"的,与学生的认知实际不符:用向量法解决问题,如此作数量积进行转化,这些方法是怎么想出来的?是从天上掉下来的吗?学生知其然,而不知其所以然,必然会有疑问,会提出问题。产生这些问题的原因,还是教师的"引导"不够,没有引导学生进行实质性的探究。

4. 不能灵活地把握教学契机。一堂精彩的课,往往会在学生提出的教师预设之外的问题解决中生成。作为组织者和桥梁的老师,应善于捕捉课堂教学中生成和变动着的各种信息(如本节课中学生 4 提出的问题),并把这些信息作为一种可贵的教学资源,努力创造各种条件去扶持它、栽培它,让这一星星之火燃烧起来。

学生 4 提出的问题非常好:一方面说明学生深入思考了,另一方面也为教师引导学生做进一步探究创造了机会。作为教师,应该为学生能够提出这样有价值的问题而感到高兴,应该及时的鼓励学生这种"打破砂锅问到底"的探索精神,并不失时机地抓住这难得的教学契机,机智灵活地调整教学预案,顺水推舟,把探究活动引向深入。这样不但能大大激发学生的探究欲望,解决"知其然,而不知其所以然"的问题,而且还能创生出推动教学动态生成的新的教学流程,从而使教学出新、出奇、出彩。而本节课中,教师没能利用这稍纵即逝的教学契机,将这能够演义精彩的自然生成的探究"资源",白白地"浪费",实在可惜!

【教学反思】

通过上面的分析我们看到,本案例教学中存在的根本问题是:教师不会引导学生探究,或者说,教师不知道应该怎样引导学生探究。要解决这个问题,需要明确"什么是探究?"和"教师应该怎样引导学生探究?"这样两个问题。

一、什么是探究

"'从无到有'才是探究,'从无到有'就是从不会到会、从不懂到懂、从不明白到明白的过程。一目了然的问题,不假思索就能知道的问题不需要探究。”[①]“需要探究的是开放性大的、通过复杂的思维过程和艰苦的努力才可能解决的问题,这样的问题可以称为‘元认知问题’。”[②]由此可以看到,“探究”不是个体通过被动接受而获取知识的,而是个体通过主动的探索、发现来获取知识的一种学习方式。“探究”需要有好的“元认知问题”,设计“元认知问题”,要考虑学生的知识储备和解决问题的能力情况,如果超出了学生所具有的范围,学生就会无法探究,这样的问题设计的再好,对学生来说,也是无意义的问题。

数学探究是围绕某个具体的数学问题,开展探究、合作研究并最终解决数学问题的过程。数学探究具体表现为:发现和提出有意义的数学问题,猜测合理的数学结论,提出解决问题的思路和方案,通过自主探索、合作交流论证数学结论。

数学探究能力的培养是需要环境的,因为这种能力需要浸润在特定的日常问题或数学问题情境中才能得以展开。数学探究需要方法,即在日常问题或数学问题的驱动下,进行观察、实验、猜测、联想、推理、交流、反思等,这些皆是探究的手段方法。数学探究需要精神,只有当面对问题产生好奇、执着思考、善于合作才有可能发现问题,进行探索。

二、怎样引导学生探究

在数学课堂上,怎样引导学生进行探究呢?要通过“启发”来进行引导。教师通过启发,来引导学生提出问题,然后再通过启发,来引导学生解决问题。数学与其他学科有所不同,数学教学中的启发主要是暗示,教师通过启发给学生以必要的暗示,学生通过自己的思维活动来获得暗示。[③]

1. 怎样启发学生提出问题呢?

最一般的方法是创设问题情境。例如,本节课的引入中,教师在引导学生回忆上节课学习的正弦定理及其能够解决的两大类问题后,可以向学生提出这样的问题:这节课我们应该研究什么问题?你打算怎样去思考呢?这两个问题提得比较开放,发散的范围比较大,可供学生发挥想象力的空间比较大,是“元认知问题”。这里既有“让学生提出问题”的暗示,又有“怎样去解决”的悬念。学生首先要想:我怎么提问题呢?老师为什么引导我们回忆上节课学习的内容呢?于是,提问题的方法就想出来了。当然也要考虑到引导学生回忆上节课学习的知识后,还提不出问题来的可能,那就用“分级提问”的方式,逐步的增强暗示,进行启发:

---

① 涂荣豹. 谈提高对数学教学的认识. 中学数学教学参考,2006(1-2).

② 涂荣豹. 数学解题学习中的元认知. 数学教育学报,2004(4).

③ 约翰·杜威. 思维与教学. 上海:商务印书馆,1936.

(1) 正弦定理能解决的两大类问题都是怎样的问题？（暗示学生按已知的“三要素”把问题进行分类）

(2) 按这样的方式分类，可以把解三角形问题分为几类？（五类：已知两角和一边；已知两边和其中一边的对角；已知两边及其夹角；已知三边；已知三角）

(3) 后面这三类问题能否有解？（暗示缩小研究范围：前两类问题应该有解，因为三角形都是唯一的；后一类问题无解，因为三角形不唯一）

(4) 有解的这两类问题，能否用正弦定理求解？（暗示学生这是目前还没有解决的新问题）

(5) 大家说，这节课我们应该研究什么问题？（问题得出，课题生成）

通过这样的“分级提问”逐步的启发学生，以达到对不同层次学生的引导。

2. 怎样启发学生解决问题呢？

最重要的因素是教师要树立正确的学生观。树立正确的学生观主要表现在以下三个方面：

(1) 教师要充分的了解学生。充分的了解学生就是教师要清楚地知道学生关于新知识的生长点，并据此进行提问、暗示、启发、引导，学生的探究才可能顺利的展开。否则，教师的这些提问、暗示、启发、引导，都是盲目的，是“无源之水，无本之木”，可能会与学生的认知实际不符。教师要研究，今天学生学习的新知识，它的生长点在何处？学生的大脑中是否有这个生长点？如果没有，如何建立“先行组织者”，把它植入学生的大脑？学生大脑中有了知识生长点这颗种子，教师再去“浇水、施肥、供给阳光”，它就会“生根发芽”，越长越大。

在前面推导正弦定理时，是用向量等式$\overrightarrow{BC}=\overrightarrow{BA}+\overrightarrow{AC}$，并通过在等式的两边与$\overrightarrow{AD}$（$AD$ 为 $\triangle ABC$ 中边 BC 上的高）作数量积，将向量等式转化为数量关系来完成的。这两者（向量等式、作数量积）就构成了解决“已知两边及其夹角，解三角形”问题的基础，这就是本节课要学习的新知识的生长点。教师的提问、暗示、启发、引导就应该建立在这个生长点上，当学生有困难需要帮助时，教师可设计如下的“分级提问”，来逐步的增强暗示：

① 上节课我们是用什么方法来推导正弦定理的？（暗示学生回忆、类比：向量法）

② 怎样把向量等式转化为数量关系式？（暗示学生作数量积）

③ 本题应该怎样作数量积才更合理？（暗示学生与已知靠拢）

这样有的放矢的从学生已有的知识和方法中逐步地启发，就会“让知识在学生的头脑中流淌出来”，而且学生获得的新知不是老师给灌输进去的，是学生通过探究自己获得的。

(2) 教师要充分的尊重学生。一个问题提出后，学生探究不出来，是很正常的事情,关键的问题是老师如何对待这件事。教师应该反思:在探究时我给学生留有充足的思考时间了吗?学生新知识的生长点在哪儿?我应该怎样进行启发?等等。但现实的情况往往相反,许多教师过高地估计学生,不愿给学生留有过多的思考时间(考虑到教学时间非常有限,担心教学任务无法完成),不去分析原因,找策略,有时还会埋怨学生,这种不尊重学生的做法,会严重地挫伤学生探究问题的积极性。教师要明白,探究是要花费时间的,需要有极大的耐心,什么样的问题要等多少时间,是由问题的难度和学生的能力状况决定的,不是教师随心所欲,想怎样就怎样的。

本案例中,也存在这方面的问题。当教师提出新课要解决的问题后,没有留给学生充足的思考时间,而当学生回答不出来时,教师也没有思考如何去启发学生,而是老师自己讲起来了,这种“老师讲,学生听”的灌输式教学,其结果必然是学生“只知其一,不知其二”“知其然,而不知其所以然”。

(3) 教师要充分的调动学生。调动学生就是在学生探究时,通过教师的启发,能使学生有积极的智力参与,而且这种智力参与,每个学生都应是在独立思考基础上的智力参与,不能人云吾云,模仿复制。要做到这一点,教师还是要学会运用“分级提问”的方式来启发学生,从用隐蔽性强的弱暗示提问进行启发,到用隐蔽性逐渐减弱的强暗示提问进行启发,其目的是给不同层次的学生以不同的暗示。例如,上面设计的两个“分级提问”,能达到对不同层次学生的引导,从而调动每一个学生探究问题的积极性。

总之,数学教学的探究应该是在教师引导下的学生探究,教师直白地告诉不是探究。要让学生探究,教师最重要的任务是应该掌握怎样引导学生探究,这就涉及了如何启发的问题。启发是教师的教学基本功,启发的技巧和水平的高低,体现的是学生在探究过程中,教师所给予的点拨、引导的恰当程度,但是无论如何启发都是必需的,这是学生取得探究成功的保证,因此,教师应该很好地研究它,总结它!

三、为什么要特别关注数学建模和数学探究

上面案例中教师在教学中存在的问题,实际上是长久以来,高中数学教学中普遍存在的问题。

1. 部分教师在教学中心里没有学生。教师只关注讲了多少题,进行了多少练习和演算,布置了多少作业,进行了几次考试。教师的教学往往只做单边的考虑,不重视了解学生的一般需求,更无暇照顾学生个性的发展需要,缺乏多方互动交流,没有认真到位地考虑学生的需要和他们有尊严、有个性的发展。

2. 部分教师的教学重结果、不重过程。教学以考试为目标,只关注知识点的达成,技能的掌握;在教学环节的设计中存在着重题型,轻过程;重操控,轻变

化；重预设，轻生成；重解题技巧，轻概念和应用；不注意数学思想方法的渗透，没有给学生充分的独立思考、归纳概括、反思调节学习过程以及进行数学交流的机会，对学生数学学习情感关注不够等问题。

3. 相当数量的学生学习方式倾向于被动，知识视野不开阔，普遍缺乏主动探究的精神和自主学习的能力，对数学学习缺乏自信。

4. 部分教师教学评价形式单一，多数情况下用一纸考试的成绩代替评价。学生是发展中的人，差异是客观的，个性是丰富多彩的，而我们却习惯用一张卷子、一套题在一段时间内为学生划出“优良中差”。

课堂上的数学探究可以是局部的一个探究片段，也可以是一节探究性学习课，更可以是一个“课题”式的探究活动。“课题”式的探究活动常常与“数学建模”联系在一起。

数学建模和数学探究正是在这种背景下，为了解决数学教育的问题而逐步建立发展起来的一种课程形态。其教学过程可以弥补我国数学教与学中的上述不足，其数学的重点由关心教师的教学转向关心学生的学习，学生的学习方式则更加重视探究、实验、讨论、交流、合作，教与学的关系也更加融洽。

数学建模和数学探究尤其注重学生学习方式的转变，试图改变学生以知识传授为基本方式，以知识结果的获得为直接目的的学习活动。提倡多样化、个性化、有时代特征的学习和实践，如网络搜索、问卷调查、计算机仿真实验、现场观察、合作探究等，强调“做数学、学数学、用数学”。数学建模和数学探究的教与学，最不当的方式是变成了教师讲例题，学生课后做模仿的“技能训练”模式。而应该在教师引导下，学生尽可能自主地进行综合性学习实践活动。它是基于学生的经验，密切联系学生自身生活和学习实际，体现对数学知识的综合应用的实践性课程。因而，数学建模和数学探究比其他任何数学课程都更强调学生对实际活动过程的亲历和体验。

数学建模和数学探究是一种“问题引领”、向学生生活领域延伸的课程。它突出的特征是围绕着一个学生能够提出、发现、解决、理解、拓展的问题或问题串展开的过程。因而，数学建模和数学探究比其他任何数学课程都更强调问题情境、问题引领、问题意识和问题解决，强调数学与生活、数学与学生自己的学习经验的联系。建模和探究强调了学生的自主性和实践性，强调“问题”和“问题意识”，强调学习、实践过程的开放性和活动性，展现了数学学科的特点，主要是数学应用的广泛性，理性精神和文化内涵。

基于以上特点，建模和探究的教学活动中的核心操作理念包括：

(1) 让学生动起来，让学生自己做数学、学数学、用数学；

(2) 让学生联系生活，积累应用数学解决实际问题的经验；

(3) 让学生体验建模和探究的完整过程，感受数学的“源”与“流”和价值；

(4) 让学生自己用数学眼光观察世界，用数学的思维思考世界，用数学语言表达世界。

数学建模和数学探究都是数学学科核心素养，而且是综合程度更高的素养，因为数学建模和数学探究的过程离不开抽象概括、逻辑推理、直观想象、数学运算、数据分析。它打破数学知识内部严密的知识体系和技能体系的界限，强调以学生的经验、学习实际和社会需要的问题为核心，以问题求解的需要为导向，对学生学过的数学学科内容和跨学科的知识、工具、方法、资源进行整合应用的课程，以有效地培养和发展学生解决问题的能力、探究精神和综合实践能力。①

第3节　在教学中如何揭示数学本质

形式化是数学的基本特征之一。在数学教学中，学习形式化的表达是一项基本要求，但是不能仅限于形式化的表达，还要强调对数学本质的认识，否则会将生动活泼的数学思维活动淹没在形式化的海洋里。高中数学课程应该返璞归真，努力揭示数学概念、法则、结论的发展过程和本质。

揭示数学本质是数学教学的灵魂。而在实际教学中，许多教师由于对所教授知识的“数学本质”感悟不深、理解不透，导致教学变成了漫无目标、信马由缰的活动——没有灵魂，徒具形式，仅此而已！

【教学实践】

案例：任意角的三角函数

教师：初中我们学习了锐角，并且研究了锐角三角函数。上节课我们把锐角推广到了任意角，那么接下来我们应该研究什么？

学生：任意角的三角函数。

教师(边说边画图 3.3.1)：OA，OB 分别是角 α 的始边和终边，怎样定义任意角 α 的三角函数呢？

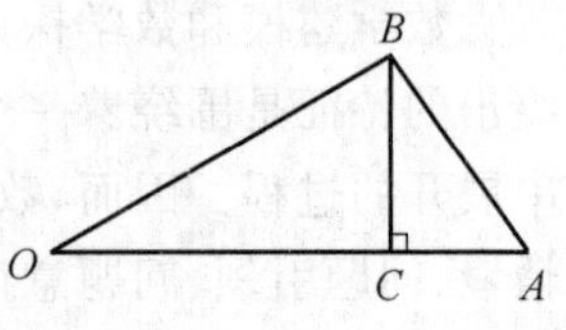

图 3.3.1

学生 1：联结 AB，过 B 作 $BC \perp OA$，垂足为 C，仿照锐角三角函数的定义可以定义任意角 α 的三角函数为 $\sin\alpha = \frac{BC}{OB}$，$\cos\alpha = \frac{OC}{OB}$，$\tan\alpha = \frac{BC}{OC}$。

① 史宁中，王尚志. 普通高中数学课程标准(2017 年版)解读. 北京：高等教育出版社，2018，5：201-202.

教师：A，B 两点是怎么来的？

学生 1：分别在 OA，OB 上任意取的。

教师：点 O 能取吗？

学生 1：这……

（教师用几何画板演示角 α 的任意性，并组织学生继续讨论）

学生 2：用角 α 的补角来定义。在 OB 上任取一点 E，过 E 作 $EF \perp OA$ 交 AO 的延长线于点 F（图 3.3.2）。在 $\mathrm{Rt}\triangle OEF$ 中，可以定义 $\sin\alpha=\dfrac{EF}{OE}$，$\cos\alpha=\dfrac{OF}{OE}$，$\tan\alpha=\dfrac{EF}{OF}$。

（学生误认为钝角 $\angle AOB$ 就是角 α）

教师：角 α 的补角是谁？

学生 2：$\angle EOF$ 是角 α 的补角。

教师：她说的有问题吗？

学生 3：角 α 不一定是钝角，它是任意角，只是角 α 的终边在那个位置上！（学生惊讶地：对呀！它不一定有补角啊！）

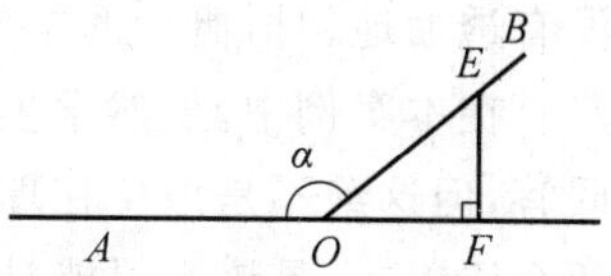

图 3.3.2

学生 4：我是在直角坐标系下定义任意角正弦的（到黑板画图 3.3.3 说明）。以点 O 为原点，以始边 OA 为 x 轴，建立直角坐标系。然后在 OB 上任取一点 $P(x, y)$，于是类比锐角三角函数，我们可以定义任意角的三角函数为 $\sin\alpha=\dfrac{y}{OP}$，$\cos\alpha=\dfrac{x}{OP}$，$\tan\alpha=\dfrac{y}{x}$。

教师：很好！这样做，我们摆脱了直角三角形的限制，对任意的角都是适用的，因此这样定义任意角的正弦是比较"和谐"的。

（用几何画板动画演示，然后板书任意角的三角函数定义）

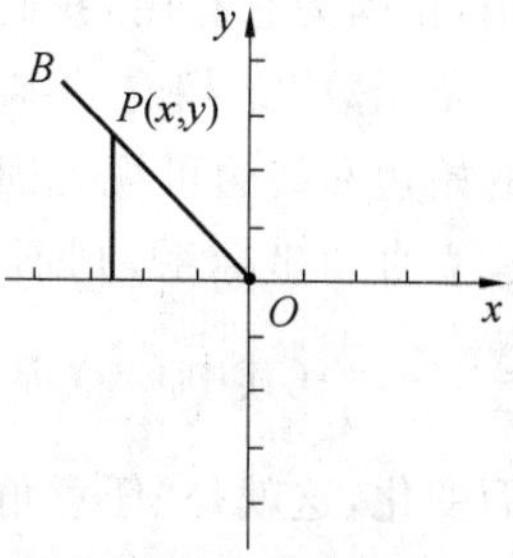

图 3.3.3

教师：定义中是否需要限制什么条件？

学生 5：我觉得 $x\neq 0$，否则 $\tan\alpha$ 没有意义了！

教师：那这个条件针对角 α 应该怎样限制呢？

学生 5：角 α 的终边不能落在 y 轴上。

教师：这需要把什么样的角去掉呢？

学生 6：$x\neq 90^\circ+k\cdot 180^\circ(k\in\mathbf{Z})$。

教师：我们昨天学习了弧度制，那这个条件还可以怎样表示呀？

学生 6：$x\neq\dfrac{\pi}{2}+k\pi(k\in\mathbf{Z})$

……

【案例分析】

(一) 案例分析

在本教学案例中,教师试图通过对初中所学习的“锐角三角函数”概念的复习,引导学生对如何定义“任意角的三角函数”的概念展开探究,从而突出“概念的形成过程”。从教学的视角看,这节课的教学理念新颖,数学活动充分调动了学生学习的积极性,学生的参与度高,课堂气氛热烈,教学民主,学生的主体地位得到了很好的体现。但从数学的视角看,这节课的教学没有抓住数学概念的本质,特别是当学生的思维“离经叛道”时,教师没有很好地进行引导,使数学活动向着有意义的方向进行,从而导致概念形成过程教学变成了信马由缰的活动,学生在“蒙”和“碰”中前行,漫无目标。问题产生的主要原因是教师没有透彻地领悟概念的本质,教学抓不住“本质”就会变得无的放矢。

在本案例中,虽然学生 4 对“任意角的三角函数”的定义给出了比较完美的回答,但这绝不是该生在理解和感悟的基础上给出的。学生 4 的回答可能基于两个原因:一是该生可能是受前面学习的“任意角”的概念(是在直角坐标系中研究任意角的)的启发,从而产生了联想;二是该生可能在课前进行了预习,了解了概念的定义方法。总之,学生 4 比较完美的回答,并不是教师在有效预设的基础上,所产生的动态生成。应该说,学生对概念的本质还不清楚,对概念的理解还很模糊。

我们之所以要定义一个数学概念,无非出于两个原因:一是它(指数学概念)具有一定的合理性,这种合理性指的就是数学概念的本质属性;二是它有用,正因为它有用,我们才有必要去定义它(为了使用方便)。那么,“任意角的三角函数”的概念的本质是什么呢?我们不难发现,当角 α 固定后(也就是角 α 的始边和终边可视为固定的),若以它的顶点 O 为原点,以角 α 的始边为 x 轴,建立直角坐标系,则不论我们在角 α 的终边上如何取一点 $P(x,y)$,总有比值 $\frac{y}{r}, \frac{x}{r}, \frac{y}{x}$(其中 $r=OP=\sqrt{x^2+y^2}$),是三个定值,这三个比值不随点 P 的变化而变化,这就是“任意角的三角函数”概念的本质。实际上,初中学习的“锐角三角函数”概念其本质也在于此:当锐角 α 固定后,我们以角 α 的两边为边可以构造出无数个直角三角形,但无论我们怎样构造直角三角形,总有比值 $\frac{\alpha\text{的对边}}{\text{斜边}}, \frac{\alpha\text{的邻边}}{\text{斜边}}, \frac{\alpha\text{的对边}}{\alpha\text{的邻边}}$ 为三个定值,这就是“锐角三角函数”概念的本质。在本节课的教学中,教师就是要通过数学活动,引导学生把这些本质性的东西揭示出来。通过这样的学习和建构,学生对概念的理解和掌握才能深刻和透彻,同时,展现在学生面前的是带有鲜活思想、富有生命活力的数学概念,而不再是“冰冷”“生硬”的形式化概念。

(二) 案例重设

基于以上的认识，笔者认为，本节课要设计好两个活动：一是"回顾反思"活动。就是通过回顾"锐角三角函数"概念，引导学生反思其"本质"，从而为新概念的学习做好铺垫；二是"建构探究"活动。就是引导学生在直角坐标系中去发现和揭示"任意角"中所隐含的"比值不变"规律（即概念的本质），从而为概念的形成创造"水到渠成"的条件。

下面是笔者指导下的一次教学尝试：

教师：在初中我们学习了锐角三角函数，它是怎样定义的？

学生1：是在直角三角形中定义的，$\sin\alpha=\frac{对边}{斜边}$，$\cos\alpha=\frac{邻边}{斜边}$，$\tan\alpha=\frac{对边}{邻边}$。

教师：为什么要这样定义？（目的是要揭示概念的本质）

（学生沉思）

教师：当锐角 α 是一个定角时，这三个比值如何？

学生：是定值吧！（很多学生犹豫，不敢确定）

教师：当锐角 α 是定值时，以角 α 的两边为边，能构造多少个直角三角形？

学生：无数个！

教师：这无数个三角形有什么关系？

学生：都是相似三角形。

学生2：这些直角三角形都相似，从而类似上面的对应比值都是相等的。也就是说这三个比值是定值，不随边长的变化而变化。

教师：对！（动画演示图3.3.4，验证学生2所说的数学事实）

由于有"比值不变"这样的规律，我们才定义了"锐角三角函数"的概念。

教师：那么我们已经把角推广到了任意角，能否定义任意角的三角函数呢？

学生3：我们可以转化到直角三角形中去定义。若角 α 的始边和终边分别为 OA 和 OB，无论终边 OB 落在哪儿，都能构造一个直角三角形，可以仿照锐角三角函数的定义方法，定义任意角 α 的三角函数（根据学生的描述，教师画图）。

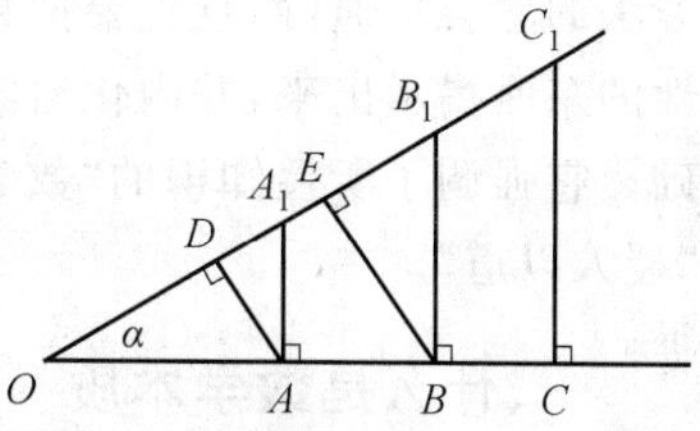

图 3.3.4

教师：如果角 α 的终边与始边垂直呢？

学生3：这个 …… 无法定义 $\tan\alpha$ 了！

教师：我们是怎样研究"任意角"的？

学生：在直角坐标系中！

学生4：可以借助直角坐标系来定义吧！

学生5（有其他学生补充）：在直角坐标系中借助点的坐标来定义！在 OB 上取一点 $P(x,y)$，如图3.3.3，类似于锐角三角函数，可以定义 $\sin\alpha=\frac{y}{OP}$，$\cos\alpha=\frac{x}{OP}$，$\tan\alpha=\frac{y}{x}$。

教师：为什么要这样定义？（学生讨论）

学生5（有其他学生补充）：因为无论点 P 在 OB 的什么位置，由相似三角形的性质，总有比值 $\frac{y}{OP}$，$\frac{x}{OP}$，$\frac{y}{x}$ 为三个定值，因此，可以用这三个比值定义任意角 α 的三个三角函数。

教师：很不错！（动画演示）

……

这个教学过程自然流畅，教师设计的数学活动目标非常明确：就是引导学生感悟和揭示数学本质。学生在充分认识和理解"数学本质"的基础上，自主地完成了概念的建构，这样的教学，才能使学生真正做到对数学知识的深入理解和准确掌握。

【教学反思】

北京大学张顺燕教授曾精辟地指出：教学有三境界，即"授人以业""授人以法""授人以道"。授人以业，就是韩愈说的"授业"，即传授知识给学生，这是教学最基本的要求，它强调了所授知识的"准确性"问题；授人以法，就是教给学生学习方法，使他们学会学习，它强调了所授知识的"深刻性"问题；授人以道，就是孔子所说的"悟道一以贯之"，也就是我们的教学不但要使学生达到知识与方法的融会贯通，而且更要把数学的思想方法、本质规律及内部联系等"灵魂"性的东西揭示出来，并内化给学生，使他们形成能力，为他们的终身发展打下基础。它强调了所授知识的"数学本质"问题。显而易见，教学的最高境界就是"授人以道"。

一、什么是数学本质

高境界的数学教学必须揭示数学本质。"数学本质"是一个数学哲学问题，学术界对它的理解有不同的视角。东北师范大学教授、高中数学课标组组长史宁中先生认为：数学的本质是"度量"。我们在课堂教学中强调的"数学本质"，一般其内涵包括：数学知识的内在联系；数学规律的形成过程；数学思想方法的提炼；数学理性精神（依靠思维能力对感性材料进行一系列的抽象和概括、分析和综合，以形成概念、判断或推理，这种认识为理性认识。重视理性认识活动，以寻找事物的本质、规律及内部联系，这种精神称为理性精神）的体验等方面。[①]

二、在数学教学中如何揭示数学本质

在数学教学中如何才能做到“揭示数学本质”呢？笔者认为，教师最重要的是要做好以下两点：

1. 透彻地领悟教材

教材为学生的学习活动提供了基本线索，教材是课程的重要资源，是教师教学的依托，是实现教学目标的依据。“用教材教”，教师就要先“入”教材，再“出”教材。没有对教材的“深入”，也就没有对教材的“浅出”。教师对教材钻研得越深，悟出来的道理就越透彻，对教材的把握就越准确，设计出来的教学就会越厚重。教师对教材的领悟必须有自己的眼光，眼光要深邃，看到的不能只是文字、图表和各种数学公式、定理、法则，而应是书的纤维中跳跃着的真实而鲜活的思想。这种思想就是对数学本质的认识，这种思想给人的感觉就是“不在书里，就在书里”，“一个能思想的人，才是一个力量无边的人”（法国作家巴尔扎克语）。

教师只有用心钻研教材，才能准确地理解教材的编写意图，把握所教授内容中的“数学本质”，从而创造性地使用教材。并在此基础上设计有效的数学活动，将教材中的知识重新“激活”，实现书本知识与人类生活世界沟通，与学生经验世界、成长需要沟通，与发现、发展知识的人和历史沟通，使知识恢复到鲜活状态，使它呈现出生命的活力。教师在把握了教学内容的“数学本质”以后，也会自然地把注意力从“研究教材”转向“研究学生”上，从而实现“教书”向“育人”的转变。

2. 有效地预设活动

数学有三种形态：原始形态、学术形态和教育形态。原始形态是指数学家在探索发现数学真理（或事实）时所进行的曲折、复杂的数学思考；学术形态是指数学家对探索、发现的数学真理（或事实）进行归纳、整理形成文本材料后的一种形态，它呈现出的是“简洁的、冰冷的形式化美丽”；教育形态是指教师通过自己的设计，将学术形态的数学知识有效地“激活”，使学生在学习数学时，能够模仿数学家那样进行“火热的思考”，它是介于原始形态和学术形态之间的一种形态。

教材中呈现的数学知识是形式化的（准确的定义，逻辑的演绎，严密的推

① 陈柏良. 课堂教学要呈现“数学本质”. 数学教学参考（高中），2006(1-2).

理），这种学术形态的数学知识，会使学生感到数学是一个个公式、定理、法则、符号、题目的堆积，它像石塑一般 —— 充满着理性精神的美却显得冰冷和生硬。但事实上，当我们翻开人类的数学思想史就会发现：在数学“冰冷”的逻辑推理之中有一大堆生动的故事，其“冰冷美丽”的外表下存在着“朴素而火热的思考”[①]，作为数学教师，要想拉近数学与学生的距离、让学生感受到它的火热，享受数学中生动的故事，就要把数学从学术形态“返璞归真”为教育形态。要实现“返璞归真”，教师在教学中必须以有效的数学活动为支撑，让学生在数学活动中进行“火热思考”和主动建构，充分地欣赏和感受数学的美丽和魅力。

那么，怎样的数学活动才是有效的呢？有效的数学活动应该是以“揭示数学本质，发展思维能力”（江苏省教研室李善良博士语）为目标的，是能够激发学生进行火热的思考、主动的探究的，是在教师的引导下，学生能够深刻地感悟和揭示“数学本质”，并自主地完成知识建构的。这就要求我们在设计数学活动时，需要注意以下几点：

（1）数学活动要有数学内容。新的数学课程以人的发展为本，提倡向学生提供充分从事数学活动的机会，组织他们主动探索和揭示所学内容的“数学本质”，并掌握形式化的数学知识。因此，数学课堂应当紧紧围绕教学内容，调动学生原有的经验，给学生以空间和时间，让他们积极有效地探索和解决新的问题，从而获取新的认识。

（2）数学活动要让学生有数学思考、有发展变化的体验。数学活动必须是有数学味的活动，是学生经历数学化过程的活动。因此，数学活动的一个重要方面，是要重视让学生从数学层面上来体验、认识所学内容，“理解、掌握基本的数学知识和技能、数学思想和方法，获得广泛的数学活动经验”。让学生从数学层面上来理解数学内容的核心就是“揭示数学本质”，这一点在数学活动中显得尤为重要。

（3）数学活动要有恰当的形式。数学活动需要通过学生的操作实验、思考讨论、合作交流等一定的形式来完成，但教师要清楚：教学内容决定着活动的形式，活动的形式服务于教学内容，教学内容的核心是“数学本质”，活动的最终目的是揭示“数学本质”，这一点不可以本末倒置。一些数学活动之所以效果不好，其根本原因是教师没有抓住所教授内容的“数学本质”，数学活动不能围绕揭示“数学本质”而展开，教师过于追求活动的“花样翻新”，过于追求课堂的“热热闹闹”，出现了华而不实、偏离主题的现象（如本文中的案例），致使数学教学单薄而不厚重。因此，我们的数学活动不但要注重形式，更要注重活动的实质。

---

① 张奠宙. 关于数学知识的教育形态. 数学通报，2001，5.

总之,“数学本质”是数学的真谛,揭示数学本质才是数学教学的灵魂。“揭示数学本质,发展思维能力”是数学教学永恒的主题,这一主题应该成为我们每一位数学教师心中的教学目标,教学中的座右铭!

第4节　数学课堂如何实施生成性教学

随着课程改革的不断深入,人们在数学教学实践中达成了这样的共识:理想的课堂教学是一个动态生成的过程,课堂的精彩往往来自精心预设基础上的绝妙生成。这样一个洋溢着学生探究的热情,张扬着学生个性的灵光,焕发着师生生命活力的数学课堂,是每一位数学教师不懈追求的目标;这样一个灵动的课堂,会像一首绮丽的诗,一篇跃动的散文,一件流光溢彩的艺术品,让人赏心悦目,让人流连忘返。正如叶澜教授所认为的那样:具有生成性的教学才是丰实的课堂教学。在这样的课堂里,学生拥有创造的机会,能够获得全面的发展,教师的劳动也闪耀着智慧的光辉;这样的教学,体现了教育思想与教学方法的改革,关注人的情感体验,闪烁着五彩的生命原色。

一、生成性教学概述

“生成”是相对于“预设”而言的,通常是指学生按照预设的方案进行学习时,由于互动而产生出来的反馈信息。通俗地说,“预设”就是“计划”,而“生成”则是“计划”之外的,是在执行“计划”过程中的“变化”。[①]在数学教学中,生成性教学就是指在教学目标的弹性预设下,在师生交往互动的教学活动中,以即时出现的有价值、有创见的数学问题或教学情境为契机,在充分尊重学生的前提下,能够比较恰当地调整或改变预先的教学设计,挖掘学生的潜能,引发学生深入思考,充分展现学生的个性,从而达到或拓展教学目标,共同构建和升华教学主题的教学活动。

数学生成性教学是师生的思想和心灵在教学活动中发生碰撞,产生火花,不断生成新的教学资源、教学内容、教学流程,乃至新的教学目标,在这样的教学活动中,学生与教师平等对话,交流互动,学生能够处在思想自由、表达自由的最佳状态。

二、生成性教学的基本特征

1. 生成性教学关注表现性目标

美国课程学家艾斯纳把教学目标划分为“教学性目标”和“表现性目标”。

---

① 周成平.新课程名师教学100条建议.中国科学技术出版社,2005,6:215-216.

教学性目标是在教学计划中预先规定好的学生在教学后应获得的知识与行为,它不关注学生在教学过程中的表现,只关注学生学习的最终结果在多大程度上达到了预设的目标。而表现性目标则不同,它关注学生在教学过程中的表现,指明学生将要遭遇的情境、将要处理的问题和将要从事的数学活动,强调学生在学习过程中的个性化的表现和个人意义的获得。由于生成性教学坚持以学生的发展为本,追求教学的真实自然,因而必然要关注表现性目标。在生成性教学的课堂上,对学生暴露出的错误、即兴的提问、独特的见解等,教师不是进行压抑,而是及时的分析、判断并有效地加以利用,使之成为学生掌握知识、提高能力、培养情感的逻辑起点和生长点,成为教师调整教学进程、促进动态生成、实现学生主体性发展的动力资源。

2. 生成性教学关注偶发性事件

偶发性事件主要是指在教学过程中出现的事前没有预料到的生成性事件。偶发性事件不是教学的意外,而是教学过程的常态和必然。在教学中教师应当正视和利用偶发性事件,并将其看作是教学过程中生成的一种有益的教学资源。生成性教学关注偶发性事件,倡导在教学过程中,教师要留意学生的变化与反应,及时捕捉偶发的教育契机与智慧火花,巧妙地选择有价值的问题作"节点",或顺水推舟,或见风转舵,或将计就计,或借题发挥,从而有效地激活学生的思维,深化学生个体的认识,促进学生个性化的发展,实现教学的成功。

3. 生成性教学关注互动性教学

教学是多因素互动的过程。生成性教学因互动才存在,因互动才精彩。互动,既是生成性教学的表现(在生成性教学中,存在着大量的多边互动),也是生成性教学的成因(因为互动,所以才有新的信息和资源的生成)。互动既包括师生互动、生生互动,更包括教师和教材的互动、学生和教材的互动。只有教师与教材的深层次的互动,才能产生引领学生互动的精彩预设,也才有课堂上适时巧妙的价值引领;只有学生与文本的深层次互动,才能产生师生之间、生生之间默契交流的效果,也才有认识的完善、提高和情感的升华。

三、生成性教学的实施策略

数学教学是有目标、有计划的活动,追求教学的动态生成,并不是不要预设,而是需要教师在围绕教学目标精心预设的基础上,依循学生的认知曲线、思维张弛及情感波澜,以灵动的教育机智随时调整教学进程和教学策略,让课堂教学充盈生命成长的人文韵味。

1. 整体谋划,倡导生成

生成性教学首先要有生成性的教学设计,这就要求教师在备课时,要做好教学的整体谋划，通过预测学情，预测可能，以开放的心态设计出灵活、动态的教学方案。这种教学方案不需要教师预计教学过程的全部细节（如每一环节的时间分配、探究的具体步骤等），而需要从整体上有针对性地做好教学的预设，为课堂教学中的动态生成预留“弹性时空”，为即时生成提供广阔的舞台。例如，在备课时，教师要分析班级学生的认知结构和生活经验，设计运用什么样的例子、采用什么样的方式、方法提出问题，引入新课；在学习新知识时，要为学生怎样搭建“脚手架”？如何恰当的点拨铺垫？学生探究问题时可能出现什么情况？例题教学如何引导？使用什么样的变式？如何练习、总结？等。教学设计的通盘考虑，整体谋划，为课堂教学活动的展开提供了多种“渠道”，为教学过程的动态生成拓展了广阔的空间。

2. 着眼局部，促进生成

高质量的课堂生成源自于高质量的课前预设和教师敏锐的教学机智，教学过程的丰富性、多变性，复杂性，需要我们对有利于学生发展的实质性环节既要周密的考虑、精雕细琢、精心预设，做到胸有成竹，又要在教学中对这一环节给予高度关注，机敏的分析、处理来自于学生的各种信息，从而促进教学的有效生成。因为生成不是盲目、被动的，不是天马行空，东拉西扯，游离中心，任意驰骋地开展教学活动，而是需要教师深入发掘、积极引导的，是为实现教学目标服务的。课堂上教师不经意间追问一个问题、创设一种情境、给出一道习题，看似信手拈来，实则是教师深思熟虑的结果。

例如，学习“等差数列”时，笔者在备课的过程中反思：既然有“等差数列”，那么能否有“等和数列”呢？“等和数列”应该如何定义呢？它有哪些性质？等等，这不是引发学生认知冲突，促进教学动态生成的极好资源吗！于是，笔者对“等差数列概念延伸拓展”这一教学环节做了精心预设，结果课堂上出现了热情高涨、你争我辩、高潮迭起的精彩场面。同学们类比“等差数列”的概念不但给出了“等和数列”的概念，举出了许多例子，还探索出“等和数列”的一些性质。这一教学案例是“用教材教”而不是“教教材”的真实写照，是促进教学动态生成的原始资料。着眼局部，精心预设能够促进教学的自然生成、演绎精彩，提升师生在课堂教学中的生命质量。

3. 抓住契机，机智生成

一堂精彩的课，往往会在师生平等和谐的对话中流露出生成。作为组织者和桥梁的老师，应善于捕捉课堂教学中生成和变动着的各种信息（如在交流中学生出现的一些“高见”；教学出现的“高潮”等），并把这些信息作为一种可贵的教学资源，努力创造各种条件去扶持它、栽培它，让这一星星之火燃烧起来。

例如，在“直线与圆的位置关系”的教学中，一位教师在引导学生探求教材第 92 页的“例题 2：自点 $P(2,1)$ 作圆 $x^2+y^2=1$ 的切线 l，求切线 l 的方程”（人教 A 版高中数学选择性必修第一册）的解法时，学生得出了多种解法，这时学生的思维活跃，兴趣盎然，教学出现了“高潮”，这位教师不失时机地抓住这稍纵即逝的教学契机，围绕教学中心，提出新的问题，创设变式命题：

(1) 本例是过圆外一定点求圆的切线方程问题，请解决下面与圆外一定点有关的问题：

变式 1：若圆的方程为 $(x-a)^2+(y-b)^2=r^2$，求过圆外一点 $M(x_0,y_0)$ 的切线方程；

变式 2：若 $M(x_0,y_0)$ 为圆 $x^2+y^2=r^2$ 外的一点，判断直线 $x_0x+y_0y=r^2$ 与圆的位置关系；

变式 3：已知 $M(x_0,y_0)$ 为圆 $x^2+y^2=r^2$ 外的一点，过 M 作圆的切线，求过两切点的直线方程。

(2) 请解决下面与圆上一定点有关的问题：

变式 4：若圆的方程是 $x^2+y^2=r^2$，求经过圆上一点 $M(x_0,y_0)$ 的切线方程；

变式 5：若圆的方程是 $(x-a)^2+(y-b)^2=r^2$，求过圆上一点 $M(x_0,y_0)$ 的切线方程；

(3) 请解决下面与圆内一定点有关的问题：

变式 6：已知 $M(x_0,y_0)$ 为圆 $x^2+y^2=r^2$ 内异于圆心的一点，判断直线 $x_0x+y_0y=r^2$ 与圆的位置关系。

在这个案例中，教师捕捉住了学生学习兴趣“正浓”，探索欲“正强”这一有价值的教学信息，不失时机地激活学生的思维，点燃他们智慧的火花，通过点、线与圆的位置关系机智地设计了有层次性的“问题”和富有梯度的“变式”。学生的思维和创造性的空间较大，不仅使学生产生“有梯可上、步步登高”的成功感，而且使学生加深了对一些数学思想方法的理解和掌握，使自身的数学素养获得了新的生成。

4. 适时调放，创造生成

生成是动态可变、丰富多彩的，再好的预设与课堂实施之间必然存在着一定的差距，这就要求教师充分发挥教学机智，做到心中有案，行中无案。寓有形的预设于无形的、动态的教学实施中，随时把握课堂教学中闪动的亮点，不断捕捉、判断、重组课堂教学中涌现的信息资源，见机而作，适时调整预设，机智生成新的教学方案。特别是当教学活动不能按照预设展开时，教师应根据实际情况灵活选择乃至放弃预设，创造出新的推动教学动态生成的教学流程，从而使教学富有灵性，彰显智慧，演绎精彩。

例如，在一次调研听课中，一位教师授课的课题是“用二分法求方程的近似解”。教师引入课题后给出方程$x^3+3x-1=0$,按照预设教师应该引导学生利用二分法求该方程的近似解。当时学生学习的积极性非常高涨,这位教师很机智地调整了教学预设,将“提出问题”的“球”抛给了学生:“请同学们对这个三次方程的实数解提出一些问题。”谁知教师这看似很随便的一问,却在学生中激起了层层的波澜,学生提出:该方程有无实数解?若有,有几个?实数解大约是多少?等等。学生提出的这些问题恰恰是老师备课时准备提出的问题,看到学生们的聪颖、睿智,教师果断的决定,放弃预设,放手让学生自主探究他们自己提出的问题。结果在如何判定方程是否存在解,如何确定解的初始范围时,出现了以下几种不同的方法:画函数$y=x^3$与$y=-3x+1$的图象或画函数$y=x^2+3$与$y=\frac{1}{x}$的图象,它们都只有一个交点,因此方程只有一个解,也可以利用函数$y=x^3+3x-1$的单调性判断该方程只有一个解,通过观察图象可判断方程解的初始范围。在教学中教师还巧妙地抓住学生列出的一组函数值,利用区间两个端点的函数值异号来判断方程在(0,1)上只有一个实数解。通过学生自主提问、自主探究、自主质疑,打破了教学过程的预设,教师也很机智地由开始时“调整预设”到最后“放弃预设”,从而使教学行为随着教学过程中出现的新情况而灵活变化,也使课堂教学充满激情与智慧,充满生命气息与情趣,充满挑战与创新,这种“自然生成”很具创造性,其教学效果是“预设”难以达到的。

总之,数学生成式教学的理想状态应是学生的主体地位得以体现,教师的主导作用得以发挥,生成性教学资源得以充分利用,教学目标得以实现。这就要求教师在实际的教学中,既要善于捕捉、判断教学中有利用价值的动态资源,并将其巧妙地运用于教学活动中,化腐朽为神奇,化意外为收获,同时又要有“拨乱反正”的胆识,有“取舍扬弃”的智慧,有“扬沙拣金”的提炼功夫,使学生能在活而不乱、趣而不俗、新而不谬的空间里畅所欲言,自由放飞,使课堂焕发出生命的活力!

【教学实践】

课例:探究无穷尽 生成无边界
——一堂“几何证明”探究课

笔者在教授“相似三角形”一节(竞赛、自招拓展课)时,利用教材中的一道例题,设计了一节几何证明探究课,令我没有想到的是,在变式探究的过程中,学生的思维异常活跃,讨论、思辨、交流充盈着课堂,并延续到了课下,完全“打乱”了我的教学预设,出乎意料地探索出多种证明方法、并发散出多个变式命题。现将这节课简要地记录下来,愿与同行共享。

例 1：已知，如图 3.4.1，在 $\triangle ABC$ 中，$AB=AC$，AM 是边 BC 的中线，P 为 AM 上一点，$CD \parallel AB$，BP 的延长线分别交 AC，CD 于点 E，D，求证 $BP^2=PE\cdot PD$。（教材第 14 页例 2）

这道题只需联结 PC，得到 $PB=PC$，通过证明 $\triangle CPE \backsim \triangle DPC$ 即可得到证明。

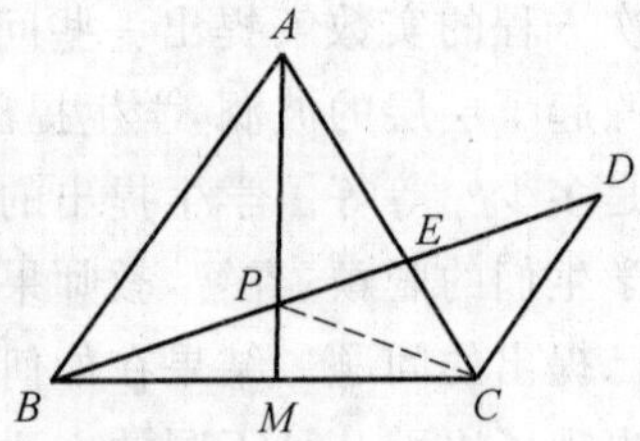

图 3.4.1

讲完这道例题后，我将已知条件中的“$AB=AC$”去掉，并改变其他一些条件，设计了下面一道变式题。

例 2：已知，如图 3.4.2，在 $\triangle ABC$ 中，AM 是边 BC 的中线，P 是线段 MC 上异于点 M 的任意一点，过 P 作 AM 的平行线交 BA，CA（或其延长线）于点 D，E。求证：$PD+PE=2AM$。

学生沉思了好长时间，看到学生们“愁眉不展”的样子，我进行了如下提示。

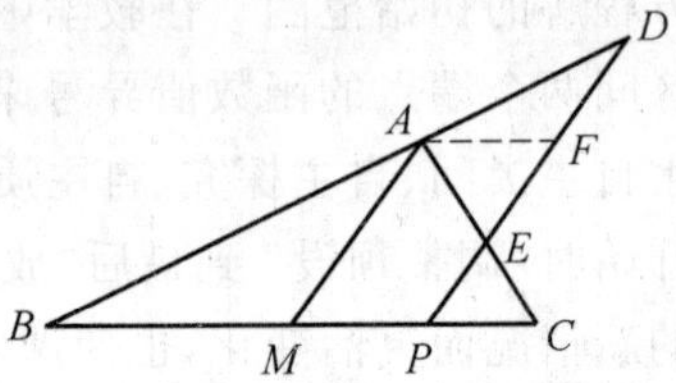

图 3.4.2

教师：证明两条线段的“和”与另外一条线段相等，一般采用什么方法？

学生（众）：“截长补短”法！（很多学生豁然开朗，纷纷动手做了起来）

学生 1：可以在线段 PD 上截取 $PF=AM$，然后只需证明 $DF=EF$ 即可。

简证 1：过 A 作 $AF \parallel BC$，交 PD 于点 F，则由

$$\triangle AFD \backsim \triangle BMA \text{ 及 } BM=MC \Rightarrow \frac{DF}{AF}=\frac{AM}{BM}=\frac{AM}{MC} \quad ①$$

$$\triangle AEF \backsim \triangle CEP \Rightarrow \frac{EF}{AF}=\frac{PE}{PC} \quad ②$$

$$\triangle CEP \backsim \triangle CAM \Rightarrow \frac{AM}{MC}=\frac{PE}{PC} \quad ③$$

由 ①②③ 可得 $DF=EF$。所以 $PD+PE=PF+DF+PE=AM+EF+PE=2AM$。

教师：太棒了！学生 1 使用了“截长”法，即在线段 PD 上截取 $PF=AM$，然后通过三对相似三角形证明了 $DF=EF$，从而使问题获证。还有其他方法吗？

学生 2：我是采用“补短”法证明的。

简证 2：延长 AM 至 K，使 $AM=MK$，过 K 作 $KF \parallel AD$，交 DP 于 F，交 BC 于 G（图 3.4.3）。则 $DF=AK$，即 $PD+PF=2AM$。于是，只需证明 $PE=PF$ 即可。

由 $\triangle ABM \cong \triangle KGM \Rightarrow BM=MG$，所以 $MG=MC$，即 C 与 G 两点重合。

由 $\triangle CEP \backsim \triangle CAM$，$\triangle CPF \backsim \triangle CMK \Rightarrow \frac{PE}{AM}=\frac{CP}{CM}=\frac{PF}{MK}$，因为 $AM=MK$，所以 $PE=PF$，从而 $PD+PE=PD+PF=2AM$。

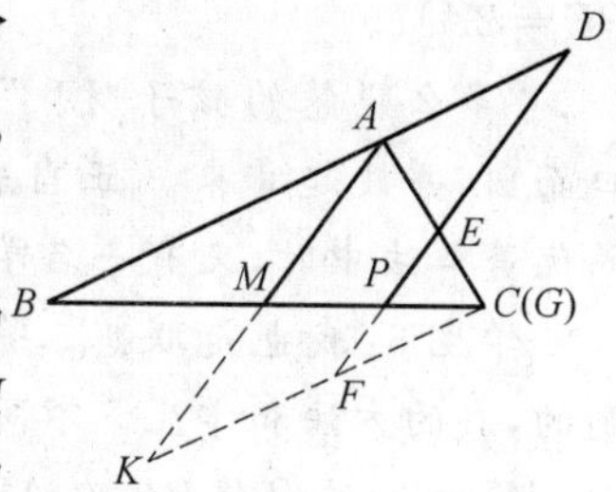

图 3.4.3

学生 3：我与学生 2 的方法类似，只是作辅助线的方法不同：过 C 作 $CK \parallel BD$，分别交 DP，AM 的延长线于 F，K（如图 3.4.3），则有 $DF=AK$，即 $PD+PF=AM+MK$。于是只要证出 $PE=PF$，$AM=MK$ 即可。由 $\triangle ABM \cong \triangle KCM \Rightarrow AM=MK$，而证明 $PE=PF$ 的方法与学生 2 相同。

学生 4：老师！我也是采用"补短"法证明的。

简证 3：在 MA 的延长线上截取 $AK=AM$（图 3.4.4），过 K 作 $KG \parallel BC$，分别交 BD，PD 的延长线于 G，F，则有 $PF=MK$，即 $PD+DF=2AM$。下面只需证明 $DF=PE$ 即可。

由 $\triangle AKG \cong \triangle AMB \Rightarrow GK=BM$，所以 $GK=MC$，又 $KF=MP$，所以 $GF=PC$。

由 $\triangle GFD \backsim \triangle GKA \Rightarrow \frac{DF}{AK}=\frac{GF}{GK}$，由 $\triangle CEP \backsim \triangle CAM \Rightarrow \frac{PE}{AM}=\frac{PC}{MC}$，而 $\frac{GF}{GK}=\frac{PC}{MC}$，所以 $\frac{DF}{AK}=\frac{PE}{AM}$，所以 $DF=PE$。所以 $PD+PE=2AM$。

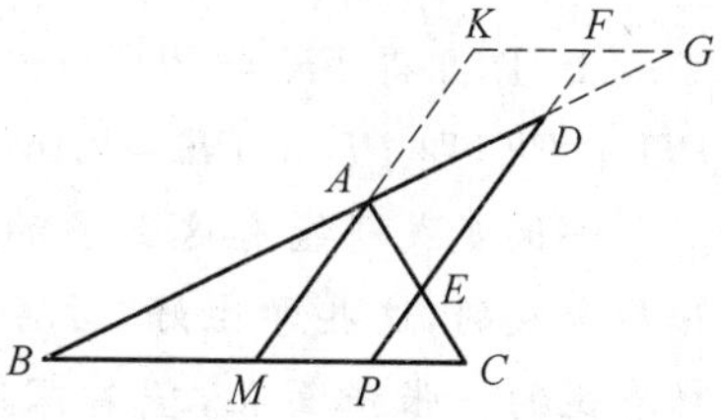

图 3.4.4

几种证法得出后，学生的探究兴趣也浓厚起来，都跃跃欲试地要发表自己的观点、说说自己的研究成果。这时，又有一名学生站了起来。

学生 5：老师！我和他们的想法不一样。看到线段 BC 的中点 M 及结论中存在的"$2AM$"，我联想到三角形的中位线，于是我构造以 AM 为中位线的三角形也可以证明出来。

简证 4：过 C 作 $CK \parallel AM$，交 BD 的延长线于 K；过 D 作 $DF \parallel PC$，交 CK 于 F（图 3.4.5）。则 $CK=2AM$，$CF=PD$，显然，只要证出 $FK=PE$ 即可。

由

$$\triangle KDF \backsim \triangle ABM \Rightarrow \frac{KF}{DF}=\frac{AM}{BM}=\frac{AM}{MC} \quad ①$$

由

$$\triangle CAM \backsim \triangle CEP \Rightarrow \frac{AM}{MC}=\frac{PE}{PC}=\frac{PE}{DF} \quad ②$$

由①② 得 $KF=PE$，所以 $CK=CF+KF=PD+PE$，所以 $PD+$

$PE=2AM$。

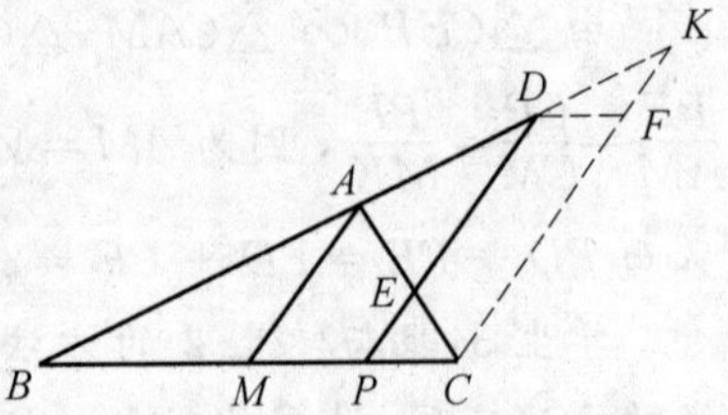

图 3.4.5

"多么聪慧的孩子呀！"我情不自禁地脱口而出，并鼓起掌来。正当我还陶醉在学生 5 的优美解法中时，又有一名学生站了起来。

学生 6：我也是联想三角形中位线进行证明的，我的方法和学生 5 不同。

简证 5：过 B 作 $BF\parallel AM$，交 CA 的延长线于 F；过 E 作 $EK\parallel BC$，交 BF 于 K（图 3.4.6），则 $BF=2AM$，$PE=BK$。下面只需证出 $KF=PD$ 即可。

由

$$\triangle FKE\backsim\triangle AMC \text{ 及 } MC=BM\Rightarrow\frac{FK}{KE}=\frac{AM}{MC}=\frac{AM}{BM} \quad ①$$

由

$$\triangle BAM\backsim\triangle BDP \text{ 及 } BP=KE\Rightarrow\frac{AM}{BM}=\frac{PD}{BP}=\frac{PD}{KE} \quad ②$$

由①②得 $FK=PD$，所以 $BF=FK+BK=PD+PE$，即 $PD+PE=2AM$。

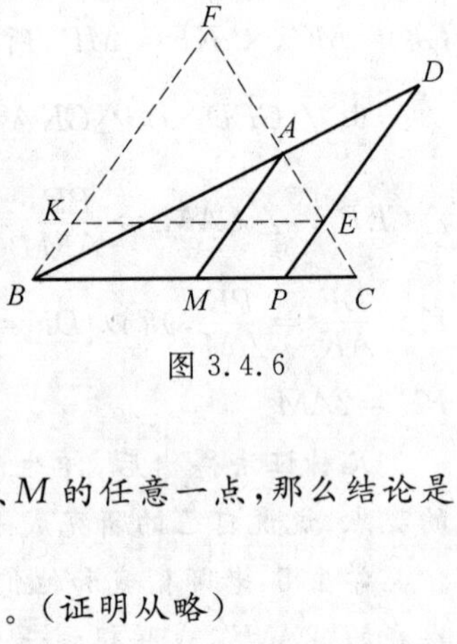

图 3.4.6

一道变式题能有这么多的证明方法，这是我始料未及的，这些学生好"厉害"呀！看着挂满成功喜悦的一张张面孔，望着探究兴趣正浓的一位位学生，我的成就感、自豪感也油然而生，同时也深感责任的重大。为了进一步激发学生的探究激情，我又提出了下面的问题。

问题 1：在例 2 中，如果 P 是线段 BM 上异于点 M 的任意一点，那么结论是否还成立？

很快就有学生说，仍有 $PD+PE=2AM$ 成立。（证明从略）

接着我又提出了下面两个问题：

问题 2：在例 2 中，如果 P 是 BC 延长线上的任意一点，那么结论又如何呢？

学生得出：$PD-PE=2AM$。（证明从略）

问题 3：在例 2 中，如果 P 是 BC 反向延长线上的任意一点，那么结论又如何呢？

学生得出：$PE-PD=2AM$。

下面给出一名学生的证法。

简证：如图 3.4.7，过 B 作 $BK\parallel PE$ 交 CE 于 K，过 K 作 $KF\parallel BC$ 交 PE 于 F，则 $PF=BK=2AM$。

由

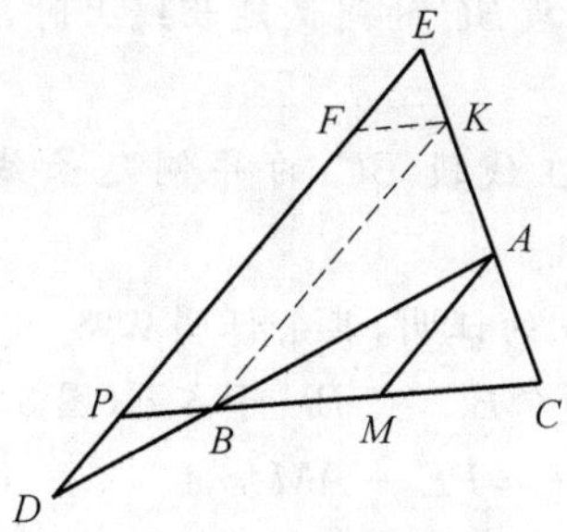

图 3.4.7

$$\triangle EFK \backsim \triangle AMC \text{ 及 } MC = BM \Rightarrow \frac{EF}{FK} = \frac{AM}{MC} = \frac{AM}{BM} \quad ①$$

由

$$\triangle DPB \backsim \triangle AMB \text{ 及 } PB = FK \Rightarrow \frac{AM}{BM} = \frac{PD}{PB} = \frac{PD}{FK} \quad ②$$

由①②得到 $EF = PD$。故 $PE - PD = PE - EF = PF = 2AM$。

到此，已经下课了！可是，同学们探索的激情依旧没减，为了不“扑灭”孩子们这可贵的学习欲望，我布置了如下的课后作业。

教师：刚才，我们是在直线 BC 上任取一点 P，通过讨论点 P 的位置，探究了线段 PE，PD 和 AM 之间的关系。那么我们是否还可以减弱其他条件(比如，将已知条件“AM 是 $\triangle ABC$ 的中线”减弱为“点 M 是直线 BC 上的一点，且 $BM : MC = m : n$”)，来探究线段 PD，PE 和 AM 三者有何关系呢？请大家课后探索。

第二天，在我收到的学生作业中，有 36 份作业给出了较为完整的“变式命题及其证明”，现作以梳理、归纳如下：

例 3：已知，在 $\triangle ABC$ 中，若点 M，P 分别是边 BC 所在直线上异于 B，C 的任意两点，且 $BM : MC = m : n$，过 P 作 AM 的平行线分别交 AB，AC 所在的直线于点 D，E，则：

(1) 当点 M，P 都在线段 BC 上时，有 $m \cdot PD + n \cdot PE = (m + n) \cdot AM$；

(2) 当 M 在线段 BC 上，P 在 BC 的延长线上时，有 $m \cdot PD - n \cdot PE = (m + n) \cdot AM$；

(3) 当 M 在线段 BC 上，P 在 BC 的反向延长线上时，有 $n \cdot PE - m \cdot PD = (m + n) \cdot AM$；

(4) 当 M 在 BC 的延长线上，P 在线段 BC 上时，有 $m \cdot PD + n \cdot PE = (m - n) \cdot AM$；

(5) 当 M 在 BC 的反向延长线上，P 在线段 BC 上时，有 $m \cdot PD + n \cdot PE = (n - m) \cdot AM$；

(6) 当点 M,P 均在线段 BC 的同侧延长线上时，有 $m\cdot PD-n\cdot PE=(m-n)\cdot AM$；

(7) 当点 M,P 分别在线段 BC 的异侧延长线上时，有 $m\cdot PD-n\cdot PE=(n-m)\cdot AM$。

下面仅给出(1)和(5)的证明，其余证明从略。

简证：(1) 过 A 作 $AF\parallel BC$，交 PE 于点 F(图 3.4.8)，则 $DF=PF-PD=AM-PD$，$EF=PE-PF=PE-AM$。

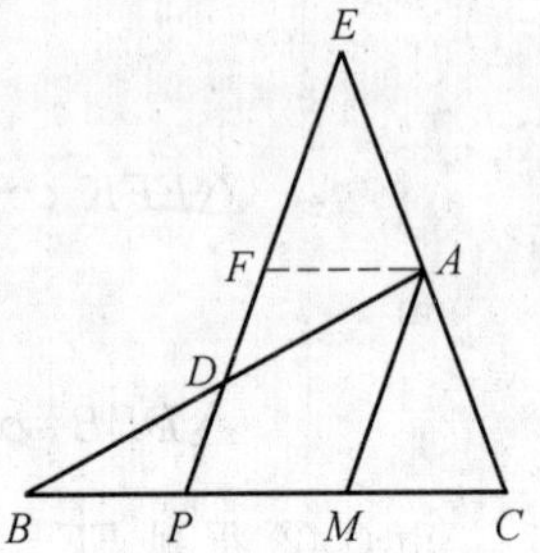

图 3.4.8

由

$$\triangle EFA\backsim\triangle AMC \text{ 及 } BM:MC=m:n$$

$$\Rightarrow\frac{EF}{AF}=\frac{AM}{MC}=\frac{m}{n}\cdot\frac{AM}{BM}\quad ①$$

由

$$\triangle AFD\backsim\triangle BPD\Rightarrow\frac{DF}{AF}=\frac{PD}{BP}\quad ②$$

由

$$\triangle BDP\backsim\triangle BAM\Rightarrow\frac{PD}{BP}=\frac{AM}{BM}\quad ③$$

由①②③可得 $\frac{EF}{AF}=\frac{m}{n}\cdot\frac{DF}{AF}$，即 $EF=\frac{m}{n}\cdot DF$，所以

$$PE-AM=\frac{m}{n}\cdot(AM-PD)$$

故

$$m\cdot PD+n\cdot PE=(m+n)\cdot AM$$

(5) 过 A 作 $AF\parallel BC$，交 DE 的延长线于 F(图 3.4.9)。

由

$$\triangle ADF\backsim\triangle BAM\Rightarrow\frac{DF}{AF}=\frac{AM}{BM}=\frac{n}{m}\cdot\frac{AM}{MC}\quad ①$$

由

$$\triangle AEF\backsim\triangle CAM\Rightarrow\frac{AM}{MC}=\frac{EF}{AF}\quad ②$$

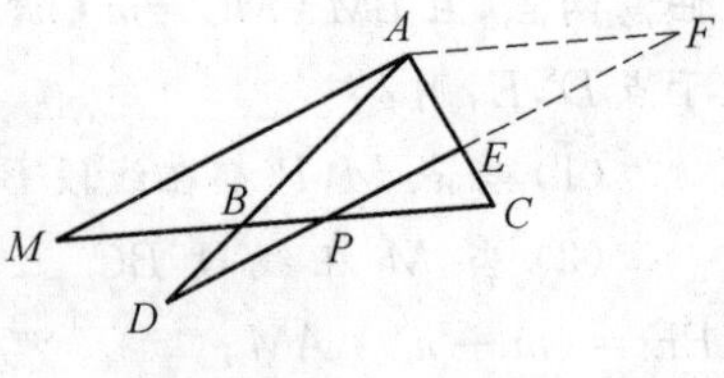

图 3.4.9

由①②得 $\frac{DF}{AF}=\frac{n}{m}\cdot\frac{EF}{AF}$，所以 $DF=\frac{n}{m}\cdot EF$，因为

$$DF=PD+PF=PD+AM$$

$$EF=PF-PE=AM-PE$$

所以

$$PD+AM=\frac{n}{m}\cdot(AM-PE)$$

即

$$m \cdot PD + n \cdot PE = (n-m) \cdot AM$$

【教学反思】

作为一节数学课,没有完成预设的教学任务,我的心中多少有一些"遗憾"。可仔细一想,这节课,学生和我的收获又是何等的多呀?同学们在探索中,所迸发出的智慧火花,是多么的"光彩夺目"!他们的聪颖、睿智、乐学和在探究问题中的出色表现,使我深深地感受到课程改革给孩子们的学习方式所带来的变化,他们用智慧实现了知识与方法的融会贯通,构建了美丽、辉煌的数学殿堂。从这些现实意义上讲,这节课我又有什么可遗憾的呢?

正如弗赖登塔尔所说:"对知识的感觉和体验,有着很大的解释余地,以至于教师无法再垄断对它的解释;而活动若开始得更早(在理论出现之前),则教师对活动内容也无法垄断了。"在这个意义之下,教学设计永远只是一种对教学过程的预期,而实际的教学活动则永远是一个谜,只有发生了,才会知道结果。探索无穷尽,生成放异彩!

第5节 在数学教学中如何应用成功教育原则

成功教育的思想和方法源于苏联和美国的教育学家和心理学家的研究与实践,它最初是针对薄弱学校学习困难的学生而实施的一项教育改革。成功教育被定义为:"旨在使学习困难的学生获得诸方面成功的一种教育。"[①] 这种思想的精髓在于它提出的"三相信"的学生观,即,相信每一个学生都有成功的愿望,相信每一个学生都有成功的潜能,相信每一个学生都可以在教师的帮助下获得成功。它追求学生潜能的发现与发展,追求学生的自信、自尊、自我激励、自我提升;它以学生获得学习上的成功为途径,以"低起点、小步子、多活动、快反馈"[①] 为教学原则,是以全面提高学生素质为目的的一种教育模式。

在高中数学新课程的教学中,由于学生个体素质的不同,需要我们根据学生的实际情况,依据学科的特点和学生学习数学的基本规律,恰当地将成功教育原则运用于课堂教学之中,使每个学生都能获得成功的体验。下面结合笔者的教学实践和调研反思,谈谈运用这一原则的点滴做法,愿与同行磋商。

一、低起点

美国教育心理学家奥苏伯尔提出的有意义学习理论中认为:学习过程是在

① 刘京海等. 成功教育. 福州:福建教育出版社,1999:69.

原有认知结构基础上，形成新的认知结构的过程；原有的认知结构对于新的学习始终是一个最关键的因素；新的学习都是在过去学习的基础上进行的，新的概念、命题等总是通过与学生原来的有关知识相互联系、相互作用的条件下转化为主体的知识结构。[①]梅耶和加涅都认为：教新知识之前，必须先激活学生长时间记忆中相关的原有知识。这就要求我们要了解学生特别是学习困难学生的认知结构，并以他们的学习实际为起点，制定教学目标，设计教学过程，帮助他们获得成功的体验。

1. 新课引入要“低起点”

生活中我们有这样的体会，在饥渴状况下吃东西特别香，也有可能更多地转化为肌体的能量。学习也是如此，当求知欲望很迫切时，感观系统处于一种亢奋状态，这时对知识的吸取会变得很容易，理解领会也就更深刻。因此，教师恰当地引入新课，才能够抓住学生的思绪，唤起他们的求知欲，使他们在愤悱状态中学习。教师设计新课引入，首先要了解学生，要将引入的起点与学生已有的知识结构相对接，即将教材内容降低到学生的起点上，然后再进行教学。例如，我们可以将教材中原来的知识作为引入的起点；可以将教学内容中最基本、学生有所了解的知识作为引入的起点；可以通过类比新旧知识的异同点作为新课引入的起点；可以通过学生已有的生活经验、已知的素材作为引入的起点；还可以选择讲解与教材内容联系紧密的故事（如数学史、科学史等典型事例等）作为引入的起点，等等。

2. 问题设计要“低起点”

问题是数学的心脏，教学离不开问题，问题是课堂教学的推动器，好的问题能够促进课堂教学的高效率。教师设计的问题，要考虑学生的知识经验和能力的差异，要反映当前学习内容的本质；问题的起点不能过高，不同层次的学生要有不同的问题起点，要设计浅、中、难不同层次的问题，形成问题链，使各个层面的学生都能够“跳一跳，够得着”，达到“道而弗牵，强而弗抑，开而弗达”的境界。例如，在“圆锥曲线的共同性质”一节的教学中，可以提出如下的问题，供不同层次的学生解答：

① 平面上到定点 F_1，F_2 的距离的和、差、积、商分别等于常数的动点的轨迹是什么？

② 平面上到定点 F_1 和定直线 l 的距离的和、差、积、商分别是常数的动点的轨迹是什么？

③ 平面上到定点 F_1，F_2 的距离平方的和、差、积、商分别等于常数的动点

① 叶立军等．现代数学教学论．杭州：浙江大学出版社，2006：60，61．

的轨迹是什么？

3. 课堂练习要“低起点”

课堂练习具有“短、平、快”(短：题目短小，耗费时间少；平：难度缓平，容易解决；快：解题速度快，信息反馈快）的特点，是巩固新知不可或缺的一个环节。学生在课堂上获取新知识的过程中，会不同程度地存在着理解不深、不透、不全的现象，基础比较薄弱，因此，教师在设计课堂练习时，要注意做到“低起点”、分层次。例如，新授课的课堂练习可以把“基本概念辨析”作为练习的起点，当学生对概念完全消化理解后，再依次进入熟练技能性、强化思想方法和发展智力性几个层次的练习。这样设计练习，符合学生的认知规律，教学效果好。

二、小步子

成功教育的关键在于成功，它的出发点是成功，归宿也是成功。因此在教学中要根据学生的实际情况，将教学的步子适当的减小、放慢，使学生在每一步中经过稍加努力就能获得成功，不断地获得成功的体验，以培养学生的自信，使他们每时每刻都处于积极学习的状态。在教学实践中，运用“小步子”笔者得出以下的方法。

1. 在教学内容的难点处设计步子

例如，在“导数的概念”一节的教学中，考虑到学生对导数概念的理解有一定的困难，因而教学时可设计小步子，将这一节分四个课时来完成。第一课时，通过具体实例学习平均变化率；第二课时，学习曲线上一点处的切线；第三课时，学习瞬时速度与瞬时加速度；第四课时，通过前三课时的铺垫，在去掉具体问题实际意义的基础上，抽象出导数的概念(即瞬时变化率)。设计小步子将难点内容分解，减缓了教学难点的坡度，使学生充分经历了概念的产生和发展过程，能够使他们加深对概念本质的理解。

2. 在解决问题的难点处设计步子

例如，在“椭圆的标准方程”的教学中，在探求椭圆的标准方程时，按照建系、设点、列式、化简的步骤，得到方程$\sqrt{(x+c)^2+y^2}+\sqrt{(x-c)^2+y^2}=2a$，化简该方程是难点，于是教师在此处可设计步子，引导学生探究化简的最佳方法：① 直接化简：将方程两边直接平方，整理后再平方，再整理即得标准方程(此法较麻烦)；② 变形后再化简：先移项后平方，整理后再平方，再整理即得(教材中的方法)；③ 利用方程特征化简：引导学生观察方程的特征，得到$\sqrt{(x+c)^2+y^2}$，a，$\sqrt{(x-c)^2+y^2}$ 成等差数列，于是有

$\begin{cases}\sqrt{(x+c)^2+y^2}=a-d\\ \sqrt{(x-c)^2+y^2}=a+d\end{cases}$ (d 为参数)，化简后消去 d 即得；④ 挖掘隐含条件化简：将方程左边有理化并化简可得 $\sqrt{(x+c)^2+y^2}-\sqrt{(x-c)^2+y^2}=\frac{cx}{a}$，再与原方程联立解出一个根式并化简即得(方法 ③ 和 ④ 简捷，富有创意)。在解决问题的难点处设计小步子引导学生探究，能够达到深入浅出、化难为易的功效。

3. 在学生解题的易错点处设计步子

这种方法多用于作业讲评课和试卷讲评课。讲评课教学，应针对学生存在的普遍问题和典型问题，在分析出错原因的基础上，有的放矢地设计纠错的步子，例如，试卷讲评可以设计如下步子：① 抓“通病”与典型错误；② 讲“通法”与典型思路；③ 做变式训练进行巩固。这样设步可以达到纠正偏差、预防错误、巩固基础、强化技能、提高智力的功效。

教学中设计小步子需要注意以下两点：① 设计小步子的目的是为了让学生在教师的指导和帮助下自己获取知识，要防止因步子小而出现教师以讲代练、以讲代探的“喧宾夺主”的现象；② 要舍得在最基本的知识环节上下功夫，设计的步子不可跨步太大，不能超出学生所能接受的目标，应使学生的知识结构小步提高，循序渐进，但随着时间的增加，步子可适当增大。

三、多活动

由于学生在课堂上有意注意时间相对较短，单调的教学模式极容易降低学生的学习注意时间，因此，在教学过程中，教师要精心设计形式多样的教学活动，来调节学生的注意力，尽可能地创设和谐的教学氛围，引导学生发现问题、提出问题、分析问题和解决问题，使学生不断地尝试成功的快乐，这也是遵循以学生为主体的原则的具体体现。

数学是思维性、应用性都很强的学科，在课堂教学中，我们要注意引导学生进行观察、操作、归纳、猜想、抽象、概括等数学活动，让他们经历知识发生、发展过程，培养他们乐于思考、勤于动手、善于动口的良好习惯，使他们在探索知识的各种活动中，获得成功的体验，从而培养他们的创新意识、探索精神和意志品质。例如，在“正弦定理”一节的教学中，笔者设计了如下的教学活动：① 引导学生解一些特殊三角形(如顶角为 120° 的等腰三角形、直角三角形等)，探索边与角之间有什么关系；② 让学生任画一个三角形，并量出其边长和角度，通过计算检验上述边、角关系是否还成立；③ 教师用多媒体演示，验证上述的边、角关系；④ 引导学生提出猜想；⑤ 引导学生分析、证明猜想，从而得到正弦定理。如此设计，使学生通过算、画、量、推、猜、证，经历数学定理的发现过程，使他们一次次地品尝成功而带来的喜悦，从而不断地激励他们克服困难、勇往直前、积极进取的探索精神。

四、快反馈

控制论的研究认为：任何操作只有通过反馈才能进行得更确切，才能实施更有效的控制，从而达到预期的操作目的。这一原理具有普遍意义，对于数学课堂教学，就是教师不仅要把自己头脑中储存的知识信息有计划地传输给学生，而且应随时接受来自学生的反馈信息，由此对自己的信息传输作以调节，同时对学生的信息接受实施调控①。通过反馈的信息，教师可以洞悉学生的听课情况，把握学生理解、掌握知识和能力发展的程度，诊断教学效果。

心理学研究表明：学生在较短时间内的学习兴趣较浓，遗忘率较低，对所产生的错误观念也较易排除，因此及时地进行反馈十分必要。例如，课堂上教师应善于倾听，随时对学生的答问、讨论、发言进行点评，对学生的质疑给出解释；应善于观察，注意察言观色，根据学生的表情及时调整教学；应善于巡视，在学生书面练习时，及时巡视批阅和辅导；应善于纠错，及时评讲学生的板演，给全班做典型纠正等。通过这些快反馈，不但能使教师及时了解教学目标的达成度，并据此调整教学，而且还能使学生切实感受到自己的成功和受到的鼓励，从而不断地增强学习的自信心。

成功教育是一个连续不断的系统工程，只有使学生层层有进展，处处有成功，才能使学生摆脱失败者的心态，享受成功体验的喜悦。“低起点、小步子、多活动、快反馈”是成功教育改革课堂教学的一个重要原则，其基点是立足学生实际，创造条件让学生都参与课堂教学活动，尽可能地给学生创造成功的机会，提高他们学习数学的自信心和成就感，从而引导他们学好数学，发展数学学科核心素养。

第 6 节　高中数学教学中常见的问题有哪些

实施高中数学新课程至今已有一段时间了，回顾我们风风雨雨走过的艰辛历程，有过困惑，出现过问题，但更多的是经验的获得和实验的成功。教师们从当初对新课程实施的担心忧虑 —— 不愿课改，到能自觉地跟着走 —— 接纳课改，到现在都积极参与 —— 认可课改，这些变化实际是教师的思想和观念在发生根本性的转变，这是我们实施高中数学新课程以来最可喜的收获，也是我们能够保证新课程顺利实施和获得成功的关键所在。

---

① 赵志尚．数学课堂反馈刍议．中学数学教学参考，1995(11)．

一、高中数学教学中常见的一些问题

在实践新课程的过程中，教师都希望按照新课程的理念来追求一种理想的数学教学，但由于缺乏新课程教学的实践经验，许多教师在教学中还存在一些不容忽视的问题，亟待解决，这些问题主要有：

1. 对新课程倡导的理念理解有误

新课程倡导“积极主动、勇于探索的学习方式；注重提高学生的数学思维能力；发展学生的数学学科核心素养”等，这些理念的核心是“改善教与学的方式”，因此，探究性教学便成为新课程教学实践中积极倡导和教师踊跃追求的一种主流的教学方法，这种教学方法对培养学生的探究意识、科学精神和创新能力都是大有裨益的，可是，一些教师对探究性教学的理解过于肤浅，出现了一些误区：

误区1：探究性教学问答化。

问题是数学的心脏，数学探究性教学离不开问题，问题是探究性教学的推动器，好的问题能够促进探究性教学的高效率。但是在实际教学中，有的教师从“满堂灌”的极端走向“满堂问”的极端，一堂课下来，向学生提问几十次，甚至上百次，学生在教师的提问下，踊跃发言，整个课堂气氛貌似活跃，实则松垮。有些问题是明知故问，或是些肤浅问题，而真正有思维量的问题却没有提出来或没有被发现。这种课堂时间久了，学生势必会养成顺势应付、不爱动脑思考问题的不良习惯。

误区2：探究性教学单边化。

教师要把学习的主动权交给学生，多给学生留出自主学习，合作交流的时间与空间，是探究性教学的基本要求。但是一些教师误认为教师交出“权力”就是对学生要充分“放手”，于是课堂上出现了教师发学习提纲，学生自学的“放羊式”教学(也有的是前半节课学生自学，后半节课老师讲)，既没有学生提问质疑，又没有教师点拨引导，学生学得怎么样？师生心中都没数，这样的教学如何落实教学目标呢？究其原因是教师忽视了自己的主导性作用，忘记了“教师是教学向导的主角”这一重要角色。

误区3：探究性教学形式化。

新课程倡导积极主动、勇于探索的学习方式，通过情景设计，密切了数学与现实生活的联系，通过探究使学生体验到数学发现和创造的历程。但在实际的教学中，一种课堂表面热热闹闹的形式化的探究性教学却很盛行，无论是名教师的示范课、老教师的观摩课，还是新教师的公开课，我们都能看到这样的课堂：教师为了追求课堂气氛的活跃而故弄玄虚，笑声、掌声、喝彩声不断，虽然学生动手多了，积极性也调动起来了，但学生动脑少了，参与教学活动的过程也只是表面现象，相当一部分学生只是凑热闹，没有或很少有实质性的智力活动。应该说，数学学习是一项艰苦的智力劳动，只有通过自己不懈的努力，才能领略到数学知识的真谛。这样的课堂，教学目标的落实问题实在令人担忧，这是新课程教学实践中典型的“重形式，轻落实”的现象。

误区 4：探究性教学泛化。

让学生经历知识的产生、发展的过程，体验数学知识探索发现的曲折思维过程，学会探究，学会创新，是探究性教学的根本目的。在实际教学中，是否需要设计探究要根据课型、内容和学情而定，不能节节都探究、处处都探究，因为在有限的教学时间中这是无法做到的。在我们所使用的新课程教材中，也只是对章、节的开始知识设计了探究，并以此为生长点得出后续知识的。可是一些教师在教学中过分强调“探究”，不管什么课型、什么内容，也不管“探究”的价值如何，总要设计一些似乎是“探究”的套套，让学生“往里钻”，结果既浪费了时间，也使得应有的教学目标得不到实现。

例如，在一次调研活动中，我们听了一位年轻教师的课，课题是“两角和与差的正弦”，这是继“两角和与差的余弦”之后的一节课，这节课中公式的推导只需运用上节课学习的公式进行简单的变换即可得出，本节课的重点应该放在公式的灵活应用上。而这位教师上此节课时，还是模仿“两角和与差的余弦”这节课的教学思路：先设计三组数据，让学生探索规律，发现公式；然后引导学生证明公式；公式讲完后，剩下的时间也不多了，教师匆忙讲了两个直接运用公式的题目就下课了。这节课中对公式的探索和证明，实际上是一种重复教学，对提高学生的能力效果不大。

2. 对新课程教学的要求把握不准

新课程内容的设计注重近、现代数学知识的有机整合，新、老教材在教学内容的选择、编排和教学要求上有较大的变化，突出的变化是新教材中的教学内容和要求，是根据学生的年龄结构和认知水平，分段设计、分层递进、主题式上升的。而一些教师由于缺乏对新教材知识体系的了解，造成对教学要求把握不准，出现了新、老教材一起上，向老教材的教学要求看齐，盲目地拓宽、拓深的现象，结果造成课时量的严重不足和学生“吃不了，消化不良”的现象。

例如，立体几何内容，原人教版教材中，是分两个阶段来完成的：第一阶段安排在模块必修 2 中，学习“立体几何初步”，其教学要求是：掌握简单的多面体和旋转体的概念与性质；掌握点、线、面的位置关系和基本原理，并会简单运用；第二阶段安排在模块选修 2－1 中，学习“空间向量与立体几何”，其教学要求是能运用空间向量知识进行几何证明和计算。而新教材是安排在必修第二册“立体几何初步”和选择性必修第一册“空间向量与立体几何”，表面看与原教材一致，但很多老师为了高考升学的需要，提前讲解“空间向量与立体几何”内容，甚至将“立体几何初步”进行求空间角的扩充(作辅助线构造三角形、等积法求解等),大大增加了教学内容和难点,造成学生学习数学的困难,有“拔苗助长”之意味。投入很多的时间引导学生做繁、难的几何证明题和计算题,结果既浪费了时间,教学效果也不好。

3. 对新课程教学的内容感悟不够

教师应该潜心钻研教材,在明确教材系统及其内容主次的基础上,灵活自如地处理教材,凭着对教学内容本质的感悟去适度地旁征博引,合理地拓宽加深,真正使教学“搔到痒处”,揭示出教学内容的本质。这既是对教师的要求,也是对教师的能力和悟性的考验。在实际的教学中,一些教师由于对新课程的研究不够,无法做到放眼全局去把握教材的知识体系,导致对某些教学内容的本质感悟不透,使得知识网络出现了知识点断链的现象。

例如,在必修第一册中,教材设计了“函数的零点与方程的解”一节(见人教A版教材第一册第142页)。我们在调研中发现一些教师对这节内容的感悟很不到位,他们认为这节课学生在初中都学过,没有什么内容可讲,教材设计这节课实在没有多大意义。

事实上,这节课的意义很重大。数学有大概念和小概念之分,在整个高中数学新课程中,有三个大概念,即代数中的“函数”概念;立体几何中的“空间观念”;统计中的“随机”概念。

从中学数学的全局看,这节课是把知识重新梳理,让学生站在一个新的高度看问题,也就是方程的概念可以纳入到函数这个大概念之下,这里阐述“函数的零点”实际就是让学生知道方程问题可以用函数解决。不光如此,在以后的学习中还会知道代数中的问题一般都能够纳入到函数的范畴来解决,如,解方程组实际是求曲线的交点,可以用函数解决;不等式(组)表示的是区域,可以用函数来解决;数列可以用函数的观点来看待,等等。

从局部看,这节课是为下一节课讲“用二分法求方程的近似解”打基础的,是前期的准备课,更确切地说是初、高中的一节衔接课。

从内部看,这节课要解决三个问题:一是,什么是函数的零点? 二是,方程与函数的关系;三是,怎样判定函数在某区间上是否有零点?

这就是“函数的零点”一节内容的本质所在,教师只有感悟到了这些本质性的东西,才能明白教材的设计意图,才能灵活自如地驾驭和处理教材。

4. 对现代化的教学手段使用不当

现代信息技术作为现代化的教学手段,它以图文并茂、声像俱佳的表现形式,让原来枯燥的、抽象的数学知识变得生动形象。在课堂上利用它辅助教学,可以呈现用粉笔和黑板难以呈现的课程内容(如动画演示、虚拟现实等),节约教学时间，增大教学容量，提高教学效果。但在实际的教学中，许多教师用多媒体代替了黑板，一节课下来，黑板上只写了一个课题，几乎没有其他痕迹，教学过程中的各个环节、重点内容和解题过程等，都是用多媒体像放电影一样演示的，教师既不动手板演，学生也不动手操作，课堂容量虽然大了，但教学效果不好。试想只和学生讲解游泳的要领和各种泳姿，而不让学生下水搏击，学生的游泳技能如何提高？同样，教学中都是用多媒体演示，而不让学生亲自动手操作，学生基本技能的落实将是一句空话。“纸上得来终觉浅，绝知此事要躬行”。数学教学中必须要有教师的板演，它的作用是给学生做示范，是培养学生规范意识不可或缺的手段；数学教学中的训练是学生巩固“四基”、培养能力必不可少的手段，这些有效的教学手段不能用现代化的教学手段来替代。

二、应对策略与措施

新课程的实施是一项艰巨而长期的任务，作为一线教师要有足够的思想准备。因为课程改革是大势所趋，我们不要在是否需要实施新课程的问题上再争论不休，而应该全身心地投入到课程改革的洪流之中，用新课程理念指导自己的教学实践，不无动于衷、不消极应付、不盲目跟随、不我行我素，要以研究者的眼光分析教学理论与教学实践上的各种问题，冷静思考，沉着应对，逐步克服，不断完善，努力探究新课程教学理想的承载模式。具体地说，目前要突出抓好以下几个方面的工作：

1. 更新教学理念，转换教学角色

西方有些学者认为“课程实施的最大障碍就是教师的惰性”，这里的“惰性”，可以理解为“习惯做法”。实施新课程，就意味着要扬弃原来熟悉的一套方法和程序，重新审视自己的行为和经验。教师首先要转变角色，确认自己新的教学身份。教师是教学活动的组织者、引导者、合作者，是课堂教学向导的主角；教师是“平等中的首席”，也就是说，教师与学生在人格上是平等的，是教学活动的合作伙伴，在教学过程中，教师要主动与学生站在同一个平台上互动探究，在学生激烈的争论中做“裁判”，在师生的平等交流中做“首席”；学生是建立数学认知结构的主体，教师是促进学生完善认知结构的主体；教师不再是知识的权威、真理的化身，学生不再是被动接受知识的容器；“鼓励学生积极参与教学活动，包括思维的参与和行动的参与。既要有教师的讲授和指导，也要有学生的自主探索与合作交流。教师要创设适当的问题情境，鼓励学生发现数学规律和解决问题的途径，使他们经历知识形成的过程。”“在数学学习中，激发学生对数学学习的兴趣，帮助学生养成良好的学习习惯，形成积极探索的态度，勤奋好学、勇于克服困难和不断进取的学风。”…… 归根到底，教师教学理念的更新，教学角色的转换，其本质是突出学生的主体地位，引导学生主动去学习。

2. 加强课程研究，提升教学能力

高中课程标准要求教师不仅是课程的实施者，而且是课程的研究者、建设者和课程资源的开发者，倡导教师"用教材教"而不是简单的"教教材"，教学过程不再是机械地执行教材的过程，而是师生从实际出发，共同开发课程和丰富课程的过程。课程标准与教材是教学的宏观指导性文件和蓝本，课标中明确地规定了每一个模块(或专题)的教学内容和教学要求，并附有教学说明与建议、教学案例和课时数量等内容，都比较具体、翔实，便于教师把握和操作。教师在使用教材时，应以课程标准为基础，从教材编写者的角度，按照从整体到局部，从宏观到微观的方式去研读教材，把握教材的编写意图和编者的教学思想，从而体会每一节课应该怎样去处理，才能达到用好教材、活用教材的目的。同时还需要教师积极参加教研活动，加强相互学习和交流，充分利用集体的智慧，切实避免在新课程的研究上出现蜻蜓点水、浅尝辄止的现象，要不断地提升新课程的教学能力。

3. 改善教学方式，树立质量意识

课堂教学改革的核心是要改善教与学的方式，由封闭式的教学变成指导学生"开放式"的学习。改革的目的是为了提高教学质量，促进学生掌握知识，形成能力，实现个性的健康发展。因此，课堂教学改革的理念再新，教学手段再先进，如果教学目标得不到落实，教学质量没有保证，那么这种改革就不是成功的，更不是新课程所倡导的课堂教学改革。

改善教学方式主要有两方面新的要求：一是，关注学生的情感 —— 人的发展中最重要的是情感、态度、价值观问题；二是，关注学生的学习方式 —— 主动参与、师生互动应成为学生学习数学的主要方式。这需要根据学习任务和学生的特点选择与组合教学方法，要把新课程倡导的"自主、合作、探究"的现代教学方法与传统的教学方法有机地结合，做到"一法为主，多法配合"。只有从整体上发挥教学方法的优势，才能实现新课程提出的各项教学目标。

树立质量意识实际上是落实数学教学目标问题。学生掌握数学知识、形成技能、发展智力的重要手段是要进行一定数量的训练，离开必要的训练让学生学好数学那是不可能的。训练要讲究方法，要注意从学生的学习和发展的需要出发，不搞题海"战术"。对例、习题的选择要具有典型性和代表性，要注意引导学生分析思路、归纳方法；训练还要有规范意识，榜样的力量是无穷的，教师要规范板演，做好示范，同时对学生的作业、练习要严格要求，使其规范，如此长期坚持，学生的规范意识就会养成。

4. 科学利用媒体，端正整合思想

新课程倡导运用信息技术呈现以往教学中难以呈现的课程内容。数学的理解需要直观的观察、视觉的感知，特别是几何图形的性质、复杂的计算过程、函数的动态过程、几何证明的直观背景等，若能运用信息技术来直观呈现，使其可视化，将会有助于学生的理解。然而我们要处理好现代信息技术与搞好数学教学的关系，现代信息技术的应用是教学手段，不是教学目的，多媒体的使用形式应该服务于课堂教学的内容，要有利于教师开展创造性的教学活动，要有利于教学的个性化和多样化的呈现。多媒体不能代替教师、电脑不能代替人脑、大屏幕不能代替黑板。

5. 注意教后反思，做好教学总结

一个教师的实践经验再丰富，如果不善于总结的话，他都将是从头开始。新课程的实施应该说为我们一线教师的发展提供了一个很好的平台，大家涉入新课的机会新、老教师是均等的，“八仙过海，各显其能”，只要我们大家勇于实践，认真总结，是一定能够有很大收获的。大家应该抽出一点时间静下心来写点东西，如，教材分析、课例及其点评、教学案例分析，等等。写东西的过程本身就是反思、总结的过程，也是使个人认识水平快速提高和升华的过程。

课程改革是一个不断探索、创新和深化的教育实践过程，我们要及时总结，善于发现问题，不断调整思路，制定相应对策，切实转变观念，与时俱进，营造情感交融的良好氛围，把更多的“情”和“爱”注入平时的课堂教学中，给学生以足够的心理安全感，让学生带着信心和勇气主动地投入到自主的学习活动中去，真正实现教学内容的呈现方式、学生学习方式、教师的教学方式和师生互动方式的彻底变革，尽快走出一条适合自己的新课程教学成功之路。“只要大家都成功了，数学课程改革也就成功了！”

第7节　如何减少课堂教学时间的“隐性流失”

在日常的上课中，时常有“拖堂”现象（教学任务不能按预设完成）的发生。每每遇到这种情况，很多老师要么解释为教学任务太多，要么解释为班级学生程度不同……很少有老师去从自身的教学行为中查找原因，寻求改进措施。笔者认为，导致“拖堂”现象的发生，虽然与上述因素有一定的关系，但主要责任还在教者本身，可以说是教者的教学行为存在一定的失误，或在某些教学环节上处理不当，导致课堂教学时间的“隐性流失”而出现的结果。下面根据笔者调研中发现的一些课堂教学时间“隐性流失”的现象，剖析其成因，反思其对策。

一、注重主体，忽视主导 —— 导致课堂教学时间的隐性流失

案例 1：三角函数的应用（高三复习课）

教师首先通过基础练习引导学生对有关知识进行了梳理，然后出示了这样一道例题：求斜边为 1 的直角三角形的内切圆半径的最大值。

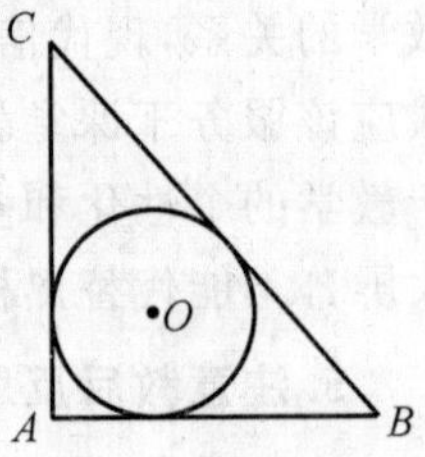

图 3.7.1

学生 1：如图 3.7.1，设 $AC=b$，$AB=c$，圆 O 的半径为 r，则 $\frac{1}{2}bc=\frac{1}{2}(1+b+c)\cdot r$，即 $r=\frac{bc}{1+b+c}$。

又由 $b^2+c^2=1$，我们可以设 $b=\sin\alpha$，$c=\cos\alpha$ $(0<\alpha<\frac{\pi}{2})$。

所以

$$r=\frac{\sin\alpha\cos\alpha}{1+\sin\alpha+\cos\alpha}=\frac{1}{\frac{1}{\sin\alpha\cos\alpha}+\frac{1}{\cos\alpha}+\frac{1}{\sin\alpha}}$$

$$\leqslant\frac{1}{\frac{1}{\sin\alpha\cos\alpha}+2\sqrt{\frac{1}{\sin\alpha\cos\alpha}}}$$

（学生没有思路了，教师示意其坐下）

学生 2：由 $1=b^2+c^2\geqslant 2bc\Rightarrow 0<bc\leqslant\frac{1}{2}$，得 $r=\frac{bc}{1+b+c}\leqslant\frac{bc}{1+2\sqrt{bc}}$（无思路了）

学生 3：$r=\frac{bc}{1+b+c}=\frac{bc}{b^2+c^2+b+c}\leqslant\frac{bc}{2bc+2\sqrt{bc}}$（也无思路了）。

学生 4：$r=\frac{1}{\frac{1}{bc}+\frac{1}{b}+\frac{1}{c}}$（犹豫了很长时间，无法进行下去）

……

教师见学生都没有给出“满意”的解答，很无奈地讲了起来：我们可以使用基本不等式直接去解它。因为 $0<bc\leqslant\frac{1}{2}$，所以 $r=\frac{1}{\frac{b}{c}+\frac{c}{b}+\frac{1}{c}+\frac{1}{b}}\leqslant\frac{1}{2+2\sqrt{\frac{1}{bc}}}\leqslant\frac{1}{2+2\sqrt{2}}$，此时，两个不等号成立的条件相同，都是 $b=c$，故 $r_{\max}=\frac{1}{2+2\sqrt{2}}=\frac{\sqrt{2}-1}{2}$。

教师：本题也可以借助三角函数求解。（由于快下课了，教师匆匆地讲了起来）

设 $\angle B=\theta$，则

$$r=\frac{\sin\theta\cos\theta}{1+\sin\theta+\cos\theta}=\frac{\frac{1}{2}[(\sin\theta+\cos\theta)^2-1]}{1+\sin\theta+\cos\theta}=\frac{1}{2}(\sin\theta+\cos\theta-1)$$

$$=\frac{\sqrt{2}}{2}\sin\left(\theta+\frac{\pi}{4}\right)-\frac{1}{2}$$

所以当 $\theta=\frac{\pi}{4}$ 时，$r_{\max}=\frac{\sqrt{2}-1}{2}$。

预设的教学任务没有完成，课后教师解释说："这是一个普通班，学生的基础不好"。

【教学反思】

（一）案例分析

本案例从表面看，课堂活动很充实。教师能够尽量地把教学时空让给学生：让学生充分地想、做、说；学生在课堂上的表现也很突出：能够积极思考、大胆发言、各抒己见。教学中充分展示了学生的思考过程，暴露了学生的思维轨迹，应该说教师的教学理念是新颖的。但剖析教学细节，我们不难发现，教学过程中缺乏教师的恰当引导，双边活动变成了学生天马行空、离题万里的单边活动，致使学生的思维在无序和浅层次状态下徘徊，无法逾越解题中的思维障碍，导致大量的教学时间在没有有效的教学调控的探究中白白流失，使得课堂教学容量过小，教学效率低下。

事实上，有些学生的解法已经离正确的答案仅一步之遥了，如果教师能够"因答制宜"地给予点拨引导，学生的思维一定会豁然开朗，这比教师直接告诉的效果要好得多（事实上，老师给出的两种解法都绕弯了，并不简捷）。比如，当学生 1 的思维受阻时，如果教师能够及时引导学生注意等号成立的条件（当且仅当 $\sin\alpha=\cos\alpha$，即 $\alpha=\frac{\pi}{4}$ 时，等号成立），或当学生 2、学生 3 的思维受阻时，也提示学生注意等号成立的条件（当且仅当 $b=c=\frac{\sqrt{2}}{2}$ 时，等号成立），问题便会迎刃而解。这样做一方面可以避免后面的无效讨论，另一方面可以免去教师的讲解，从而节约大量的教学时间。

新课程实施以来，不少教师在教学中把学生主体绝对化，一切由学生说了算，不去组织、不去引导，以致学生的主体地位成了阳光下的"彩色泡沫"，而教师也逐渐地迷失了方向，失去了自我，成为课改实践中的一大误区。事实上，没有教师的引导，学生的学习方向就容易偏离，学生的思维就难以深入，学生的学

习就缺少深度和广度，学生的创新精神就很难得到培养。

（二）反思对策

在教学过程中，教师要从教学内容和学生实际出发，平衡好“主体”与“主导”之间的关系，避免“注重主体，忽视主导”的极端化思潮的发生。学生的学习过程是一个矛盾转化的过程，引导不足，则似懂非懂，似是而非；引导过分，则不是“促使转化”，而是“代替转化”。教师只有灵活地、恰到好处地把握引导者的角色，才能有效地发挥学生的主体作用，让质疑和解疑成为水乳交融、水到渠成的有效互动。要强调的是，当学生缺乏兴趣时，当学生的思维偏离目标时（学生在探索的过程中经常会发生思维偏离），当学生的理解肤浅时（只靠学生自己往往无法认识问题的本质），教师就要给予恰当的点拨引导，以开启学生的智慧，把学生的学习活动向有效、高效方向引领，从而减少或避免教学时间的“隐性流失”，提高课堂教学的有效性。

二、注重选材，忽视研究——导致课堂教学时间的隐性流失

案例 2：几何概型（高三复习课）

在复习“几何概型”时，某教师选用了下面的例题：

一枚半径为 1 的硬币随机落在边长为 3 的正方形所在的平面内，且硬币一定落在正方形内或与正方形有交点，求硬币与正方形没有公共点的概率。

通过师生之间的探索交流，一名学生得出了如下的解法，并且得到老师的充分肯定。

解：如图 3.7.2，$ABCD$ 为已知正方形外且与已知正方形四边距离均为 1 的正方形，$A'B'C'D'$ 是在已知正方形内部且与已知正方形四边距离均为 1 的正方形。当硬币的圆心落在正方形 $ABCD$ 内时就能保证硬币一定落在已知正方形内或与已知正方形有公共点；而当硬币的圆心落在正方形 $A'B'C'D'$ 内时，硬币与已知正方形没有公共点，所以 d 的测度 $=S_{正方形A'B'C'D'}=1$，D 的测度 $=S_{正方形ABCD}=5^2=25$，故所求的概率为 $P=\frac{d\text{的测度}}{D\text{的测度}}=\frac{1}{25}$。

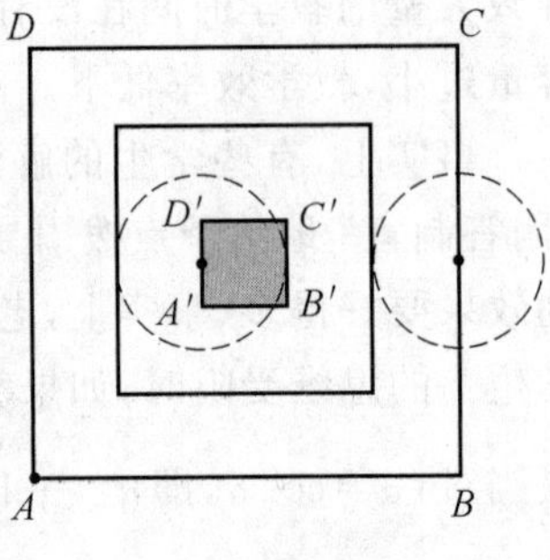

图 3.7.2

当老师对解法给予梳理、归纳、点评后，正准备转入下一个例题时，一名学生突然站起来说："老师，这个解法好像有问题！当硬币的圆心在 A，B，C，D 四点时，硬币与已知正方形没有交点。"这位学生的质疑被大家认可，教师也尴尬地不得不引导学生反思解法，重新对问题进行探究。通过探究得出图形 3.7.3，从而有 D 的测度 $=4S_{扇形ABC}+4S_{长方形BCDE}+S_{已知正方形}=\pi\times1^2+4\times3\times1+3^2=21+\pi$，故所求的概率 $P=\dfrac{1}{21+\pi}$。

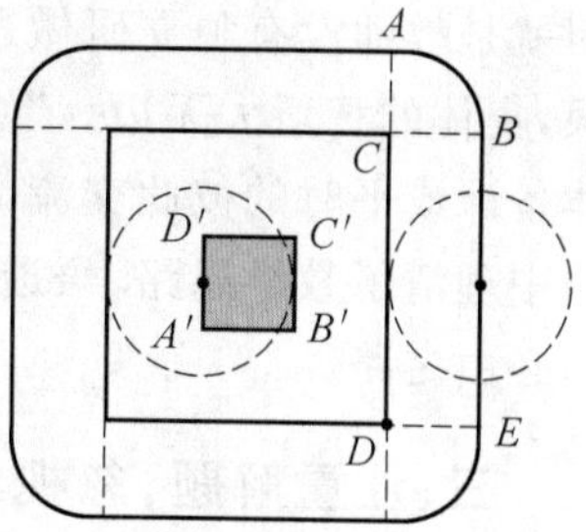

图 3.7.3

下课后，笔者与这位教师进行了交流，这位教师找出选题时所用的资料，很不好意思地说："备课时对资料中给出的解法(上面错误解法)没有仔细研究，结果出现了错误"。

【教学反思】

(一) 案例分析

应该肯定，这位教师具有较强的选材意识，所选用的这道例题灵活性强、比较典型，这对训练学生的思维品质非常有好处。但关键是在教学中如何把这道题用深、用透、用足，使其能够充分地发挥作用。遗憾的是，由于教师课前对这道例题的研究不够，不但没有使其发挥应有的功效，而且还出现了科学性错误。尽管有学生发现了问题、纠正了错误，但教学中由于出现重复探究的"补救"过程，导致教学时间的"隐性流失"，直接影响了教学任务的完成。

可能会有人认为，这样的教学虽然出现了问题，但通过学生的质疑和再探究，使学生对问题的认识更深刻了。笔者对这种观点不能苟同：学生对问题的深刻认知、课堂教学的精彩都应来自教师课前的深入研究、精心预设。课前准备不充分，课上难免不出问题。出现的问题如果能被及时发现，那还可以给予补救(如本例)，但是这必然要浪费课堂教学时间；如果出现的问题不能被及时发现，那它对学生今后的学习所产生的负面影响可能是无法估量的。

(二) 反思对策

为了避免上述现象的发生，教师在备课时要努力做到两点：一要善于深入研究。例如，对课上要使用的例题和练习题，自己一定要独立去做，且不可急于看答案。自己只有独立做题，才能审透题，理清解题思路，了解解题过程中的思维关卡，准确预测学生解答时可能出现的问题。但在实际备课中，很多教师往往不善于独立做题，而是先看答案，根据答案预设教学过程，这样的预设其针对性不会强，教学过程中容易出现师生之间不谋不合的现象。我们经常看到，有些教师在讲题时对学生不敢放手，生怕学生的思维"出格"(超出预设)，究其原因就是教师没有独立研做题目所致。二要加强集体备课。“个人的智慧很有限，集体的智慧大无边。”教师要善于养成相互研究的好习惯，通过规范的集体备课或平时的彼此交流，往往一节课就在相互切磋、各抒己见的你一言我一语中理清了教学思路、悟透了一个个问题。加强研究是教师提高课堂调控能力的必由之路。

三、注重解题，忽视反思——导致课堂教学时间的隐性流失

案例3：几何概型（高三复习课）

另有一位教师在复习“几何概型”时，选择了这样一道例题：

在单位圆的圆周上任意取不同的三点A,B,C，求A,B,C三点构成锐角三角形的概率。

这个问题的本质是考查学生利用区域面积求解概率问题。解题的关键是选设两个变量，建立符合要求的不等式组，画出可行域，并求出可行域的面积（即D和d的测度），进而求出其概率。其解法如下：

如图3.7.4，设M为A,B,C三点构成锐角三角形事件，弧$AC=x$，弧$CB=y$，则弧$AB=2\pi-(x+y)$。（也可以选设$\triangle ABC$的两个角）

于是实验的全部结果构成集合$\Omega=\{(x,y)\mid 0<x<2\pi, 0<y<2\pi, 0<2\pi-(x+y)<2\pi\}$，对应的区域面积为$D=S_{\triangle OEF}=2\pi^2$（图3.7.5）；事件$M$的全部结果构成的集合$M=\{(x,y)\mid 0<x<\pi, 0<y\leqslant\pi, 0<2\pi-(x+y)<\pi\}$，对应的区域面积为$d=S_{\triangle KHG}=\dfrac{\pi^2}{2}$。

故所求的概率$P(A)=\dfrac{d\text{的测度}}{D\text{的测度}}=\dfrac{1}{4}$。

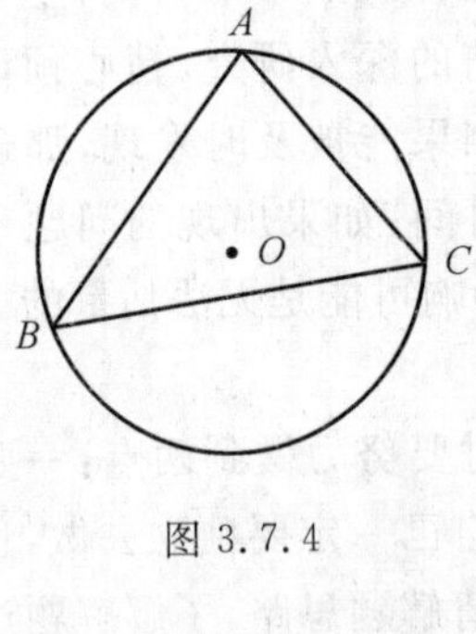

图3.7.4

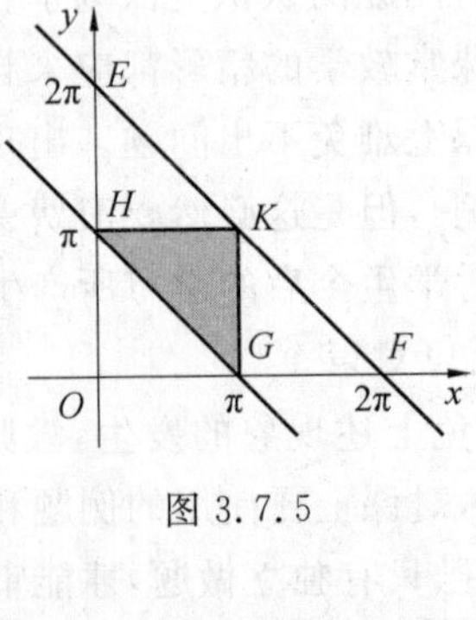

图3.7.5

教师引导学生探究完本例后，随即出示了练习：“将长为1的棒随机折成3段，求3段能构成三角形的概率。”这是一道与例题相似的练习，而很多学生都做错了或不会做，教师只好再进行讲解，结果花费了大量的教学时间。

【教学反思】

（一）案例分析

与例题相似的练习，学生之所以还做错或不会做，其原因是教师在例题教学中，没能及时地引导学生进行解题后反思，没有对解题方法进行归纳、梳理、提炼，从而直接影响了学生对数学思想方法等本质性东西的理解和掌握。这种"注重解题，忽视反思"的"就题论题"现象，在现实教学中时有发生。这样的教学无法达到"以点带面""触类旁通"的教学效果，必然会出现案例中"讲了不会，重新再讲"的现象，从而导致教学时间的隐性流失和课堂教学的低效率。

（二）反思对策

学习过程的反思是一个非常重要的教学环节。在探究之后、在解题之后都非常有必要对"过程"进行反思，引导学生找出解决问题的切入点、关键处，找出思维关卡，提炼数学思想方法，揭示问题本质。反思可以是学生的自我反思，也可以是教师对问题的归纳点评。对反思这一环节提倡短小精悍、提倡三言两语的高度概括，它起到的是"去粗取精、由表及里""画龙点睛"的作用，能够折射出教师"取舍扬弃"的智慧、"扬沙拣金"的提炼功夫。解题后的反思是学生进行知识内化的关键环节，这个环节绝对不能少。

四、注重形式，忽视本质 —— 导致课堂教学时间的隐性流失

案例 4：古典概型

一位老师在讲古典概型时，首先通过问题情境，引导学生归纳得出什么是基本事件、什么是古典概型，进而给出古典概型概率的计算公式，然后教师又通过两道基础练习和两道例题，训练学生计算古典概型的概率问题。整个教学过程的环节安排得非常紧凑，教师能够让学生多思、多做、多说，师生互动也非常默契。按理说这样的课堂不会有什么问题，但由于教师对学生学习的难点（求解计数问题）不够了解，对突破难点的本质性方法（弄清"有序"和"无序"，"有序"问题要分类讨论）没有揭示，导致学生对计算"基本事件"个数问题没有真正掌握，出现了在后续练习时，很多学生计数出错的问题。针对学生存在的普遍性问题，教师意识到自己教学中的"缺陷"，重新对例题进行了讲解、回顾。

【教学反思】

（一）案例分析

学生在学习古典概型（人教 A 版教材必修第一册第 10.1.3 节）时，还没有学习"两个基本计数原理"和"排列、组合"的内容，因此求解复杂一点的计数问题是学生学习的难点，而解决这一难点问题的关键是要揭示求解计数问题的本质方法 —— 弄清"有序"和"无序"，对"有序"问题，要分类计数。从本案例中

看，教学内容虽然很充实，学生也都“动”起来了，但是教师没有引导学生揭示数学本质，导致“计数”成为学生难以逾越的障碍。尽管教师后来通过学生的练习及时发现了教学中的问题，并采取了有效的补救措施，但课堂教学时间的隐性流失已经不可避免，这样的课堂显然是低效的。

数学教学不仅要注重活动形式，更要注重活动内容，活动要围绕揭示数学本质而展开。只有形式上的热热闹闹，没有内容上的本质揭示，其活动必然要偏离教学目标，导致大量的教学时间隐性流失，使得课堂教学华而不实，从而出现低效的课或无效的“废”课。

（二）反思对策

教师要围绕揭示数学本质有效地预设教学活动。一节成功的数学课，既来自于课前教师对教材的深入钻研，又来自于教师对学生的透彻了解。教师只有对教材的“深入”，才能做到对教材的“浅出”；教师只有对学生透彻地了解了，才能做到游刃有余地调控课堂。

教师在教学中的角色要转变，不能是简单的“数学知识搬运工”。教师要凭借自己的智慧，对数学知识进行创造性的“教学加工”，把原本“冰冷”、静态的数学知识转化为“火热”、动态的教学内容，让数学知识鲜活起来。这种把数学知识的“学术形态”转化为“教育形态”的过程，需要教师能够透彻地领悟教学内容的“数学本质”，善于在教学中引导学生揭示数学本质，只有这样，学生在学习中才能真正领悟数学的真谛，并把所学内容的本质性的东西融入脑海中，内化为能力。

数学课堂教学时间“隐性流失”的现象很多，这里不可能一一列举，但对这一现象要引起每一位数学教师的高度关注，并在平时的教学中努力去摒弃它、避免它，这也是写作本节的目的所在。

总之，课堂上有效的教学时间决定着课堂教学的容量和质量，减少或避免教学时间的隐性流失，是构建有效或高效课堂的基本要求。作为数学教师要增强效率观念，充分地用好每一节课的分分秒秒，最大限度地提高课堂有效教学的时间量，为打造高效课堂而不懈努力！

第 8 节　如何上好数学试卷讲评课

试卷讲评课是数学教学的一个重要课型。其目的是反馈测试评价的结果，让学生了解自己的知识和能力水平，查漏补缺，纠正错误，进一步内化知识，完善认知结构，提高分析和解决问题的能力。而目前许多教师上此类课时，常常是按题号顺序逐题讲解，且只“讲”不“评”，没有重点和主次之分，教师讲得口干舌燥，学生听得枯燥乏味，效果自然不好。这些传统的做法与新课程理念相差甚远。

一、试卷讲评前的准备

试卷讲评的前期准备是十分重要的,它关系到讲评的实际效果。试卷讲评前要做好以下工作:

1. 教师要独立研做试卷

教师避开试题答案,独立地做试卷,这是提高和检验教师解题能力的一个重要手段。教师通过独立做试卷能够透彻了解试卷考查的重、难点,洞察解题过程中的思维关卡和容易出错的思维障碍,把握解题的一般性思路,探索简捷高效的解题方法,体会和反思典型试题设计的意图和考查的内涵,从而为诊断学生答题过程中可能出现的问题、有的放矢地设计和选择变式练习提供预测性材料。

在实际的教学中,一些教师为了省事,课前往往不是先独立做卷,而是先看答案,导致讲评时经常出现师生不谋不合的"尴尬"局面。事实上,试卷的答案是命题人多次修改打磨的,它展示的是严谨的、简捷的、"冰冷的形式化美丽"的解题过程,它掩盖了解题过程中那种发散的、复杂的、火热的思考过程。如果教师不去亲身经历、体验这一过程,就难以深刻了解学生解题时的思维轨迹,就不可能做到有针对性的讲评。

2. 教师要认真批阅试卷

考试结束后,教师要及时、全面、认真地批阅每一位学生的试卷。批阅时要尽可能地做到公平、公正,不出现批改错误,这可以潜移默化地给学生留下"我们的老师做事认真"的好印象,同时这也是教师尊重每一位学生的具体体现。通过批阅试卷,能够发现学生存在的共性问题和个性问题,以便教师制定查漏补缺的教学方案。批阅试卷时要注意在学生出现问题或书写不规范的地方留下批阅痕迹,标出所扣分数,以便学生检查反思自己的答卷情况。

3. 教师要做好统计分析

试卷批阅后,教师要重点做好两项工作:一是统计。① 统计试卷的分值分布情况,即各块知识所占的分值比例;② 逐题统计学生的出错率、错误的类型、解题不规范之处、得分情况;③ 统计和计算班级分数段的分布、总均分、优秀率等。二是分析。① 分析试卷的知识结构。如梳理考查的知识点和基本的数学思想与方法,分析有创意的题型和难点题型;② 分析学生有创意的解法,分析学生存在的共性问题和个性问题以及出错的原因;③ 制定"补缺"策略,特别是要设计好学生错误率较高的试题的变式练习。

4. 要给学生留有检查反思的时间

试卷批改后，要及时地发给学生，但教师不要马上就评讲，因为学生需要有一个发现问题、认识错误的缓冲过程，因此，要给学生留有一定的时间去检查、去思考、去更正，要让他们通过自我的反思、同学之间的交流找出自己失误的原因，发现自己思维的误区和认知结构的缺陷，从而能更有针对性地听老师评讲试卷。

二、试卷讲评中的要点

试卷讲评有了前期的充分准备后，讲评中还要注意以下几个方面的要点：

1. 要注重发挥教师的主导作用

教师的主导作用在数学试卷讲评课中起到很大的作用，教师主导的好坏很大程度上还依赖于反馈信息的准确度。奥苏贝尔指出："影响学生的唯一重要的因素，就是学习者已经知道了什么，作为教师要努力探明这一点，并应据此进行教学。"因此，教师要在改卷后分析、统计的基础上，对大部分同学会做的题目，可以不讲或稍微点拨一下就可以了。对大部分同学做错的题目，要根据学生思维受阻的原因、错误症结，重点讲解，讲解错误的性质、类型及根源，提出研究解决该问题的方法。对有创意的解法及相应的学生，教师要及时鼓励推广，以激发学生的创新意识。此外，讲评课上教师不要就题论题，孤立地逐题讲解，要透过题中数学情景的表面现象，抓住数学问题的本质进行开放性、发散式讲解，可以对数学解题思路发散"一题多解"，可以对数学情景发散"一题多联"，也可以对数学问题发散"一题多变"，如将静态的数学情景变为动态的数学情景，或改变命题条件，或将题目中的因果关系颠倒，等等。

2. 要注重突出学生的主体地位

新课程理念认为：教学是一种交往活动，是在教师引导下的学生自主探究活动。因此，讲评课要给学生提供参与表达自己思维过程的机会。要尽量让学生自己总结、自行讲评，如让拥有新颖解法的同学介绍他们的思路和解法，从而培养他们的表达能力，使他们体验到成功的愉悦；要增加师生、生生互动讨论问题的时间，允许并提倡学生对"评价"做出"反评价"，即使学生的思维有误，也应鼓励他们尽量用完整的语言表达出来，以便清楚地了解其学习中的困难究竟发生在何处，学生只有在交流的思想碰撞中，才会有所感悟，有所收获；对学生自己完成有困难或虽能完成但方法不太恰当的题目，教师要站在学生角度，与学生一起共同分析思路、探究方法，教师切不可为省事而直接把方法告诉给学生，这种灌输式教学，只能让学生课上点点头（听懂了），课下摇摇头（全忘了）。

3. 要注重“讲”“评”结合

试卷讲评课，顾名思义，就是对试卷要有“讲”有“评”，“讲”“评”结合。但事实上许多教师上讲评课只注重“讲”，而忽略了“评”，使得讲评课缺少了“评”的功能，很不科学。“评”什么？怎样“评”？也是需要教师熟练把握的。

首先，要对考试的总体情况做简要的分析评价。包括试卷的基本结构，考查的知识范围、涉及的数学思想方法和能力要求、试卷的难易程度、学生答卷时存在的主要问题、每道试题的得分情况、班级的总均分、最高分、最低分、分数段的分布情况等，这样可以让学生了解自己的基本情况，清楚自己在集体中的定位，使其保持适度的压力和动力，从而最大限度地发挥其主观能动性，更为自觉地投入到学习中。切记不要一一公布学生的分数。

其次，要对重点试题做解后评价(反思)。包括试题考查的主要知识点、基本的数学思想方法、解决问题的切入点、不同解法的比较、学生有创意的解法、学生答题中存在的主要问题(如思维不严密、书写不规范、计算不准确、推理不严谨等)，等等。这些都是需要教师在试题讲解后引导学生做评价反思的。

4. 要注重把试题分类讲评

讲评试题宜采用分类化归，集中讲评的方法。第一，涉及相同知识点的题要集中讲评。一份试卷中，经常会出现考查相同或相近知识的试题，对于这些试题集中起来进行讲评，可以强化学生的化归意识，加深理解这些知识，从而完善认知结构。第二，形异质同的题要集中评讲。所谓形异质同的题是指数学情景相异但解题方法本质相同或处理方法相似的试题。“形异质同”的核心是“质”，抓住了问题的“质”，就是找到了解题的关键点。第三，形似质异的题要集中评讲。所谓形似质异的试题是指数学情景貌似相同，但解题方法大相径庭的试题。这类试题，通常仅在只言片语中存在一些差异，解题时稍有不慎，便会陷入误区。对于这类试题也应集中讲评，通过讲评使学生能透过表面看本质，抓住问题的关键点，引导学生注意比较试题题设的异同，防止思维定式产生的负迁移。因此，细心审题就成了解题的关键，同时，通过形似质异试题讲评过程鲜明的对比，必将产生理想的教学效果。

5. 要注重师生的情感交流

教育学家第斯多惠指出：“教学的艺术不在于传授本领，而在于激励、唤醒、鼓舞。”因此，我们应将“激励”贯穿试卷讲评课的始终。教师应会欣赏学生，讲评课开始时对成绩好进步快的学生提出表扬，鼓励其再接再厉，再创佳绩。讲评过程中对学生答卷的优点应大加推荐，如卷面整洁，解题规范，思路清晰，思维敏捷，解法有独到之处，有创造性等。特别是要多展示学生的思维成果，如可将试卷中能体现学生能力和才华的好的思路、优秀解法、创造性的见解等介绍给大家,也可以由学生上台讲解。对成绩暂时落后的学生要能和他们一起寻找原因,鼓励其克服困难,增强信心,消除压抑,奋起直追,使他们也能在鼓励中获得愉快。总之,在讲评课中要通过各种手段来激励学生,充分调动各类学生学习数学的激情、兴趣,激发学生勤奋好学的愿望,促进智力因素与非智力因素的协调发展,让学生达到"胜不骄,败不馁"的境界。

三、试卷讲评后的反思

试卷讲评后要给学生留有余地,也就是说,要让学生带着新问题走出课堂。正如波利亚在《怎样解题》一书中指出的:"一个好的教师应当懂得并且传授给学生下述看法,没有任何问题是可以解决得十全十美的,总剩下些工作要做,经过充分的探讨和钻研,我们总能提高自己对这个解答的理解水平。"因此,试卷讲评完成后,一方面要要求学生在课下深入反思,并结合课上的讲评,对试卷的解答做进一步的整理、归纳,这是学生知识内化、能力提升的一个重要环节;另一方面要改编相应的题目作为作业再练习,以达到巩固的目的。

总之,试卷讲评的目的是使不同水平的学生都得到不同程度的提高。也就是说,通过考试来暴露学生平常学习过程中的缺陷,然后通过试卷讲评使他们对所学知识进一步内化,知识结构进一步完善,能力水平进一步提升。因此,在试卷讲评过程中,教师一方面要了解学生对考试内容的内化程度,另一方面,要重视对学生进行创新能力的培养,把试卷讲评课看作是提高学生学习能力的最好机会,教师的作用是要挖掘试题中的创新生长点,通过开发、设计一些探究性活动,不失时机地引导学生积极、主动地参与学习。学生的学习活动越多,体验越丰富,对知识的理解就会越透彻,对方法的体验就会越深刻,学生的能力会得到快速提升。在试卷讲评的过程中教师要有问题意识、创新意识和活动意识,只有这样,才能在试卷讲评课上,使学生在知识、方法、能力等方面得到全面的提高,有效地发挥讲评课的功能。

四、试卷讲评要关注学生的思维过程

在试卷讲评中,要关注学生解题时的思维过程,善于分析学生的所思所想。

1. 忽视分析学生思维过程的几种讲评方式

(1) 对答案式讲评。

一些教师往往根据学生答题的正确率来判断是否需要对该题进行讲评。当该题的正确率较高时,老师一般的做法是给出答案,让学生核对,个别有错误的学生可以采用自己反思或同学互助的方式找出错误原因,这种做法无可非议。但往往有些题目的答案会出现"巧合",容易掩盖学生的错误,若不注意分析学生的思维过程，则教师很难发现他们的错误。

案例 1：题目：若$\frac{\pi}{4}<\alpha\leqslant\beta\leqslant\frac{\pi}{2}$，则$\sin(2\alpha-\beta)$的取值范围是________。

全班33名学生有31人都能写出正确答案$(0,1]$。由于正确率很高，教师只是给学生核对了一下答案。课下，笔者找了三名学生，对他们解题的思维过程进行了调查，他们给出的解法如出一辙：

因为$\frac{\pi}{2}<2\alpha\leqslant\pi$，$-\frac{\pi}{2}\leqslant-\beta<-\frac{\pi}{4}$，所以$0<2\alpha-\beta<\frac{3\pi}{4}$。设$x=2\alpha-\beta$，则$0<x<\frac{3\pi}{4}$，结合$y=\sin x$的图象可知：当$x\in\left(0,\frac{3\pi}{4}\right)$时，$y\in(0,1]$。

看了学生的解法，笔者追问："若把已知的范围改为$\alpha,\beta\in\left(\frac{\pi}{4},\frac{\pi}{2}\right]$，又该怎么求呢？"这时学生才意识到自己的解法是有问题的，因为还有条件"$\alpha\leqslant\beta$"没有用……

【教学反思】

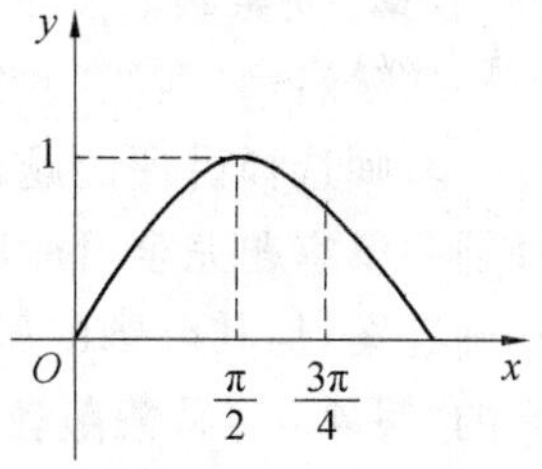

图 3.8.1

学生在解答本题时，因漏掉了已知条件"$\alpha\leqslant\beta$"，导致所求$2\alpha-\beta$的范围是错误的，虽然结果对了，但思维过程是不严密的。事实上，由条件"$\alpha\leqslant\beta$"可知$2\alpha-\beta=\alpha+(\alpha-\beta)\leqslant\frac{\pi}{2}$，从而$0<2\alpha-\beta\leqslant\frac{\pi}{2}$。从图3.8.1可以看到：无论$x=2\alpha-\beta\in\left(0,\frac{3\pi}{4}\right)$，还是$x\in\left(0,\frac{\pi}{2}\right]$，其值域都是$y\in(0,1]$。正是这个原因，掩盖了学生思维过程中的错误，致使"假象"蒙蔽了教师的眼睛而造成误判，这也是"同一类型的题练过多遍学生还出错"的一个重要原因。

其实，学生从条件"$\alpha\leqslant\beta$"挖掘出隐含条件"$2\alpha-\beta=\alpha+(\alpha-\beta)\leqslant\frac{\pi}{2}$"是有一定困难的。要想让学生破解这个难题，就必须让他们掌握一般性方法。事实上，如果教师能够引导学生把求$x=2\alpha-\beta$的范围问题，转化为线性规划问题（即在区域"$\frac{\pi}{4}<\alpha\leqslant\beta\leqslant\frac{\pi}{2}$"下，探求目标函数$x=2\alpha-\beta$的取值范围），那么学生就能以不变应万变，破解求"复合角"的取值范围的问题了。

案例 2：题目：设$f(x)=x^2+2x+1$，$g(x)=kx+1$，若函数$F(x)=\log_2[g(x)-f(x)]$在区间$[1,2]$上是增函数，则实数k的取值范围是________。

大部分学生都给出了正确答案$[6,+\infty)$，于是教师给学生对了一下答案，没有进行讲评。笔者询问了几名学生是如何求解的，他们的解法是：若 $F(x)$ 在区间$[1,2]$是增函数，则函数 $k(x)=g(x)-f(x)=-x^2+(k-2)x$ 在$[1,2]$上应为增函数，于是只需二次函数 $k(x)$ 的对称轴 $x=\dfrac{k-2}{2}\geqslant 2$ 即可，从而得 k 的取值范围是$[6,+\infty)$。

看了学生的解法，笔者追问："解函数问题，首先要注意什么？"学生马上意识到自己的解法没有考虑函数的定义域……

【教学反思】

学生的求解过程是不严密的，因为他没有考虑函数的定义域。实际上本题除了要满足"$x=\dfrac{k-2}{2}\geqslant 2$"外，还需要满足"$k(x)>0$ 在$[1,2]$上恒成立"这样一个条件，即 $k>4$。这样仍然得 $k\geqslant 6$。正是由于"恒成立"这个条件没有改变求解的结果，才导致学生思维不严密时，也能求出正确的结果，老师也因此被这种"假象"所蒙蔽。

教学启示：别让"假象"蒙蔽了教师的眼睛。

教师选择讲评的题目不能只看正确率，还要关注学生的思维过程。一些选择题和填空题完全可能因为"巧合"而有较高的正确率。很多学生虽然得出了正确答案，但其解题的思维过程可能是错误的，或是不严密的。这种正确率较高的"假象"容易蒙蔽教师的眼睛，需要教师在讲评前做细致的工作去分析学生的思维过程，才可能发现这样的"假象"。

(2) 一言堂式讲评。

在讲评课前，教师都是精心研做试题、细心研究疑难问题解法的。因此，在课堂上教师的讲解常常是思路顺畅、妙解连珠，稍不留意，就会出现遗忘学生存在的"一言堂"式的讲评，把学生作为被动的接受者而不顾学生的所思所想。这样"一言堂"式的讲评，往往会泯灭学生的灵性，挫伤学生思维的积极性，不利于创造性思维的发展和"优秀解法"的脱颖而出，长此以往，弊端颇大，必需予以改变。

案例3：题目：如图3.8.2，线段 $AB=8$，点 C 在线段 AB 上，且 $AC=2$，P 为线段 CB 上一动点，点 A 绕点 C 旋转后与点 B 绕点 P 旋转后重合于点 D。设 $CP=x$，$\triangle CPD$ 的面积为 $f(x)$。则 $f(x)$ 的定义域为________；$f'(x)$ 的零点是________。

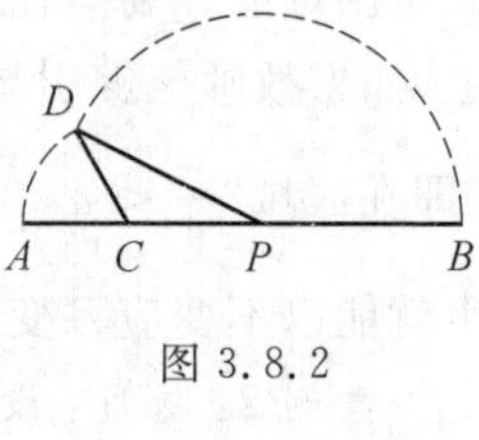

图 3.8.2

教师在讲评这道题时轻描淡写地说："错误率很高，没有几个做对的！"于是开始讲解：

易得 $CP=x$，$CD=2$，$PD=6-x$。

当圆 P 过点 A 时，$CP=x=2$ 最小；当圆 P 与圆 C 外切时，$CP=x=4$ 最大，因此，$f(x)$ 的定义域为 $(2,4)$。

（也可以通过构成三角形的条件求出定义域）。

设 $p=\frac{1}{2}(CP+CD+PD)=4$，由海伦公式可得

$$f(x)=\sqrt{p(p-x)(p-2)(p-6+x)}=2\sqrt{-2x^2+12x-16}$$

于是 $f'(x)=\dfrac{-4x+12}{\sqrt{-2x^2+12x-16}}$，令 $f'(x)=0$，得其零点为 $x=3$。

教师一气呵成讲完此题后，也没有倾听任何学生的想法，个别成绩优秀的学生在下面小声议论："不用这么麻烦，用椭圆的定义就能轻松拿下！"学生的议论，引发了笔者对此题解法优劣性的思考：利用海伦公式求三角形面积，以及求如此复杂的复合函数的导数（"课标"只要求掌握复合函数 $y=f(ax+b)$ 的求导方法）都是"课标"不做要求的内容，这样讲解势必有"超纲"和增加学生负担的嫌疑！另外，从思考量和运算量方面看，都显得此法笨拙，不够优秀。

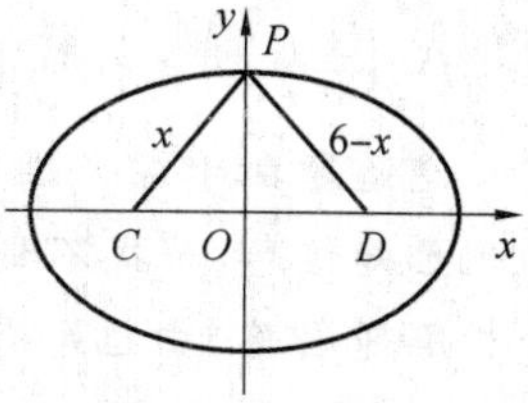

图 3.8.3

实际上，由 $CD=2$，$CP+PD=6$，可以把问题转化为以 C，D 为焦点，以 P 为动点的椭圆问题（图 3.8.3），当点 P 运动到焦距 CD 的中垂线的位置时，$\triangle CDP$ 的面积最大，此时，由 $6-x=x$，可得 $x=3$。而从该三角形面积的变化情况看，该最大值也是函数 $f(x)$ 的极大值，因此，有 $f'(3)=0$，即 $f'(x)$ 的零点是 $x=3$。

【教学反思】

课前老师没有了解学生解题的思维过程，课上老师也没给学生发表见解的机会，这种"一言堂"式的讲评，堵塞了学生灵性发挥的"通道"，会使学生感到枯燥，降低讲评效率。学生是一个有大智慧的群体，不可小视他们的能力，讲评时若能给他们展示的机会，不但可以发现他们的奇思妙想，实现优秀方法的共享，同时也可以满足他们的表现欲、提高学习兴趣、培养自信心和发展学习潜能。

案例启示：别因"封口"扼杀了学生的灵性。

讲评课上一定要给学生留下充足的展示时间，尽可能地给更多的学生提供展示的机会和平台。学生的睿智、灵性、活力，往往是教师所不及的，他们每一个灵感的迸发，可能都会产生一个奇思妙想，创造出一个优秀的解法，从而给课堂增添活力，也使师生从中受到启发，并共享成果，互利双赢。学生的这些灵性不要因为教师的"一言堂"，而被"封口"、被扼杀！

(3) 就题论题式讲评。

学生解题束手无策、思维受阻的原因是没有把握解题规律、缺乏解题的策略方法。而解题规律的内化、解题方法的把握，需要在解题训练中实现。这就需要教师在试卷讲评中，对于学生陌生的题型，要通过变式训练、发散思维，达到以点带面、触类旁通的效果，避免就题论题式讲评的做法。

案例4：题目：定义在$\mathbf{R}$上的函数$f(x)$满足$f(4)=1$，$f'(x)$为$f(x)$的导函数，已知$y=f'(x)$的图象如图3.8.4所示，若两个正数a,b满足$f(2a+b)<1$，则$\frac{b+1}{a+1}$的取值范围是(　　)。

A. $\left(\frac{1}{5},\frac{1}{3}\right)$　　B. $\left(-\infty,\frac{1}{3}\right)\cup(5,+\infty)$　　C. $\left(\frac{1}{3},5\right)$　　D. $(-\infty,3)$

这道题由于综合性较强，很多学生因为不能有效地梳理已知信息，而找不到解题方法。于是教师带领学生分析解题思路：由已知导函数的图象可知$f(x)$在区间$(0,+\infty)$为增函数，从而可得区域$\begin{cases}2a+b<4\\ a>0,b>0\end{cases}$，而$\frac{b+1}{a+1}$可视为过已知区域内点$(a,b)$和定点$(-1,-1)$的直线的斜率，于是通过画图可得选项C。

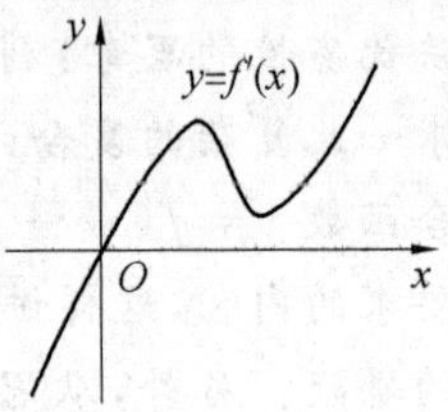

图3.8.4

教师讲完此题后没有给出任何变式，便开始了下一道题的讲评。

【教学反思】

本案例中，教师没有分析学生思维受阻的原因，更没有采取有效的措施进行补偿训练，这样的讲评不会有好的效果。本题的背景是导数，但最终考查的是线性规划问题。对这样综合性较强的问题，学生是很难进行发散思维、有效转化的：由导数过渡到线性规划，再由线性规划过渡到直线的斜率，这样大的知识跨度，学生是不容易想到的；另外，对式子$\frac{b+1}{a+1}$应该如何理解它的意义，也是很多学生难以想到的。这样一个综合题型，若不给出几个变式进一步强化，则稍微变形学生还是不知所措。若老师讲完此题，能够顺水推舟给出下面几个变式练习，则必然能使学生对此类题学会发散思维，达到“会一题通一类”的效果。

变式：设$f(x)=ax^2+bx$，$1\leqslant f(-1)\leqslant 2$，$2\leqslant f(1)\leqslant 4$。(1) 求$f(-2)$的取值范围；(2) 求$\frac{b}{a}$的最小值；(3) 求$a^2+b^2$的取值范围；(4) 求$a^2+b^2-4a-2b+5$的取值范围。

此题貌似函数问题，实则为线性规划问题：第(1)题是求目标函数的最值问题；第(2)题是求过区域上的点(a,b)和坐标原点$(0,0)$的直线的斜率最小值问题；第(3)题是求区域上的点(a,b)与原点$(0,0)$距离平方的最值问题；第(4)题是求区域上的点(a,b)与点$(2,1)$的距离平方的最值问题。通过这样的题组训练，必然会使学生把握线性规划问题的本质特征。

案例启示：别因“时间紧”而放弃变式练习。

学生解题找不到方法、思维受阻的原因是综合分析和运用能力、思维发散能力、迁移转化能力薄弱，对解决某一类问题的思想方法还没有掌握，这需要教师在讲评时设计有效的变式加以强化。教师切不可因为讲评课的时间紧、任务重，而弱化变式训练或舍弃变式训练。

(4) 缺乏提炼式的讲评。

在试卷讲评中，有些题目“形异质同”是“异曲同工”的，也有些题目“形似质异”是“同曲异工”的，这需要教师对这些题目整合后，以“对比”的形式进行讲评，这样既可以对不同题目的本质进行比较，又可以从中提炼思想方法。但在实际的讲评中，我们经常看到教师缺乏这样的整合与提炼过程，从而把学生的思维“淹没”在没有方法提炼的题海之中，使讲评效果大打折扣。

案例5：在一份试卷中，有这样两道题：

题目1：设$f(x)=\frac{1}{3}x^3+ax^2+5x+6$在区间$[1,3]$上为单调函数，则实数$a$的取值范围是________。

题目2：已知方程$2ax^2+2x-3-a=0$在区间$[-1,1]$上有解，求实数a的取值范围。

这两道题分别是试卷的第7题和第18题，教师在讲解这两道题时，没有归类讲解，并且讲解两题时，分别采用了“分离参数法”和“条件限制法(分类讨论)”，很多学生对与二次函数有关的求参问题，究竟何时采用“分离参数法”求解，何时采用“条件限制法”求解，感到迷惑不解……

【教学反思】

本案例中由于教师缺乏对问题应有的归类，缺乏对思想方法的提炼，才导致在教师讲评之后，学生还处于对这类问题解法的思维很混乱的状态。实际上，这两个题是“形异质同”“异曲同工”的(题目1可以转化为“$f'(x)\geqslant 0$或$f'(x)\leqslant 0$在区间$[1,3]$上恒成立”问题)，都可以通过“分离参数”的方法或运用分类讨论的思想通过“条件限制”加以解决。实际上，两种方法各有优点，也互相补充：当参数容易分离时，采用此法一般可以避免讨论；当分离参数比较难时，一般思考采用“条件限制法”，但需要讨论；当讨论比较复杂或“条件限制”比较难时，又可思考采用“分离参数”的方法。若教师讲清楚了这两种方法，并把这两道题分别采用这两种方法进行求解，然后对比点评两种方法的优劣，必然会使学生把握方法的本质，提高解题能力。

案例启示：别因“散打”而使学生寻不到规律。

学生对解题方法的迷茫，其实质是没有掌握题型规律和解题方法，表现出不知应怎样思考问题。解决学生这一问题最好的办法就是进行归类讲评，通过“形异质同”“形似质异”“多题归一”的讲评策略，来梳理、提炼数学思想方法，避免“散打”式讲评。

2. 研究学生的思维过程，制定有效的讲评策略

(1) 讲评前教师要独立研做试卷。

避开试题答案，独立研做试卷，不但可以提高和检验教师的解题能力，而且也是教师研究学生解题思维过程的重要手段。通过独立做卷，教师能够透彻了解试卷考查的重、难点，洞察解题过程中的思维关卡和容易出错的思维障碍，把握解题的一般性思路，探索简捷、高效的解题方法，体会和反思试题考查的意图和内涵，从而为诊断学生答题过程中可能出现的问题、有的放矢地设计讲评策略提供依据。事实上，试卷的答案是命题人多次修改打磨的，它展示的是严谨的、简捷的、“冰冷的形式化美丽”的解题过程，它掩盖了解题过程中那种发散的、复杂的、火热的思考过程。如果教师不独立做卷，不去亲身经历、体验这一过程，就难以深刻了解学生解题时的思维轨迹，就不可能把握学生的思维脉络，从而降低讲评的针对性。

(2) 通过“复盘调研”制定讲评策略。

讲评之前，为了深入地了解学生解题时的思维轨迹，教师可以分层次找几名学生，了解他们答卷时的思维过程：哪些题，他们的思维过程是严谨的、有序的、正确的？哪些题，他们的思维过程是不严密的、混乱的、错误的？他们为什么会这样思考？等等。笔者把讲评前的这种抽样调查称为“复盘调研”。通过学生对答题时思维过程的“复盘”，可以有效地制定讲评策略：不再单纯以“正确率”来选择讲评题目，而是根据学生思维过程的严谨性和正确性来选择讲评题目；不再以千篇一律的方法来讲评不同题目，而是根据不同题目中学生暴露出来的不同思维问题来选择不同的讲评方法。笔者通过实践证明，这种方法非常有效。

(3) 以学生的思维误区为基点分类讲评。

讲评试题的选择要以学生的思维误区为基点，对于学生因为马虎大意而出现的错误，一般不需要讲评，学生完全可以自己改错；而对于学生解题时出现的典型的思维错误，必须进行讲评，且宜采用分类化归的方法进行集中讲评，一个问题、一个问题地解决。如，对涉及相同知识点的题可以集中讲评；对“形异质同”“形似质异”的题也可以集中讲评；对于试卷中的某类题只有一道无法归类的，可以设计变式来强化处理。通过这样的讲评，能够使学生透过现象看本质，从而抓住解决问题的关键点，这样的讲评效果才会好。

总之，试卷讲评要在关注学生思维过程的基础上进行，通过讲评，解决学生在考试中暴露出来的一些思维问题。讲评前教师要做的重要工作就是深入了解学生的思维过程，并在此基础上充分挖掘试题中的创新生长点，通过归类设计、变式开发，不失时机地引导学生积极、主动地矫正思维问题，深入体会数学思想方法，不断完善认知结构。只有这样，才能在试卷讲评课上，使学生在知识、方法、能力等方面得到全面的提高，有效地发挥讲评课的功能。

第 9 节　如何上好数学章、节起始课

位于章、节起始位置的数学概念，往往在本单元起基础作用，处于核心地位。不仅其本身对数学学习研究是重要的、基础的，而且其建构的过程、方法，以及其中蕴含的研究问题的“基本套路”能对学生学习本单元知识、提高研究能力，进而发展认知力，产生重要而深远的影响。作为一章（或一个单元）的起始课，应肩负着双重教学任务，即向学生明确本章（或本单元）的学习任务和建构核心概念。在起始课教学中，如何运用章头图、章头语等帮助学生明确学习任务，如何通过引入概念的背景、探索概念的形成过程等引导学生建构核心概念，都是教师要认真思考的问题。

【教学实践】

课例：离散型随机变量

（一）教学任务的确定

“离散型随机变量”是人教 A 版选择性必修第三册第 7.2 节（见人教 A 版 56 ～ 57 页）的起始课。这一节的主要内容是取有限值的离散型随机变量及其分布列，“离散型随机变量”是核心概念，是进行后面几节“均值、方差的概念；条件概率和两个事件相互独立的概念；超几何分布和二项分布的概型及其应用；正态分布曲线的特点及曲线所表示的意义”等教学的基础。

作为起始课，应先让学生见到“森林”，即让学生了解本章的知识脉络及其研究方法，明确学习目标和任务，提高学习积极性和主动性。为此，笔者制定本节课的第一个教学任务就是做好章头语和章头图的教学。教材的章头图从实例和图形两个方面展示了本章要学习的内容：一个是离散型随机变量的产生背景和分布列的条形图；另一个是正态分布的背景和正态分布密度曲线。教学时要充分地运用这两个背景，通过问题的形式，帮助学生明确本章的知识脉络和学习任务。

作为起始课，一般来说其主要任务是学习这一章要使用的核心概念。对于

一个随机现象,就是要了解它所有可能出现的结果和每一个结果出现的概率,也就基本把握了它的统计规律。为了使用数学工具研究随机现象,需要用数字描述随机现象,建立起连接数和随机现象的桥梁——随机变量。随机变量能够反映随机现象的共性,有关随机变量的结论可以应用到具有不同背景的实际问题中(高中阶段主要研究的是有限的离散型的随机变量)。因此,本节课的另一个教学任务就是通过"交代问题背景,引入基本理念,构建研究蓝图",帮助学生在建构"随机变量"和"离散型随机变量"概念的过程中,理解它们的意义和作用,能对一个随机试验的结果,用一个随机变量表示,并能确定其取值范围。

(二)教学目标的定位

1. 通过章头图和章头语,帮助学生了解本章的知识线索和学习任务;

2. 在概念的形成过程中,帮助学生理解引入"随机变量"和"离散型随机变量"概念的意义和作用,了解随机变量与函数的关系,能够把一个随机试验的结果用随机变量表示,并能求出其取值范围;

3. 通过反思随机变量的定义过程,引导学生体会,如何根据需要,恰当地定义一个随机变量(如根据所关心的问题,定义随机变量)。

(三)重、难点的确立

重点:随机变量概念的建构过程;用离散型随机变量表示随机试验结果的意义和方法;

难点:对"随机变量"概念的意义和作用的理解。

(四)教学过程简录

1. 课题引入

教师:在数学必修第二册中,我们学习过古典概型,概率是描述随机事件发生可能性大小的度量。那么,什么叫随机事件呢?

学生1:在条件S下,可能发生也可能不发生的事件,叫作随机事件。

教师:学习概率有什么用呢?

学生2:是为了了解生活中的一些随机现象发生的可能性的大小的。

教师:也就是要把握随机现象的统计规律。那么在下面的三个随机试验中,我们怎样才能把握它们的统计规律呢?

情境1:在掷一枚质地均匀的硬币的随机试验中;

情境2:在掷一枚骰子的随机试验中;

情境3:在描述新生儿性别的随机试验中。

学生3:我们只要知道每次随机试验可能出现几个结果,每个结果出现的概率有多大,即可把握他们的统计规律。

教师:很好!上面三个情境中的试验结果都有哪些?概率各是多大?

学生4:情境1可能出现的结果是"正面向上"或"反面向上",每种结果发生的概率都是0.5；情境2可能出现的结果是“1点向上”，或“2点向上”，……，或“6点向上”，每种结果发生的概率都是$\frac{1}{6}$；情境3可能出现的结果是“男孩”或“女孩”，每种结果发生的概率都是0.5。

教师：上述三个情境中所提及的“结果”都有什么共同特点呢？

学生5：每次试验出现哪个“结果”是随机的，又是可变的。

教师：与“变量”有关的问题，一般我们用什么模型去解决？

学生（众）：函数！

教师：对！我们可以用函数的思想来研究随机现象，这就是我们即将要学习的一章新内容——第二章 随机变量及其分布。下面我们来了解一下本章要学习哪些知识？会用到哪些数学思想方法？

设计意图：通过复习必修中概率的有关知识，引出本章的课题，并明确研究方法——用函数思想研究随机现象。

2.解说章头图

教师：如果你是射击项目的教练，你会怎样选择你的运动员去参加奥运比赛？

学生6：打得准（教师补充：成绩好），成绩稳定！

教师：这就涉及对每一位运动员的射击水平的评价与成绩比较问题，当我们学习完本章的“离散型随机变量概率的分布列”，以及“均值和方差”后，就能很轻松地解决这个问题。

教师：先哲们为人类创造了无穷的知识财富，他们的智慧、创造力、理性精神和对科学孜孜不倦的追求，为我们树立了学习的榜样。看这样一位科学家：他叫高尔顿（同时用PPT播放高尔顿的照片和简介：英国的人类学家、生物学家和统计学家），为了研究随机现象，他设计了一种游戏，叫“高尔顿板游戏”（同时用PPT播放游戏的器具如图3.9.1）

（教师介绍高尔顿板游戏器具的构成，这里略）

教师：如果把若干个小球从器具上方的口放入器具中，这些小球会堆积成什么形状呢？

学生（众）：中间高，两边低！（用PPT播放图3.9.2）

图3.9.1

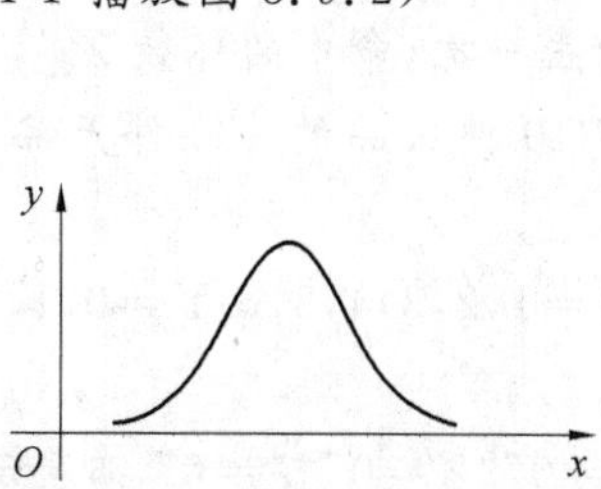

图3.9.2

教师：是的！下面我们演示一下这个试验过程：

（用 PPT 播放高尔顿板游戏的试验过程，时间约 3 分钟）。

教师：这是一个“正态分布”模型，在自然界中，很多的现象都是近似地符合正态分布模型的，这个模型非常有用，比如一次考试，全班成绩的分布如果符合正态分布规律，那么我们认为这样的成绩分布是比较好的，没有或很少有成绩分化的现象。

设计意图：通过讲解和演示试验，让学生了解研究随机现象的方法和正态分布模型。

教师：以上我们举了两个例子，这两个例子是我们本章要研究的两个重要内容。本章我们将在学习“随机变量”和“离散型随机变量”概念的基础上，学习离散型随机变量（取值是有限的）的概率分布、均值和方差，以及二项分布和超几何分布两个概率模型；还将学习正态分布模型（随机变量的取值是连续或无限的），请看本章的知识框图（用 PPT 给出）（图 3.9.3）：

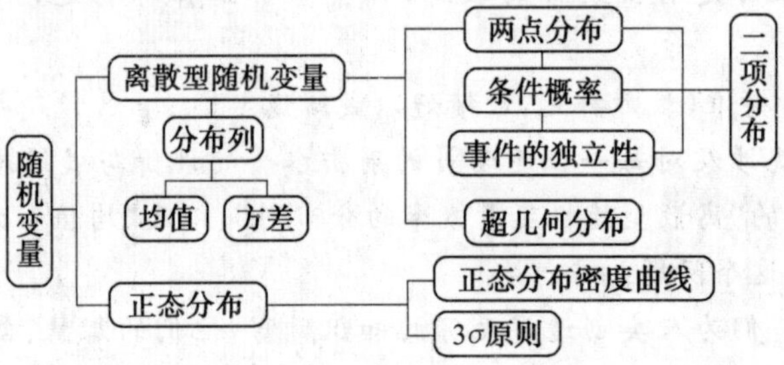

图 3.9.3

3. 概念形成过程教学

（1）情境引入。

教师：下面我们来学习本章的第一个内容——离散型随机变量。

问题 1：下列随机试验的结果可以怎样表示？

① 掷一枚骰子，出现向上的点数 X；

② 在一块地上种 10 棵树苗，成活的棵数 Y；

③ 某人射击一次，命中的环数 Z；

④ 在含有 10 件次品的 100 件产品中，任意取出 4 件，可能含有的次品件数 ξ。

学生 7：$X=1,2,3,4,5,6$；$Y=0,1,2,\cdots,10$；$Z=0,1,2,\cdots,10$；$\xi=0,1,2,3,4$。

教师：“$Y=0$”“$Z=0$”“$\xi=0$” 都表示什么含义？

学生 7：“$Y=0$” 表示种的树一棵也没成活；“$Z=0$” 表示射击脱靶了；“$\xi=0$”

表示所取四件产品中没有次品(或都是正品)。

教师:问题 1 中的几个例子有什么共同特征呢?

学生(众):试验的结果都具有数量特征,这些结果都可以用“数”来表示。

问题 2:下列试验的结果能否用“数”表示呢?

① 掷一枚硬币,所有可能的结果 ξ;

② 从装有黑色、白色、黄色、红色四个球的箱子中任意摸出一球,所有可能的结果 ξ。

学生 8:不能!

教师:看看!我用“0”表示“反面向上”这个结果;用“1”表示“正面向上”这个结果可以吗?

学生 8:(思考后)可以!

教师:你能用“数”表示 ② 中的结果吗?

学生 8:1—— 黑球;2—— 白球;3—— 黄球;4—— 红球。

教师:很好!刚才这两个问题有什么共同特征?

学生(众):这些试验的结果虽然没有“数”的特征,但也可以用“数”来表示。

设计意图:通过问题 1 和问题 2 引导学生发现:对于一个随机试验的结果,无论它是有“数”的特征,还是没有“数”的特征,都能用“数”来表示。有了这样的铺垫,“随机变量”概念的形成已水到渠成。

(2) 定义概念。

教师:我们把这些例子进行比较(PPT 播放),你能说说这里的 X 和 ζ 的意义吗?

$$X=\begin{cases}1(1\text{ 点向上})\\2(2\text{ 点向上})\\\cdots\cdots\\6(6\text{ 点向上})\end{cases}\qquad \zeta=\begin{cases}1(\text{摸到黑球})\\2(\text{摸到白球})\\3(\text{摸到黄球})\\4(\text{摸到红球})\end{cases}$$

学生 9:X 和 ζ 可以有不同的取值,它们都是变量,这些变量每取一个值,都对应一个试验结果。

教师:很好!其实这些变量它们取哪个值,取决于试验结果,而试验的结果具有随机性,因而这些变量的取值也具有随机性。我们把这种变量,叫作“随机变量”,常用 $X,Y,\cdots$,或 ξ,ζ 等字母表示。“随机变量”的定义在教材 44 页,请大家看看!

问题 3:随机变量与函数有类似的地方吗?

播放 PPT:掷一枚骰子的随机试验中的对应关系(图 3.9.4):

学生 10:与函数类似,随机变量可以看作是“映射”,它把“试验结果”的集

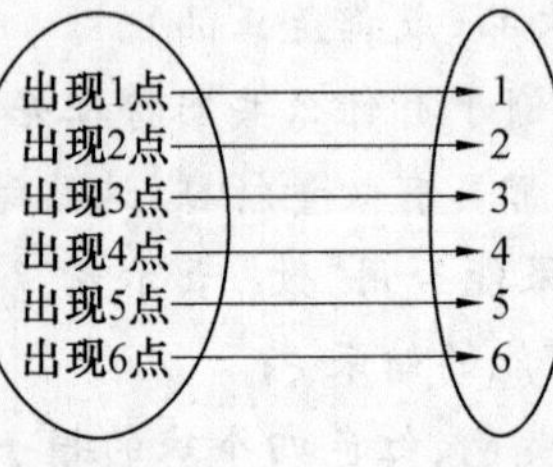

图 3.9.4

合映为“实数”的集合；而函数也是映射，它是从“实数集”到“实数集”的映射。

教师：很好！实际上“随机变量”就是一种广义的函数，其中的“试验结果的集合”相当于函数的“定义域”；“实数集”相当于函数的“值域”。

设计意图：引导学生把随机变量和函数进行类比，使他们了解“随机变量”也可以看作是函数概念的推广。

(3) 概念辨析。

例 1：判断下列各量，哪些是随机变量？请说明理由。

① 每天你接到的电话的个数 X；

② 标准大气压下，水沸腾的温度 T；

③ 某一自动装置无故障运转的时间 t；

④ 体积为 64 m^3 的正方体的棱长 a；

⑤ 抛掷两次骰子，两次结果的和 S；

⑥ 袋中装有 6 个红球和 4 个白球，从中任取 5 个球，其中所含白球的个数 η。

学生 11：X,t,S,η 都是随机变量，因为它们符合随机变量的定义；而 T,a 不是随机变量，它们是常量。

教师：很好！辨别一个量是否为“随机变量”，要看它是否具有随机性和可变性。

设计意图：理解“随机变量”的概念，能从实际问题中辨析什么样的量是随机变量。

例 2：写出下列各随机变量可能的取值(或范围)：

① 从 10 张已编号的卡片(从 1 号到 10 号)中任取 1 张被取出的卡片的号数 X；

② 一个袋中装有 3 个白球和 5 个黑球，从中任取 5 个，其中所含白球数 Y；

③ 抛掷两枚骰子，所得点数之和 ξ；

④ 接连不断地射击，首次命中目标需要的射击次数 ξ；

⑤ 某网页在 24 小时内被浏览的次数 η；

⑥ 某一自动装置无故障运转的时间 T；

⑦ 某林场树木最高达 30 m,此林场树木的高度 H;

⑧ 电灯泡的寿命 X;

学生 12:①$X=1,2,3,\cdots,10$;②$Y=0,1,2,3$;③$\xi=2,3,\cdots,12$;④$\zeta=1,2,\cdots$;⑤$\eta=0,1,2,3,\cdots$;⑥$T\in(0,+\infty)$;⑦$H\in(0,30]$;⑧$X\in[0,+\infty)$。

教师:从这些随机变量的取值情况看,你能给它们分分类吗?

学生 13:从 ① 到 ⑤ 的取值都是能一一列出来的;从 ⑥ 到 ⑧ 的取值都是不能一一列出来的。

教师:是的!我们把 ① 到 ⑤ 这样取值是"离散"的、可以一一列出的随机变量,称为离散型随机变量;把⑥到⑧这样取值是连续的不可一一列出的随机变量,称为连续型的随机变量。对① 到 ⑤ 离散型的随机变量,你还能进一步分类吗?

学生 13:① 到 ③ 中的随机变量是取值为有限的离散型随机变量;④ 到 ⑤ 中的随机变量是取值为无限的离散型随机变量。

教师:是的!我们在高中阶段主要学习取值是有限的离散型随机变量。

设计意图:通过对"随机变量"的分类,定义离散型随机变量的概念。

例 3:写出下列离散型随机变量可能的取值:

① 在考试中需回答三个问题,考试规则规定:每题回答正确得100分,回答不正确得 -100 分,则这名同学回答这三个问题的总得分 ξ 的可能取值有哪些?

学生 14:当一个没答对时,得分为 -300;答对一题得分 -100;答对两条得 100;答对三题得 300。所以 $\xi=-300,-100,100,300$。

② 本着健康、低碳的生活理念,租自行车骑游的人越来越多。某自行车租车点的收费标准是每车每次租车不超过两小时免费,超过两小时的部分每小时收费标准为2元(不足1小时的部分按1小时计算)。甲乙两人租车的时间都不超过4 小时(两人不一定同时回来),则两人所付的总费用 X 的可能取值有哪些?

学生 15:当两人都在两小时以内回来时,付费为0元;当一人在2小时以内回来,另一人在 $2\sim3$ 小时内回来时,付费为2元;当两人都在 $2\sim3$ 小时以内回来时,或一人在2小时以内回来,另一人在 $3\sim4$ 小时内回来时,付费是4元;当一人在 $2\sim3$ 小时内回来,另一人在 $3\sim4$ 小时内回来时,付费是6元;当两人都在 $3\sim4$ 小时内回来时,付费是 8 元。所以 $X=0,2,4,6,8$。

③ 如图 3.9.5,从 $A_1(1,0,0)$,$A_2(2,0,0)$,$B_1(0,1,0)$,$B_2(0,2,0)$,$C_1(0,0,1)$,$C_2(0,0,2)$ 这 6 个点中随机选取 3 个点,将这 3 个点及原点 O 两两相连构成一个"立体",则该"立体"的体积 V 有哪些可能的取值?

学生 16:当取的三个点在同一个坐标面上时,V 的值为 0;当在三个轴上取的三个点到O的距离都是1时，$V=\frac{1}{3}\times\frac{1}{2}\times1\times1\times1=\frac{1}{6}$；当一个轴上取的点到$O$的距离为2，另两个点到$O$的距离都为1时，其体积$V=\frac{1}{3}$；当取的两个点到$O$的距离为2，另一个点到$O$的距离为1时，$V=\frac{2}{3}$；当取的三个点到$O$的距离都是2时，$V=\frac{4}{3}$。所以$V=0$，$\frac{1}{6}$，$\frac{1}{3}$，$\frac{2}{3}$，$\frac{4}{3}$。

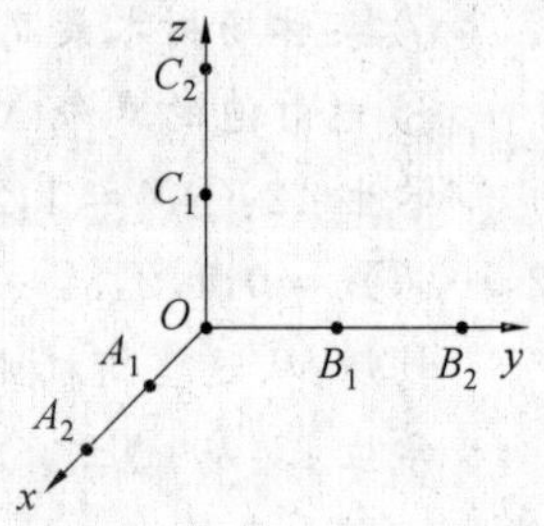

图 3.9.5

设计意图：能够根据复杂的问题情境，熟练地写出离散型随机变量的所有取值。

(4) 概念深化。

教师：随机变量的取值一般是与现实条件相对应的，解题时，一定要读懂题意，切实领会题意，才能把一个随机变量的所有可能取值写出来，同时还要明白每一个取值所代表的意义。

例如，在含有10件次品的100件产品中，任意取出4件，可能含有的次品件数X。

$\{X=0\}$表示的意义是什么？$\{X<3\}$表示什么事件？抽出3件以上次品如何用X表示？

学生17：$\{X=0\}$表示抽出的4件产品中没有次品；$\{X<3\}$表示抽出的4件产品中最多有2件次品；抽出3件以上次品可以表示为$\{X=4\}$。

教师：我们在选择随机变量时，既要简单，又要使它具有实际意义，所以，我们经常根据所关心的问题定义一个随机变量。请看下面的例子：

例4：请你根据下列问题的实际意义，定义一个随机变量：

① 若电灯泡的使用寿命不少于1 000小时为合格产品，否则为不合格产品；

② 掷一枚骰子，关心“掷出的点数是否为偶数”；

③ 任意抽取一瓶标有2 500 ml的某饮料，其实际量与规定量之差在±5 ml以内为合格；

④ 在某项体能测试中，跑1 km成绩在4 min之内的为优秀；4 min以上5 min以内为合格；某同学体能测试的结果。

学生18：(1)$Y=\begin{cases}0, X<1\,000\text{小时}\\1, X\geqslant1\,000\text{小时}\end{cases}$；　(2)$z=\begin{cases}1,\text{掷出的点数为奇数}\\2,\text{掷出的点数为偶数}\end{cases}$；

(3)$\xi=\begin{cases}1, 2\ 495\text{ml}<V<2\ 505\text{ml}\\ 0, V\leqslant 2\ 495\text{ml} \text{或} V\geqslant 2\ 505\text{ml}\end{cases}$；(4)$\zeta=\begin{cases}1, t<4\ \text{min}\\ 0, 4\ \text{min}\leqslant t<5\ \text{min}\\ -1, t\geqslant 5\ \text{min}\end{cases}$。

设计意图：引导学生能够根据所关心的问题，定义出离散型随机变量。

教师：很好！根据一个问题的实际意义，我们可以定义一个离散型的随机变量，这也为我们运用函数思想研究随机现象提供了方便。在后面即将要学习的离散型随机变量的分布列中，同学们将知道如何用随机变量研究随机现象。

(5) 课堂小结（略）。

【教学反思】

在章头图和章头语教学中，如果教师运用知识框图进行简单介绍，会使学生感到枯燥乏味。为此笔者在设计时运用选拔射击运动员这样一个鲜活的例子和高尔顿板游戏演示试验来丰富课堂内容，激发学生的学习兴趣，取得了良好的教学效果。

在平时的教学中，一些老师在一章的起始课中，忽视对章头图和章头语的教学，学生在学习中先见到的是一棵一棵孤立的“树木”，这样的学习缺少目标意识和方向感，不利于学生对整体内容学习的融会贯通。在一章的起始课中，先让学生见到“森林”，在之后的教学中，再让学生见到“森林”中的一棵棵的“树木”，让学生清清楚楚地知道每节课要干什么，他们的学习才有目标和方向。

“离散型随机变量”是本章的核心概念，在概念教学中，笔者首先从“随机变量”概念的背景出发，引导学生发现一个随机试验的结果可以用一个“变量”表示，我们称其为“随机变量”，并在概念辨析中，通过其取值情况对随机变量进行分类，引出“离散型随机变量”的概念，进而又引导学生分析复杂的问题情境中随机变量取值的计算方法，最后又引导学生根据问题的意义和需要，定义一个离散型随机变量。在整个概念教学中，注重背景、注重过程，注重合理性，实例丰富，设计细腻，自然流畅，作为本章的核心概念教学，这样的理念对本章的教学具有重要而深远的意义。

第 10 节　如何进行数学概念、原理课教学

数学概念、原理不仅是建立理论系统的中心环节，同时也是解决问题的前提。因此，概念、原理的教学是数学基础知识和基本技能教学的核心。通过概念、原理教学，应力求让学生明了以下几点：第一，这个概念、原理讨论的对象是什么？有何背景？其来龙去脉如何？学习这个概念、原理有什么意义？他们与过去学过的概念、原理有什么联系？第二，概念、原理中有哪些补充规定或限制

条件？这些规定和限制条件的确切含义又是什么？第三，概念、原理的名称、进行表述时的术语有什么特点？与日常生活用语比较，与其他概念、原理比较，有没有容易混淆的地方？应当如何强调这些区别？第四，这个概念、原理有没有重要的等价说法？为什么等价？应用时应如何处理这个等价转换？第五，根据概念、原理中的条件和规定，可以归纳出哪些基本的性质？这些性质又分别由概念、原理中的哪些因素(或条件)所决定？他们在应用中起什么作用？能否派生出一些数学思想方法？

表达与思维是数学学习的两种基本形式，如同哲学中的现象与本质，表达是现象，思维是本质。数学表达能力是数学的基本能力之一，它包括口头表达能力和书面表达能力。一个数学问题的叙述和解决离不开用数学语言(文字语言、符号语言、图形语言)进行表达，表达反映了一个人的思维现状。改变思维要从规范表达开始。

数学概念教学，要重视知识的形成过程，精心设计概念产生的背景，把知识形成过程以问题链的形式逐步呈现，在解决问题的过程中，通过师生交流从通俗语言到不完善文字语言，从日常用语到数学文字语言，借助图形语言转化为文字语言，引入符号转化为抽象的符号语言，解读符号语言回到文字或图形语言。经过这样的反复轮回，实现表达能力的提高。这一过程是让学生经历了从“浪漫”到“精确”的过程。

在数学概念教学中，笔者认为，有两类课是比较难上的：一类是较为基本的概念课，其内容少，要求不高，概念教学既不能“轻描淡写”，也不能太“拓宽挖深”，需要教学掌握好“度”，怎样把这样“简单”的课上得“厚重”，需要老师有深厚的教学功底。另一类是较为复杂的概念课，知识形成过程的背景复杂，其内容多，要求高，概念教学既要有复杂的知识形成过程，更要有概念的理解应用过程，怎样把这样“复杂”的课上得“简单”，是对教师教学能力的考验。

【教学实践】

课例：简约不等于简单

——映射的概念

（一）教材分析

函数是“特殊”的映射，它是两个“非空数集”之间的映射，人们认识事物的规律往往是先从“特殊”开始，再到“一般”，先学习“函数”，再学习“映射”，更符合学生的认知规律，因此，“映射的概念”应该作为“函数概念”的推广，后学习“映射的概念”还能够使学生进一步深化理解“函数的概念”。

这节课的教学应该类比函数的概念进行展开，并且要达到两个目标：一是让学生了解映射概念的形成过程，知道映射概念是由函数概念发展而来的，并在类比的基础上，掌握映射的概念，以及它和函数概念的区别与联系；二是通过映射概念的教学使学生进一步深化理解函数的概念。为此，在教学中应当通过创设现实的、具有“单值对应”特征的问题情境，让学生在回顾函数概念的基础上，比较问题情境中的“对应”与函数中的“对应”有什么不同（对集合的要求）和相同之处（都是单值对应），进而感悟映射概念的本质属性，从而得出映射的概念，并且可以通过例题和练习题，使学生巩固、加深对映射概念的理解。为了使学生通过对映射概念的学习，达到进一步对函数概念深化理解的目标，需要设计1～2道映射与函数综合的例题，例题最好是具有一定的开放性，以训练和发展学生的数学思维。

在教学过程中，还要注意以下两点：第一，要尊重教材的教学要求，回避“象”“原象”“一一映射”等概念的讲解与介绍；第二，要注意强调“单值对应”。函数是建立在两个非空数集上的单值对应，映射是建立在两个非空集合上的单值对应，“单值对应”是两个概念之间的本质联系。强调单值对应，也就强调了“函数概念”与“映射概念”的区别与联系，能够使学生抓住“映射概念”和“函数概念”的本质，有效地回避“映射概念”与“函数概念”教学中一些相同的“细枝末节”问题，减少或避开重复教学，从而更加有效地突出重点，实现教学目标。

（二）教学过程

教师：我叫张健，今天由我来给大家上一节数学课，希望同学们积极思考，踊跃发言。同学们的名字我不熟悉，下面我给每一位同学设计一个编号，以便课堂交流。

（说明：这是笔者在外校上的一节示范课）

从前排数，依次为一、二、三、四、…… 排，我用排数作为第一坐标；从右数依次为一、二、三、四、…… 列，我用列数作为第二坐标，这样，每一位同学就都有一个类似于坐标的编号了。大家清楚自己的编号了吗？（老师喊号检查）

教师：给大家设计这样的编号后，实际上老师是建立了这样的两个集合（图3.10.1）：

问题1：这个对应是否构成从 A 到 B 的函数？（学生讨论）

学生1：不是。

追问1：根据什么判定的？（学生1：函数定义）

追问2：哪里不符合函数定义？（学生1：A，B 都不是“数集”）

追问3：你能叙述一下函数定义吗？

学生2：一般地，设 A，B 是两个非空数集，如果按照某种对应法则 f，对于 A 中的每一个元素 x，在 B 中都有唯一的元素 y 与之对应，那么，这样的对应叫作从 A 到 B 的一个函数。记作：$y=f(x)$，$x\in A$。

追问4：函数定义中有几个关键词？（投出函数定义，让学生思考）

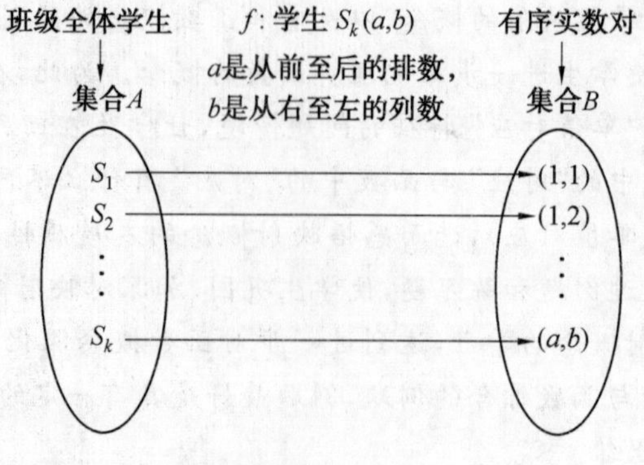

图 3.10.1

学生 2：有三个关键词：非空的数集、A 中每一个、B 中有唯一。

追问 5："A 中每一个"、B 中有"唯一"具有这种特征的对应叫什么对应？（学生 2：单值对应）

追问 6：上面这个对应是单值对应吗？（学生 2：是单值对应）

教师：抛开集合中元素的特征，我们发现：这个对应与函数定义中两个数集之间的对应方式是相同的，都是单值对应。数学中把从一个集合到另一个集合的单值对应叫作映射。那么这节课我们就来学习"映射的概念"。（板书课题）

追问 7：函数是映射吗？（学生共同：是）

问题 2：怎样定义映射呢？（无人回答）

追问 1：你能仿照函数的定义给映射下个定义吗？

学生 3：一般地，设 A，B 是两个非空的集合，如果按照某种对应法则 f，对于 A 中的每一个元素 x，在 B 中都有唯一一个元素 y 与之对应，那么这种对应叫作从 A 到 B 的映射。

教师：回答得很好！下面请同学们打开教材第 41 页，看教材对"映射"是怎样表述的！

（学生看教材，教师板书映射定义）

映射定义：一般地，设 A，B 是两个非空的集合，如果按照某种对应法则 f，对于 A 中的每一个元素，在 B 中都有唯一的元素与之对应，那么，这样的单值对应叫作从 A 到 B 的映射，记作 $f:A\to B$。

追问 2：映射的概念可以看成是从函数概念发展而来的，那么"函数"与"映射"有什么区别与联系呢？

（同时投出函数定义和映射定义，让学生比较）

学生 4：区别：对于 A，B 两个集合，函数要求它们是"非空数集"，而映射则是"非空集合"；函数定义中，说出了元素 x，y，而映射定义中没有提到 x，y；还有在映射定义中提到"单值对应"，而函数定义中没有提到。

联系：两者的对应方式相同。

追问3：函数定义中的 x,y 代表的是什么？（学生4：A,B 两个集合中的元素）

追问4：那映射定义中是否可以添上表示元素的 x,y？（学生4：可以）

追问5：函数定义中描述的是什么对应？（学生4：单值对应）

追问6：那在映射定义中是否可以添上"单值"两字？（学生4：可以）

教师：实际上，函数与映射在定义的表述上是一致的，区别就在于"数集"与"集合"，而其他方面都是相同的。下面看看它们的具体区别与联系！

投影：区别：函数是两个"非空数集"之间的单值对应；映射是两个"非空集合"之间的单值对应。联系：函数是映射，它是特殊的映射，是两个非空数集之间的映射。

教师：接下来看下面的问题：

例1：在图3.10.2所示的对应中，哪些是 A 到 B 的映射？

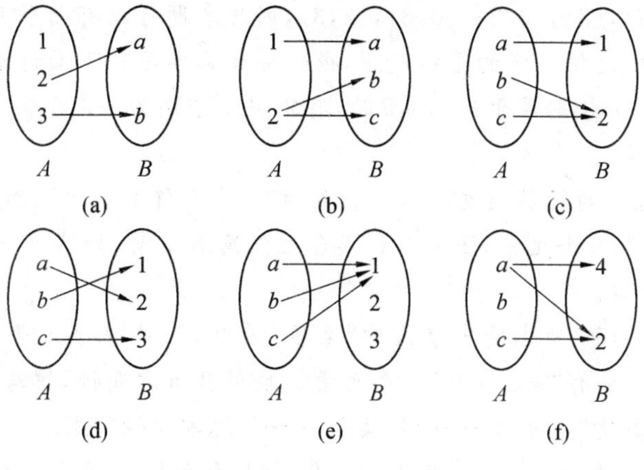

图3.10.2

学生5：(c)(d)(e) 是映射，其他三个不是。理由是：(略)

教师引导归纳：对于映射，A 中无闲元，B 中允许有闲元；可以"一对一""多对一"，但不可"一对多"。

变式探究：如图3.10.3所示，若 $A=\{a,b\}$，$B=\{1,2\}$，则 A 到 B 的映射可能有________种。

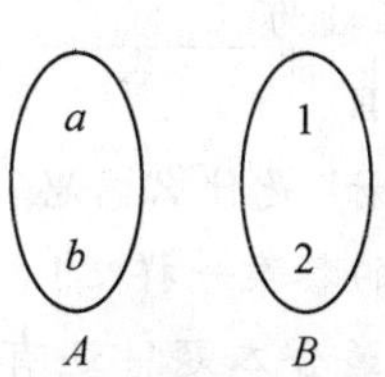

图3.10.3

（学生练习，一名学生板演）

答案：4 种。

教师：若将 A 中增加一个元素 c，又有几种？将 B 中也增加一个元素呢？A 中若有四个元素呢？…… 不妨请大家课下探究一下，看看有没有什么规律！

练习：完成教材第 42 页练习的第 1,2,3 题。

（3 分钟后，教师提问，学生回答，这里省略。）

例 2：若 $B=\{-1,3,5\}$，试找出一个集合 A，使得 $f:x\to 2x-1$。

(1) 是 A 到 B 的映射；

(2) 是 B 到 A 的映射。

讨论第(1)题：

学生 6：设 $2x-1$ 分别等于 $-1,3,5$，则 x 分别为 $0,2,3$。于是 $A=\{0,2,3\}$。

学生 7：这个结果不唯一，因为"A 中无闲元，B 中允许有闲元"，所以，A 还可以是 $\{0\},\{2\},\{3\},\{0,2\},\{0,3\},\{2,3\}$，因此本题可以有七个不同的答案。

教师：对！这位同学的思维缜密，很值得大家学习！下面讨论第(2)题。

学生 8：当 x 分别等于 $-1,3,5$ 时，有 $2x-1$ 分别为 $-3,5,9$。所以集合 $A=\{-3,5,9\}$。

学生 9：这道题的答案也不唯一。因为"A 中允许有闲元"，因此集合 A 一定要有 $-3,5,9$ 这三个元素，还可以往集合里任意加元素，如 $A=\{-3,5,9,a,b\}$，此题有无数个解。

教师：对！(1) 所求的集合 A 中"至多"有"0,2,3"三个元素；(2) 所求的集合 A 中"至少"要有"$-3,5,9$"三个元素。映射具有方向性，解与映射有关的问题时，一定要看清"从集合 …… 到集合 ……"的方向性问题。

变式 1：已知 $f:A\to B$，且 $f:x\to 2x-1$，$B=\{-1,3,5\}$，按照该映射，写出一个以 x 为自变量，B 为值域的函数为________。

学生 10：$y=2x-1, x\in\{0,2,3\}$

教师：正确！表述一个函数不但要写出它的对应法则，还要写出它的定义域。

变式 2：已知 $f:A\to B$，且 $f:x\to 2x-1$，$B=\{-1,3,5\}$，按照该映射，试写出一个关于 x 为自变量的函数为________。

学生 12：$y=2x-1, x\in\mathbf{R}$。

追问 1：题设中"按照该映射"是什么意思？

学生 12：应该与"变式 1"的答案一样吧！

追问 2：对，变式 1 的答案适合本题！还有其他答案吗？（学生 12 没有答出，示意其坐下）

学生13：对应法则是$y=2x-1$，而定义域A是$\{0\}$，$\{2\}$，$\{3\}$，$\{0,2\}$，$\{0,3\}$，$\{2,3\}$，$\{0,2,3\}$中的一个，因此可以得到七个符合题意的函数。

教师：对！本题进一步表明写函数时，不但要写出对应法则，还要写出定义域。定义域不同，即使对应法则相同，它也不是同一个函数。

变式3：在变式2中，若$B=[0,1]$，则结论又如何？请大家课后思考！

（答案：对应法则是$y=2x-1$，其定义域A是$\left[\frac{1}{2},1\right]$的任意一个非空子集。因此满足题意的函数有无数个。）

教师：这节课我们学习了哪些知识？

学生14：映射的定义；函数与映射的区别和联系；判断映射的方法。

教师：是的！这节课我们要掌握这样一些知识：

(1) 映射的概念。映射可以看成是函数概念的推广，只要把函数定义中的“非空数集”换成“非空集合”就是映射的定义；

(2) 函数与映射的区别与联系；

(3) 了解学习映射概念的意义。随着学习的不断深入，特别是到高校后进一步学习数学时，同学们就会知道，很多数学领域内的一些特定函数，常常都是用映射来描述的，如，“拓扑学”中的“连续函数”；“线性代数”中的“线性变换”等。因此，映射在今后的数学学习中是一个很重要的概念。

布置作业：

1. 列举几个与映射有关的例子。要求：生活中、数学中的例子至少各举一个。

2. 已知$f:A\rightarrow B$，且$f:x\rightarrow x^2$，$B=[0,1]$，按照该映射，试写出三个以x为自变量的函数。这样的函数能写出多少个？

【教学反思】

“映射的概念”是一节“了解”内容，在教材中只有一页半纸的篇幅，安排有“1个概念、1道例题和3个练习题”，其知识结构非常简约，但这并不等于“映射的概念”教学就很简单。如果教师仅按教材的安排，不做深入挖掘来教授此节课，那么，教学就显得非常的“单薄”，不“厚重”！况且“映射概念”和教材的例1中所涉及的“单值对应”问题都是函数概念教学中反复强调过的问题，如果教师不注重情境创新，那么就很难激发学生学习的积极性。因此，这节课的教学并不简单，相反，这是教师比较难上的一节课，是不容易出新、出彩的一节课。事实上，教材为教师的教学留下了充分发挥的广阔空间，教学的关键在于教师如何去理解教材，怎样去挖掘教材！为此，笔者在上这节课时，注重了以下几个方面：

1. 注重映射概念的形成过程教学

由于是异地上课，师生之间很陌生，如何在较短的时间内，快速拉近与学生的距离，这是笔者要思考的问题。最好的办法就是创设现实情境，沟通师生情感，才能使教师快速融入学生之中。但是“创设现实情境”的功能绝对不能只是为了拉近与学生的距离，还要能够提出和揭示蕴含本节课内容的“核心问题”。为此，我很好地利用了不熟悉学生名字这一现实情境，采用数学方法给每一位学生设计了一个类似坐标的编号，从而建立了两个具有“单值对应”特征的集合，有效地提出了问题，并在问题串的驱动下，通过与函数概念的比较，恰当地引出了课题，并逐步揭示和完成了“映射概念”的教学。应该说，情境的创设现实新颖、独具匠心，概念的形成自然流畅、水到渠成。运用类比函数概念的方法进行“映射概念”的教学，可以使学生在学习中感悟到函数与映射两个概念之间的区别与联系，紧紧抓住凸显两个概念本质属性的几个关键词，从而使学生在熟悉的情景中掌握陌生的新概念，同时，还可以在新概念的教学中，减少与函数概念相同环节的一些重复教学，避免出现在“细枝末节”上的反复“纠缠”，节约教学时间，从而更加有效地突出重点，实现教学目标。

2. 注重映射概念的辨析巩固教学

概念的辨析巩固教学是数学概念教学的一个不可或缺的环节，在这一环节中，主要让学生通过对一些基本问题的辨析，来达到透彻理解和掌握概念的目的。本节课，笔者主要是通过例 1 及其变式探究和教材第 42 页中的练习第 2 题，来完成这一环节的教学任务的。

例 1 是笔者在教材例 1 的基础上改编而来的，集中展示了两个集合中元素的“对应”的几种不同情形，目的是引导学生总结归纳“映射”的几条“真理”：“A 中无闲元，B 中允许有闲元；可以‘一对一’‘多对一’，但不可‘一对多’。”形象直观的语言描述，会给学生留下深刻的印象，能够加深学生对“映射概念”的理解与巩固，特别是“A 中无闲元，B 中允许有闲元”的提出，也为后续解决例 2 及其变式铺平了道路。

设计例 1 的“变式探究”是基于两个目的：一是在高考试题中经常见到考查映射概念的计数类问题，因此设计这样一个题目既可以锻炼学生思维，又可以了解学生对映射概念的掌握情况；二是在例 2 及其几个变式中，要用到分类讨论的思想来研究问题，因此设置这样一个变式也是为后续教学做好准备。由于学生还没有学习“计数原理”，因此，涉及的“计数”问题不能复杂化，只能用简单的问题让学生进行尝试，否则，教学时间不允许，同时也会偏离教学主题。但如果仅仅让学生完成“变式探究”中“2 对 2”这样简单的问题，“探究”就会显得很单薄，其价值也不大，为此，笔者采用将“变式探究”中集合的元素“依次增加”的办法提出探究性问题，让学生课下探究其结果、探寻其规律性，这样做，既节约了课堂教学时间，又把课上的思考延续到了课下，也达到了深入“探究”的目的。

教材42页的练习第2题是概念辨析问题，教学中学生回答较好，只是第(2)小题，学生多数都忽视了“0没有倒数”，从而“0在集合B中没有对应元素”这一问题，经过点拨纠正了学生的错误认识。通过以上的概念辨析题，能够看出学生对“映射概念”的学习达到了理解和掌握的程度。

3. 注重映射概念的综合应用教学

在学生对映射概念理解的基础上，通过例2来完成对映射概念的综合应用的教学任务。例2的第(1)小题是教材43页习题的第8题，第(2)小题是笔者设计的。设计本例的目的是加强对学生审题能力的培养，加强对学生思维缜密性的培养，让学生注意映射具有“方向性”“单值对应性”等特征。应该说，例2的设置，深化了概念教学，使单薄、单一的“映射概念”教学变得厚重、多元，充实了课堂教学的内涵，提升了课堂教学的品位。

4. 注重函数概念的深化理解教学

本节课的一个重要目标就是通过对映射概念的学习，使学生再进一步地深化理解函数的概念。为了实现这一目标，笔者结合例2自主设计了三个变式，让学生通过已知的映射写出其对应的函数。而且这三个变式的难度是由浅入深、梯度明显，并且问题的开放度是逐渐放宽、逐题加大的，这不但使学生对巩固函数概念和映射概念、学会综合应用很有好处，而且对于发展学生思维、学会分类讨论、培养富有条理地严谨思维都是大有好处的。可以说，三个变式的设置，进一步提升了课堂教学的品第、品位，使概念教学变得更加厚实、厚重！

在最后的课堂小结中，笔者还向学生阐述了学习映射概念的意义，从而使学生对映射概念的学习变得意味深长、内涵久远。另外，课后的两道作业题都是笔者自己设计的，第1题的设计目的是巩固新概念，第2题实际是例2变式的延续，是将课堂中一直使用的一次对应法则(即一次函数)，变换为学生熟悉的二次对应法则(即二次函数)，使用“数形结合”很容易解决，其答案不唯一，有无数个满足题设的函数。

综合起来看，这节课是在吃透教材编写意图的基础上，所进行的创新教学设计，教师打破了将“映射”作为“孤立”概念进行教学的传统模式，同时，教师也没有“墨守”教材中的教学内容和顺序，而是在遵循课标、尊重教材、遵守原理(概念教学的基本原理)的基础上，做到了对概念形成、发展和应用过程教学的重组、创新和深化，重视数学符号语言的教学，重视数学学科素养的培育。教学中注重以现实情境为引领，以问题串为“推动器”，以自主学习为基础，以理解和深化为目标，以厚实和厚重为品位，较好地实现了教学目标。

“没有最好，只有更好”“金无足赤，人无完人”。在本节课的教学设计和教学过程中还存在着很多的不足和问题。比如，在映射概念得出后，应该先让学生自己列举一些两个集合之间是映射的例子，以检验和加深学生对概念的理解和掌握，本节课没有这样的环节是不太妥当的。再如，在课堂教学中，教师过于关注教学的预设，对学生回答问题时所发生的一些突发性事件，处理得不够灵活，有时候显得还不够机智，甚至有时对学生的回答没有给出较为恰当和满意的点拨与评价，从而没能很好地激发学生回答问题的积极性。另外，对课堂教学时间的把握也不够准确(由于看错了表，误以为下课时间已到)，导致例 2 的变式 3 没有处理，就急忙进行课堂小结，结果提前了 3 分钟结束了本节课的教学(如果处理了变式 3，时间可能会正好)，等等。

【教学实践】

定积分概念的教学思考与实践

“定积分”是高中学生比较难于理解的一个数学概念，这是由于概念建构过程的复杂性和抽象性所导致的。定积分概念的本质是求和的极限运算，建构定积分概念的“最初目的是计算被曲线围成的区域的面积”[①]，在求其面积的过程中，需要运用“以直代曲”和“逼近”的思想。如何让学生在体会这种思想的过程中，将这种思想转化为解决问题可以具体操作的方法步骤，是教学的难点。

(一) 背景一：曲边梯形的面积

“求曲边梯形的面积”是一个非常古老的问题，一直可以追溯到古希腊的欧多克斯(Eudoxus，前 408— 前 355)和阿基米德(Archimedes，前 287— 前 212)，直到 17 世纪，人们借助直角坐标系，才把这个问题彻底解决了。[②]

对于学生来说，这个古老问题是一个非常具有挑战性的新问题。那么教学中，怎样引导学生解决这个问题呢？这需要教师对解决这个问题的历史经验进行教学法加工，让学生在具体的问题情境中，合理、顺畅地经历问题解决方法的“再发现”过程，并从中抽象概括出一般化的方法。

教材的设计是：先提出计算“由直线 $x=a$，$x=b$，$y=0$ 和曲线 $y=f(x)(f(x)\geqslant 0)$ 围成的曲边梯形面积”的一般化问题，再以具体问题“计算由抛物线 $y=x^2$ 与直线 $x=1$，$y=0$ 所围成的平面图形的面积 s”(以下简称“问题一”)为例展开研究，最后概括出求曲边梯形面积的一般化方法。那么，对教材

① 史宁中. 数学思想概论(第 1 辑). 长春：东北师范大学出版社，2008，6.

② 史宁中. 数学思想概论(第 1 辑). 长春：东北师范大学出版社，2008，6.

的设计需要进行怎样的教学法加工呢？

1. 设计“先行组织者”

在解决问题一的过程中，要用到“以直代曲”和“逼近”的思想，虽然在学习导数的概念时，学生已经对这种思想有了一些认识，但在一个新的问题情境中，又该如何运用这种思想，也就是如何将这种思想有效地转化为解决问题的可具体操作的步骤，是学生难以感悟的。根据“最近发展区”原理，笔者认为：需要寻找类似的学习经验，设计“先行组织者”，以帮助学生进行感悟。而推导圆的面积公式的方法与问题一类似，这是学生已有的经验，可以据此设计“先行组织者”。

【教学设计】

问题1：你还记得圆的面积公式是怎样推导的吗？

学生：作圆的内接正 n 边形（图 3.10.4）；$\triangle OAB$ 的面积为 $\frac{1}{2}ah$（其中 a 是正 n 边形的边长，h 是 $\triangle OAB$ 的高）；当 n 很大时，$\triangle OAB$ 的面积就近似等于扇形 OAB 的面积，于是，圆的面积 $S\approx n\cdot\frac{1}{2}ah$；当 $n\to\infty$ 时，边长 a 可以认为等于弧 AB 的长，na 等于圆的周长 $2\pi r$，三角形的高 h 可以认为等于圆的半径 r，于是，有 $S=\pi r^2$。

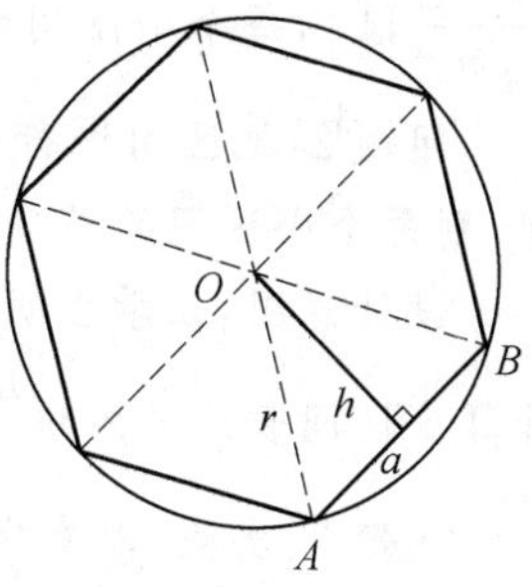

图 3.10.4

问题2：这里运用了哪些数学思想？你能归纳一下推导公式的步骤吗？

学生：“以直代曲”和“逼近”的思想，大致为分割、近似代替、求和、取极限四步。

教师：这四个步骤简称“四步曲”。很多的数学问题，都可以运用“以直代曲”和“逼近”的思想，转化为“四步曲”加以解决，下面我们运用这种思想和方法来解决问题一。

2. 关于“四步曲”的教学

第一步，分割。笔者认为，此处教学的重点有两个：一是让学生体会思想。“运用‘以直代曲’的关键是减小误差。”类比圆的面积公式的推导方法，可将曲边梯形分割成若干个小曲边梯形，则在每个小曲边梯形的局部小范围内实施“以直代曲”，就能有效地减小误差，而且“分割得越细，误差就会越小”。教师要在黑板上画图操作，并用语言描述分割过程，让学生在操作和语言描述中，体会“以直代曲”的思想，切不可只用电脑演示而教师不操作，这样会弱化学生的“体会”；二是让学生了解如何分割。通过讨论，让学生弄清楚：只要保证被分割的每一个小区间的长度趋向于0，那么“等分”和“任意分割”就是等价的，因此，分割区间可以“等分”，也可以“任意分割”，但为了计算的方便，通常都等分区间。

【教学设计】

问题1：在推导圆的面积公式时，我们首先对圆周进行了n等分，受其启发，我们需要把区间$[0,1]$进行n等分，那么需要在该区间内插入几个点？你能写出每个小区间吗？每个小区间的长度是多少？（在学生的语言描述下，教师画图演示分割过程，并写出小区间）

设计意图：通过类比，让学生获得分割的方法：在区间$[0,1]$上等间隔地插入$n-1$个点，将区间分割成n个小区间：$\left[0,\frac{1}{n}\right]$，$\left[\frac{1}{n},\frac{2}{n}\right]$，…，$\left[\frac{i-1}{n},\frac{i}{n}\right]$，…，$\left[\frac{n-1}{n},1\right]$，每个小区间的长度为$\Delta x=\frac{1-0}{n}=\frac{1}{n}$。

问题2：把区间进行分割的目的是什么？若把区间$[a,b]$等分成n个小区间，则每个小区间的长度如何计算？

设计意图：让学生明白，分割的目的是在局部实施“以直代曲”；让学生掌握计算小区间长度的方法$\frac{b-a}{n}$，是为后面抽象一般化的表达式做好准备。

问题3：实施“以直代曲”的基本原则是使误差尽可能的小，怎样才能减小误差？

设计意图：让学生清楚，“以直代曲”是一种“近似代替”，要使这种“近似代替”尽可能地精确，必须保证每个小区间的长度$\Delta x\to 0$。

问题4：在分割区间时，是否可以“任意分割”？

设计意图：让学生明白，当分割所得的每个小区间的长度$\Delta x\to 0$时，“等分”和“任意分割”是等价的。（电脑演示两种分割）

第二步，近似代替。教材的设计是：对每个小曲边梯形，实施“以直代曲”，用矩形的面积$\Delta S'_i(i=1,2,\cdots,n)$近似代替小曲边梯形的面积$\Delta S_i$，即$\Delta S_i\approx\Delta S'_i=f\left(\frac{i-1}{n}\right)\cdot\Delta x(i=1,2,\cdots,n)$。教学时，若直接按教材的方式处理，学生必然会产生两个疑惑：一是用梯形的面积代替曲边梯形的面积不是更精确吗？为什么要用矩形面积做近似代替呢？二是即使用矩形的面积做近似代替，若矩形的高取$f\left(\frac{i}{n}\right)$或$f(\xi_i)$，$\xi_i\in[0,1]$，则哪个结果更合理呢？基于这样的考虑，笔者在设计这个环节时，没有做过多的引导，而是放手让学生讨论：怎样实施“近似代替”？然后根据学生讨论的方案分析，采用哪种方案更为合适。

【教学设计】

问题1：实施"以直代曲"的目的，就是要寻找一个直边图形的面积能够近似代替小曲边梯形的面积。请大家讨论：怎样实施"近似代替"？

设计意图：让学生了解"近似代替"有哪些方法，并通过比较做出选择。在区间$\left[\frac{i-1}{n},\frac{i}{n}\right]$$(i=1,2,\cdots,n)$上的小曲边梯形的面积$\Delta S_i$有下面四种近似代替的方案(图3.10.5)：

方案1：用矩形面积代替，其中矩形的高为$f\left(\frac{i-1}{n}\right)$，即$\Delta S_i\approx\Delta S'_i=f\left(\frac{i-1}{n}\right)\cdot\Delta x=\left(\frac{i-1}{n}\right)^2\cdot\frac{1}{n}$；

方案2：用矩形面积代替，其中矩形的高为$f\left(\frac{i}{n}\right)$，即$\Delta S_i\approx\Delta S'_i=f\left(\frac{i}{n}\right)\cdot\Delta x=\left(\frac{i}{n}\right)^2\cdot\frac{1}{n}$；

方案3：用矩形面积代替，其中$\xi_i\in\left[\frac{i-1}{n},\frac{i}{n}\right]$，即$\Delta S_i\approx\Delta S'_i=f(\xi_i)\cdot\Delta x=(\xi_i)^2\cdot\frac{1}{n}$；

方案4：用梯形面积代替，即$\Delta S_i\approx\Delta S'_i=\frac{1}{2}\left[f\left(\frac{i-1}{n}\right)+f\left(\frac{i}{n}\right)\right]\cdot\Delta x=\frac{i^2+(i-1)^2}{2}\cdot\frac{1}{n^3}$。

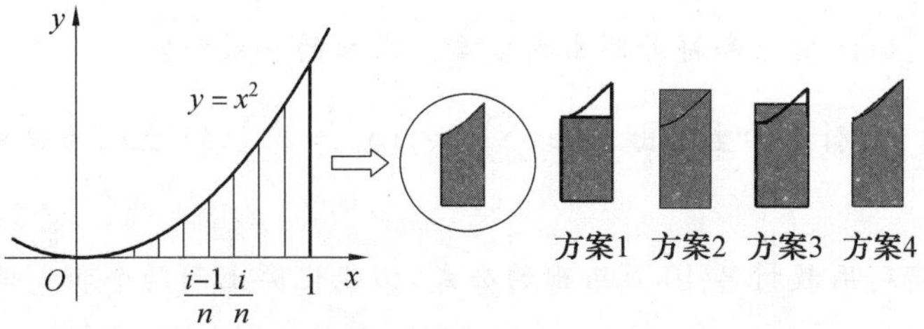

图3.10.5

问题2：当$\Delta x\to 0$时，这四种近似代替方案是否一致呢？哪种方案计算面积更简便？

设计意图：引导学生对照图形直观地分析：当小区间的长度$\Delta x\to 0$时，函数$y=x^2$在区间$\left[\frac{i-1}{n},\frac{i}{n}\right]$上的函数值变化很小，此时，用上述四种方案做近似代替是等价的，而计算梯形的面积比较麻烦，因此，一般选择方案1和方案2做近似代替比较方便，而方案3更具有一般性。

第三步，求和。笔者认为，这一步重点要解决好两个问题：第一，加强对求和符号的教学。学生在之前的学习中，对求和符号的接触很少，直接运用求和符号表示面积的和，虽然简洁，但很抽象，会给学生理解问题增加难度，因此，在教学时，要调整教材的顺序，即要先写和式，再用求和符号表示和式；第二，引导学生求和与化简变形。利用教材第40页"补白"中给出的公式直接求 n 个数的平方之和，并对结果进行化简变形，以便于求当 $x=3$ 时，曲边梯形面积 R 的值。

【教学设计】

问题1：用方案1或方案2做近似代替比较方便，你能用这两种方案近似地表示出曲边梯形的面积 S 吗？

设计意图：引导学生求和，近似地表示出曲边梯形的面积 S。

由方案1得

$$S \approx f(0)\cdot\Delta x + f\left(\frac{1}{n}\right)\cdot\Delta x + \cdots + f\left(\frac{n-1}{n}\right)\cdot\Delta x$$
$$= \frac{1}{n^3}[1^2 + 2^2 + \cdots + (n-1)^2]$$

由方案2得

$$S \approx f\left(\frac{1}{n}\right)\cdot\Delta x + f\left(\frac{2}{n}\right)\cdot\Delta x + \cdots + f(1)\cdot\Delta x = \frac{1}{n^3}[1^2 + 2^2 + \cdots + n^2]$$

问题2：你能用求和符号表示这两个式子吗？

设计意图：引导学生回忆求和符号，体会抽象的数学符号给数学表达带来的方便。

问题3：你能用求和符号写出由方案3求出的和式吗？

设计意图：引导学生写出 $S \approx \sum_{i=1}^{n} f(\xi_i)\Delta x = \sum_{i=1}^{n} (\xi)^2 \Delta x$，为建构定积分概念做准备。

问题4：利用教材第40页给出的公式，你能化简上面两个和式吗？

设计意图：引导学生得出：① $S \approx S' = \frac{1}{3}\left(1-\frac{1}{n}\right)\left(1-\frac{1}{2n}\right)$；② $S \approx S' = \frac{1}{6}\left(1+\frac{1}{n}\right)\left(2+\frac{1}{n}\right)$。为下一步取极限做准备。

第四步，取极限。教材的设计是：对和式取极限，即得曲边梯形的面积 S；然后用图形和数据表，动画演示"逼近"的过程，让学生直观感知。

由于学生的认知是先从感性认识，再到理性认识的，为此，笔者对这一环节的教学做了如下改动：第一，根据上面①与②两个式子，对 n 由小到大进行赋值(可以给出表格)，让学生用计算器计算面积的近似值，引导学生观察数据的变化趋势；第二，用多媒体动画演示图形和数据“逼近”的过程，让学生直观感受；第三，引导学生对①与②两个和式分别取极限，得到曲边梯形的面积值；第四，运用“左右夹逼”法，推导由方案3得到的和式的极限值，为概念建构做准备。学生通过填写表格、动画演示、理论计算，会发现三者是如此的和谐统一，从而对用“以直代曲”和“逼近”的思想解决问题的神奇作用感到信服，也再次感受了数学的威力！

【教学设计】

问题1：根据上面①与②两式，请你用计算器填写下表(表3.10.1)，你发现有什么变化趋势吗？

表3.10.1

区间[0,1]的等分数 n	由和式①得到的近似值 S_n	由和式②得到的近似值 S_n
8		
32		
256		
1 024		
2 048		

设计意图：通过动手操作，引导学生从数据上发现变化趋势。

问题2：现在我们用电脑演示“逼近”的过程，你能用语言描述这个过程吗？

设计意图：通过图3.10.6的动画演示(并配有数据变化框)过程，让学生直观感受“以直代曲”和“逼近”的思想，以及运用这种思想求曲边梯形面积的合理性。

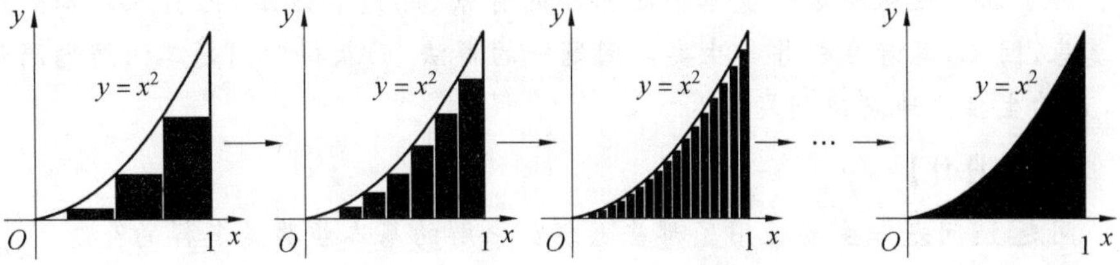

图3.10.6

问题3：当 $n\to\infty$ 时，由①与②两个式子即得曲边梯形的面积，你能写出表达式并求出这个值吗？

设计意图：引导学生用极限形式写出表达式，并得出其值为 $\frac{1}{3}$。由于有导数概念的学习经验，学生对这一过程能够独立完成。

问题4：若对方案3求得的和式$S\approx\sum_{i=1}^{n}f(\xi_i)\Delta x=\sum_{i=1}^{n}(\xi)^2\Delta x$取极限，其值是否也为$\frac{1}{3}$呢？

设计意图：引导学生借助几何直观，运用“左右夹逼”的方法进行理论推导：

由$\xi_i\in\left[\frac{i-1}{n},\frac{i}{n}\right]$，得$f\left(\frac{i-1}{n}\right)\leqslant f(\xi_i)\leqslant f\left(\frac{i}{n}\right)$，有

$$\sum_{i=1}^{n}f\left(\frac{i-1}{n}\right)\cdot\Delta x\leqslant\sum_{i=1}^{n}f(\xi_i)\cdot\Delta x\leqslant\sum_{i=1}^{n}f\left(\frac{i}{n}\right)\cdot\Delta x$$

从而$S=\lim\limits_{\Delta x\to 0}\sum_{i=1}^{n}f(\xi_i)\Delta x=\frac{1}{3}(i=1,2,\cdots,n)$。获得这个特殊和式极限的表达式，为下面一般化做铺垫。

问题5：你能总结一下求“由函数$y=f(x)(f(x)\geqslant 0)$和直线$x=a,x=b$，$y=0$围成的曲边梯形面积”的一般步骤吗？这个曲边梯形的面积可以写成怎样的一个表达式？

设计意图：抽象概括出求曲边梯形面积的“四步曲”和特殊和式的极限表达式，为定积分概念的建构做好铺垫。

(二) 背景二：汽车行驶的路程

求变速直线运动物体的路程也是定积分概念的一个重要的背景。教材给出了问题：汽车做变速直线运动，在时刻t(单位：h)的速度为$v(t)=-t^2+2$，那么它在$0\leqslant t\leqslant 1$这段时间内行驶的路程s(单位：km)是多少？(以下简称“问题二”)

问题二的背景虽然与问题一不同，但解决问题时所运用的思想方法是相同的。为了让学生从中进一步体会定积分的背景、思想和方法，为引入定积分概念奠基，因此，笔者在引导学生类比问题一的解法，而获得对问题二的解题思路后，让学生独立地解决问题二。

【教学设计】

问题1：问题一主要运用了哪些思想？求解的基本步骤是怎样的？

设计意图：引导学生回顾“以直代曲”和“逼近”的思想，以及“四步曲”。

问题2：问题一与问题二有相似之处吗？

设计意图：引导学生找出两个问题的相似点，从而实施类比解决问题。

问题3：你能叙述一下求解步骤吗？

设计意图：通过类比，运用“四步曲”求解问题：① 分割：将区间[0,1]等分成n个小区间；② 近似代替：在每个小区间上，速度值的变化很小，可以认为汽

车在这一小段时间上近似地做匀速直线运动,从而可以求得汽车在每一小段时间上行驶路程的近似值;③ 求和:将每段小区间上行驶的路程相加,得到s的近似值;④ 取极限:当n趋向于无穷大时,就得到s的精确值。在这个过程中,局部小范围内实施了"以匀速代变速",这种"以不变代变"的思想很直观、容易理解。

操作:请你写出问题二的求解过程和一般表达式。

设计意图:让学生独立地运用"四步曲"求解问题,并得出表达式 $s=\lim\limits_{\Delta x\to 0}\sum\limits_{i=1}^{n}v(\xi_i)\Delta x$,从而为定积分概念的建构做好铺垫。

(三) 定积分概念的形成

教材的设计是:在研究问题一和问题二的基础上,通过抽象概括引入定积分概念。

如何将教材上静态、冰冷的学术形态的表述,转化为学生容易理解、能够思考的教学形态内容,笔者进行了如下的教学法加工:

第一,让学生经历抽象的过程。通过分离、提纯、简略的抽象过程,引导学生抽象问题一和问题二的共同特征:一是都通过"四步曲"解决问题;二是最终的结果都是求同一种类型的和式的极限;第二,让学生经历概括的过程。引导学生通过抽象出的本质特征,对类似的一般化问题概括其求解过程,为下定义做好准备;第三,让学生自己尝试下定义。通过师生互动交流,进行下定义。有了上述抽象、概括的过程,引出定积分概念已水到渠成;第四,引导学生体会数学的力量。定积分把两个背景和实际意义截然不同的问题的结果,表示成了同样的形式,这显示了定积分的神奇作用,也再一次表明了数学的威力。

【教学设计】

问题1:从问题一和问题二中,你发现它们有什么共同的特征?

设计意图:引导学生抽象出"四步曲"和"特殊类型和式的极限"。

问题2:求解问题一和问题二,都采用了在局部小范围内"以直代曲"、"以不变代变"和"逼近"的思想,这种思想具有普遍意义,类似的问题都可以通过这种思想加以解决,你能概括一下如何求函数 $y=f(x)$ 在区间$[a,b]$上特殊类型和式的极限吗?

设计意图:引导学生根据上一问抽象出的内容,概括出解决一般化问题的过程。

问题3:在数学中,我们把这种特殊类型的和式的极限$\lim\limits_{n\to\infty}\sum\limits_{i=1}^{n}\dfrac{b-a}{n}f(\xi_i)$,叫作函数 $f(x)$ 在区间$[a,b]$上的定积分。你能给定积分下一个定义吗?

设计意图:让学生通过自己的理解,尝试给数学概念下定义,以培养学生抽象概括和符号语言表达能力。下定义的过程不是一次完成的，是在师生之间的互动中不断完善的。

问题4：你知道符号$\int_a^b f(x)\mathrm{d}x$的含义吗？你知道它是怎样被发明出来的吗？

设计意图：培养学生的符号意识和学习情感，让学生了解一点数学史。莱布尼兹发明了定积分符号，他把求特殊类型和式的极限的过程用一个拉长的$\sum$符号代替，把$\frac{b-a}{n}$用符号$\mathrm{d}x$代替，就得到定积分的表达式$\int_a^b f(x)\mathrm{d}x$。

应该说，定积分的概念进入高中数学课程以后，给数学教学增加了很大的难度。从高中学生的年龄特征和认知规律看，理解这样一个复杂的数学概念确实有一定的困难。辩证地看，这也为高中数学教师进行相关的教学研究提供了一个很好的平台，笔者的这一次尝试，目的在于抛砖引玉、切磋交流。

【教学反思】

概念、原理教学如同是一个科学的发现过程，设计一个合理的思维情境，师生共同体验一个数学概念、原理的形成过程和应用过程，培养学生的科学探索精神，学会表达、学会思考、学会质疑、学会选择、学会变通，这是数学教学的崇高目标。

1. 在概念、原理的形成过程中学会表达

数学语言是学习数学的一个重要组成部分，它既是数学知识的载体，又是数学思维的工具，因而数学语言的理解和熟练使用是学好数学所必需的。事实上，学生学习数学时，遇到的很多困难都是由于不能理解数学语言的意思和不能正确用数学语言表达而引起的。因此在概念、原理教学中，理应充分挖掘概念、原理背后的科学发现的背景；在引领学生形成概念、原理的过程中，以问题链的形式将概念的产生过程逐步呈现；通过问题链的逐一解决，在规范学生的语言表达过程中一方面体会数学语言的魅力，另一方面得到思维能力的提高、思维品质的优化、数学核心素养的提升。

2. 在概念、原理的探究过程中学会思考

学会思考是数学学习中最重要的环节，更是学生数学学习的一种能力。创设问题情境，引领学生经历概念、原理的生成过程，本质在于揭示事物的矛盾或引起主体内心的冲突，打破主体已有的认知结构的平衡，从而唤醒思维，激发内驱力，引动探索研究的动机，使学生进入问题者的“角色”，真正“卷入”学习活动之中。所谓创设问题情境，就是指教师精心设计一定的客观条件，如提供信息材料、设置疑问、障碍、迷局、矛盾等，使学生面临认知冲突，造成认知失衡的状态，从而激发学生疑惑、惊奇、诧异的情感，进而产生一种积极探究的愿望。

3. 在概念、原理辨析过程中学会质疑

学会质疑能够培养批判性思维能力。批判性是思维活动中独立发现和批判的程度。是循规蹈矩、人云吾云，还是独立思考、善于发问，这是思维过程中一个很重要的品质。思维的批判性品质来自于对思维活动各个环节、各个方面进行调整、校正的自我意识，正是有了批判性，人类才能够对思维本身加以自我认识，也就是人类不仅能够认识客体，而且也能够认识主体，并且在改造客观世界的过程中改造主观世界。

4. 在概念、原理的应用过程中学会选择

学会选择能够培养思维的广阔性和深刻性。思维的广阔性是指对一个问题能从多方面考虑，具体表现为对一个事实能做多方面的解释，对一个对象能用多种方式表达，对一个题目能想出各种不同的解法。在数学学习中，注意多方位、多角度的思考方式，拓宽解题思路，可以促进学生思维的广阔性。思维的深刻性是指思维活动的抽象程度和逻辑水平，以及思维活动的深度和难度。首先透过现象看本质，能否透过表面现象，洞察数学对象的本质及联系，是思维深刻与否的主要表现。很多的数学问题条件关系比较隐蔽，如果只看问题的表面是无从下手的。因此在数学学习中，要进行由表及里的思索，抓住问题的本质和规律。

5. 在概念、原理的深化过程中学会变通

学会变通能够培养思维的敏捷性和灵活性。思维的敏捷性是指思维活动的速度，它反映了智力的敏锐程度。思维的灵活性是指能随事物的变化而随机应变的及时性，以及不过多地受思维定式的影响，善于从旧的模式或通常的制约条件中摆脱出来。没有发展思维的敏捷性和灵活性，就有可能使思维倾向于某种具体的方法和方式，片面地追求分析问题和解决问题的程式化或模式化，产生思维的惰性。敏捷、灵活的思维表现为针对知识的运用自如，善于变通和调整思路。善于运用辩证思想进行具体问题具体分析是思维敏捷性和灵活性的重要表现。

第 11 节　如何进行高三复习教学

高三数学复习教学是使学生深入理解和巩固所学数学知识的重要方式，是提高学生数学素养的重要过程。高三数学复习教学既应使学生对所学知识分门别类地归纳、巩固、熟练，使之系统化，更应使学生侧重把握知识的内在规律，提高思维品质，提高发现和提出问题、分析和解决问题的能力。高效率的高三数学复习教学必须是“教得有效，学得轻松，考得满意，素养提升”。那么，怎样才能做到高三数学复习教学的高效率呢？笔者认为，教师必须深入理解以下十个关键词。

一、两纲一题

“两纲一题”是指课程课标、《中国高考评价体系》和数学高考试题。教师只有认真研究“两纲一题”，才能明确复习方向，提高复习教学的针对性。

1.《普通高中数学课程标准(2017 年版 2020 年修订)》是数学教学、高考命题的主要依据

新课程方案实施“一标多本”(即同一课标下的多种版本教材)，不同版本的教材尽管是在课程标准的统一要求下，但是差别很大。高考命题并不是以某本教材为依据，而是以课程标准为基本依据，课程标准规定了高考命题的内容和范围。因此，高三复习教学应该“以标施教”，即依据课程标准来制定复习目标，把握教学要求，掌握复习的深度和广度，并选择恰当的教法加以落实。

2.《中国高考评价体系》是高考命题方式的主要依据

在课程标准规定的数学课程内容和范围内，高考依据《中国高考评价体系》设计高考试卷，进行数学命题。高考评价体系主要由“一核”“四层”“四翼”三部分内容组成。其中“一核”为核心功能，即立德树人、服务选才、引导教学，是对素质教育中高考核心功能的概括，回答“为什么考”的问题，又是使高考内容改革始终坚持正确方向、不断巩固和提升高考为国选才育才水平的前提和根本保障；“四层”为考查内容，即核心价值、学科素养、关键能力、必备知识，是素质教育目标在高考中的提炼，回答“考什么”的问题；“四翼”为考查要求，即基础性、综合性、应用性、创新性，是素质教育的评价维度在高考中的体现，回答“怎么考”的问题。同时，高考评价体系还规定了高考的考查载体 —— 情境，以此承载考查内容，实现考查要求。

高考评价体系将应考查的素质教育目标凝练为“核心价值、学科素养、关键能力、必备知识”的“四层”考查内容。在“四层”的构建中，“核心价值”指明立德树人根本任务，起到方向引领作用；“学科素养”承接核心价值的方向引领，统摄关键能力与必备知识；“关键能力”是支撑和体现学科素养要求的能力表征；“必备知识”是培养能力、达成素养的基础。“四层”紧密关联，构成有机整体，使素质教育目标在高考中得到系统的体现。

高考评价体系确立了符合考试评价规律的三个方面的关键能力群：第一方面是以认识世界为核心的知识获取能力群；第二方面是以解决实际问题为核心的实践操作能力群；第三方面是涵盖了各种关键思维能力的思维认知能力群。根据高考的特征，高考评价体系将这三个方面关键能力的发展水平作为主要考查内容，以区分学生综合能力水平的高低，引导基础教育对学生综合能力的培养。根据学科特点和高考规律，高考数学考查关键能力主要体现在“阅读理解、信息整理、批判性思维和语言表达”四个方面的能力。

“四翼”考查要求一方面体现了高校在人才选拔中对学生素质进行评价的要求，另一方面也对普通高中学业质量达标水平、学生核心素养达成水平以及高中素质教育发展水平在高考评价中做出了解读。因此，“四翼”既是落实高考“服务选才”功能的着力点，又是发挥高考“引导教学”功能的抓手。

“两纲”是高三数学教师案头的工具性资料，在平时的备课中要认真研究它、遵循它、把握它。脱离了“两纲”的复习往往会偏离方向，会导致复习教学“深入有余，浅出不足”的针对性不强问题。

3.“高考试题”是高考要求的具体体现，它能够折射出高考考查的方向、趋势、深度和广度

教师通过研究“考题”可以明晰复习方向。那么，怎样研究“考题“呢？首先，教师要独立做。通过做“考题”能够品味命题的理念，感受考查的意图，评价考题的优劣，洞察高考的深度和广度，从而提高复习选题的针对性，防止出现片面追求偏、难、怪的现象。其次，教师要善于做横向对比研究。每年的高考过后都有多套数学试卷呈现在我们面前，教师要善于比较这些试卷，对不同试卷中相同知识领域的试题做对比分析，找差别、找共性、找联系、找特点，这样复习教学的目标才会更明确，复习的思路才会更开阔。再次，教师要善于做纵向对比研究。对近三年(甚至更往前)来的高考数学试题，要进行重点研究，最好把相同省份的多份试卷放在一起进行对比研究，找趋势，找方向，找规律，据此，可排查出高考的重点、难点、热点、冷点，从而进一步提高复习的针对性和有效性。

二、主体意识

德国教育家第斯多惠指出：“教育艺术的本质不在于传授，而在于激励、唤醒、鼓励。”学生是复习教学的主体，是教学活动最具有灵性的生命体。数学复习教学要做到高效，就必须激励、唤醒每个学生的自主学习意识，充分发挥主体能动性，努力转变学习方式。为此，教师应当设计合理的展现与暴露、激励与强化等策略，引导学生学会提问、积极思考、质疑问难。课堂上要给学生留下充分思考问题的时间，培养他们多动脑、勤动口、爱动手的良好学习习惯，坚决杜绝一讲到底、满堂灌的现象，切实把学生学习的积极性、主动性调动起来，让他们在自主学习、合作交流、主动参与的基础上，丰富学习体验，提升学习能力。

三、回归课本

在高三数学复习中，我们常常看到这样的现象：扔掉课本，重视资料。很多教师带领学生以一本复习资料为主，再辅之以学案来进行复习，而把课本完全抛开，这种做法是不可取的。

几乎每年高考结束，笔者都对高考数学试题的“来源”做调查，发现大部分试题在课本中都能够找到它们的“影子”。在复习时，如果能够紧紧抓住“题根”，把课本上的典型题(题根) 真正弄懂弄透，那么学生在高考中是能够取得好成绩的。笔者给出的建议是复习一定要带领学生研究课本，特别是在一轮复习中，要把课本中知识的生长过程、蕴含的思想方法、典型例题、习题的功能、变式挖掘等认真做好，然后再拓展延伸，就一定能够有理想的复习效果。

怎样回归课本?

回归课本绝不是“烫剩饭”，而是通过回归课本，来不断地厘清和把握数学知识结构，不断地形成和完善对数学思想方法的认识和理解，不断地提升综合应用能力。

回归课本要做好四点：一要引导学生再现重点知识的形成和发展过程，特别是在这一过程中所产生的数学思想方法，一定要引导学生提炼；二要引导学生理清高中数学知识的主线，透彻地掌握知识结构，熟记数学概念、公理、定理、性质、法则、公式，使之烂熟于心；三要做透课本中的典型例题、习题，要善于用联系的观点研究课本题的变式题；四要善于在高考题中寻找课本题的原型，在课本中寻找高考题的“影子”。只有立足基础，回归课本，才能以不变应万变，提高复习效率。

四、夯实基础

“夯实基础”是高三数学复习中一个老生常谈的话题，那么在高中数学中，究竟哪些属于“基础”？怎样夯实基础？这是教师必须要弄清楚的两个问题。

笔者认为，高中数学中的“基础”主要是指数学概念和数学原理(如公理、定理、性质、法则、公式等) 等数学知识，以及在知识形成与发展过程中所产生的基本数学思想、方法和技能等。“夯实基础”就是夯实“四基”(基础知识、基本技能、基本思想方法和基本活动经验)。在复习中，要以高中数学的知识点为中心，以主干知识为线索，以“两纲”为依据，通过一定数量的练习，进行横向归纳，纵向对比，瞻前顾后，前挂后联地统摄整理，让学生熟练地把握好每个知识点的内涵与外延，了解知识间的内在联系，掌握基本数学思想、方法和技能，使其在头脑中有序储存，以便考试时检索与应用，从而提高解决问题的本领。

1.“夯实基础”要注重创新

有些教师误认为让学生对学过的知识进行系统地回忆、再现就可以夯实基础，所以往往把复习搞成了简单重复，温故有余，知新不足，从而无法激发学生的学习兴趣，常常使课堂沉闷，效果不好。因此，复习时教师要注意创设情境，来激发学生的学习兴趣。如,可以通过典型练习引导学生梳理知识;可以通过“问题导学”的方式在教学案上设置问题串,引导学生自主学习等。

2.“夯实基础”要注重应用

数学复习离不开解题,脱离了解题谈“夯实基础”,如同“纸上谈兵”。“夯实基础”必须要引导学生做一定数量的针对性强的数学题才能实现,要让学生通过“应用”,来实现巩固基础、开阔思路、领悟规律的目标。

3.“夯实基础”要突出重点

全面复习是夯实基础的基本要求,对课程标准中规定的知识点都要全面细致地复习,不能有任何遗漏,因为任何一个知识点都有可能考到。但是全面复习并不等于对所有知识点的复习要进行平均使用力量,也要有主次之分,具体情况要根据课程标准对能力的要求。

五、培养能力

“培养能力”也就是要求学生对知识不能仅停留在掌握的水平,而应该达到灵活应用。培养能力是保障高考取得高分的基础和前提。要培养能力需要在以下几个方面狠下功夫。

1. 在精讲多练中培养学生独立探索能力

“精讲”是指讲重点、讲难点、讲疑点、讲考点,但讲要注意“度”,对于用已有知识能解决的内容和问题,一定要安排学生独立探索,切忌包办代替。“精练”是指练典型题、练技巧题、练多错题,通过练习促进学生知识的深化、活化、内化。练习是复习的重要环节,基础知识的巩固和解题速度的提高都是在解题中练出来的。教学中要注意发挥高考题的示范性、导向性,要善于把典型高考试题、高考模拟题采用归类、拆分、变式的方法编制成题组,以供例题教学和学生练习使用,可有效地培养学生的探索能力。

2. 在创新情境中培养学生学会解决新问题的能力

综观近年的高考数学试卷,容易发现有很多“新问题”,情景新、题型新、设问新、方法新。教学中一定要认真培养学生解决新问题的能力,解决新问题的能力就是“从无到有”的探索能力和创造意识。要培养学生在陌生的情境下,从题意的挖掘开始,一步一步找到解决问题的途径,学会从不知到知,从不懂到懂,从不会到会,从不明白到明白的“从无到有”的探索方法。

3. 在训练反思中培养学生的综合应用能力

从近年的考题看,单知识点的考题几乎不多见,而“注重综合”是命题的基本趋势。因此,高考复习必须通过强化综合训练,来培养学生的综合应用能力。强化训练的一个最大误区就是“题海战术”，为了避免让学生“掉入”题海，一个高效的举措就是强化学生的反思意识，引导学生学会反思，养成良好的反思习惯。解题后反思：深化对问题的理解，探究解题规律，进一步进行思维发散和内敛，形成解题思维模式，达到做一题，明一理，迁移一片，解决一类的目的，从而真正跳出题海；考试后反思：对错题做出深入分析，找出错因，对症强化；阶段性反思：对出现的问题做出阶段性总结，看哪些“病症”已“痊愈”，哪些“顽症”还未根除，哪些是新“病症”，等等，从而不断消除复习中的疑点和盲点，达到“会的保证对，错的不二错”；教师反思：弄清学生学习上的软肋，及时进行教学补偿和复习思路的调整。

六、精选习题

“学生的能力是练出来的，不是讲出来的”，这是多年来大家达成的共识。如何对学生进行有效的练习，精选习题是关键。选题一定要紧紧围绕知识目标，不选偏题、难题和巧题，严格控制教学和训练中例题、习题的难度，夯实紧扣基础知识的题型，并通过回顾反思达到领会知识、畅通思路、形成通法、提高悟性的解题目标。精选习题要遵循以下几个原则：

1. 依据学情原则

选择的例题、习题的难度要根据班级学生的实际情况而定，目标定得要准，过高学生“吃不了”，过低学生“吃不饱”，也达不到高考的考查要求。基础题、中等难度的题目要多选，要增加小灵活、小技巧、小综合性题目，对思维跨度大或知识综合跨度大的题目要适当地选，要引导学生见识一定量的中等难度的创新题。通过精选习题，把“两纲”的理念逐步落实在常规的训练之中。

2. 创编结合原则

数学习题的选编需要原创与改编相结合，一方面要继承传统的经典试题对知识与能力考查研究的精华，另一方面要体现数学习题的创新是对传统习题的扬弃与发展。

3. 教材为根原则

教材中的例题、习题是众多教材编写者集体智慧的结晶，这些题目中有的是以往高考题的改编，有的是原创，有的是对教材中知识点的补充与延伸，可以说，教材中的例题、习题是高考的“母题”，是高考试题的主要生长点，是“根”。因此，一定要把教材中的例题、习题让学生弄懂、弄透，融会贯通。

4. 开放性原则

增强试题的开放性是近两年高考数学命题的一个明显趋势。开放性试题倡导学生从不同的层面和角度，多途径、多方法创造性地解决问题，解答过程能充分顾及学生的知识背景、认知水平及兴趣爱好，使每个学生的优势领域、潜能和创新思维都得到充分发挥，让不同的学生都能展示其独特的个性品质，感受到不同程度的成功喜悦。因此，复习时要注意选题的开放性，适度增加开放性训练题。

七、规范训练

“会而不对，对而不全”是高考中常有的现象。导致这一现象的主要原因是学生眼高手低、粗心大意。要让学生克服这一点，必须在平时训练中培养学生科学严谨的学习态度，善于关注学习细节，学会准确表述数学概念、原理，以保证算法合理、推理严谨，从而才能保障高考长分。为此，教师要通过表率作用和严格要求来规范学生的学习行为习惯。

1. 要狠抓规范意识养成

教师要规范自己的教学行为，平时教学中对数学术语的表述要准确，对算理、推理和符号的书写要科学规范，教师的身体力行、示范表率，将对学生产生潜移默化的影响。对平时学生出现的不规范之处要及时诊断、纠正、收集、整理，展示非知识性错误集锦，进行跟踪辅导，甚至进行规范专题训练。

2. 要狠抓审题能力培养

审题粗心大意、能力不强也是造成高考失分的重要因素之一。有些学生平时做题不计其数，但高考时常常不注意审题，单凭感觉（熟悉），而不细审题，主观臆断，或把题干中的信息审不全，或审不出已知中的隐含信息，或没有看清关键字词，从而导致不必要的失分。在平时教学中，一定要严格要求学生认真审题，将题目反复读，直至读懂读透，避免因曲解题意而导致解题错误。

3. 要注重暴露思维过程

很多教师在讲题时，只讲正确的解法，不分析解题思路，不为学生展现思维过程创造条件，从而掩盖了学生学习中存在的问题，长此以往，问题成堆，高考失分也就不足为奇。因此，在复习中，一定要为学生展现思维过程、暴露错误创造条件。如，多让学生板演解题过程，可使学生存在的问题暴露得一清二楚；多让学生讨论，多让他们讲自己的想法，也能暴露出学习的薄弱点。这样的复习才能使学生在知错、纠错的过程中达到规范训练的目的。

4. 要注重强化补偿训练

我们在复习中常常发现，刚刚考过并纠正过错误的题目，再考时学生还出错。原因很简单，就是纠错不彻底所致。实践证明，只简单纠错，不去认真分析错因，没有针对性的补偿强化，学生不会的还是不会，不理解的还是不理解。因此，对出现的错误我们不但要纠正和析因，而且还要通过有针对性的补偿训练进行强化。

八、集体备课

备好课是上好课的前提，充分发挥集体智慧搞好集体备课是大面积提高教学质量的保证。集体备课的重点是依据“两纲”确定复习的深度和广度，制定复习目标，确定复习重、难点，优化复习方法，设计训练题型，落实主体地位，发展学生能力。集体备课的时间和形式可以根据校情而定，总的原则是灵活多样、不拘一格，重在实效，不流于形式。一般来说，集体备课的模式是：由备课组长提前一周安排备课内容，落实主备人，然后由备课组集体对主备人制定的备课进行审理修订，形成教学方案，并发给每一位教师，最后教师再结合本班的具体情况进行二次备课后再使用。这样的备课，既吸纳了集体智慧，又融入了教师个性特长及班级学情，其实效性较强。

九、课堂效率

高三数学复习的主渠道是课堂，课堂教学效率的高低，直接影响教学质量的高低。要提高课堂效率，必须解决好三个问题：

1. 课堂容量问题

一段时期以来，很多教师曲解了“大容量，快节奏，高密度”的实际内涵，产生了满堂灌、填鸭式的课堂。记得一次听课，一位老师将一个综合性很强的例题用多媒体投放了出来，学生还在读题，老师便迫不及待地开始提问，学生当然都不会，于是，这位老师开始点拨思路，然后投放出解题过程让学生看，接下来又投放出一题，同样重复前面的方法，…… 一节课下来，老师共讲了六道综合性很强的大题。自习课时，笔者从这六道例题中任选了一题让学生去做，结果没有一个学生能够完整地做出来，有很多学生干脆一点都不会。由此可见，这样的大容量课堂并不高效，尽管训练的强度和密度都很大，但学生消化理解并不好。因此，课堂教学容量要根据学生的实际情况而定，既要让学生能吃得了，又要让学生吃得饱，教师切不可顾此失彼、主观臆断。

2. 选配例题问题

课堂上配备的例题一定要有梯度，要由浅入深，由易到难。既要有巩固“双基”的基本题，也要有提升能力的综合题。这样才可能达到“夯实基础，培养能力”的训练目标。我们总能看到这样两种极端化的课堂：一种是平淡的基础课，一节课上下来，都是浅显的基础题，没有提升能力的综合题，课堂平铺直叙，没有疑难点、没有探究高潮，这样的课堂学生的综合能力不会有较大的提升；另一种是高难的综合课，一节课上下来，几乎都是难度较大的综合题，学生没有经历从基础到综合的过程，跨越性太大，不利于学生理解和掌握。这两种类型的课都是不得当的。

3. 如何讲题问题

当例题出示以后，教师不应急于跳到前线充当解题前锋，给学生必要的提示或思路点拨，再给出充分的时间让学生积极思考。教师要善于倾听学生的想法，允许论中存异，暂容议中存伪，不轻易否定学生的想法，不强行把学生的思维拉到教师的思维轨迹中来。要通过交流互动、点拨引导让学生自我发现错误、完善思维。解题之后还要注意引导学生进行反思，没有反思，就不会有积淀，更不会有升华。这些“讲题”策略是帮助学生克服“一听就会，一丢就忘，遇新不会”问题的有效方法。

十、三轮复习

1. 第一轮是“基础复习”

根据我们的复习经验，一轮复习一般从学生进入高三开始到次年 1 ～ 3 月份结束，一般历时约 20 ～ 24 周的时间。一轮复习的重点是基础知识、基本技能和基本方法。复习的目标是让学生全面、扎实、系统、灵活地掌握“四基”。一轮复习应以课本为主，资料为辅(或配以教师制定的教学案)。一轮复习要使学生熟练地掌握数学概念和数学原理，熟练掌握常见题型的常规解法(即通性通法)，熟练地掌握课本中知识发生、发展过程中所蕴含的数学思想方法。

一轮复习的主要课型是“基础复习课”。一般采用以下几种模式：

(1)“以题带点”模式。

即通过含有重要知识点的典型习题来呈现相关的知识点，以增强知识之间的融会贯通与理解。这种复习模式重在把隐含在题目中的基础知识从具体问题的情景中抽取、提炼出来，以帮助学生梳理、归纳和理解。其基本流程是：基础练习(用以梳理知识) → 例题教学 → 巩固练习 → 布置作业。这种复习模式的基本思想是“先练后讲”。

【教学实践】

案例：“空间直线与平面平行”一轮复习课

例 1：如图 3.11.1，在棱长为 1 的正方体 $ABCD—A_1B_1C_1D_1$ 中，点 E，F 分别为侧面对角线 AB_1，BC_1 的中点. 求证：EF // 平面 $ABCD$。

学生回顾下列问题：

① 什么是线面平行？(回答线面平行的定义)

② 如何判断线面平行？(回答线面平行的判定方法)

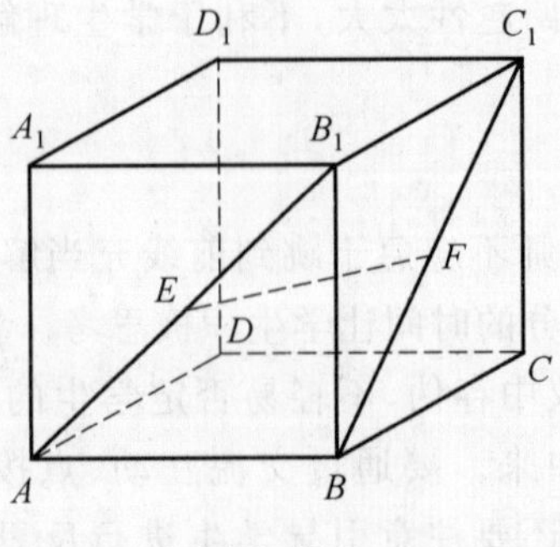

图 3.11.1

③ 由线面平行可以得到什么结论?(回答线面平行性质定理)

④ 你有几种证明方法?(基本技能、基本解题经验)

……

(2)"问题导学"模式。

即课前教师将要复习的内容以问题和习题的形式呈现在教学案上,让学生带着问题回归课本,并把问题解答整理在教学案上;课上通过互动由学生自己来完善对问题的解答。这种复习模式把课堂学习延伸到了课前,能够有效利用教学时间。其基本流程是:课前预习→解答问题→师生互动→解决问题→布置作业。这种复习模式的基本思想是"先学后练,讲练结合"。

【教学实践】

导学案:导数的概念及运算

(一) 知识梳理

1. 导数与导函数的概念;

2. 导数的几何意义;

3. 基本初等函数的导数公式;

4. 导数的运算法则;

5. 复合函数的导数.

【思考辨析】

判断下面结论是否正确(请在括号中打"√"或"×")

(1) $f'(x_0)$ 与 $(f(x_0))'$ 表示的意义相同。(　　)

(2) 求 $f'(x_0)$ 时,可先求 $f(x_0)$ 再求 $f'(x_0)$。(　　)

(3) 曲线的切线不一定与曲线只有一个公共点。(　　)

(4) 与曲线只有一个公共点的直线一定是曲线的切线。(　　)

(5) 函数 $f(x)=\sin(-x)$ 的导数是 $f'(x)=\cos x$。(　　)

(二) 考点自测

1.（教材改编）$f'(x)$ 是函数 $f(x)=\frac{1}{3}x^3+2x+1$ 的导函数，则 $f'(-1)$ 的值为（　　）。

A. 0　　B. 3　　C. 4　　D. $-\frac{7}{3}$

2. 图 3.11.2 所示的为函数 $y=f(x)$，$y=g(x)$ 的导函数的图象，那么 $y=f(x)$，$y=g(x)$ 的图象可能是（　　）。

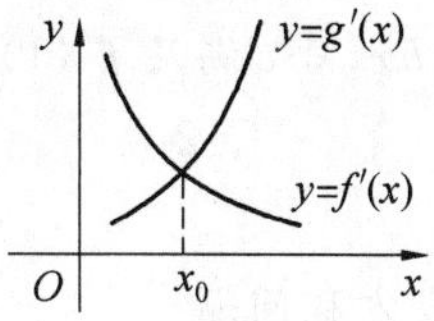

图 3.11.2

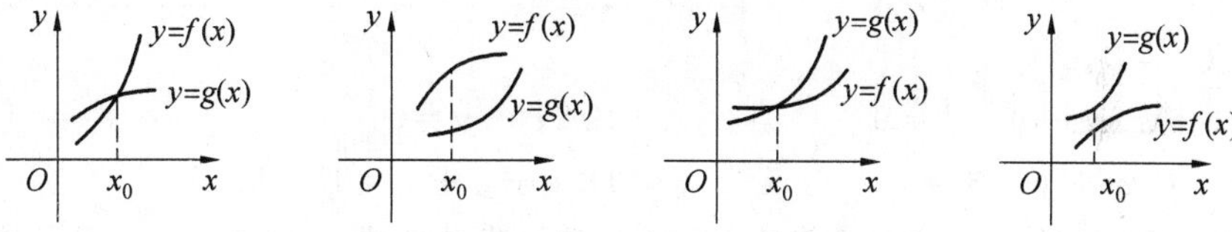

3. 有一机器人的运动方程为 $s=t^2+\frac{3}{t}$（t 是时间，s 是位移），则该机器人在时刻 $t=2$ 时的瞬时速度为（　　）。

A. $\frac{19}{4}$　　B. $\frac{17}{4}$　　C. $\frac{15}{4}$　　D. $\frac{13}{4}$

4. 设函数 $f(x)$ 的导数为 $f'(x)$，且 $f(x)=f'\left(\frac{\pi}{2}\right)\sin x+\cos x$，则 $f'\left(\frac{\pi}{4}\right)=$________。

5. 设曲线 $y=e^x$ 在点(0,1)处的切线与曲线 $y=\frac{1}{x}(x>0)$ 上点 P 处的切线垂直，则 P 的坐标为________。

（三）典型例题

题型一：导数的运算

例 1：求下列函数的导数：

(1) $y=(3x^2-4x)(2x+1)$；(2) $y=x^2\sin x$；(3) $y=3^x e^x-2^x+e$；

(4) $y=\frac{\ln x}{x^2+1}$；(5) $y=\ln(2x-5)$。

思维升华：

(1) 求导之前，应利用代数、三角恒等式等变形对函数进行化简，然后求导，这样可以减少运算量，提高运算速度，减少差错；遇到函数的商的形式时，如能化简则化简，这样可避免使用商的求导法则，减少运算量。

(2) 复合函数求导时，先确定复合关系，由外向内逐层求导，必要时可换元。

跟踪训练1：

(1) $f(x)=x(2\,016+\ln x)$，若 $f'(x_0)=2\,017$，则 x_0 等于(　　)。

A. e^2　　B. 1　　C. $\ln 2$　　D. e

(2) 若函数 $f(x)=ax^4+bx^2+c$ 满足 $f'(1)=2$，则 $f'(-1)$ 等于(　　)。

A. -1　　B. -2　　C. 2　　D. 0

题型二：导数的几何意义

命题点1：已知切点的切线方程问题

例2：(1) 函数 $f(x)=\dfrac{\ln x-2x}{x}$ 的图象在点 $(1,-2)$ 处的切线方程为(　　)。

A. $2x-y-4=0$　　B. $2x+y=0$

C. $x-y-3=0$　　D. $x+y+1=0$

(2) 曲线 $y=e^{-2x}+1$ 在点 $(0,2)$ 处的切线与直线 $y=0$ 和 $y=x$ 围成的三角形的面积为________.

命题点2：未知切点的切线方程问题

例3：(1) 与直线 $2x-y+4=0$ 平行的抛物线 $y=x^2$ 的切线方程是(　　)。

A. $2x-y+3=0$　　B. $2x-y-3=0$

C. $2x-y+1=0$　　D. $2x-y-1=0$

(2) 已知函数 $f(x)=x\ln x$，若直线 l 过点 $(0,-1)$，并且与曲线 $y=f(x)$ 相切，则直线 l 的方程为(　　)。

A. $x+y-1=0$　　B. $x-y-1=0$

C. $x+y+1=0$　　D. $x-y+1=0$

命题点3：和切线有关的参数问题

例4：已知 $f(x)=\ln x$，$g(x)=\dfrac{1}{2}x^2+mx+\dfrac{7}{2}(m<0)$，直线 l 与函数 $f(x)$，$g(x)$ 的图象都相切，且与 $f(x)$ 图象的切点为 $(1,f(1))$，则 m 等于(　　)。

A. -1　　B. -3　　C. -4　　D. -2

命题点4：导数与函数图象的关系

例5：如图3.11.3，点 $A(2,1)$，$B(3,0)$，$E(x,0)(x\geqslant 0)$，过点 E 作 OB 的垂线 l。记 $\triangle AOB$ 在直线 l 左侧部分的面积为 S，则函数 $S=f(x)$ 的图象为下图中的(　　)。

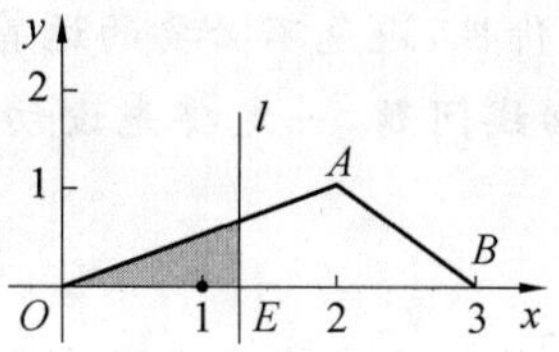

图 3.11.3

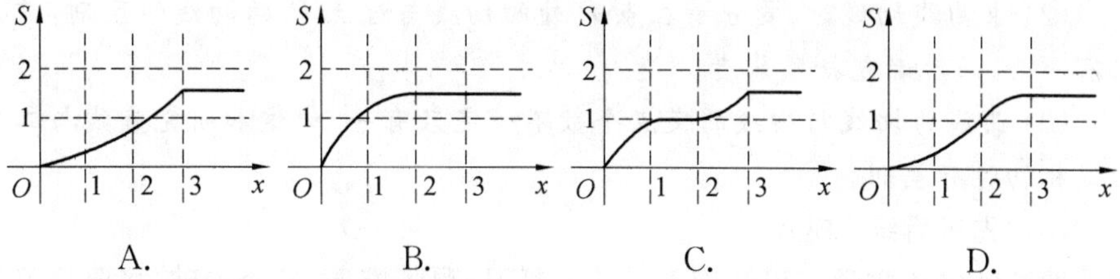

思维升华：导数的几何意义是切点处切线的斜率，应用时主要体现在以下几个方面：

(1) 已知切点 $A(x_0, f(x_0))$ 求斜率 k，即求该点处的导数值：$k=f'(x_0)$。

(2) 已知斜率 k，求切点 $A(x_1, f(x_1))$，即解方程 $f'(x_1)=k$。

(3) 若求过点 $P(x_0, y_0)$ 的切线方程，可设切点为 (x_1, y_1)，由 $\begin{cases} y_1=f(x_1) \\ y_0-y_1=f'(x_1)(x_0-x_1) \end{cases}$，求解即可。

(4) 函数图象在每一点处的切线斜率的变化情况反映函数图象在相应点处的变化情况，由切线的倾斜程度可以判断出函数图象升降的快慢。

跟踪训练 2：(1) 已知函数 $f(x)=3x+\cos 2x+\sin 2x, a=f'\left(\frac{\pi}{4}\right)$，$f'(x)$ 是 $f(x)$ 的导函数，则过曲线 $y=x^3$ 上一点 $P(a,b)$ 的切线方程为(　　)。

A. $3x-y-2=0$

B. $4x-3y+1=0$

C. $3x-y-2=0$ 或 $3x-4y+1=0$

D. $3x-y-2=0$ 或 $4x-3y+1=0$

(2) 若直线 $y=2x+m$ 是曲线 $y=x\ln x$ 的切线，则实数 m 的值为________。

(四) 小结

1. 方法与技巧

(1) $f'(x_0)$ 代表函数 $f(x)$ 在 $x=x_0$ 处的导数值；$(f(x_0))'$ 是函数值 $f(x_0)$ 的导数，而函数值 $f(x_0)$ 是一个常数，其导数一定为 0，即 $(f(x_0))'=0$。

(2) 对于函数求导，一般要遵循先化简再求导的基本原则。在实施化简时，首先必须注意变换的等价性，避免不必要的运算失误。

(3) 未知切点的曲线切线问题，一定要先设切点，利用导数的几何意义表示切线的斜率建立方程。

2. 失误与防范

(1) 利用公式求导时要特别注意除法公式中分子的符号，防止与乘法公式混淆。复合函数的导数要正确分解函数的结构，由外向内逐层求导。

(2) 求曲线切线时，要分清在点 P 处的切线与过点 P 的切线的区别，前者只有一条，而后者包括了前者。

(3) 曲线的切线与曲线的交点个数不一定只有一个，这和研究直线与二次曲线相切时有差别。

(3)“先讲后练”模式。

即教师先从数学知识结构入手切入复习，顺藤摸瓜，各个击破，将要复习的知识点通过师生互动完整地梳理出来，然后进行例题讲解，之后是巩固性练习。其基本流程是：梳理知识 → 例题教学 → 学生练习 → 布置作业。

究竟采用哪种模式好，要根据学情和教学内容而定，一般来说，基础好的班级可以选择“先练后讲”模式（即前两种模式）；基础薄弱的班级可以选择“先讲后练”模式。当然，教学无定法，教师要善于灵活选择教学模式，提倡自我创新，既要用模式去把握教学规律，又不被模式所束缚，切实做到“心中有模式，行中无模式”。

2. 第二轮是“专题复习”

根据我们的经验，二轮复习一般从 3 月初（或中旬）开始到 4 月底结束，历时约 6 ～ 7 周的时间。专题复习的目标是削枝强干，突出重点，加强综合，关注热点，强化训练，提升能力。

专题，顾名思义，是指把专门的题材以课堂教学的方式进行呈现。在数学教学中，一般专题课分为三类：第一类是多数学生存在的疑难问题，其目的是解疑答惑；第二类是每个知识单元结束后，围绕重点知识或本单元核心思想方法设计的具有逆向思维特点的专题课，其目的是复习总结、提升解决问题的能力，培养数学学科核心素养；第三类是到了高三围绕重点知识和典型方法设计的专题课，意在展现数学之美、揭示数学思想方法、感悟数学的哲理。数学之美是一种科学之美、抽象之美、理性之美。数学创造往往表现出简单性、对称性、统一性、谐调性、奇异性，因而，统一、谐调、对称、简洁、奇异及应用是呈现数学美的主要形式。

高三数学专题课主要分为知识专题、思想方法专题和题型专题。“专题”设置要根据高考热点、内容和学情而定，一般来说知识性专题设置的知识跨度要大，综合性要强，以适应“提升能力”的复习目标。比如，设置“统计与概率、三角与向量、立体几何、解析几何、函数与导数、数列”等知识专题；设置“分类讨论、数形结合、函数与方程、转化与划归”等数学思想专题；设置“选择与填空题速解策略”等题型专题。当然，有时根据实际情况也可以不设置“思想方法专题”和“题型专题”，而是把这两类专题要复习的内容有意识地融入“知识性专题”中，因为解题教学必然要讲数学思想方法，必然与题型紧密联系。

专题复习课应在教师指导下，在进一步梳理疑难点的基础上，以典型例题为载体，以数学思想方法的灵活运用为线索，重点研究解题策略，以提升学生的综合运用能力。较为普遍采用的课堂模式是：典型题目练习（目的是梳理疑难点，查漏补缺）→ 例题教学（以类似于高考的中、高档题目为主，目的是梳理解题思路、研究解题方法、训练解题的规范意识）→ 巩固练习 → 布置课后作业。

【教学实践】

课例：给学生的思维插上翅膀
——高三复习中探究椭圆弦长问题的一节变式训练课

我们知道，平面解析几何是培养学生数学能力的重要载体，其核心是运用代数的方法解决几何问题，几何关系与代数之间的转化贯穿于解决问题的全过程。在解析几何综合问题中，学生常常因为图形复杂、条件较多、变化灵活、运算烦琐，而不知该怎样入手求解，或会解而算不对。因此，在高三的平面解析几何复习教学中，应着重帮助学生解决好两个问题：一是解题思路问题；二是过程运算问题。笔者通过教学实践认为，解决学生缺乏解题思路问题的有效方法就是上好变式训练课，本内容就是基于解决学生解题缺乏思路问题的一节典型课例。

本节课以过一个定点的直线与一个椭圆相交为模型，通过直线间垂直、线段相等、线段比例关系、三角形面积、等腰三角形、菱形等几何条件为背景设计变式训练，目的是引导学生在不同的问题背景中，能够将已知的几何条件转化为等价的几何条件，以便转化为简单清晰的代数条件，能用方程的方法求解。其教学目的就是引导学生，当面对生疏的问题时，能够拿起“转化思想”的武器，学会思考解决问题的方法。

（一）教学目标和重、难点

教学目标：通过本节课的复习，进一步培养学生的观察能力，“形”与“数”的转化能力，从而提高分析问题和解决问题的能力，初步解决学生解题时缺乏思路的问题。

教学重点：不同问题背景的思考方法；“形”与“数”的转化。

教学难点：条件的等价转化。

（二）教学过程简录

1. 课题引入

教师："直线与椭圆相交"是高考数学命制解析几何解答题的主要背景，北京卷每年都是以这一背景命制解析几何解答题的。解答这类综合题的基本思路是：根据已知寻找几何条件，用解析几何的基本思想将其转化为代数条件，进而运用方程的思想方法求解。这节课我们来探索直线与椭圆相交时，与弦长有关的综合问题的求解方法。

2. 变式教学

例题：已知过点 $A(3,0)$ 的直线 l 与椭圆 $G: \frac{x^2}{4}+y^2=1$ 相交于点 B,C。

问题1：如图3.11.4，若以 BC 为直径的圆经过坐标原点 O，如何求 $|BC|$？

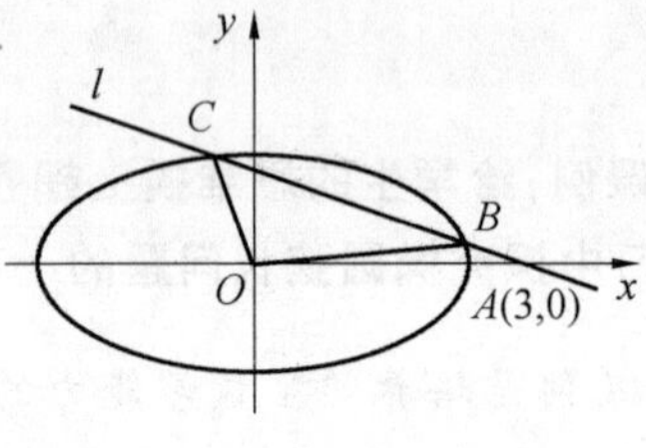

图 3.11.4

教师：问题1中的已知条件描述的是怎样的几何条件呢？

学生（众）：$OB \perp OC$。

教师：再进一步转化呢？

学生（众）：$k_{OB} \cdot k_{OC}=-1$ 或 $\overrightarrow{OB} \cdot \overrightarrow{OC}=0$。

教师：请大家动手求解吧！

（7分钟后找一名学生回答解法）

学生1：设直线 l 的方程为 $y=k(x-3)$，与椭圆方程联立，消去 y，得

$$(4k^2+1)x^2-24k^2x+36k^2-4=0$$

令判别式 $\Delta=-80k^2+16>0$，得 $k^2<\frac{1}{5}$。

设 $B(x_1,y_1)$，$C(x_2,y_2)$，则

$$x_1+x_2=\frac{24k^2}{4k^2+1} \quad ①$$

$$x_1x_2=\frac{36k^2-4}{4k^2+1} \quad ②$$

因为 $OB \perp OC$，所以 $\overrightarrow{OB} \cdot \overrightarrow{OC}=0$，即 $x_1x_2+y_1y_2=0$。

所以 $(k^2+1)x_1x_2-3k^2(x_1+x_2)+9k^2=0$，将①②代入得 $k^2=\frac{4}{41}<\frac{1}{5}$ 符合题意。

从而 $|BC|=\frac{\sqrt{1+k^2}\cdot\sqrt{\Delta}}{4k^2+1}=\frac{4\sqrt{35}}{19}$。

教师：能归纳一下这个问题的解法吗？

学生1：设出直线方程，并与椭圆方程联立，化为一元二次方程，计算判别式，写出根系关系，利用几何条件，列出方程求出参数即得。

教师：很好！本题对于你来说顺利解答的关键是什么？

学生1：……，

教师：你为什么不找圆心、半径，列出圆的方程，再带入原点坐标？

学生：那样太麻烦了！

教师：对了，你很聪明！将几何条件等价转化，有利于将几何关系转化为坐标关系。这是本题的关键也是本节课重点要研究的问题，请看下面的问题。

评：此处教师通过引导，让学生发现并强调“等价转化”是解题的关键，干净利落地突出了主题和重点，不纠缠细枝末节。

问题2：若 $|AB|=|BC|$，如何求 $|BC|$？

教师：问题2中的已知条件可以怎样转化呀？（学生思考）

学生2：B 是 AC 的中点，于是存在坐标关系，即

$$x_2+3=2x_1 \qquad ③$$

③与①联立可求得 $x_1=\frac{12k^2+1}{4k^2+1}$，于是有 $y_1=k(x_1-3)=\frac{-2k}{4k^2+1}$，……（学生2没有了思路）

教师：我们的目标是什么？

学生2：求 k。哦！明白了。由于点 $B(x_1,y_1)$ 在椭圆上，代入椭圆方程即可求出 k。

教师：当我们列出一些未知量的关系式后，不知如何继续的时候，可以数一数这些等量关系中有几个未知量、有几个（独立的）方程，当未知量的个数与方程的个数相等了，那么余下的问题就是怎样简化运算进行求解，这就是方程的思想方法。那本题是否可以用①②③求 k 呀？

（学生顿时恍然大悟）

评：学生2将点 B 的坐标代入椭圆方程求解，其运算是很麻烦的，此处的恰当引导，对培养学生掌握方程思想，提高运算技能，简化运算过程是非常有好处的。

问题3：若 $S_{\triangle OAB}=S_{\triangle OBC}$，如何求 $|BC|$？（学生思考）

学生3：这与问题2是同一个问题！由于点 O 到直线 l 的距离分别是 $\triangle OAB$ 和 $\triangle OBC$ 的底边 AB 和 BC 上的高，所以由两个三角形的面积相等，可得 $|AB|=|BC|$。

教师：是的！虽然这两个问题是相同的，但问题3显然比问题2更具有迷惑性，难度相对要大，解决问题3的难点是能否从面积相等的条件中发现线段长相等。我们再看一个问题：

问题4：若 $|AB|:|BC|=1:2$，如何求 $|BC|$？

教师：条件 $|AB|:|BC|=1:2$ 可以怎么转化？

学生4：用几何法转化，分别过 B，C 向 x 轴作垂线。

教师：行！还有别的方法吗？（学生思考）…… 用向量行吗？

学生4：应该可以！条件 $|AB|:|BC|=1:2$ 可以转化为 $\overrightarrow{BC}=2\overrightarrow{AB}$。

教师：能表示成坐标关系吗？

学生4：能！可得 $(x_2-x_1, y_2-y_1)=2(x_1-3, y_1)$，从而有

$$x_2-x_1=2(x_1-3) \quad ④$$

把④与①联立，可得 $x_1=\dfrac{12k^2+\dfrac{3}{2}}{4k^2+1}$，从而可得 $y_1=\cdots\cdots$，代入椭圆方程即可求出 k。

评：在用几何法把几何条件转化为坐标关系时，很多学生会因为坐标的位置不清而容易算错，为此在这里张老师并没有按照学生的思路进行下去，而是巧妙地引导学生用向量法来探求坐标之间的关系，这对培养学生准确地进行运算有好处。

教师：嗯！很好！下面再看一个问题：

问题5：若 $S_{\triangle OAB}:S_{\triangle OBC}=1:2$，如何求 $|BC|$？

学生(众)：这还是上一个问题！

教师：不错！虽然问题4和问题5是同一个问题，但显然问题5更具迷惑性、更难了！

问题6：如图3.11.5，若点 D 的坐标为 $(0,-1)$，且 $|DB|=|DC|$，如何求 $|BC|$？

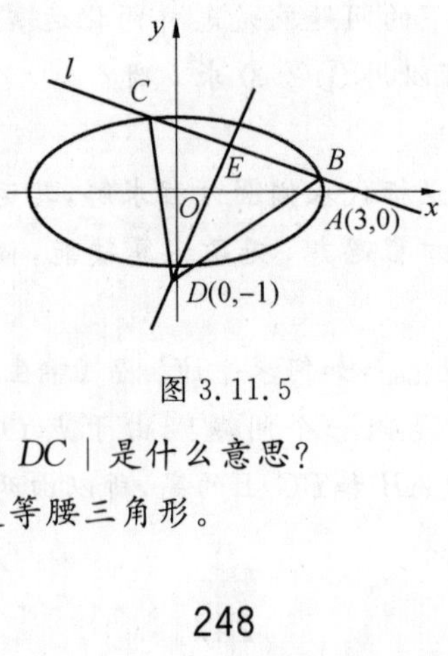

图3.11.5

教师：条件 $|DB|=|DC|$ 是什么意思？

学生(众)：$\triangle BCD$ 是等腰三角形。

教师:“等腰三角形”这个条件应该怎样用呢?

学生5:取 BC 的中点 E,则 $DE \perp BC$。中点可以转化为坐标之间的关系,垂直可以转化为两条垂线的斜率之积为 -1,即 $k_{DE} \cdot k_{BC} = -1$。

教师:能直接这样用斜率的关系吗?要注意什么?

学生5:哦!要讨论:当直线 l 与 x 轴重合时,显然 $|BC|=4$;当直线 l 不与 x 轴重合时,由 $\frac{1}{2}(x_1+x_2)=\frac{12k^2}{4k^2+1}$,$\frac{1}{2}(y_1+y_2)=\frac{-3k^2}{4k^2+1}$,可得 $E\left(\frac{12k^2}{4k^2+1},\frac{-3k^2}{4k^2+1}\right)$。再由 $D(0,-1)$ 可以用 k 表示斜率 k_{DE},而 $k_{BC}=k$,代入 $k_{DE} \cdot k_{BC}=-1$ 即可求出 k。

教师:非常好!一般来说,对几何图形中的“显性条件”(如本题中的 $|DB|=|DC|$ 就是显性条件)不直接使用,而是挖掘“显性条件”中所隐含的“隐性条件”(如本题中的 E 为 BC 的中点,$DE \perp BC$ 等就是隐性条件)进行使用,这往往能简化运算过程。再看一个问题:

评:此处设计比较巧妙:求出的点 E 坐标,还可以在问题7的求解过程中使用,避免了重复运算,节约了教学时间。但是在列方程求 k 的过程中,若能引导学生再运用“点差法”去求 k,则对拓展思维,培养学生灵活运用数学方法的能力非常有好处。没抓住这样一次数学思想方法的教学机会,有些可惜!

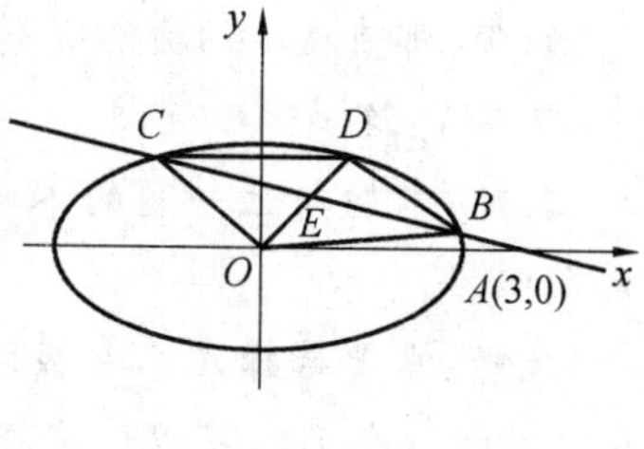

图 3.11.6

问题7:如图3.11.6,在椭圆 G 上能否存在一点 D,使四边形 $OBDC$ 为菱形?若存在,求出 $|BC|$;否则,请说明理由。

教师:这个问题中存在怎样的几何条件?

学生6:对角线的交点 E 为 BC 的中点,且 $OD \perp BC$.

教师:解“存在性”问题时首先应做什么?

学生6:“假设”!假设在 G 上存在点 D,可以使四边形 $OBDC$ 为菱形。然后计算直线 OD 与 BC 的斜率之积是否为 -1。

教师:怎么算呢?

学生6:计算点 E 的坐标,即可得直线 OD 的斜率。

教师(板书,学生说教师写):由问题6中计算出的点 E 的坐标可得 $k_{OD}=\frac{-3k}{12k^2}=-\frac{1}{4k}$,而 $k_{BC}=k$,所以 $k_{OD} \cdot k_{BC}=-\frac{1}{4} \neq -1$,这与假设矛盾,所以 G 上不存在满足题意的点 D。

评:以上各题在同一已知条件下,用不同的几何背景设计了系列问题,目的是培养学生如何从已知中寻找有用的几何条件,如何把几何条件转化为代数关系，进而解决问题。在变式上，问题间的设计由易到难、层次明显，前后的计算可以相互借用，因此，避免了大量的重复性操作运算，为教学节约了时间。

教师：我们来看 2013 年北京理科卷的第 19 题：

如图 3.11.7，已知 B,D,C 三点在椭圆 $G:\frac{x^2}{4}+y^2=1$ 上，D 不是椭圆 G 的顶点，问四边形 $OBDC$ 能否为菱形，请说明理由。

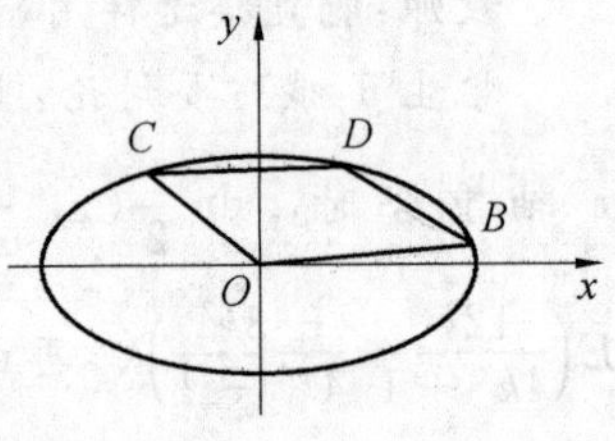

图 3.11.7

教师：这个问题中隐去了直线 l，怎么解决这个问题？

学生 7：方法与问题 6 一样。

教师：那需要选择一条直线，这条直线怎么选？

学生 7：过 B,C 作直线 l 即可。

评：此处若能放手让学生讨论一下为什么要选设直线 BC，而不选设直线 OD，可能对学生进一步理解和掌握运用方程思想进行"形"与"数"转化的方法有帮助。

教师：那直线 l 的方程是什么？

学生 7：这……

教师：本题与上一题的不同点是没有给出点 A，那怎么设直线 l 的方程呢？（无人回答）

教师：需要选择几个参数才可以设出其方程呢？

学生 7：有了！可以设直线 BC 的方程为 $y=kx+m$。

教师（学生说，教师写）：假设四边形 $OBDC$ 能为菱形。设直线 l 的方程为 $y=kx+m$。

由 $\begin{cases}y=kx+m\\x^2+4y^2=4\end{cases}$ 可得 $(4k^2+1)x^2+8kmx+4m^2-4=0$，设 $B(x_1,y_1)$，$C(x_2,y_2)$，则 $x_1+x_2=\frac{-8km}{4k^2+1}$，从而 $y_1+y_2=k(x_1+x_2)+2m=\frac{2m}{4k^2+1}$，于是菱形 $OBDC$ 对角线的交点 E 的坐标为 $\left(-\frac{4km}{4k^2+1},\frac{m}{4k^2+1}\right)$，所以 $k_{OD}=k_{OE}=\frac{m}{-4km}=-\frac{1}{4k}$。

从而 $k_{OD}\cdot k_{BC}=-\frac{1}{4k}\cdot k=-\frac{1}{4}\neq-1$，所以 OD 与 BC 不垂直，假设不成立，即四边形 $OBDC$ 不能为菱形。

教师（很轻松地）：大家看看，其实高考的第 19 题也并不难，只要掌握了方法，就能轻松地把它拿下！

评：问题 7 的设计为这道高考题的顺利解决做了充分的铺垫，也使本节课的难度达到了最高峰。这道高考题的轻松解决，会使学生感到高考的第 19 题也并不太难！这对培养学生学习的自信心，促进学习数学的积极性都是非常有好处的。

3 课堂小结

教师：哪位同学能把这节课学习的内容进行总结归纳？

学生 8：这节课我们学习了直线与椭圆相交构成的综合题的解法。其解题思路是：寻找几何条件，将其转化为代数关系，进而解决问题。其解题的流程是：设出直线方程（若已知给出，则不用再设）；直线方程与椭圆方程联立转化为一元二次方程，设出交点坐标，求出判别式，写出根系关系，再把已知的几何条件转化为数量关系，从而解决问题。

教师：很好！在整个解题过程中，方程思想和转化思想贯穿于始终，能深入挖掘出图形中的几何关系，并进行有效的转化是解题的关键，抓住了这些本质的东西，就可以以不变应万变了。这节课就上到这里。同学们，再见！

（三）综合评述（北京教育学院丰台分院李振雷老师的评课稿）

高三解析几何复习的困难诚如张健老师所说："在解析几何综合问题中，学生常常因为图形复杂、条件较多、变化灵活、运算烦琐，而不知该怎样入手求解，或会解而算不对。"张老师经过深入地思考，精心设计出漂亮又实在的一节课。

说其"漂亮"，是因整节课是在"不变中求变"。七个变式题目都以同一个椭圆与同一条过定点的动直线相交为背景，提出变化多样的几何条件。好处在于省去了列方程、消元、求解判别式、得到根与系数关系等学生熟悉的程序化操作，集中精力思考显现的几何条件中的隐含条件，有利于难点的突破。

说其"漂亮"，还因整节课是在"变中求不变"。七个题目几何条件变化多样，不变的是"转化思想"。这样做有利于学生内化"转化思想"，破除了"只见树木，不见森林"的教学方式，克服了学生对解析几何"变化灵活"的心理障碍。

说其"实在"，是因题目条件简捷，问题明确。尽管题目变式多样，但没有故弄玄虚人为挖坑之嫌，实为大气所在。

说其"实在"，还因其抓住了学生困惑之所在。学生在解解析几何综合题目时，多数学生不清楚如何转化几何条件；列出根与系数关系后对于多个变量的多个等量关系不知所措。这节课的设计打开了一扇门，特别给基础薄弱的学生树立了信心。

说其"实在"，还因其基于学生已有的经验出发。本课的问题 1 几乎所有的学生都能够想到将圆过原点转化为原点到弦的两个端点的连线垂直，但是他们并没有意识到这种转化的普遍意义，认为这只是一种题型。张教师在这里的点评将学生已有的经验提升到"转化思想"的高度,使得学生从简单的题目体会了深刻的道理,可称得上一个"高立意低起点"教学观念的典型范例。

如何进行解题教学是一个高三数学教师常思考、常出新的话题,张老师在教学内容选择上抓住"显现的几何条件与等价几何条件的转化"和"方程思想与简化运算的结合"两个关键点,提高了学生分析问题和解决问题的能力;在教学过程的设计中"一根生万枝",优化了教学过程,提高了课堂效率;这是一节"高立意低起点,讲实效抓落实"高三复习的好课。

听课后的许多生源薄弱校的教师认为:"张老师为我们高三数学教师上了一节示范课,让我们的复习有了信心,对于高考第19题这样的难题,通过张老师这样的复习方式也可以给我们的学生讲了!"

的确,在高三复习教学中,需要有效的复习策略的指导和引领。人们对"高三复习策略"这个话题可以提出精辟深刻的观点,然而"观念性的东西很抽象,容易达成共识,关键是如何将观念落实在行动上。谈到如何具体落实的问题时就会出现分歧,到操作的层面更会出现五花八门,各行其道的现象"。张老师的这节课很好地诠释了高三复习策略——"高立意、低起点;讲实效、抓落实"。

【教学实践】

课例:一节"解题方法"专题课

题目:如图3.11.8,已知椭圆 $C:\frac{x^2}{a^2}+\frac{y^2}{b^2}=1(a>b>0)$ 的离心率为 $\frac{1}{2}$,F 为椭圆 C 的右焦点。$A(-a,0)$,$|AF|=3$。

(1) 求椭圆 C 的方程;

(2) 设 O 为原点,P 为椭圆上一点,AP 的中点为 M。直线 OM 与直线 $x=4$ 交于点 D,过 O 且平行于 AP 的直线与直线 $x=4$ 交于点 E。求证:$\angle ODF=\angle OEF$。

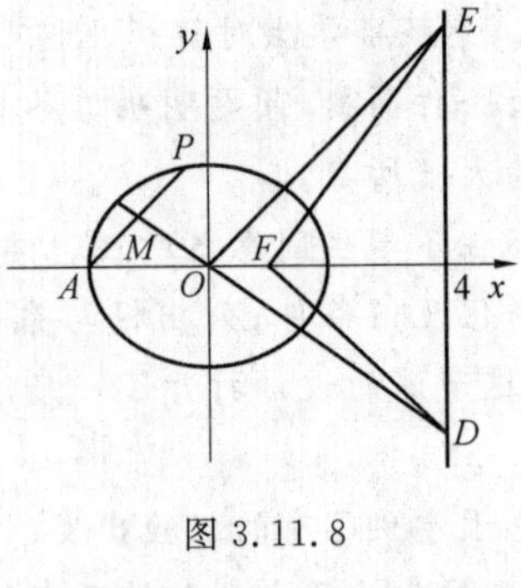

图3.11.8

分析:本题要证明两个角相等,从图中看两个角的位置,于是转化为如何计算两个角的大小问题。

思路一：$\angle ODF=\angle ODE-\angle FDE$；$\angle OEF=\angle OED-\angle FED$。于是在直角三角形中证明两个角的余切值相等即可；

思路二：在$\triangle ODF$和$\triangle OEF$中，运用余弦定理计算$\angle ODF$和$\angle OEF$的余弦值即可；

思路三：证明$OD\perp EF$，$OE\perp DF$即可；

……

解：(1) 设椭圆C的半焦距为c。依题意，得$\frac{c}{a}=\frac{1}{2}$，$a+c=3$，解得$a=2$，$c=1$。

还可得$b^2=a^2-c^2=3$，所以椭圆C的方程是$\frac{x^2}{4}+\frac{y^2}{3}=1$。

(2) 解法1：由(1)得$A(-2,0)$。设AP的中点$M(x_0,y_0)$，$P(x_1,y_1)$。

设直线AP的方程为：$y=k(x+2)(k\neq 0)$，将其代入椭圆方程，整理，得

$$(4k^2+3)x^2+16k^2x+16k^2-12=0$$

所以$-2+x_1=\frac{-16k^2}{4k^2+3}$。所以$x_0=\frac{-8k^2}{4k^2+3}$，$y_0=k(x_0+2)=\frac{6k}{4k^2+3}$。

即$M\left(\frac{-8k^2}{4k^2+3},\frac{6k}{4k^2+3}\right)$，所以直线$OM$的斜率是$\dfrac{\frac{6k}{4k^2+3}}{\frac{-8k^2}{4k^2+3}}=-\frac{3}{4k}$。

所以直线OM的方程是$y=-\frac{3}{4k}x$。令$x=4$，得$D\left(4,-\frac{3}{k}\right)$。

直线OE的方程是$y=kx$。令$x=4$，得$E(4,4k)$。

于是$\tan\angle EFx=\frac{|y_E|}{4-1}=\frac{4}{3}|k|$，$\tan\angle EOx=\frac{|y_E|}{4}=|k|$，所以

$$\tan\angle OEF=\tan(\angle EFx-\angle EOx)=\frac{\tan\angle EFx-\tan\angle EOx}{1+\tan\angle EFx\cdot\tan\angle EOx}=\frac{\frac{1}{3}|k|}{1+\frac{4}{3}k^2}$$

$$=\frac{|k|}{3+4k^2}$$

又$\tan\angle DFx=\frac{|y_D|}{4-1}=\frac{1}{3}\left|\frac{3}{k}\right|=\frac{1}{|k|}$，$\tan\angle DOx=\frac{|y_D|}{4}=\frac{3}{4|k|}$，所以

$$\tan\angle ODF=\tan(\angle DFx-\angle DOx)=\frac{\tan\angle DFx-\tan\angle DOx}{1+\tan\angle DFx\cdot\tan\angle DOx}$$

$$=\frac{\frac{1}{|k|}-\frac{3}{4|k|}}{1+\frac{1}{|k|}\cdot\frac{3}{4|k|}}=\frac{\frac{1}{4|k|}}{1+\frac{3}{4k^2}}=\frac{|k|}{3+4k^2}。$$

所以 $\tan\angle OEF=\tan\angle ODF$，即 $\angle ODF=\angle OEF$。

解法 2：由(1)得 $A(-2,0)$。设 $P(x_1,y_1)(x_1\neq\pm 2)$，其中 $3x_1^2+4y_1^2-12=0$。

因为 AP 的中点为 M，所以 $M\left(\frac{x_1-2}{2},\frac{y_1}{2}\right)$。直线 OM 的斜率是 $k_{OM}=\frac{y_1}{x_1-2}$，所以直线 OM 的方程是 $y=\frac{y_1}{x_1-2}x$。令 $x=4$，得 $D\left(4,\frac{4y_1}{x_1-2}\right)$。

直线 OE 的方程是 $y=\frac{y_1}{x_1+2}x$。令 $x=4$，得 $E\left(4,\frac{4y_1}{x_1+2}\right)$。

于是 $\tan\angle EFx=\frac{|y_E|}{4-1}=\frac{4}{3}\left|\frac{y_1}{x_1+2}\right|$，$\tan\angle EOx=\frac{|y_E|}{4}=\left|\frac{y_1}{x_1+2}\right|$，所以

$$\tan\angle OEF=\tan(\angle EFx-\angle EOx)=\frac{\tan\angle EFx-\tan\angle EOx}{1+\tan\angle EFx\cdot\tan\angle EOx}$$

$$=\frac{\frac{1}{3}\left|\frac{y_1}{x_1+2}\right|}{1+\frac{4}{3}\left|\frac{y_1}{x_1+2}\right|\left|\frac{y_1}{x_1+2}\right|}=\frac{\frac{1}{3}\left|\frac{y_1}{x_1+2}\right|}{1+\frac{4}{3}\left|\frac{\frac{3}{4}\left(1-\frac{x_1^2}{4}\right)}{x_1+2}\right|}$$

$$=\frac{\frac{1}{3}\left|\frac{y_1}{x_1+2}\right|}{1+\frac{2-x_1}{x_1+2}}=\frac{|y_1|}{12}$$

又 $\tan\angle DFx=\frac{|y_D|}{4-1}=\frac{4}{3}\left|\frac{y_1}{x_1-2}\right|$，$\tan\angle DOx=\frac{|y_D|}{4}=\left|\frac{y_1}{x_1-2}\right|$，所以

$$\tan\angle ODF=\tan(\angle DFx-\angle DOx)=\frac{\tan\angle DFx-\tan\angle DOx}{1+\tan\angle DFx\cdot\tan\angle DOx}$$

$$=\frac{\frac{1}{3}\left|\frac{y_1}{x_1-2}\right|}{1+\frac{4}{3}\left|\frac{y_1}{x_1-2}\right|\left|\frac{y_1}{x_1-2}\right|}=\frac{\frac{1}{3}\left|\frac{y_1}{x_1-2}\right|}{1+\frac{4}{3}\left|\frac{\frac{3}{4}\left(1-\frac{x_1^2}{4}\right)}{x_1-2}\right|}$$

$$=\frac{\frac{1}{3}\left|\frac{y_1}{x_1-2}\right|}{1+\frac{2+x_1}{2-x_1}}=\frac{|y_1|}{12}$$

所以 $\tan\angle OEF=\tan\angle ODF$，即 $\angle ODF=\angle OEF$。

解法 3：由(1)得 $A(-2,0)$。设 AP 的中点 $M(x_0,y_0)$，$P(x_1,y_1)$。

设直线 AP 的方程为：$y=k(x+2)(k\neq 0)$，将其代入椭圆方程，整理，得

$$(4k^2+3)x^2+16k^2x+16k^2-12=0$$

所以 $-2+x_1=\frac{-16k^2}{4k^2+3}$。所以 $x_0=\frac{-8k^2}{4k^2+3}$，$y_0=k(x_0+2)=\frac{6k}{4k^2+3}$。

即 $M\left(\frac{-8k^2}{4k^2+3},\frac{6k}{4k^2+3}\right)$，所以直线 OM 的斜率是 $\dfrac{\frac{6k}{4k^2+3}}{\frac{-8k^2}{4k^2+3}}=-\frac{3}{4k}$。

所以直线 OM 的方程是 $y=-\frac{3}{4k}x$。令 $x=4$，得 $D\left(4,-\frac{3}{k}\right)$。

直线 OE 的方程是 $y=kx$。令 $x=4$，得 $E(4,4k)$。

由 $F(1,0)$，得直线 EF 的斜率是 $\frac{4k}{4-1}=\frac{4k}{3}$，所以 $EF\perp OM$，记垂足为 H（图 3.11.9）。

因为直线 DF 的斜率是 $\dfrac{-\frac{3}{k}}{4-1}=-\frac{1}{k}$，所以 $DF\perp OE$，记垂足为 G。

在 $\mathrm{Rt}\triangle EHO$ 和 $\mathrm{Rt}\triangle DGO$ 中，$\angle ODF$ 和 $\angle OEF$ 都与 $\angle EOD$ 互余，所以 $\angle ODF=\angle OEF$。

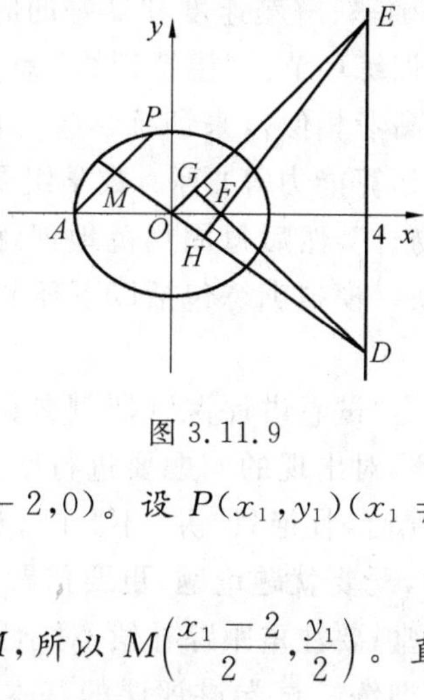

图 3.11.9

解法 4：由(1)得 $A(-2,0)$。设 $P(x_1,y_1)(x_1\neq\pm2)$，其中 $3x_1^2+4y_1^2-12=0$。

因为 AP 的中点为 M，所以 $M\left(\frac{x_1-2}{2},\frac{y_1}{2}\right)$。直线 OM 的斜率是 $k_{OM}=\frac{y_1}{x_1-2}$，所以直线 OM 的方程是 $y=\frac{y_1}{x_1-2}x$。令 $x=4$，得 $D\left(4,\frac{4y_1}{x_1-2}\right)$。

直线 OE 的方程是 $y=\frac{y_1}{x_1+2}x$。令 $x=4$，得 $E\left(4,\frac{4y_1}{x_1+2}\right)$。

由 $F(1,0)$，得直线 EF 的斜率是 $k_{EF}=\frac{4y_1}{3(x_1+2)}$，因为

$$k_{EF}\cdot k_{OM}=\frac{4y_1}{3(x_1+2)}\cdot\frac{y_1}{x_1-2}=\frac{4y_1^2}{3(x_1^2-4)}=-1$$

所以 $EF\perp OM$，记垂足为 H。

同理可得

$$k_{DF} \cdot k_{OE} = \frac{4y_1}{3(x_1-2)} \cdot \frac{y_1}{x_1+2} = \frac{4y_1^2}{3(x_1^2-4)} = -1$$

所以 $DF \perp OE$，记垂足为 G。

在 $\mathrm{Rt}\triangle EHO$ 和 $\mathrm{Rt}\triangle DGO$ 中，$\angle ODF$ 和 $\angle OEF$ 都与 $\angle EOD$ 互余，所以 $\angle ODF = \angle OEF$。

加里宁说："数学是思维的体操。"数学是一门思维艺术，有其独特的韵律，每一个题目都如同一首美妙的乐曲，学习者要靠大脑的思维弹奏出动听的旋律。如果学生在学习中能够感受到这种思维艺术的魅力，那么也就于无形之中实现了自我的升华。

3. 第三轮是"模拟训练"

根据我们的经验，模拟训练一般从5月初开始到5月底结束，历时4周的时间。"模拟训练"的目的在于调节学生智能、情感、意志等因素，使学生逐渐熟悉数学高考对学生的各项要求。从某种意义上讲，数学高考，考的是难度和速度，学生要取得好成绩，正确率、解题速度和良好的应试心理是保证。因此，模拟训练是考前必不可少的训练环节。"模拟训练"就是要模拟高考的考试形式(考试时间、方式等都要与高考相似)，来训练学生的应试技巧、应试心理、应试习惯(如解题的规范意识、运算能力等)等。数学组要集中打磨 4 ~ 5 套试卷，力争使之与高考试卷相"吻合"，然后每周规范地训练一份试卷，训练后教师要及时批阅、分析、讲评、补缺。模拟训练包括以下环节：训练 → 批阅 → 分析 → 反馈 → 讲评 → 补偿。

三轮复习的主要课型是"试卷讲评课"(课例参见第 8 节中的课例)。讲评试卷要力求做到：归类讲评，对出现的问题要进行归类处理，切忌头疼医头，脚疼医脚，要做到"讲""评"结合，杜绝只"讲"不"评"；要注重变式训练，从多角度归纳解题思路、方法、规律，既要就题论题，更要借题发挥；要注重调动学生，善于倾听，不能满堂灌、一言堂；要注重跟踪补偿，对学生共性问题或疑难点，要及时以作业等形式进行补偿训练。试卷讲评课的基本模式是：反馈训练情况 → 归类评析试题 → 变式巩固训练 → 布置补偿作业。

总之，在高三数学复习中，以上十个"关键词"需要教师深入理解，熟练掌握，这样我们的复习教学才能做到有的放矢，在总揽全局、高瞻远瞩的视野中打造精致、精美、高效的复习课堂，从而跳出数学"题海"，使高三师生充分陶醉在绿色、和谐的复习氛围中！

第12节　数学教学如何让学生"自明"

【教学实践】

课例:基于"数学的自明性研究"的一节实验课
—— 用向量法求空间角

在准备这节课时,笔者深刻分析了这节课中,每个问题环节能够让学生"自明"的教学策略,并进行了多次打磨,在实施中,取得了较为满意的效果。现对这节课的教学过程记录如下。

1. 复习引入 —— 揭示课题的"自明"过程

教师:前几节课我们学习了"用向量法证明平行、垂直"等位置关系问题,其证明的基本过程是(用 PPT 演示)(图 3.12.1):

用空间向量表示立体图形中点、直线、平面等元素 → 进行空间向量的运算,研究点、直线、平面之间的关系 → 把运算结果"翻译"成相应的几何意义

图 3.12.1

教师:哪位同学能"翻译"一下这个流程图?(学生回答省略)

教师:在立体几何中,除了要研究线线、线面、面面平行、垂直等特殊位置关系外,我们还将研究它们的一般位置关系。

教师:线与线、线与面、面与面的一般位置关系,可以用怎样的几何量来刻画呢?

学生(共同):角!

教师:对! 这节课我们就来学习"用向量法求空间角"。(板书课题)

说明:通过复习回顾,引出课题,简捷自然、承上启下,学生既对用向量法解立体几何问题的方法步骤进行了复习,同时又对本节课要研究什么、怎样研究,能够自明。

2. 建构新知 —— 推导公式的"自明"过程

问题 1:怎样求直线 a 与 b 所成的角 θ 呢?

教师:直线 a 与 b 所成的角 θ 在什么范围内?

学生 1:$\theta \in \left(0, \frac{\pi}{2}\right]$,特别是当 $a \perp b$ 时,$\theta = \frac{\pi}{2}$。

教师:这是异面直线所成角的范围。当 a 与 b 平行或重合时,其所成的角呢?

（学生马上意识到应为$\theta \in \left[0, \frac{\pi}{2}\right]$）。

教师：若直线 a 与 b 的方向向量分别为 $\boldsymbol{a}, \boldsymbol{b}$，怎么求角 θ 呢？

学生 2：由向量的数量积运算，有

$$\cos\theta = |\cos\langle \boldsymbol{a}, \boldsymbol{b}\rangle| = \frac{|\boldsymbol{a} \cdot \boldsymbol{b}|}{|\boldsymbol{a}||\boldsymbol{b}|} \qquad (*)$$

教师：你能解释一下为什么这样运算吗？（教师示意他到黑板前说明）

学生 2：向量是自由的，可以平移，我们总可以把向量 $\boldsymbol{a}, \boldsymbol{b}$ 平移到相交位置，如图 3.12.2 和图 3.12.3。当是图 3.12.2 时，有 $\theta = \langle \boldsymbol{a}, \boldsymbol{b}\rangle$，此时余弦值为正值；当是图 3.12.3 时，$\langle \boldsymbol{a}, \boldsymbol{b}\rangle$ 为钝角，$\cos\langle \boldsymbol{a}, \boldsymbol{b}\rangle$ 为负值，此时 $\theta = \pi - \langle \boldsymbol{a}, \boldsymbol{b}\rangle$，由诱导公式知 $\cos\theta = -\cos\langle \boldsymbol{a}, \boldsymbol{b}\rangle$，因此有上面这个关系式。

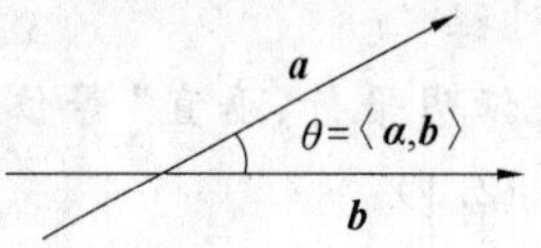

图 3.12.2

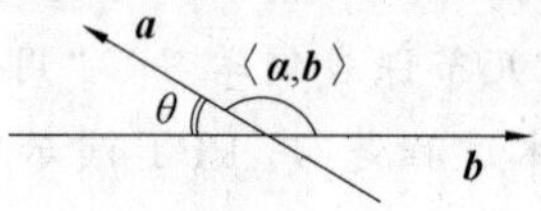

图 3.12.3

教师：非常好！表达式（$*$）就是求线线角 θ 的公式。特别地，当 $\boldsymbol{a} = (x_1, y_1, z_1)$，$\boldsymbol{b} = (x_2, y_2, z_2)$ 时，公式（$*$）可以写成（PPT 演示，并板书公式）

$$\cos\theta = |\cos\langle \boldsymbol{a}, \boldsymbol{b}\rangle| = \frac{|\boldsymbol{a} \cdot \boldsymbol{b}|}{|\boldsymbol{a}||\boldsymbol{b}|} = \frac{|x_1x_2 + y_1y_2 + z_1z_2|}{\sqrt{x_1^2 + y_1^2 + z_1^2} \cdot \sqrt{x_2^2 + y_2^2 + z_2^2}}$$

（公式一）

说明：由于学生对线线角的取值范围、向量的夹角运算可能有些遗忘，所以探索线线角的计算公式时，是在“问题串”的引导下完成的。通过回顾线线角的取值范围、线线角与直线方向向量夹角的关系，逐步让学生对推导公式的方法能够自明。

问题 2：怎样求直线 a 与平面 α 所成的角 θ 呢？

教师：线面角 θ 的取值范围如何？

学生 3：$\theta \in \left[0, \frac{\pi}{2}\right]$，特别地，当 $a \parallel \alpha$（或 $a \subset \alpha$）时，$\theta = 0$；当 $a \perp \alpha$ 时，$\theta = \frac{\pi}{2}$。

教师：直线 a 与平面 α 两个几何元素都对应怎样的向量呢？

学生（共同）：直线的方向向量、平面的法向量。

教师：好！请同学们根据推导线线角的经验，推导线面角 θ 的计算公式吧！

（教师巡视，让学生 4 板演）

学生4:设直线 a 的方向向量为 $\boldsymbol{a}$,平面 α 的法向量为 $\boldsymbol{n}$。如图 3.12.4 和图3.12.5。

当是图 3.12.4 时,$\theta=\frac{\pi}{2}-\langle\boldsymbol{a},\boldsymbol{n}\rangle$,此时,$\sin\theta=\cos\langle\boldsymbol{a},\boldsymbol{n}\rangle=\frac{\boldsymbol{a}\cdot\boldsymbol{n}}{|\boldsymbol{a}||\boldsymbol{n}|}$;

当是图 3.12.5 时,$\theta=\langle\boldsymbol{a},\boldsymbol{n}\rangle-\frac{\pi}{2}$,此时

$$\sin\theta=-\cos\langle\boldsymbol{a},\boldsymbol{n}\rangle=-\frac{\boldsymbol{a}\cdot\boldsymbol{n}}{|\boldsymbol{a}||\boldsymbol{n}|}$$

综合起来,可得 $\sin\theta=|\cos\langle\boldsymbol{a},\boldsymbol{n}\rangle|=\frac{|\boldsymbol{a}\cdot\boldsymbol{n}|}{|\boldsymbol{a}||\boldsymbol{n}|}$。

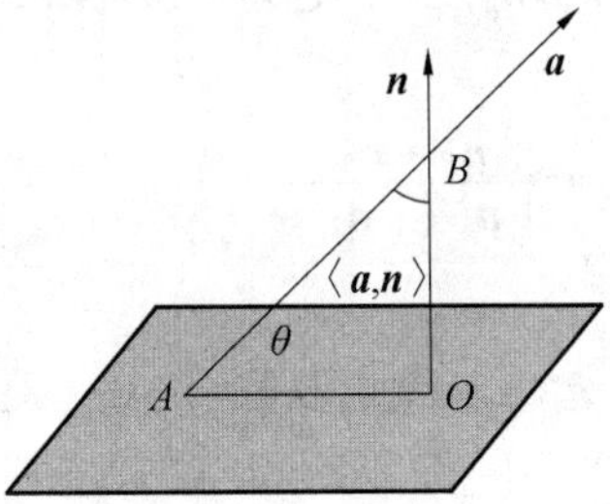

图 3.12.4

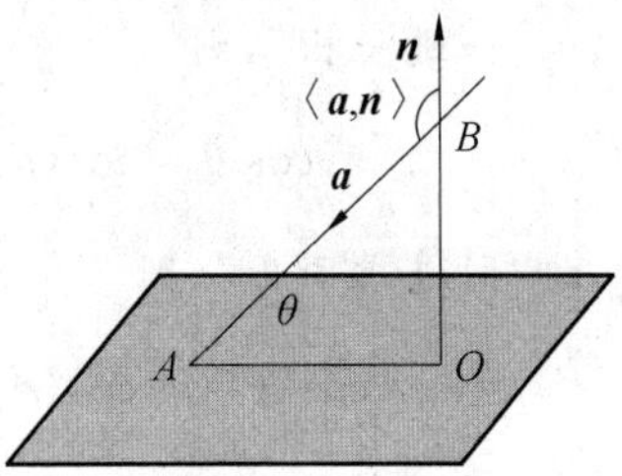

图 3.12.5

教师:很好!这位同学的推导过程非常严谨!同样,如果设直线 a 的方向向量$\boldsymbol{a}=(x_1,y_1,z_1)$,平面$\alpha$的法向量$\boldsymbol{n}=(x_2,y_2,z_2)$,那么我们得到线面角$\theta$的计算公式为

$$\sin\theta=|\cos\langle\boldsymbol{a},\boldsymbol{n}\rangle|=\frac{|\boldsymbol{a}\cdot\boldsymbol{n}|}{|\boldsymbol{a}||\boldsymbol{n}|}=\frac{|x_1x_2+y_1y_2+z_1z_2|}{\sqrt{x_1^2+y_1^2+z_1^2}\cdot\sqrt{x_2^2+y_2^2+z_2^2}}$$

(公式二)

说明:由于有了探索问题 1 的经验,学生对问题 2 的探索能够自明,因此在这里教师没有必要再进行过多的点拨和引导。但学生可能对线面角的范围有所遗忘,为此需要做一下引导。

问题 3:怎样求二面角 $\alpha—AB—\beta$ 的平面角 θ 呢?

教师:怎样作出二面角的平面角 θ?

学生5:如图3.12.6,在棱上取一点O,然后从点O出发,分别在两个半平面内作两条垂直于棱的射线 OM,ON,则 $\theta=\angle MON$。

教师:二面角 θ 的取值范围如何?

学生 6:$\theta\in[0,\pi]$,特别是当两个半平面重合时,$\theta=0$;当两个半平面张开成一个平面时,$\theta=\pi$。

教师:两条法向量的夹角$\langle\boldsymbol{n}_1,\boldsymbol{n}_2\rangle$与二面角的平面角 θ 有什么关系呢?

（让学生思考，并通过讨论得到四种情况）

归纳（讨论获得）：当是图 3.12.6 或图 3.12.7 的情况时，有 $\theta=\langle \boldsymbol{n}_1,\boldsymbol{n}_2\rangle$；当是图 3.12.8 或图 3.12.9 的情况时，有 $\theta=\pi-\langle \boldsymbol{n}_1,\boldsymbol{n}_2\rangle$。

教师：图 3.12.6 或图 3.12.7 中的两条法向量的方向特征是：有一条是从“二面角的外部”指向“二面角的内部”，另一条是由“二面角的内部”指向“二面角的外部”，这种特征，我们简称为“一进一出”；而图 3.12.8 或图 3.12.9 中两条法向量的方向特征是：两条法向量要么都从“二面角的外部”指向“二面角的内部”，要么都是从“二面角的内部”指向“二面角的外部”，这种特征，我们简称为“同进或同出”。归纳起来，我们有：若两条法向量“一进一出”，则 $\theta=\langle \boldsymbol{n}_1,\boldsymbol{n}_2\rangle$；若两条法向量“同进或同出”，则 $\theta=\pi-\langle \boldsymbol{n}_1,\boldsymbol{n}_2\rangle$。于是有下面的公式：

若 $\boldsymbol{n}_1,\boldsymbol{n}_2$“一进一出”，则

$$\cos\theta=\cos\langle \boldsymbol{n}_1,\boldsymbol{n}_2\rangle=\frac{\boldsymbol{n}_1\cdot\boldsymbol{n}_2}{|\boldsymbol{n}_1||\boldsymbol{n}_2|}$$

若 $\boldsymbol{n}_1,\boldsymbol{n}_2$“同进或同出”，则

$$\cos\theta=-\cos\langle \boldsymbol{n}_1,\boldsymbol{n}_2\rangle=-\frac{\boldsymbol{n}_1\cdot\boldsymbol{n}_2}{|\boldsymbol{n}_1||\boldsymbol{n}_2|} \quad \text{（公式三）}$$

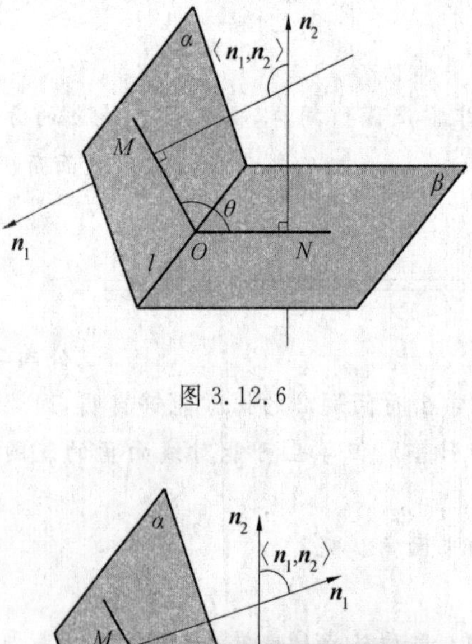

图 3.12.6

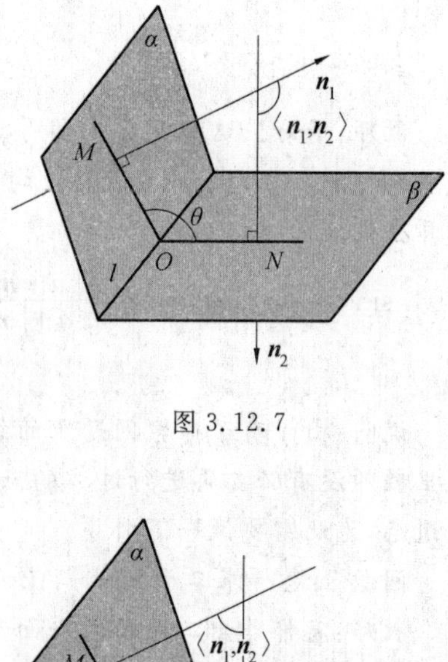

图 3.12.7

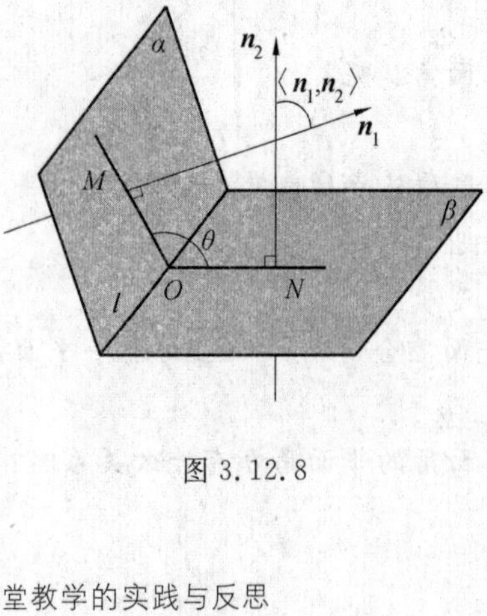

图 3.12.8

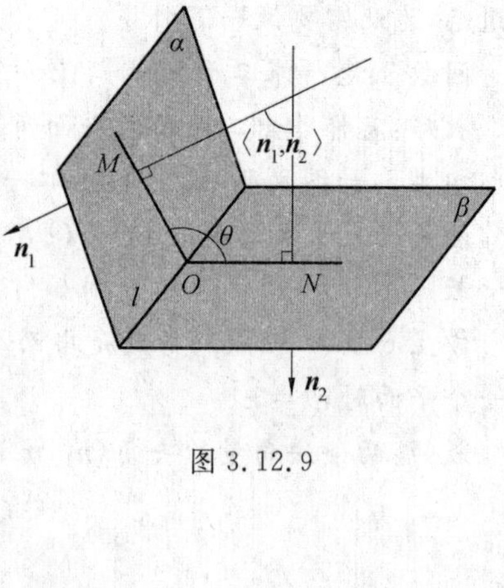

图 3.12.9

教师：同样，若知道两条法向量的坐标，则可得到类似公式一和公式二的运算公式。

说明：由于二面角的两个半平面的法向量的夹角与二面角的平面角之间的关系比较复杂，如果让学生独立探索很难使他们自明，为此，这里先设计学生讨论，然后梳理归纳，从而使学生先对两角之间的关系能够自明。而对角 θ 是锐角还是钝角的判定，是教学的难点，笔者采用讲解法，让学生在了解几何特征的基础上，使他们自明，从而得到计算公式。

3. 数学应用 —— 公式运用的“自明”过程

教师：如何运用上述三个公式呢？

例题：如图 3.12.10，在棱长为 1 的正方体 $ABCD-A_1B_1C_1D_1$ 中，点 E,F,G 分别是 DD_1,BD,BB_1 的中点。

(1) 求 EF 与 CG 所成角的余弦值；

(2) 求 CG 与平面 EFG 所成角的余弦值；

(3) 求二面角 $E-FC-D$ 的余弦值。

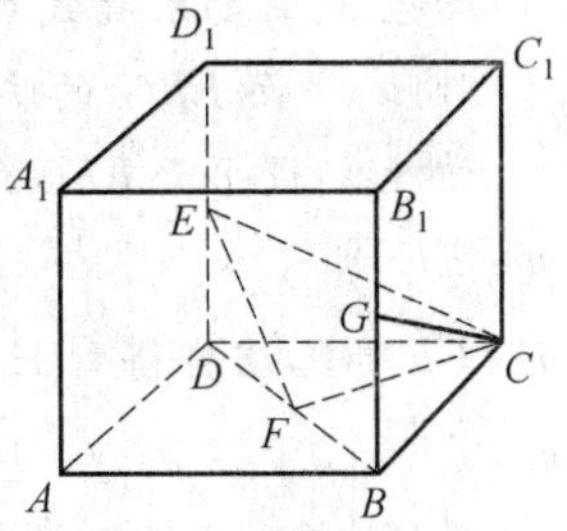

图 3.12.10

教师：怎样解这三个问题？

学生 7：建系！利用点的坐标求出相关的向量，代入上面的公式即可。

教师：请具体说，怎样建系？坐标都是多少？

学生 7：如图 3.12.11，以 D 为原点，分别以 DA，DC，DD_1 所在的直线为 x 轴、y 轴、z 轴，建立空间直角坐标系。则 $D(0,0,0)$，$A(1,0,0)$，$B(1,1,0)$，$C(0,1,0)$，$E\left(0,0,\frac{1}{2}\right)$，$F\left(\frac{1}{2},\frac{1}{2},0\right)$，$G\left(1,1,\frac{1}{2}\right)$。

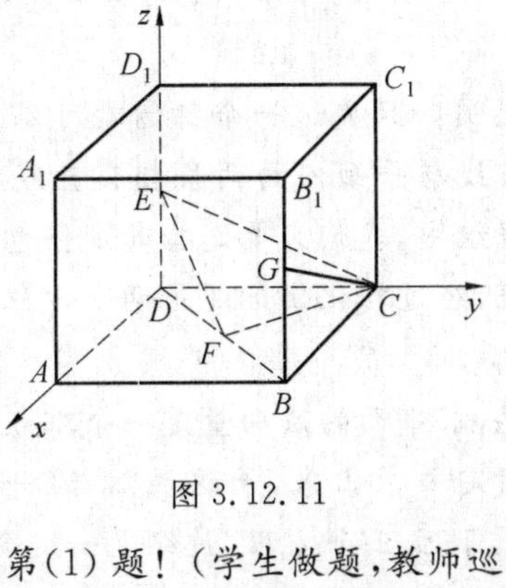

图 3.12.11

教师：下面请你板演第(1)题！（学生做题，教师巡视）

学生 7：因为 $\overrightarrow{EF}=\left(\frac{1}{2},\frac{1}{2},0\right)-\left(0,0,\frac{1}{2}\right)=\left(\frac{1}{2},\frac{1}{2},-\frac{1}{2}\right)$，$\overrightarrow{CG}=\left(1,1,\frac{1}{2}\right)-(0,1,0)=\left(1,0,\frac{1}{2}\right)$，设直线 EF 与 CG 所成的角为 θ，则

$$\cos\theta=|\cos\langle\overrightarrow{EF},\overrightarrow{CG}\rangle|=\frac{|\overrightarrow{EF}\cdot\overrightarrow{CG}|}{|\overrightarrow{EF}||\overrightarrow{CG}|}$$

$$=\frac{\left|\frac{1}{2}\times1+\frac{1}{2}\times0-\frac{1}{2}\times\frac{1}{2}\right|}{\sqrt{\left(\frac{1}{2}\right)^2+\left(\frac{1}{2}\right)^2+\left(-\frac{1}{2}\right)^2}\cdot\sqrt{1^2+0^2+\left(\frac{1}{2}\right)^2}}$$

$$=\frac{\sqrt{15}}{15}$$

教师：学生 7 解答的非常规范！那么第(2)题怎么求解呢？

学生 8：需要求直线 CG 的方向向量和平面 EFG 的一条法向量。

教师：平面 EFG 的法向量如何求呢？（学生讨论）

学生 9：设平面 EFG 的法向量为 $\boldsymbol{m}=(x,y,z)$，由于 $\boldsymbol{m}\perp$ 平面 EFG，所以有 $\begin{cases}\boldsymbol{m}\cdot\overrightarrow{EF}=0\\\boldsymbol{m}\cdot\overrightarrow{CF}=0\\\boldsymbol{m}\cdot\overrightarrow{CE}=0\end{cases}$，这样得到一个方程组，即可求出法向量 $\boldsymbol{m}$。

教师：方法可行！请大家试一试吧！

学生 10：这好像解不出来呀！因为这个方程组转化为 $\begin{cases}x+y-z=0\\z=2y\end{cases}$，是一个不定方程。

教师：呵呵！是呀！由于一个平面的法向量有无数条，因此，这个方程组一定要有无数组解的，而我们只需要一条法向量就行了，那该怎么办？

学生 11：有了！设 $y=1$，则 $z=2$，$x=1$，于是 $\boldsymbol{m}=(1,1,2)$ 就是平面 EFG 的一条法向量。

教师：不错！你很聪明！只要选一个特例就可以了。实际上，我们由线面垂直的判定定理可知，当线与平面内的两条相交直线都垂直时，则线面是垂直的。因此，在上面的方程组中，我们只要选择其中任意两个方程，组成不定方程组就行了；若写三个方程，经过转化实际还是两个方程，大家明白了吗？（学生：明白！）

说明：对初学者来说，求平面的法向量是一个难点，学生总认为列出三个方程，一定能够把法向量确定并求出来，而这显然与“一个平面的法向量有无数条”相矛盾，因此，即使是联立三个方程，最终也一定会转化成两个方程。这里放手让学生操作尝试，直观感知，再通过讨论，进而使学生对问题能够“自明”。

教师：请大家把这个线面角的余弦值求出来！

学生12：由$\overrightarrow{CG}=\left(1,0,\frac{1}{2}\right)$，平面$EFG$的法向量$\boldsymbol{m}=(1,1,2)$，代入公式二，得

$$\sin\theta=|\cos\langle\overrightarrow{CG},\boldsymbol{m}\rangle|=\frac{4}{\sqrt{30}}$$

所以

$$\cos\theta=\sqrt{1-\sin^2\theta}=\frac{\sqrt{105}}{15}$$

教师：下面请大家求解第(3)题！

学生13：由于$DD_1\perp$平面$ABCD$，所以平面$ABCD$的法向量$\boldsymbol{n}=\overrightarrow{DD_1}=(0,0,1)$，又平面$EFG$的法向量$\boldsymbol{m}=(1,1,2)$，而二面角$E-FC-D$很显然是锐角，所以$\cos\theta=|\cos\langle\boldsymbol{m},\boldsymbol{n}\rangle|=\frac{\sqrt{6}}{3}$。

教师：很好！我们还可以先判定两条法向量相对于半平面的"进""出"关系，进而得到二面角的平面角θ与两条法向量夹角的关系。在本题中，我们可以把向量$\boldsymbol{m}=(1,1,2)$，$\boldsymbol{n}=(0,0,1)$的起点都放置到坐标原点上，于是可知向量$\boldsymbol{m}=(1,1,2)$是由"二面角的内部"指向"二面角的外部"；向量$\boldsymbol{n}=(0,0,1)$是由"二面角的外部"指向"二面角的内部"，这就是我们上面说的"一进一出"，因此，$\theta=\langle\boldsymbol{m},\boldsymbol{n}\rangle$，这样就有$\cos\theta=\cos\langle\boldsymbol{m},\boldsymbol{n}\rangle=\frac{\sqrt{6}}{3}$。这种判定方法，大家明白了吗？（学生：明白）

说明：运用平面法向量的进、出关系，判定二面角与法向量夹角的关系，是培养学生空间想象能力的一个很好的过程，机会难得，不能放过！通过操作、演示，让学生体会、想象，从而使他们通过空间想象对判定方法进一步"自明"。

4. 课堂小结——巩固升华的"自明"过程

教师通过两个层面对本节课进行小结。一是让学生针对本节课，用自己的语言简要总结"用向量法求空间角"的方法和步骤，通过几个学生的回答，基本涵盖了本节课的重点。二是教师进行梳理概括，并进一步强调求平面法向量的方法和判定二面角与法向量夹角关系的方法等。

【教学反思】

"自明性"是一个哲学概念，就其意义来说，可分为"原初自明性"和"逻辑自明性"。学生在数学学习中，对有些数学概念和数学原理是"不言而喻、不证自明的"，如"点""直线""平面""集合"等概念，再如几何中的公理等，它们是最基本的数学概念和数学原理，是人们在长期的生产、生活实践中抽象概括出来

的，不需要给它们下定义或解释（人们也无法给其下定义和解释），提到它们，学生也自然会明白它是什么样的、它为什么这样，学生对它们的理解是完全能够“自明”的，这就是“原初自明性”。“原初自明性”具有“不精准”“模糊”的特征。学生在数学学习中，绝大多数数学知识都是通过观察、实验、归纳、推理、抽象、概括等数学思维过程，运用逻辑推理一步一步地获得“自明”的，学生对它们的理解实际是建立在逻辑推理之上的，这就是“逻辑自明性”。“逻辑自明性”具有“严密”“精准”的特征。

数学特级教师王志江校长曾在他的博客中写道：“我们基于文化形态的数学课程改革就是为了帮助每一个孩子对基础数学的“自明性”拥有深刻的洞察，并以此奠定他们的世界观基础。……”如何使学生对数学的“自明性”拥有深刻的洞察呢？这就需要教师在教学中，把数学知识的“学术形态”转化为“教学形态”，即通过问题串的引导，通过逻辑推理，使学生一步一步地对所学的数学新知能够“自明”。

在设计本节课时，为了让学生对所学的数学知识能够“自明”，笔者做了以下思考：

对新课的引入，需要自然流畅，能够激趣引疑，这样可以激发学生的求知欲望，快速调整学习状态；同时，也不能为了“激趣引疑”而设计得花里胡哨、华而不实，应该以朴实自然、不冗长为原则，要凸显“数学味”。为此，在上一节课学习的基础上，笔者设计了一个问题串，以复习回顾的方式，让学生自己感悟本节课要研究的内容，进而对学习的课题能够“自明”。

在探索和推导公式的过程中，考虑到学生可能对“空间角”的相关知识出现了遗忘，还考虑到某些环节可能是学生学习的难点，于是，笔者在每一个公式的推导之前，都根据推导的过程所涉及的相关知识，设计了问题串，这些问题，实际上是公式推导过程的“先行组织者”，正是有了“先行组织者”的铺垫，才使得学生对如何推导公式有了明确的方向，并在一步一步的“自明”中，完成了对公式的建构。以问题串的形式设计“先行组织者”，能够引导学生积极地参与数学知识的学习，体验知识的发生、发展过程，了解知识的来龙去脉，感受数学公式的合理性与科学性。相信通过这样的教学，学生对数学知识的理解是“根深蒂固”的，即使将来对数学知识有遗忘，但这种探究数学问题的方法和理念，将会使学生终身受益。

在设计例题时，考虑到学生对公式的应用刚刚起步，要达到灵活运用还需要一个过程，因此，例题的背景选择了正方体，并根据图形，分别设计了可以直接运用三个公式的问题。限于课堂教学时间，在分析解答例题时，笔者直接引导学生建立空间直角坐标系，“用坐标表示向量”（也称“坐标法”）进行求解，回避了“选择基底向量”的求解方法（这种方法也称“基底法”或“向量法”，将在下一节课进行学习)。同时,在解题过程中,对学生容易产生疑惑的地方(如求平面的法向量),进行了充分放手,让学生自主探究,目的是让学生在经历"挫折"中顿悟:"建立两个方程(即利用两个垂直关系)就可以求出平面的法向量",学生在经历了这样的"自明"过程以后,不但能够掌握"求平面法向量"的方法,更对其方法的合理性产生了深刻的逻辑自明。

第13节 这样的"细枝末节"能忽视吗

课程标准中强调:在大数据时代,为了适应信息化发展的需要,高中数学课程应增加……的内容,……同时,应删减……过分强调细枝末节的内容,克服"四基"异化的倾向。高中数学课程中的"细枝末节"究竟是指什么?对什么样的"细枝末节",教学中不必"过分"强调,甚至可以"删减"呢?这是数学教师在教学中不容易把握好的问题。

一、这个问题能删掉吗

根据人教A版教材必修第二册第240页中的"探究"编制这样一道题:

例1:若 $P(A\cup B)=P(A)+P(B)=1$,则事件 A 与 B 的关系是(　　)。

A. 互斥不对立　　B. 对立不互斥

C. 互斥且对立　　D. 以上答案都不对

学生普遍选择错误的选项C。学生为什么会认为这个选项对呢?因为前面刚刚学习完互斥事件、对立事件及其概率的性质。由对立事件的定义可以知道,若事件 A 与 B 是对立事件,则 $A\cup B$ 为必然事件,且 $A\cap B=\varnothing$(即 A 与 B 互斥),于是有 $P(A\cup B)=P(A)+P(B)=1$。这个结论可写成真命题:"若 A 与 B 是对立事件,则 $P(A\cup B)=P(A)+P(B)=1$。"

这个真命题实际是说"事件 A 与 B 对立"是"$P(A\cup B)=P(A)+P(B)=1$"的充分条件。而上面的例题1实际上是判断这个真命题的逆命题的真假性问题,也就是判断"'事件 A 与 B 对立'是'$P(A\cup B)=P(A)+P(B)=1$'的必要条件"是否为真的问题。

事实上,要判断这个逆命题的真假性,并不是太容易。一些老师说,这种"细枝末节"的问题,高考不会考,不需要关注,要淡化处理,于是让学生删掉此题不做。笔者还看到一些资料对这道题给出的答案也是选项C,这引起了笔者的高度关注。这个问题不但初学者学生没弄清楚,而且我们也有一些数学工作者(比如资料的编写者)也没有弄清楚。这个问题不弄清楚,会使学生对数学概念的建构产生缺失,会给以后的概率运算带来很多问题,后患无穷。可能也正是处于这样的想法,所以教材的编写者在几何概型之后编排了此题,非常有意义。因此,笔者认为,这个问题不能删掉,这个"细枝末节"需要让学生弄得清清楚楚!

二、学生的答案为什么是错的

例1中的选项A与B很显然是不对的,那么学生选择选项C为什么是错误的呢?判断选项C的正误,实际上是判定命题"若 $P(A\cup B)=P(A)+P(B)=1$,则事件 A 与 B 是对立事件"的真假性问题,如果它是一个假命题,那么只要举出一个反例即可。我们不妨通过几何概型来检验这个命题是假命题。

几何概型的特点是每个基本事件在一个区域内均匀分布,所以随机事件概率的大小与随机事件所在区域的形状、位置无关,只与区域的大小有关。我们来分析下面两个例题:

例2:如图3.13.1,在墙上挂着一块半径为 R 的圆形木板,木板上有 M,N 两点,某人站在3米之外向此板投标,设投标没有投中木板时不算,可重投,问:

(1) 设投中点 M 为事件 A,求 A 的概率;

(2) 设投中木板上 M,N 两点之外的点为事件 B,求 B 的概率。

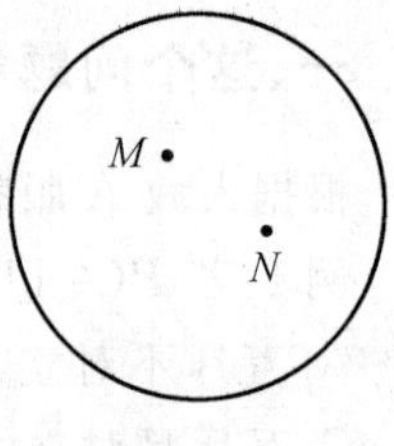

图3.13.1

在例2中,由于事件 A 是由一个孤立的点 M 构成的区域,事件 B 是圆面上去掉点 M 和点 N 构成的区域,而"点"是没有长度、没有宽度、没有厚度的,其长度、面积、体积均为0。因此,构成事件 A 的区域面积为0,构成事件 B 的区域面积等于圆的面积 πR^2,又由于试验全部结果构成的区域面积等于圆的面积 πR^2,于是,根据几何概型的概率求解公式,可得

$$P(A)=\frac{\text{构成事件}A\text{的区域面积}}{\text{试验全部结果构成的区域面积}}=0$$

$$P(B)=\frac{\text{构成事件}B\text{的区域面积}}{\text{试验全部结果构成的区域面积}}=1$$

如果我们再设投中点 N 为事件 C,那么很明显,事件 A 和事件 B 是互斥事件,但不是对立事件(因为当事件 C 发生时,事件 A 和 B 均不发生,这不满足对立事件必须是一个发生另一个不发生这一性质),但我们有 $P(A\cup B)=P(A)+P(B)=1$。这就是说命题"若 $P(A\cup B)=P(A)+P(B)=1$,则事件 A 与 B 是对立事件"是一个假命题。

例3:如图3.13.2,在墙上挂着一块半径为 R 的圆形木板,木板上有 l 和 k 两条曲线,某人站在3米之外向此板投标,设投标没有投中木板时不算,可重投,问:

(1) 设投中曲线 l 上的点为事件 A,求 A 的概率;

(2) 设投中木板上曲线 l 和 k 之外的点为事件 B,求 B 的概率。

在本题中，由于“线”是只有长度，没有宽度和厚度的，因此，单独的一条“线”其面积和体积均为0。这就是说构成事件A的区域面积是0，构成事件B的区域面积是πR^2，而试验全部结果构成的区域面积等于圆的面积πR^2，于是有$P(A)=0, P(B)=1$。很显然，事件A与事件B是互斥事件，但不是对立事件，并且有$P(A\cup B)=P(A)+P(B)=1$成立。这就再次说明了命题“若$P(A\cup B)=P(A)+P(B)=1$，则事件A与B是对立事件”是一个假命题。

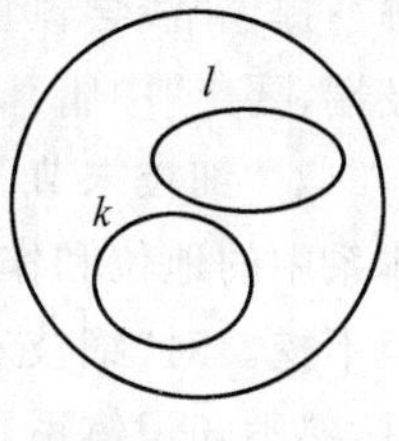

图 3.13.2

由例2和例3得到的结论，验证了例1的选项C是错误的，故应该选择D。从例2和例3中还让我们明白了另外两个事实：概率为0的事件不一定是不可能事件（如两例中的事件A是随机事件，并不是不可能事件）；概率为1的事件也不一定是必然事件（如两例中的事件B是随机事件，并不是必然事件）。

到此为止，我们可以做这样的梳理，以下三个命题都是真命题，但它们的逆命题都是假命题。

(1) 若事件A与事件B是对立事件，则$P(A\cup B)=P(A)+P(B)=1$；

(2) 若事件A是不可能事件，则$P(A)=0$；

(3) 若事件B是必然事件，则$P(B)=1$。

三、在教学中怎样处理“细枝末节”

“细枝末节”是比喻事情或问题的细小而无关紧要的部分。笔者认为，数学中的“细枝末节”是指盘结在数学概念的基本内涵“边缘”处的枝枝蔓蔓问题。很显然，在数学教学中，对“细枝末节”强调的过多，必然会出现“舍本逐末”的现象，这种现象偏离重点，有悖数学教学的宗旨，必须予以克服。那么，数学教学是不是对“细枝末节”都统统删除、避而不谈呢？显然不是，因为，对数学概念不进行适当的拓展、挖掘和延伸，不让学生适当了解数学概念内涵“边缘”处的一些枝枝蔓蔓，必然有碍学生对数学概念的深入理解，也会导致学生对数学概念内涵的把握缩小范围，这是不利于学生学习数学的，上面的案例就说明了这一点。因此，数学教学中，我们强调“削枝强干”，但绝对不是为了“强干”而把“枝”削得干干净净。

数学教学要克服极端化的做法。既不能对“细枝末节”挖得太多、太深，导致“双基异化的倾向”，又不能对“细枝末节”一概删除，全部不为之。“删除”不等于所有都删除，“删除”是对学生数学学习没有意义（或意义不大）、没有用的一些“细枝末节”的删除，而对学生数学学习有一定意义和价值的“细枝末节”还必须给予必要的重视。数学教学中，对“细枝末节”的处理，我们提倡“淡化”，但不是“不为之”；提倡不花费过多的教学时间进行“纠缠”，但不是“不讲解”;提倡“浅尝辄止”,但不是“不挖掘”。教学中对“细枝末节”的处理不能走极端,要走“中庸”思想的教学之路。

对“细枝末节”究竟处理到什么程度为宜,要视教学内容在高中数学知识体系中的地位和作用而定。一般来说,重点内容要深挖,非重点内容要浅挖、甚至不挖。对“细枝末节”挖掘“度”的把握,需要教师熟悉教学要求,熟悉数学教材,熟悉知识体系,有丰富的教学经验,这样在教学中,才能把控好对“细枝末节”的处理。

第四章　数学教师如何在听课、评课、说课中成长

听课、评课、说课是教师教学工作的重要组成部分。听课、评课、说课不仅是学校教学管理的一项常规性工作，更是促进教师专业成长不可或缺的一种重要的、容易操作的教学研究形式。根据当前课程改革的要求和教学的实际情况，听课一般分为检查性听课、评比性听课、观摩性听课和研究性听课四种类型，而教师参与的听课一般都是后两种类型。听课不是目的，听课是手段，是途径。教师经常听课，有利于学习优秀教师的先进教学经验，使自己能够更快地成为一名合格的教师，同时，还有利于转变教学思想，更新教学观念，能够提高对课堂教学优劣的甄别能力，从而达到取长补短，不断提升自己的教学业务水平的根本目的。因此，作为教学实践经验不足的教师，应该勤听课、多听课，要把听课作为常规融入实际工作中，让听课、评课成为自己教学工作的重要组成部分，才能够使自己快速地成长为一名合格的教师。

第1节　数学教师如何在听课中成长

随着课程改革的不断推进和深入，越来越多的教师已经深刻地认识到听课对自己专业成长的重要意义。因此，他们在上课之余经常去聆听同行的课，甚至寻找机会积极参加学校或教研部门组织的各种活动，去倾听名优教师的课。然而，我们在对教师听课的积极性感到欣慰的同时，却不能不对教师听课中普遍存在的“高耗低效”的现象给予高度的关注。我们发现，很多教师听课的次数很多，但是听课簿上的记录简单，每次听课的教学内容有的只记录课题和简单几个环节，记录没有重点、没有分析、没有评价、没有感悟、没有反思，听课还仅仅停留在一种形式上，尽管听课的数量很多，但教师的收效甚微，究其原因是因为他们没有掌握听课的要领。下面从听课的操作层面，谈谈作为一名数学教师，听课时应该掌握哪些技能，才能提高听课的实效性。

一、宏观“看”整体

数学课程改革使“教”和“学”的方式都发生了较大的变化。教师不再是课堂教学的“领导者”，而是课堂教学中与学生平等的一员，是教学活动的设计者、

参与者、指导者；教师不再是学生学习的“讲解员”，而是促进学生自主学习、合作学习的“引路人”；教师要尽量减少对教学时间和空间的占有，把更多的教学时空让给学生……，数学课程改革的这些教学理念都要融入我们的实际听课中去。要运用这些理念去观察和把握授课教师的教学思路是否清晰，教学方法是否得当，重点是否突出，难点是否攻破，训练是否有效，知识建构是否合理，活动的效果是否好，教学目标的达成度是否高，等等。进而从整体上对所听的课给出一个宏观的评价（如优秀、良好、一般、较差，或划分 A,B,C,D，等等）。听课教师只有从整体上观察，从宏观上把握，才能对一节课的优与劣、高效与低效、成功与失败做出科学、恰当的评判。

二、微观“品”细节

“细节决定成败”，一节课成功与否，往往与教学过程中教师对细节的关注和处理的灵活程度密切相关。因此，听课还要对授课教师设计的每个教学环节进行认真思考和分析，特别是对一些重要的教学环节，要细致入微地“品味”，认认真真地推敲。既要深入思考教学过程中的每一个细节在数学知识的形成、发展和应用过程中的作用，关注“立德树人”根本任务的落实情况及数学学科核心素养目标的达成度，更要推敲其创新性与合理性问题，如，这些细节对揭示数学本质有什么帮助和作用；这些细节是否能够促进知识的建构达到水到渠成的效果；这些细节对支持数学活动有什么作用，哪些细节设计的比较恰当、合理；哪些细节的设计需要改进，怎样改进，等等。甚至在关键之处要对教师和学生所说的每一句话、所用的每一个术语、活动中的每一步操作等，都要仔细斟酌、认真推敲。因为教学中的亮点和瑕疵，往往都隐藏在教学过程的细节中，一刹那、一瞬间，稍纵即逝。听课教师只有对授课教师的每个教学细节认真听、全面看、用心想、仔细品，才能捕捉住这些智慧火花，并发现不足和问题。

三、关键“抓”要领

新课程理念下一节课的成功与否，关键是看教师如何通过活动引导学生主动去“学”。所以，听课不但要“听”，还要“看”和“记”，更要“思”，做到听、看、记、思的有机结合。这就需要教师要正确掌握听、看、记、思的要领，以便提高听课的实效性。

1. 听什么、怎样听

听课时首先要做到集中精力。一要听教师的教学语言。不但要听教师的语言基本功（如语言是否清晰流畅、是否简洁形象、是否使用普通话、对数学术语的表述是否科学准确等）；还要听教师的语言艺术（如，提问、引导或讲解的艺术性、激励和表扬学生的艺术性、教学环节的过渡与衔接的艺术性等），特别是对教师语言的严谨性、直观性、生动性、感染力、驱动力等要给予高度关注。二要听学生的课堂发言。倾听学生的发言能够了解学生对所学知识的掌握和内化的程度，发现学生有创意的见解和思维障碍，了解教学的真实效果，为教学评价提供依据。听学生发言主要是听学生回答问题时能否清晰、准确、富有条理性地表达自己的想法和观点，其想法或观点是否具有独创性或深刻性，是否能够提出具有一定价值的数学问题等。

2. 看什么、怎样看

一看教学活动的设计。听课能够观察到教学活动设计的全部，教学活动设计能够折射出教师对教材和学生的研究情况。教材为学生的学习活动提供了基本线索，教材是课程的重要资源，是教师教学的依托，是实现教学目标的依据。因此，听课时，要看教师对教材的编写意图领悟的是否准确、深刻、到位，对教材的处理能否做到重组、创新、超越。了解学生的“现实状态”是教师设计问题起点的依据，因此，听课时还要根据教师设计的问题是否得当(即有思维含量，学生能回答)来看教师对学生的了解程度。

二看教学活动的实施。教学活动的设计是教师“预设”的过程，而教学活动的实施是动态“生成”的过程。生成的往往是教师难以预设的，因此，听课时，还要看教师对这些生成性的“教学事件”是怎样处理的。若教师能够按照学生的思路巧妙地加以引导，使其按照有意义的方向进行，并通过及时地梳理、归纳、总结，从而有效地完成教学活动预设的目标，则这样的教学活动是有效的，教师的教学行为是得当的，学生的主体地位是得到充分体现的。若在教学活动中，教师对学生不敢放手，始终“牵”着学生走，或能“放”不能“收”，使教学变成了信马由缰的活动，则教学活动是低效或无效的，教师的教学行为是不妥当的，学生的主体地位是不能得到充分发挥的。

具体地说，“看”就是听课教师要对课堂教学中“可视”的东西进行充分的观察，主要包括以下“看”点：(1) 看教师对教材的把握和处理；(2) 看教学活动(如教师的状态、学生的参与度和表现等)；(3) 看教学的规范性(如教师板书的示范性、教学基本功、数学功底等)；(4) 看现代化的教学手段(如有没有运用、使用是否得当、课件的制作技术等)。

3. 记什么、怎样记

听课记录应包括四个方面的内容：基本信息、教学实录、教学点评和教学总评。

(1) 基本信息。主要是指与听课有关的基本信息。如时间、学校、班级、学科、授课者、课题、课型等。

(2) 教学实录。记录的是教学的内容，主要包括教学过程(如，问题情境 →

学生活动→知识建构→数学运用→回顾反思等环节)、教学内容(如,板书、例题、多媒体展示的内容等)、教学活动(如,教师的重点提问、学生的典型发言、活动的大致情况等)。

教学实录应该记到什么程度呢？首先,不同类型或不同目的的听课其教学实录的详简程度应该不同。如听名优教师的观摩课,或听为了某种目的而开设的研讨课时,教学实录需要全面详细一些,而同行之间的一般性听课,其课堂实录可以简明扼要一些。其次,对一节课中的不同教学环节的记录也应该有详简之别。如对创设情境引入新课的过程、问题的探究过程、例题的分析过程、教师在引导中的精妙和不足之处、学生在活动中的亮点和不足之处等都需要详细地记录,而其他一般性的教学环节则可以简记或不记。

(3) 教学点评。听课教师在听课过程中要把自己的分析、感悟和评价及时地记录下来,这就是教学点评。教学点评与教学实录要同步完成,记录时两者要对应。教学点评既可以是对教师引导或讲解的精妙或不足之处的分析,也可以是对学生在活动中的亮点或不足之处的评议;既可以是针对教学中某些具体问题或活动设计的看法与思考,也可以是受特殊情景或偶发事件启发所产生的灵感和顿悟。教学点评不必拘泥于内容和形式,但听课教师一定要把自己的真实想法、感悟、观点和评价写出来。尽管自己的观点和评价可能会有片面性或偏差,但它体现的是自己独立的、富有个性化的教学视角,能够折射出自己的教学思想和教学理念,是对自己教学理论水平和教学评判能力的综合检验。

(4) 教学总评。听完课后教师应对教学实况进行反复琢磨,并运用教学理论进行全面分析,肯定成功之处,指出存在的问题和不足,并提出改进意见,从而写出教学总评。

4. 思什么、怎样思

听课不思考就不可能做出恰当的评价,更不会有收获。教学点评和教学总评都来自于对听课的思考。

(1) 听课之中要思考:① 教师为什么要这样处理教材,换个角度行不行、好不好;② 问题的设计是否有探究的价值(即是否有思维含量,学生是否能够探究);③ 设计的活动是否有意义(即是真活动还是伪活动);④ 教学中的“亮点”和不足之处对学生会产生哪些影响,不足之处应该怎样改进;⑤ 是否存在科学性错误;⑥ 若自己是学生,我是否能够掌握和理解所学的内容,老师的教法是否吸引我;⑦ 新课程的理念、方法、要求是否融入了教学中,是否内化为教师自觉的教学行为,等等。

(2) 听课之后要思考:① 从数学的视角(主要看数学功底)思考:数学内容是否充实、完整;新知识建构过程是否合理;是否有数学思想方法的渗透、提炼或阐明等;② 从教学的视角(主要看教学能力)思考:教学过程是否自然、和谐地融入新课程目标；教学要求是否恰当，适合学生的最近发展区；是否有创设发现情境、鼓励探索质疑、多向交流沟通、促进意义建构的教学方法；教学过程是否有序、完整，思路是否清晰；教学重点是否突出，难点是否攻破，教学目标是否实现；③ 从特色的视角(主要看创新亮点)思考：内容处理是否有新意，教学风格是否有个性，教学设计是否有亮点，突发事件的处理是否得当。

(3) 平时要善于整理和研究。听课记录是教学中的一块里程碑，上面撒满了你和同行的酸甜苦辣，它记录着别人的教学智慧，更记录着你的成长历程，是一份很有价值的教学实践资料。因此，教师要善于整理它、保存它、研究它。每过一段时间，教师就应该翻翻它，将有联系的课做一番比较研究，反思、归纳、整理出一些共性的东西，以便自己在教学中借鉴。教师只有对听课记录常整理、常研究、常反思，才能使自己在听课中成长，听课的作用也才能真正地落到实处。那种一听了之，为听课而听课的做法是不可取的。

最后要注意的是：听、看、记、思在听课过程中是相互渗透、有机结合的，我们不能把它们截然分开，其中，听、看、记是听课的基础，“思”是听课的核心。因此，听课时，对四者要做好兼顾，如教师讲和学生发言时，以听为主，兼顾其他；教师板书、学生板演、小组讨论、观察实验时，以看为主，兼顾其他；学生练习时，听课者既要观察授课者此时的行为，又要侧重于对已完成的教学时段的分析思考，并记录点评意见等。

总之，听课是数学教师进行课堂教学学习和研究的很好形式，作为一线的数学教师要珍惜每一次听课的机会，不断地掌握听课的技能，提高听课的实效，在听课中加强学习和研究，使自己在听课中不断地成长、成熟、成功！

附：笔者的一次听课记录(表 4.1.1)

听课时间：2020 年 11 月 12 日上午第 2 节课　　听课地点：北京丰台二中

表 4.1.1

<table>
<tr><td>执教</td><td>王老师</td><td>班级</td><td>高一(4)</td><td>学科</td><td>数学</td></tr>
<tr><td>课题</td><td colspan="2">任意角的三角函数</td><td>课型</td><td colspan="2">新授课</td></tr>
<tr><td colspan="5">教学过程</td><td>教学点评</td></tr>
<tr><td colspan="5">一、新课引入
教师：初中我们学习了锐角，并且研究了锐角三角函数，上节课我们把锐角推广到了任意角，并且是借助直角坐标系研究任意角的，那么接下来我们要研究什么？
学生：应该研究“任意角的三角函数”。</td><td>通过回顾、对比，引出本节课课题，自然、和谐、简单明了，体现了知识的内在逻辑关系。</td></tr>
</table>

续表

执教	王老师	班级	高一(4)	学科	数学
课题	任意角的三角函数		课型		新授课

教学过程	教学点评
二、数学活动 问题 1：初中是怎样定义锐角三角函数的？（学生 1：用直角三角形来定义） 问题 2：对任意的角 α，如何定义其三角函数？ 学生 2：还是利用直角三角形来定义。如图，构造直角三角形，仿照锐角三角函数来定义任意角的三角函数。	引导学生在回顾反思的基础上提出新问题，能够激发学生的探究欲望。运用问题串推进教学进程，很得当。
教师：研究任意角我们是怎样研究的？（学生：在直角坐标系中） 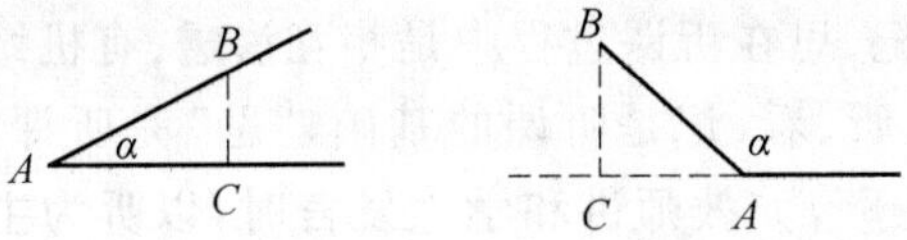 问题 3：在直角坐标系中怎样定义任意角的三角函数？ 学生 3：在角 α 上任意取一点 $P(x,y)$，则可以定义：$\sin\alpha=\dfrac{y}{OP}$，$\cos\alpha=\dfrac{x}{OP}$，$\tan\alpha=\dfrac{y}{x}$，其中 $OP=\sqrt{x^2+y^2}$。	学生 2 通过老师的对比研究，有这样的想法是很自然的，为什么不让他说下去？为什么不让他说说自己的理由？打断学生 2 的发言，直接提出问题 3 太突兀了。
三、建构概念 定义：…… 问题 4：为什么要取这三个比值定义任意角的三角函数呢？（学生沉思） 教师：P 是怎样的点？（学生：任意点） 教师：你发现什么？（学生众：这三个比值始终是定值） 学生 4：这三个比值不随点 P 的变化而变化，只与角 α 的终边有关。 教师：对！正因为如此，我们才给出这样的定义。 问题 5：角 α 终边的位置与其三角函数值有何关系？（列表比较其符号）	问题 4 揭示的是数学本质，从数学观的角度能够反映出教师的教学理念问题。若教师能在回忆锐角三角函数时就让学生回答这样的问题，则学生会更深刻地认识三角函数概念的本质，就会很自然地想到怎样来建构新概念了。
四、概念应用 例 1：角 α 的终边经过点 $P(2,-3)$，求角 α 的三角函数值。（略） 变式 1：角 α 的终边过点 $(4a,3a)(a<0)$，求角 α 的三角函数值。 变式 2：角 β 的终边在 $y=x$ 上，求角 β 的三角函数值。	例题与训练有梯度，设计较好，注意让学生解决问题，注意设计变式，注意基础训练与能力提升的有机结合。

续表

<table>
<tr><td>执教</td><td>王老师</td><td>班级</td><td>高一(4)</td><td>学科</td><td>数学</td></tr>
<tr><td>课题</td><td colspan="2">任意角的三角函数</td><td>课型</td><td colspan="2">新授课</td></tr>
<tr><td colspan="5">教学过程</td><td>教学点评</td></tr>
<tr><td colspan="5">例 2:确定下列三角函数值的符号：$\cos\frac{7}{12}\pi$;$\sin(-465°)$;$\tan\frac{11}{3}\pi$。
五、课堂小结:任意角的三角函数的概念、意义、符号。
六、课后作业。</td><td></td></tr>
<tr><td>教学总评</td><td colspan="5">这节课教师能将三维教学目标自然融入教学过程中,比较切合学生实际。在概念形成过程中,注意通过比较、注意让学生感悟、注意揭示数学本质。教学重点突出,教学难点突破,教学思路清晰,讲解清楚,教学规范(特别是板书示范、语言准确直观),多媒体使用得当。教学过程中注重突出学生的主体地位,充分让学生多思、多做、多说。教学训练设计合理,学生对概念掌握较好。
不足:在概念的形成过程中,当学生的发言有点“离经叛道”时,教师没有很好地引导,而是打断学生的发言,提出预设的问题让学生去思考,这是非常不妥当的。如果教师能够充分地放手让学生谈想法,让学生暴露自己的思维轨迹,然后结合学生出现的问题恰当引导,动态生成,则学生对概念的理解和感悟将会更深刻,更充分。</td></tr>
</table>

第 2 节　数学教师如何在评课中成长

教师评课是教学研究中不可或缺的一个环节。听课后对授课教师的教学情况进行评议,把自己的看法和感受反馈给授课教师,一是对他人劳动的尊重和认可,也是对他人负责的一种体现;二是通过与授课教师的对话与交流,了解他的教学观和教学思想,相互取长补短,可以增强同伴之间的业务切磋,提高教师的业务能力,深化课堂教学改革,可以帮助教师总结先进的教学经验,克服不足,明确努力的方向,提高教育教学水平,转变教师的教育观念,促使教师生动活泼地进行教学。对其他教师的教学也会起到积极的启迪和带动作用。总之,评课有利于端正教学思想,树立正确的教育观和质量观,有利于课程标准精神的贯彻、落实,推进素质教育,促进教学改革不断前行。

一、评课原则

1. 客观性

评课时，要以课堂的真实情况为基础，以科学的教育教学理论为依据，不带任何偏见，恰如其分地进行评议，评议要客观公正，不夹感情因素，不分厚薄亲疏，通用一把尺子，一个衡量标准，实事求是地把本节课的得失分析呈现出来。同时，评课者应及时坦率地与执教教师交换意见，对课的长处一定要充分肯定，看出的问题也要明确指出，不能含含糊糊，一味的“好好好”，无根据地唱赞歌，成绩要说够，缺点要说透。备课组内评课活动的根本目的是教学研讨，取长补短，促进提高。所以评课活动一定要有鼓舞士气，互帮互助的氛围，既不能把评课活动变成“表扬会”，更不能把评课活动开成“批斗会”。

2. 目的性

明确评课目标。进行评课，应该根据教研活动的目的或听课者听课的目的确定评课的目的。评课时一定要围绕已确定的目的进行，做到既有理论阐释，又有具体的教学建议，有说服力和可信度。评课过程中，要根据上课教师提供的课堂教学实例，交流教育与教学思想，总结教学经验，探讨教学方法，帮助、指导上课教师和参与听课活动的教师提高教学能力。通过评课，使参与活动的全体教师，从一个课堂教学实例中吸取教益，学习教学方法，改进不足，以达到共同提高教学水平的目的。

3. 层次性

每位老师对课堂教学的理解是不同的，这就决定了评课的侧重点也应有所不同。对于教学上已有一定造诣的老师要要求高一些，侧重对他们教学中的擅长之处，独到见解做出突出的分析和概括，以便他们形成风格和特色；对一般的教师，应根据其教学基本功要求全面评议，让他们逐步达到要求，并针对他们某些方面的薄弱之处，有侧重地加以点拨指导；对刚任教的教师，评课的侧重点则应放在教学目的性是否明确，教学重难点是否把握，教学设计是否合理，条理是否清楚，讲练是否合理等。

二、练好评课基本功

在参加评课活动时，我们经常看到这样的现象：有的老师评课思路不清，语言平淡，专业术语不准，理论性不强，优点不知在哪儿，问题也说不清楚，这就是缺乏评课基本功的一类教师；还有一类老师评课的思路清晰，语言犀利，术语准确，理论性强，优、缺点指出到位，表扬不过度，指出问题恰到好处，这样的评课不但让授课老师心悦诚服，受到鼓励，也让其他听课的老师眼前一亮、豁然开朗，受益匪浅。由此可以看出，会评课是教师的一项基本功，教师平时要练好评课基本功。

1. 打好专业知识基础

要想进行高质量高水平的评课，教师必须要打好专业基础。首先，评课的评价内容包括教师对课堂教学的目标设定，课堂流程的实施过程，课堂教学的方式，课堂教学的完成情况，教师教学能力的水平等，进行评价的老师需要准确把握评价标准。听课前教师要对被听老师的上课内容做好准备，熟悉内容、预设自己的教学方案，带着问题走进课堂进行听课；然后在听课中看教师对这些问题是怎样处理的，看教学目标的达成度，看重难点突出、突破情况，看活动的设计，看学生的反映，看最后的效果，等等。若教师在听课之前和听课之中长期坚持做这样的听课“功课”，必然会使自己练得扎实的专业知识，成熟的教学技艺，能够更深刻地理解教学。

2. 培养较强的观察能力

听透课是能评好课的基础，评课教师需要有较强的观察能力。因为课堂教学中的一些精彩之处、探究问题的思维交锋、教学事件的生成、活动中的不足和瑕疵等都在一瞬间产生，稍纵即逝，听课教师若没有敏锐的洞察能力，就很难捕捉到这些信息，评课自然也评不到“点子”上，导致评课平淡无奇。在平时的听课中，要多多留心教师教学中的这些信息，还要善于与其他老师进行交流，听听他们是怎样观察和捕捉课堂信息的，通过不断练习，不断积累经验，课堂的观察能力自然就会提高。

3. 优化专业语言表达

评价是需要教师利用专业的语言进行概括、分析、解释、总结的，其最终目的是服务于提高教师的教学能力。因此，教师应当根据数学语言进行科学表述，表述要注意逻辑性、严谨性、可接受性（多鼓励表扬，指出问题时要尊重人）等，同时要善于运用教学理论做支撑，把理论与数学的实际结合，不断打磨自己的评课语言，使得语言表述简洁而不失专业，犀利而不是刻薄，切实练就评课的良好基本功。

总之，评课作为教师业务交流的模式对提升教师素养具有不可或缺的作用，它与听课一样对教学业务的提高具有重要意义，只要教师用心去钻研评课的方法和技能、技巧，就一定能在评课中不断成长。

【评课日记】

没有最好，只有更好
——评纵封磊、刘晓华两位老师的课

（一）评两节算法课

1. 评纵封磊老师的"算法"课

纵封磊老师是一位优秀的年轻数学教师，第一次担任高中数学的教学工作。他设计的课很有思路，课件制作新颖，有冲击力，数学解题基本功较好，教学成绩突出。

作为算法的起始课，重点是通过一系列的具体实例，让学生体会和感悟什么是算法和算法的基本理念（也就是算法的思想），并能写出（或设计）简单问题的算法。

纵封磊老师在本节课的设计中，引入了大量的生活实例和数学实例，如稀释浓硫酸的操作过程（算法），炒菜的操作过程（算法），解方程组的算法等，通过分析这些问题的操作过程，让学生体会算法的具体含义、作用和学习算法的实际意义，这是现实操作的需要，是计算机进行运算的需要。在得出算法的概念、作用和意义的基础上，纵封磊老师引入了数学史，介绍了笛卡儿对算法创立的贡献，介绍我国数学家吴文俊对算法的研究和贡献。而后，纵封磊老师设计了几个问题，让学生练习，深化了学生对算法的进一步理解和学习算法的兴趣。

这节课的不足：对生活中实例算法的设计缺乏系统的归纳，情境过多，导致课堂晃动频繁，冲淡主题，淡化重点，分散了学生的注意力，不利于对概念本质的深入挖掘，也无法讲透概念。如炒菜的算法，究竟细到什么程度，或从宏观的几个大步骤分析，应该宏观到什么程度等。如果课前老师对这些细节进行深入思考和设计，相信本节课会更完美。

2. 评刘晓华老师的"程序框图与算法的基本逻辑结构"课

刘晓华老师是我校一位年轻的数学教师，她的教学很有特点：思路清晰，目标明确，重点突出，逻辑性强，节奏快慢有度，容量适当，很值得观摩。

作为算法的第二节课，重点是阐述程序框图的简单画法，并从中归纳算法的基本逻辑结构。刘晓华老师在这节课的教学中，深入浅出，教学很有章法：她先通过具体实例检查学生对算法概念的理解（因为学生课前有预习），并通过一个简单的程序框图介绍每个"框"的含义与用法，然后通过具体的简单的数学实例设计程序框图，并从中发现和归纳算法的基本逻辑结构。于是老师将本节课的重点凸显出来，重点阐述算法的顺序结构和条件结构。并通过几个实例让学生加深理解。

在本节课中，刘晓华老师注重调动学生，提出的问题具有启发性，通过批改

学生的预习提纲,发现学生存在的问题和亮点,有针对性地带领学生进行质疑、讨论、释疑。课堂中,刘晓华老师还见缝插针地鼓励学生提问,让学生进行板演,通过不断地暴露问题,来不断地完善对新知识的理解和深入学习。

整节课贯穿了新课程理念,老师有良好的学生观、教学观,教师的业务素质较高,基本功非常扎实,驾驭课堂的能力很强。

本节课的不足之处是在处理学生预习的问题中,对问题与问题之间的环节过渡缺乏统筹的安排,个别环节的过渡不够自然,虽然通过一个一个环节,把问题全部解决,但给人的感觉不够连贯和整体。

一节课,没有最好,只有更好!相信两位老师通过不懈的努力,会成熟得更好,课的设计会更完美!

(二)由两节课引发的思考

有了预习提纲,学生课前进行了必要的预习,这不但能够很好地培养学生的自我学习能力,更能够提高课堂的教学效率。我想有学生预习情况下的课堂,教师的工作应该完成好以下任务:

1.将知识的学习过程逻辑化。学生在预习的过程中,是在老师设计的预习提纲的引领下进行的,而预习提纲是以问题的形式呈现的,学生按照问题去看书,学到的知识是“散状”的,是“支离破碎”的,缺乏应有的逻辑性。因此,这就需要老师在课堂中将这些知识进行有效的“贯通”,呈现知识的发生、发展的脉络,特别是知识之间的顺序和逻辑关系。老师要加强环节与环节之间的过渡语句设计,这是非常有必要的。

2.进行必要的检查。学生的预习效果参差不齐,学习能力强的学生,预习效果一定很好;做事认真的学生,预习效果也不会差。但对于学习能力弱或学习自主性不强的学生,预习效果一定不会好,或者说是“假”预习,尽管他们的预习提纲写得很好,但可能都是抄书得来的,对这些“假象”,教师必须通过课堂检查予以发现。因此,教师通过批改预习提纲或课堂提问的方式来检查学生的预习情况,并在课堂中对预习效果不好的学生进行有的放矢的补救,这是十分必要的。

3.质疑与释疑。在预习过程中,学生一定不同程度地存在一些疑问,老师或者通过批改预习提纲发现这些问题,或者通过课堂提问和让学生提问,来发现这些问题,进而通过师生之间的共同讨论来解决这些问题,因此,课堂中,老师的另一个作用就是引导学生质疑和释疑,从而有针对性和侧重点地进行教学。

4.深化的作用。学生的预习必定都是很基础的,而且学生还做不到对知识的整体把控。为此,老师在课堂上的另一个作用就是适度地综合与应用,把每个“孤立的点”联系起来,使其形成网状嵌入学生的大脑中,并通过必要的综合应用，深化学生对本节课内容的整体把握。

5. 注意教学情境的引入。教学情境对数学概念、原理的引入至关重要，尽管教学情境很重要，但也要注意设计的方法：一是要充分了解学生，情境设计要符合学生实际；二是不能过多过杂，情境毕竟是为概念教学起辅助作用的，要有重点的选择，内涵要深入、清晰，不能选择太多，过多过杂就会淡化主题，引起教学的晃动，不利于概念本质、内涵的凸显。

第3节　数学教师如何在说课中成长

说课具有鲜明的艺术性，说课要求教师在较短的时间内将一节课的教学设想通过"说"的方式呈现给听众。由于受说课时间、听课对象和理论要求等方面的限制和影响，说一节课往往比上一节课的难度更大，把握不好不易成功。因此，说课不失为一种考查教师教学基本功和教育教学理论水平的有效方式，具有很强的可操作性和实用价值，是促进教师专业成长的平台。

【说课实践】

说课：函数奇偶性

尊敬的各位评委：上午好！

我说课的课题是"函数的奇偶性"，这是人教A版必修第一册"第三章函数的概念与性质"中的一节内容。我将根据新课标的理念、高一学生的认知特点和我本人一贯的教学风格设计本节课的教学，下面我从说教材、说教法和学法、说教学过程等几个环节，向各位评委谈谈我对这节课教材的理解和教学设计。

（一）说教材

"函数"是本章的核心概念，也是中学数学中的基本概念，函数的思想方法贯穿整个高中数学课程。函数的简单性质包括单调性和奇偶性，单调性是用代数的方法研究函数图象局部变化趋势的；奇偶性则是用代数方法研究函数图象整体对称性的。奇偶性是学生在学习了函数概念和单调性的基础上进行学习的，学习本节课对巩固前面学习的知识，以及为后面进一步学好指数函数、对数函数、三角函数、复合函数等内容都具有十分重要的意义。

教材根据高一学生的认知规律和特点，按照由浅入深、由易到难和"抓联系、促迁移"的原则进行编写。通过生活实例创设情境，进而迁移到研究函数图象的对称性问题中，抽象出函数奇偶性的定义，然后通过例题教学说明如何用定义判定和证明函数的奇偶性，并挖掘要注意的问题，这样的编写充分体现了概念的形成、发展和应用过程。

针对上述分析，结合高中数学课程标准和教材，并考虑到高一学生认知规律的实际，特制定如下教学目标和教学重、难点。

(1) 教学目标。

① 理解和掌握函数奇偶性的定义，会判断函数的奇偶性，能证明一些简单函数的奇偶性；

② 经历从具体情境中抽象出函数奇偶性定义的过程，提高观察、分析、抽象和概括等方面的能力，感悟数形结合的思想方法；

③ 通过构建和谐的课堂教学氛围，激发学生的学习兴趣，调动学习积极性，培养勇于提出问题，乐于探索问题，善于合作与交流的良好情感和积极向上的学习态度。

(2) 教学重、难点。

函数奇偶性的定义及其判定是教学的重点；对函数奇偶性定义的理解是教学的难点。

(二) 说教法和学法

本节课坚持"教与学、知识与能力的辩证统一"和"使每个学生都得到充分发展"的原则，博采启发教学法、引探教学法、讲授教学法等诸多方法之长，引导学生自主学习、合作学习和探究学习，努力做到教法、学法的最优组合，并体现以下几个特点：

(1) 充分利用数形结合，促使学生从感性认识上升为理性认识。高一年级的学生正处于从形象思维为主要思维形式向抽象思维为主要思维形式的重要过渡阶段，因此，教学中要充分重视数形结合的作用。通过电脑演示生活中的对称图案，到具有不同对称性的函数图象，让学生在观察、分析中获得大量的感性认识，进而达到对函数奇偶性的理性认识。

(2) 重视学生的主体参与。学生是学习的主体，教是为了使学生会学，因此，对函数奇偶性概念的形成、发展、应用等每个环节的教学，都应通过学生的自主、合作、探究的学习过程来完成。

(3) 注重信息反馈，坚持师生间的多向交流。学生的学习过程是通过揭示矛盾、解决矛盾的反复过程才得以完成的。因此，根据教学信息反馈的理论，在学生接触新知——奇偶性概念时，要引导学生通过多思、多说、多练，来充分地暴露他们所遇到的障碍和矛盾，并在师生、生生之间的多向交流中，不断地解决新矛盾，使认识得到深化。

(三) 说教学过程

本节课我设计了六个环节，具体如下：

1.模拟切入，发现问题

用多媒体展示日常生活中常见的对称现象：如美丽的蝴蝶、盛开的花朵、六角形的雪花晶体、建筑物和它在水中的倒影……，并让学生自己举出一些生活中的对称事例，从而揭示本节课的课题。通过多媒体展示生活中常见的对称图形，能够提高学生的学习兴趣，增强直观性；让学生自己举例能够拉近数学与实际的距离，感受数学源于生活。

2.共同探究，解决问题

多媒体展示函数图象，并提出问题：观察函数 $y=x^2$，$y=\frac{1}{x}(x\neq 0)$ 的图象，从对称的角度你发现了什么？学生回答：函数 $y=x^2$ 的图象关于 y 轴对称，函数 $y=\frac{1}{x}(x\neq 0)$ 的图象关于原点对称。继续提出问题：函数图象的这种对称性，除了从图象上认识外，是否能用数量关系来刻画？引导学生分组讨论、交流，探索图象上任意两个对称点的坐标之间的数量关系，并根据自己的理解，描述出函数图象对称性的代数规律，然后再通过生生、师生之间的相互补充、打磨，完善和规范这种规律，进而得到函数奇偶性的定义。最后引导学生挖掘定义中隐含的关键点：① 定义域必须关于数"0"对称；② 对定义域中的任意一个 x，都有 $f(-x)=f(x)$ 或 $f(-x)=-f(x)$；③ 图象特征：偶函数图象关于 y 轴对称，奇函数图象关于原点对称（这是判断函数奇偶性的直观方法）。为了让学生加深理解定义，教师可以引导学生自己举出反例，体会和理解定义的内涵，从而掌握本节课的重点，突破难点。

3.深入研究，突出重点

教师引导学生，利用得出的定义来判断引例中的两个函数的奇偶性，并且在师生共同交流、完善的过程中，由教师详细写出判断的过程（或将问题改为证明，写出证明过程）。通过学生自主探究、师生、生生间的合作交流，归纳得出函数奇偶性的判断方法：① 图象法。观察图象，若图象关于 y 轴对称，则该函数为偶函数；若图象关于原点对称，则该函数为奇函数；若图象既不关于 y 轴对称，也不关于原点对称，则该函数是非奇非偶函数。② 定义法。若函数的定义域关于原点对称，且对任意的 x，满足 $f(-x)=-f(x)$（或 $f(-x)=f(x)$），则函数 $f(x)$ 是奇函数（或偶函数），否则函数 $f(x)$ 是非奇非偶函数。也就是用定义判断函数的奇偶性一般分三步：① 求出函数的定义域，并判断其是否关于数"0"对称；② 考察 $f(-x)$ 与 $f(x)$ 的关系；③ 下结论。

4.例题教学，强化应用

例题：判断下列函数是否具有奇偶性：

(1) $f(x)=2x$；(2) $f(x)=x^2-1$；(3) $f(x)=x^3+5x$；(4) $f(x)=2|x|$。

这样设计例题符合学生的认知规律。第(1)小题是一次函数，直接利用定义很容易判断其为奇函数，问题解决后，教师引导学生做进一步的拓展：函数 $f(x)=ax+b$ 的奇偶性如何呢？通过学生自主探索与合作交流，运用分类讨论的思想，对问题做出全面的归纳：分为四种情况：① 当 $a\neq0,b=0$ 时，$f(x)$ 为奇函数；② 当 $a\neq0,b\neq0$ 时，$f(x)$ 为非奇非偶函数；③ 当 $a=0,b=0$ 时，$f(x)$ 是既奇又偶函数；④ 当 $a=0,b\neq0$ 时，$f(x)$ 为偶函数。第(2) 小题是二次函数，容易判断它是一个偶函数。教学时可以引导学生做这样的变式思考：二次函数 $f(x)=ax^2+bx+c(a\neq0)$ 的奇偶性如何呢？学生通过讨论会发现，当 $b=0$ 时，此函数是一个偶函数；当 $b\neq0$ 时，此函数是非奇非偶函数。进而还可以让学生判断函数 $f(x)=(x-1)^2$ 的奇偶情况。第(3) 小题是一个三次函数，它是一个奇函数，教学时引导学生做出判断后，注意给出规范的证明过程，以便学生掌握利用定义证明函数奇偶性的方法，同时，还要引导学生归纳三次函数奇偶性的一般规律：若各项的变量次数都为奇数(且不含常数项) 时，此函数为奇函数，否则为非奇非偶函数。第(4) 小题是绝对值函数，教学中可以由浅入深再设计两个复杂一点的含绝对值的函数，以提高学生的思维层次。

例题教学后，教师进一步强调：具有奇偶性的函数其定义域的特征 —— 关于数 0 对称，也就是关于数 0 对称是"函数具有奇偶性"的前提条件。如果一个函数的定义域不是关于数 0 对称的，那么这个函数一定不具有奇偶性，如函数 $f(x)=x^2(-1<x<2)$，初看它是一个偶函数，但注意到函数的定义域，便知它是一个非奇非偶函数。然后让学生思考下面的探究题：

探究题：对于定义在 $\mathbf{R}$ 上的函数 $f(x)$，下列判断是否正确？

(1) 若 $f(-2)=f(2)$，则函数 $f(x)$ 是偶函数；

(2) 若 $f(-2)\neq f(2)$，则函数 $f(x)$ 不是偶函数；

(3) 若 $f(-2)=f(2)$，则函数 $f(x)$ 不是奇函数。

设计该探究题的目的是让学生进一步理解函数奇偶性定义的本质。第(1) 小题是错误的，本题说明函数在某一点上满足定义，不代表定义域内所有点都满足奇偶性定义的条件，因此不能断定它就是偶函数；第(2) 小题是正确的，本题说明只要定义域内有一点不满足定义，那么这个函数就不是偶(奇) 函数；第(3) 小题是错误的，学生辨析本题可能会有一定的难度，教学中可以引导学生举出反例来说明，例如函数 $f(x)=0$，就存在 $f(-x)=f(x)=-f(x)$，所以函数 $f(x)=0$ 既是奇函数，也是偶函数，并由此引导学生归纳：一个函数按奇偶情况可分为奇函数、偶函数、非奇非偶函数、既奇又偶函数。

例题教学是使学生掌握知识、形成技能、发展智力的重要手段，它是沟通新知识的桥梁。因此，上述例题教学设计，做到了有层次、有坡度、难易适当，即从基本题入手，过渡到变式题、发展到探究题。其目的是让学生所学的知识在基础题中得到巩固，在变式题中得到加深，在探究题中得到升华。

5. 归纳小结，巩固新知

归纳小结是巩固新知不可或缺的环节之一，这个教学环节对培养学生的归纳概括能力、自我获取知识能力和语言表达能力是十分重要的。本节课我采用让学生谈学习收获的方式对所学知识进行归纳，重点是让学生用自己的语言谈对函数奇偶性定义的理解和使用定义判断函数奇偶性时应该注意的问题。

6. 布置作业，提高升华

根据学生的实际情况，作业布置分为必做题和选做题。设置必做题的目的是巩固本节课应知应会的内容，面向全体学生，人人必须完成。设置选做题的目的是为了提升能力，发展智力，选做题的难度会稍大一些，要求学生根据个人的实际情况尽力完成，对学有余力的尖子生要求他们要完成。为此，作业布置我是这样安排的：必做题是教材第 40 页的第 2、5、6 题；选做题是教材第 94 页的第 22 题。

以上六个环节，环环相扣，层层深入，并注意调动让学生自主探究与合作交流，注意教师适时的点拨引导，学生的主体地位和教师的主导作用体现得淋漓尽致，切实能够达到发展思维、提升能力的根本目的，能够较好地实现教学目标，也使课标理念能够很好地得到落实。

【说课反思】

所谓“说课”，就是授课教师在独立备课的基础上，系统地向听众（评委、教师等）谈自己的教学设想（即教学预案）及其理论依据，以供评委对自己的教学设想做出评价，或供本学科的教师相互交流、达到共同提高的一种教学研究形式。“说课”一般要求教师用 15～30 分钟左右的时间，用简要准确的语言把自己对教材的理解、所准备采用的教法、学法、教学过程的设计等，呈现给听众，它是教师备课全过程的浓缩与升华，是一份已经融化在教师脑海里的教学方案。“说课”有助于教师全面掌握教材，不断地优化教学方法，减轻学生的学习负担，提高教学质量，是促进教师专业成长的良好平台。

纵观本节说课，既有总论，又有分述；既有理论依据，又有具体实践；既体现了教学策略，又兼顾了学习策略；既重点说了教学过程的处理，又对每个教学环节的设计给出了评述，形式新颖，方法灵活，层次清晰，重点突出，使人耳目一新。其主要特色是：

1. 说课的对象明确

说课的对象不是学生，而是评委和教师，因此，说课与备课和上课是截然不同的教学艺术形式。说课不仅要向评委和同行说出教学内容的具体安排（即“怎样教”的问题），还要重点讲清这样设计的理论依据（即“为什么这样教”的问题），使听者既能知其然，又能知其所以然，达到理论与实践的有机结合。

本节说课中，教师能够紧紧抓住评委的心里（评委往往要从教师“怎样教”和学生“如何学”两个角度去审视一节课的说课），将自己置身于听众思维和学生思维的交汇点处，站在备课与讲课的临界点，变换“说”位，研究“说”法，找准“说”点，以教师所特有的风度和气质，恰当地把握语言、语气、表情等，使听者能够切实感到说课者不是在背备课，不是在与学生讲课，而是在与评委说明自己的教学构想，阐述“怎样教”和“为什么这样教”。

2. 说课的方式对路

说课的方式是指说课的结构程序及其策略方法。从整体结构看，说课要有“说教材、说教法、说学法、说教学过程”等基本程序。“说教材”的策略方法是教师依据课标和教材，从宏观上分析教材的地位、作用和意义，从而确定教学目标和教学的重、难点；“说教法和学法”的策略方法是教师依据教学内容的特点，在充分分析了学生的基础上，运用新课程理念，确定要采用的教学方法和学习方法；“说教学过程”的策略方法是教师在综合上述分析的基础上，谈自己的教学构想及其理论依据，这是说课最重要的环节。

本节说课就是按照这些基本程序展开的，在“说教材”中，说课者分析了“函数奇偶性”在函数一章中的地位、作用和意义，并据此恰当而准确地确定了教学目标和教学的重、难点。在“说教法和学法”中，说课者能在充分掌握教学内容与要求、充分了解学生的基础上，博采多种教学方法之长，努力做到教法、学法的最优组合。在“说教学过程”中，按照概念的形成、发展、应用的教学思路进行展开，既说了每一个教学环节如何设计，又谈了如此设计的理论依据。各环节的设计很有新意，环环相扣，理论阐述清晰、准确。

3. 说课的重点突出

说课重理性和思维，讲课重感性和实践。在有限的时间内完成说课，必须详略得当、繁简适宜，准确把握“说”度。说得太详太繁，时间不允许，听众会觉得没有必要；说得过略过简，说不出基本内容，听众无法接受。因此，在说不同环节内容的详略上、在各环节的时间安排上都应该主次分明，不能眉毛胡子一起抓，应把“说”的重点放在实施教学过程上。

许多老师说课时，在这方面把握得不好。有的老师注重“说教材、说教法、说学法”，用空洞的理论去阐述，套话连篇累牍，占用了说课的绝大部分时间，而在“说教学过程”时，是“蜻蜓点水，一带而过”，思考得少，占时少，说不透，使听众有“头重脚轻——根底浅”之感。还有的教师，把说课的四个基本环节平均安排用时，把每个说课环节都等同处理，使听众听不出主次和重点，有“平铺直叙”之感。

纵观本节说课，教师克服了以上种种弊端。对“说教材、说教法和学法”等环节，从宏观上“粗线条”地进行了分析和概括，并阐述了理由，而把“说教学过程”作为说课的重要一环去处理，不仅很有新意地设计了六个环环相扣的教学环节，而且对每个环节设计的内容、理由、实施的方法，有理论、有实践地进行了详细的表述，使听众感到说课者设计的课，方法新颖、结构紧凑、理念先进、层次清晰、重点突出。

4. 说课的思路清晰

说课的本质是说课者向听众讲述自己的教学思路，阐述实施教学过程的基本构想，一般来说，教师说课的思路是沿着教学思路这一主线施说的，因此，说课思路是否清晰能反映教学思路的清晰程度，也体现了说课者对教学要素深层次的理解程度和应用教育教学理论分析问题、解决问题的功底。

本节说课中，教师的说课思路非常的清晰，特别是"说教学过程"的思路，能清晰地展现教师施教过程的基本构想：通过学生熟悉的生活图片，提出对称性问题，进而引出课题；通过两个特殊函数图象的对称性，提出图象上两个对称点的坐标之间有什么关系的问题，从而揭示出本节课的主题——函数的奇偶性；引导学生观察、互动、交流，不断地打磨完善，得到函数奇偶性的定义，并引导学生挖掘定义中的隐含条件，归纳判定函数奇偶性的方法；例题教学层次清晰，从基本题（判断题）入手，过渡到变式题、发展到探究题，使学生对所学的知识能在基础题中得到巩固，在变式题中得到加深，在探究题中得到升华。

5. 说课的理念新颖

是否能够贯彻和落实课改理论和新课程理念是说课成败的一个关键。本节说课中，教师在这方面做得比较到位，既有实践层面的具体内容，又有理论层面的恰当分析。例如，在对教材地位、作用进行系统剖析后，提出了本节课的"教学目标"；在坚持"教与学、知识与能力的辩证统一"和"使每个学生都得到充分发展"的原则基础上，提出了在重视从感性认识到理性认识、重视学生的主体参与、重视多向交流的基础上，所采用的教法和学法；在学习方式上注重自主、合作和探究；在教学方式上，既重"过程"，又重"结果"，教师用了很大篇幅谈概念的形成过程的教学设计，同时还系统地说了如何用基础题、变式题、探究题进行概念的应用教学，发展和提升学生的能力；巩固小结采用让学生谈收获的方式进行；作业的设计注重层次性，尊重学生的个体差异，使不同的学生获得不同的发展，等等，这些新颖的理念都是新课程所倡导的，也是教师课堂教学应该关注的。

6. 说课的手段先进

多媒体作为现代化的教学手段，它以图文并茂、声像俱佳的表现形式，让原来枯燥的、抽象的数学知识变得生动形象。利用它辅助说课，可以呈现用语言和粉笔难以呈现的内容（如展示生活图片、运动图形的演示等），节约说课时间，增大说课容量，提高说课效果。

本节说课中，教师充分利用了多媒体辅助说课，如，生活图片的展示、函数图象上对称点的演示、关系的得出、例题和变式的给出等都是借助多媒体呈现的，听众既可真实而直观地看到教师所说的内容，又可使说课教师降低“说”的难度，在有限的20分钟里，说课教师可以大大增加“说”的容量，能更系统地阐述自己的施教设想，提高说课质量。

说课具有艺术性，“没有最好，只有更好”。当然，本节说课除了上面的特色外，还有一些值得商榷的地方，如学生可能会在哪些环节产生疑问（或出现歧义）？如何处理？怎样设计板书？按照这样设想进行施教，教学的效果如何（即预测与评价问题）？等等，说课教师在这些方面也应该做以简要的阐释，这样本节说课就会更完美一些。

参考文献

[1] 中华人民共和国教育部制订. 普通高中数学课程标准(2017年版2020年修订)[M]. 北京:人民教育出版社,2020.

[2] 中华人民共和国教育部制订. 普通高中数学课程标准(实验)[M]. 北京:人民教育出版社,2003.

[3] 史宁中,王尚志. 普通高中数学课程标准(2017年版)解读[M]. 北京:高等教育出版社,2018.

[4] 中华人民共和国教育部. 普通高中数学课程方案(2017年版)[M]. 北京:人民教育出版社,2018.

[5] 张健. 新课程理念下生成性教学及其实施策略[J]. 中学数学教学参考(高中),2007(10):21-23.

[6] 张健. 高中数学"双基"教学的误区及其反思[J]. 中学数学教学参考(高中),2007(6):8-10.

[7] 张健. 新课程理念下如何上好数学试卷讲评课[J]. 数学教学研究,2008(10):13-15.

[8] 张健. 数学教师如何在听课中成长[J]. 数学通报,2009(7):37-40.

[9] 张健. 课堂时间的"隐性流失"不容忽视——对几种教学现象的剖析与反思[J]. 中学数学教学参考,2009(6):6-9.

[10] 张健. 成功教育原则在数学新课程中的应用[J]. 教学月刊(中学版),2007(9):6-8.

[11] 张健. 新课程教学选修2－2"导数及其应用"在教材分析与建议[J]. 中学数学教学参考(高中),2007(3):8-10.

[12] 张健. 高中新课程必修数学5——"数列"内容分析及其教学建议[J]. 中学数学教学参数(高中),2006(11):18-20.

[13] 张健. 潜心教材研究促进专业成长——谈数学教师如何提高对教材的研究水平[J]. 数学通报,2009(10):15-19.

[14] 张健. 高三数学复习教学的十个关键词[J]. 中学数学教学参考(高中),2009(10):43-47.

[15] 张健. 探究:学生从知识课堂走向智慧课堂——"二项式系数的性质与应用"课例[J]. 中学数学教学参考(高中),2008(12):17-19.

[16] 张健. 说课:促进教师专业成长的平台——一个优秀说课案例及其点评[J]. 中学数学教学参考(高中),2008(9):7-10.

[17] 张健. 数学5"不等式"内容分析及其教学建议[J]. 中学数学教学参考(高中),2008(7):19-21.
[18] 张健. 平衡:数学课堂教学改革的基本要义——一节省级优质课:"平均变化率"课例及其点评[J]. 中学数学教学参考(高中),2008(3):7-12.
[19] 张健. 新课程理念下如何上好试卷讲评课[J]. 数学教学研究,2008(10):13-15.
[20] 张健. 高中数学新课程教学实践中的问题与对策[J]. 数学教学研究,2008(2):7-11.
[21] 张健. 数学知识形成过程的教学策略及其案例分析[J]. 中国数学教育(高中),2009(10):19-22.
[22] 张健. 2009年高考数学试题分类解析(五)——立体几何[J]. 中国数学教育(高中),2009(7-8):44-51.
[23] 张健. 数学教学需要怎样的教学情境[J]. 中国数学教育(高中),2009(3):23-25.
[24] 张健. 揭示数学本质是数学教学的灵魂——从"任意角的三角函数"的教学案例谈起[J]. 中国数学教育(高中),2009(6):23-25.
[25] 张健. 运用数学学习心理规律设计数学概念教学——"线性回归方程"课例及分析[J]. 中国数学教育(高中),2009(1-2):38-41.
[26] 张健. 高考数学压轴题回顾与展望[J]. 数理化解题研究(高中),2007(6):11-14.
[27] 张健. 数学教学应该怎样引导学生探究[J]. 中国数学教育(高中),2008(6):12-13.
[28] 张健. 高中数学新课程教学实践中的问题与对策[J]. 数学教学研究,2008(2):7-11.
[29] 张健. 激活思维 创新思考 追求高效——例谈高考数学选择题、填空题速解策略[J]. 数学教学通讯,2008(4):48-51.
[30] 张健. 简约不等于简单——我的一节"映射的概念"课[J]. 中学数学教学参考(高中),2010(5):6-9.
[31] 张健. 探究无穷尽 生成无边界——记一节"几何证明"探究课[J]. 中国数学教育(高中),2010(4):28-30.
[32] 张健. 定积分概念的教学思考与实践[J]. 数学通报,2013(8):21-25.
[33] 张健. 基于"数学的自明性研究"的一节实验课——"用向量法求空间角"的课例与思考[J]. 高中数学教育,2013(5):25-27,30.
[34] 张健. 试卷讲评要关注学生的思维过程[J]. 数学通报,2014(2):9-12.
[35] 张健,李振雷. 给学生的思维插上翅膀——高三复习中探究椭圆弦长问

题的一节变式训练课[J]. 数学通报,2014(6):39-43.
[36] 张健. 试题设计中的技巧性分析与启示——以两份高三数学模拟卷为例[J]. 中学数学教学参考(高中),2014(4):57-60.
[37] 张健. 让学生在数学探究中丰富经验、增长智慧——评毛金海老师《课例:对抛物线一类特殊弦性质的探究》[J]. 中学数学教学参考(高中),2013(4):9-11.
[38] 张健. 2013年高考"直线与圆的方程"专题分析[J]. 中国数学教育(高中),2013(7-8):58-63.
[39] 张健. 这样的"细枝末节"不能忽视[J]. 中学数学教学参考(高中),2013(12):4-5.
[40] 张健. 2011年高考数学试题分类解析(八)——立体几何[J]. 中国数学教育(高中),2011(7-8):65-72.
[41] 张健. 2012年高考"选考内容"专题分析[J]. 中国数学教育(高中),2012(7-8):90-96.
[42] 朱长青. 关于教学情境的两点思考[J]. 中小学数学(小学),2008(1-2):22-24.
[43] 应之宁. 数学教学中有效"问题情境"的创设及案例分析[J]. 中学数学教学参考,2006(1-2):9-11.
[44] 陶维林,章建跃. "直线与平面垂直的判定"的教学实践及其反思[J]. 中学数学教学参考(高中),2007(8):5-7.
[45] 涂荣豹. 谈提高对数学教学的认识——兼评两节数学课[J]. 中学数学教学参考(高中),2006(1):4-8.
[46] 涂荣豹. 数学解题学习中的元认知[J]. 数学教育学报,2002(4):6-11.
[47] 约翰·杜威. 思维与教学[M]. 上海:商务印书馆,1936.
[48] 陈柏良. 课堂教学要呈现"数学本质"[J]. 中学数学教学参考(高中),2006(1-2):11-15.
[49] 张奠宙. 关于数学知识的教育形态[J]. 数学通报,2001(5):封2.
[50] 张奠宙,王振辉. 关于数学的学术形态和教育形态——谈"火热的思考"与"冰冷的美丽"[J]. 数学教育学报,2002,11(2):1-4.
[51] 周成平. 新课程名师教学100条建议[M]. 北京:中国科学技术出版社,2005.
[52] 刘京海. 成功教育[M]. 福州:福建教育出版社,1999.
[53] 叶立军,方均斌,林永伟. 现代数学教学论[M]. 杭州:浙江大学出版社,2006.
[54] 赵志尚. 数学课堂反馈刍议[J]. 中学数学教学参考,1995(11):1-3.

[55] 懂裕华. 高中数学课程改革的现状及对策[J]. 天津师范大学学报,2006(3):60-64.

[56] 聂艳军. 小学数学课堂教学的实践与反思[M]. 长春:东北师范大学出版社,2006.

[57] 杨学东. 感悟数学教育中的哲理[M]. 北京:北京出版社,2016.

[58] 教育部考试中心. 中国高考评价体系[M]. 北京:人民教育出版社,2019.

[59] 马复. 设计合理的数学教学[M]. 北京:高等教育出版社,2003.

[60] 崔克忍. 中学数学教学论[M]. 北京:北京师范大学出版社,2010.

[61] 邵光华. 作为教育任务的数学思想与方法[M]. 上海:上海教育出版社,2009.

[62] 周春荔. 数学思维概率[M]. 北京:北京师范大学出版社,2012.

[63] 罗敏娜. 中学数学思维教学研究[M]. 北京:北京师范大学出版社,2012.

[64] 史宁中. 数学思想概论——数量与数量关系的抽象[M]. 长春:东北师范大学出版社,2008.

[65] 史宁中. 数学思想概论——图形与图形关系的抽象[M]. 长春:东北师范大学出版社,2009.

[66] 史宁中. 数学思想概论——数学中的演绎推理[M]. 长春:东北师范大学出版社,2009.

[67] 史宁中. 数学思想概论——数学中的归纳推理[M]. 长春:东北师范大学出版社,2010.

[68] 史宁中. 数学思想概论——自然界中的数学模型[M]. 长春:东北师范大学出版社,2018.

[69] 张健. 突出“立德树人”导向　落实“五育并举”目标——谈高考数学命题的新思路[J]. 中学数学教学参考(上旬),2021(9):65-70.

[70] 张健. 突出“一核”功能　考查“四层”内容　落实“四翼”要求[J]. 数学通报,2021(10):47-54.

刘培杰数学工作室
已出版(即将出版)图书目录——初等数学

书　名	出版时间	定　价	编号
新编中学数学解题方法全书(高中版)上卷(第2版)	2018－08	58.00	951
新编中学数学解题方法全书(高中版)中卷(第2版)	2018－08	68.00	952
新编中学数学解题方法全书(高中版)下卷(一)(第2版)	2018－08	58.00	953
新编中学数学解题方法全书(高中版)下卷(二)(第2版)	2018－08	58.00	954
新编中学数学解题方法全书(高中版)下卷(三)(第2版)	2018－08	68.00	955
新编中学数学解题方法全书(初中版)上卷	2008－01	28.00	29
新编中学数学解题方法全书(初中版)中卷	2010－07	38.00	75
新编中学数学解题方法全书(高考复习卷)	2010－01	48.00	67
新编中学数学解题方法全书(高考真题卷)	2010－01	38.00	62
新编中学数学解题方法全书(高考精华卷)	2011－03	68.00	118
新编平面解析几何解题方法全书(专题讲座卷)	2010－01	18.00	61
新编中学数学解题方法全书(自主招生卷)	2013－08	88.00	261
数学奥林匹克与数学文化(第一辑)	2006－05	48.00	4
数学奥林匹克与数学文化(第二辑)(竞赛卷)	2008－01	48.00	19
数学奥林匹克与数学文化(第二辑)(文化卷)	2008－07	58.00	36′
数学奥林匹克与数学文化(第三辑)(竞赛卷)	2010－01	48.00	59
数学奥林匹克与数学文化(第四辑)(竞赛卷)	2011－08	58.00	87
数学奥林匹克与数学文化(第五辑)	2015－06	98.00	370
世界著名平面几何经典著作钩沉——几何作图专题卷(上)	2009－06	48.00	49
世界著名平面几何经典著作钩沉——几何作图专题卷(下)	2011－01	88.00	80
世界著名平面几何经典著作钩沉(民国平面几何老课本)	2011－03	38.00	113
世界著名平面几何经典著作钩沉(建国初期平面三角老课本)	2015－08	38.00	507
世界著名解析几何经典著作钩沉——平面解析几何卷	2014－01	38.00	264
世界著名数论经典著作钩沉(算术卷)	2012－01	28.00	125
世界著名数学经典著作钩沉——立体几何卷	2011－02	28.00	88
世界著名三角学经典著作钩沉(平面三角卷Ⅰ)	2010－06	28.00	69
世界著名三角学经典著作钩沉(平面三角卷Ⅱ)	2011－01	38.00	78
世界著名初等数论经典著作钩沉(理论和实用算术卷)	2011－07	38.00	126
发展你的空间想象力(第2版)	2019－11	68.00	1117
空间想象力进阶	2019－05	68.00	1062
走向国际数学奥林匹克的平面几何试题诠释.第1卷	2019－07	88.00	1043
走向国际数学奥林匹克的平面几何试题诠释.第2卷	2019－09	78.00	1044
走向国际数学奥林匹克的平面几何试题诠释.第3卷	2019－03	78.00	1045
走向国际数学奥林匹克的平面几何试题诠释.第4卷	2019－09	98.00	1046
平面几何证明方法全书	2007－08	35.00	1
平面几何证明方法全书习题解答(第2版)	2006－12	18.00	10
平面几何天天练上卷·基础篇(直线型)	2013－01	58.00	208
平面几何天天练中卷·基础篇(涉及圆)	2013－01	28.00	234
平面几何天天练下卷·提高篇	2013－01	58.00	237
平面几何专题研究	2013－07	98.00	258
几何学习题集	2020－10	48.00	1217
通过解题学习代数几何	2021－04	88.00	1301

刘培杰数学工作室
已出版(即将出版)图书目录——初等数学

书　　名	出版时间	定　价	编号
最新世界各国数学奥林匹克中的平面几何试题	2007－09	38.00	14
数学竞赛平面几何典型题及新颖解	2010－07	48.00	74
初等数学复习及研究(平面几何)	2008－09	68.00	38
初等数学复习及研究(立体几何)	2010－06	38.00	71
初等数学复习及研究(平面几何)习题解答	2009－01	58.00	42
几何学教程(平面几何卷)	2011－03	68.00	90
几何学教程(立体几何卷)	2011－07	68.00	130
几何变换与几何证题	2010－06	88.00	70
计算方法与几何证题	2011－06	28.00	129
立体几何技巧与方法	2014－04	88.00	293
几何瑰宝——平面几何 500 名题暨 1500 条定理(上、下)	2021－07	168.00	1358
三角形的解法与应用	2012－07	18.00	183
近代的三角形几何学	2012－07	48.00	184
一般折线几何学	2015－08	48.00	503
三角形的五心	2009－06	28.00	51
三角形的六心及其应用	2015－10	68.00	542
三角形趣谈	2012－08	28.00	212
解三角形	2014－01	28.00	265
探秘三角形:一次数学旅行	2021－10	68.00	1387
三角学专门教程	2014－09	28.00	387
图天下几何新题试卷.初中(第 2 版)	2017－11	58.00	855
圆锥曲线习题集(上册)	2013－06	68.00	255
圆锥曲线习题集(中册)	2015－01	78.00	434
圆锥曲线习题集(下册·第 1 卷)	2016－10	78.00	683
圆锥曲线习题集(下册·第 2 卷)	2018－01	98.00	853
圆锥曲线习题集(下册·第 3 卷)	2019－10	128.00	1113
圆锥曲线的思想方法	2021－08	48.00	1379
圆锥曲线的八个主要问题	2021－10	48.00	1415
论九点圆	2015－05	88.00	645
近代欧氏几何学	2012－03	48.00	162
罗巴切夫斯基几何学及几何基础概要	2012－07	28.00	188
罗巴切夫斯基几何学初步	2015－06	28.00	474
用三角、解析几何、复数、向量计算解数学竞赛几何题	2015－03	48.00	455
美国中学几何教程	2015－04	88.00	458
三线坐标与三角形特征点	2015－04	98.00	460
坐标几何学基础.第 1 卷,笛卡儿坐标	2021－08	48.00	1398
坐标几何学基础.第 2 卷,三线坐标	2021－09	28.00	1399
平面解析几何方法与研究(第 1 卷)	2015－05	18.00	471
平面解析几何方法与研究(第 2 卷)	2015－06	18.00	472
平面解析几何方法与研究(第 3 卷)	2015－07	18.00	473
解析几何研究	2015－01	38.00	425
解析几何学教程.上	2016－01	38.00	574
解析几何学教程.下	2016－01	38.00	575
几何学基础	2016－01	58.00	581
初等几何研究	2015－02	58.00	444
十九和二十世纪欧氏几何学中的片段	2017－01	58.00	696
平面几何中考.高考.奥数一本通	2017－07	28.00	820
几何学简史	2017－08	28.00	833
四面体	2018－01	48.00	880
平面几何证明方法思路	2018－12	68.00	913

刘培杰数学工作室
已出版(即将出版)图书目录——初等数学

书　　名	出版时间	定　价	编号
平面几何图形特性新析.上篇	2019－01	68.00	911
平面几何图形特性新析.下篇	2018－06	88.00	912
平面几何范例多解探究.上篇	2018－04	48.00	910
平面几何范例多解探究.下篇	2018－12	68.00	914
从分析解题过程学解题:竞赛中的几何问题研究	2018－07	68.00	946
从分析解题过程学解题:竞赛中的向量几何与不等式研究(全2册)	2019－06	138.00	1090
从分析解题过程学解题:竞赛中的不等式问题	2021－01	48.00	1249
二维、三维欧氏几何的对偶原理	2018－12	38.00	990
星形大观及闭折线论	2019－03	68.00	1020
立体几何的问题和方法	2019－11	58.00	1127
三角代换论	2021－05	58.00	1313
俄罗斯平面几何问题集	2009－08	88.00	55
俄罗斯立体几何问题集	2014－03	58.00	283
俄罗斯几何大师——沙雷金论数学及其他	2014－01	48.00	271
来自俄罗斯的5000道几何习题及解答	2011－03	58.00	89
俄罗斯初等数学问题集	2012－05	38.00	177
俄罗斯函数问题集	2011－03	38.00	103
俄罗斯组合分析问题集	2011－01	48.00	79
俄罗斯初等数学万题选——三角卷	2012－11	38.00	222
俄罗斯初等数学万题选——代数卷	2013－08	68.00	225
俄罗斯初等数学万题选——几何卷	2014－01	68.00	226
俄罗斯《量子》杂志数学征解问题100题选	2018－08	48.00	969
俄罗斯《量子》杂志数学征解问题又100题选	2018－08	48.00	970
俄罗斯《量子》杂志数学征解问题	2020－05	48.00	1138
463个俄罗斯几何老问题	2012－01	28.00	152
《量子》数学短文精粹	2018－09	38.00	972
用三角、解析几何等计算解来自俄罗斯的几何题	2019－11	88.00	1119

谈谈素数	2011－03	18.00	91
平方和	2011－03	18.00	92
整数论	2011－05	38.00	120
从整数谈起	2015－10	28.00	538
数与多项式	2016－01	38.00	558
谈谈不定方程	2011－05	28.00	119

解析不等式新论	2009－06	68.00	48
建立不等式的方法	2011－03	98.00	104
数学奥林匹克不等式研究(第2版)	2020－07	68.00	1181
不等式研究(第二辑)	2012－02	68.00	153
不等式的秘密(第一卷)(第2版)	2014－02	38.00	286
不等式的秘密(第二卷)	2014－01	38.00	268
初等不等式的证明方法	2010－06	38.00	123
初等不等式的证明方法(第二版)	2014－11	38.00	407
不等式・理论・方法(基础卷)	2015－07	38.00	496
不等式・理论・方法(经典不等式卷)	2015－07	38.00	497
不等式・理论・方法(特殊类型不等式卷)	2015－07	48.00	498
不等式探究	2016－03	38.00	582
不等式探秘	2017－01	88.00	689
四面体不等式	2017－01	68.00	715
数学奥林匹克中常见重要不等式	2017－09	38.00	845
三正弦不等式	2018－09	98.00	974
函数方程与不等式:解法与稳定性结果	2019－04	68.00	1058

刘培杰数学工作室
已出版(即将出版)图书目录——初等数学

书　　名	出版时间	定　价	编号
同余理论	2012－05	38.00	163
[x]与{x}	2015－04	48.00	476
极值与最值.上卷	2015－06	28.00	486
极值与最值.中卷	2015－06	38.00	487
极值与最值.下卷	2015－06	28.00	488
整数的性质	2012－11	38.00	192
完全平方数及其应用	2015－08	78.00	506
多项式理论	2015－10	88.00	541
奇数、偶数、奇偶分析法	2018－01	98.00	876
不定方程及其应用.上	2018－12	58.00	992
不定方程及其应用.中	2019－01	78.00	993
不定方程及其应用.下	2019－02	98.00	994

历届美国中学生数学竞赛试题及解答(第一卷)1950－1954	2014－07	18.00	277
历届美国中学生数学竞赛试题及解答(第二卷)1955－1959	2014－04	18.00	278
历届美国中学生数学竞赛试题及解答(第三卷)1960－1964	2014－06	18.00	279
历届美国中学生数学竞赛试题及解答(第四卷)1965－1969	2014－04	28.00	280
历届美国中学生数学竞赛试题及解答(第五卷)1970－1972	2014－06	18.00	281
历届美国中学生数学竞赛试题及解答(第六卷)1973－1980	2017－07	18.00	768
历届美国中学生数学竞赛试题及解答(第七卷)1981－1986	2015－01	18.00	424
历届美国中学生数学竞赛试题及解答(第八卷)1987－1990	2017－05	18.00	769

历届中国数学奥林匹克试题集(第3版)	2021－10	58.00	1440
历届加拿大数学奥林匹克试题集	2012－08	38.00	215
历届美国数学奥林匹克试题集:1972～2019	2020－04	88.00	1135
历届波兰数学竞赛试题集.第1卷,1949～1963	2015－03	18.00	453
历届波兰数学竞赛试题集.第2卷,1964～1976	2015－03	18.00	454
历届巴尔干数学奥林匹克试题集	2015－05	38.00	466
保加利亚数学奥林匹克	2014－10	38.00	393
圣彼得堡数学奥林匹克试题集	2015－01	38.00	429
匈牙利奥林匹克数学竞赛题解.第1卷	2016－05	28.00	593
匈牙利奥林匹克数学竞赛题解.第2卷	2016－05	28.00	594
历届美国数学邀请赛试题集(第2版)	2017－10	78.00	851
普林斯顿大学数学竞赛	2016－06	38.00	669
亚太地区数学奥林匹克竞赛题	2015－07	18.00	492
日本历届(初级)广中杯数学竞赛试题及解答.第1卷(2000～2007)	2016－05	28.00	641
日本历届(初级)广中杯数学竞赛试题及解答.第2卷(2008～2015)	2016－05	38.00	642
越南数学奥林匹克题选:1962－2009	2021－07	48.00	1370
360个数学竞赛问题	2016－08	58.00	677
奥数最佳实战题.上卷	2017－06	38.00	760
奥数最佳实战题.下卷	2017－05	58.00	761
哈尔滨市早期中学数学竞赛试题汇编	2016－07	28.00	672
全国高中数学联赛试题及解答:1981—2019(第4版)	2020－07	138.00	1176
2021年全国高中数学联合竞赛模拟题集	2021－04	30.00	1302
20世纪50年代全国部分城市数学竞赛试题汇编	2017－07	28.00	797
国内外数学竞赛题及精解:2018～2019	2020－08	45.00	1192
国内外数学竞赛题及精解:2019～2020	2021－11	58.00	1439
许康华竞赛优学精选集.第一辑	2018－08	68.00	949
天问叶班数学问题征解100题.Ⅰ,2016－2018	2019－05	88.00	1075
天问叶班数学问题征解100题.Ⅱ,2017－2019	2020－07	98.00	1177
美国初中数学竞赛:AMC8准备(共6卷)	2019－07	138.00	1089
美国高中数学竞赛:AMC10准备(共6卷)	2019－08	158.00	1105

刘培杰数学工作室
已出版(即将出版)图书目录——初等数学

书　　名	出版时间	定　价	编号
王连笑教你怎样学数学:高考选择题解题策略与客观题实用训练	2014－01	48.00	262
王连笑教你怎样学数学:高考数学高层次讲座	2015－02	48.00	432
高考数学的理论与实践	2009－08	38.00	53
高考数学核心题型解题方法与技巧	2010－01	28.00	86
高考思维新平台	2014－03	38.00	259
高考数学压轴题解题诀窍(上)(第2版)	2018－01	58.00	874
高考数学压轴题解题诀窍(下)(第2版)	2018－01	48.00	875
北京市五区文科数学三年高考模拟题详解:2013～2015	2015－08	48.00	500
北京市五区理科数学三年高考模拟题详解:2013～2015	2015－09	68.00	505
向量法巧解数学高考题	2009－08	28.00	54
高中数学课堂教学的实践与反思	2021－11	48.00	791
数学高考参考	2016－01	78.00	589
新课程标准高考数学解答题各种题型解法指导	2020－08	78.00	1196
全国及各省市高考数学试题审题要津与解法研究	2015－02	48.00	450
高中数学章节起始课的教学研究与案例设计	2019－05	28.00	1064
新课标高考数学——五年试题分章详解(2007～2011)(上、下)	2011－10	78.00	140,141
全国中考数学压轴题审题要津与解法研究	2013－04	78.00	248
新编全国及各省市中考数学压轴题审题要津与解法研究	2014－05	58.00	342
全国及各省市5年中考数学压轴题审题要津与解法研究(2015版)	2015－04	58.00	462
中考数学专题总复习	2007－04	28.00	6
中考数学较难题常考题型解题方法与技巧	2016－09	48.00	681
中考数学难题常考题型解题方法与技巧	2016－09	48.00	682
中考数学中档题常考题型解题方法与技巧	2017－08	68.00	835
中考数学选择填空压轴好题妙解365	2017－05	38.00	759
中考数学:三类重点考题的解法例析与习题	2020－04	48.00	1140
中小学数学的历史文化	2019－11	48.00	1124
初中平面几何百题多思创新解	2020－01	58.00	1125
初中数学中考备考	2020－01	58.00	1126
高考数学之九章演义	2019－08	68.00	1044
化学可以这样学:高中化学知识方法智慧感悟疑难辨析	2019－07	58.00	1103
如何成为学习高手	2019－09	58.00	1107
高考数学:经典真题分类解析	2020－04	78.00	1134
高考数学解答题破解策略	2020－11	58.00	1221
从分析解题过程学解题:高考压轴题与竞赛题之关系探究	2020－08	88.00	1179
教学新思考:单元整体视角下的初中数学教学设计	2021－03	58.00	1278
思维再拓展:2020年经典几何题的多解探究与思考	即将出版		1279
中考数学小压轴汇编初讲	2017－07	48.00	788
中考数学大压轴专题微言	2017－09	48.00	846
怎么解中考平面几何探索题	2019－06	48.00	1093
北京中考数学压轴题解题方法突破(第6版)	2020－11	58.00	1120
助你高考成功的数学解题智慧:知识是智慧的基础	2016－01	58.00	596
助你高考成功的数学解题智慧:错误是智慧的试金石	2016－04	58.00	643
助你高考成功的数学解题智慧:方法是智慧的推手	2016－04	68.00	657
高考数学奇思妙解	2016－04	38.00	610
高考数学解题策略	2016－05	48.00	670
数学解题泄天机(第2版)	2017－10	48.00	850

刘培杰数学工作室
已出版(即将出版)图书目录——初等数学

书　　名	出版时间	定　价	编号
高考物理压轴题全解	2017－04	58.00	746
高中物理经典问题 25 讲	2017－05	28.00	764
高中物理教学讲义	2018－01	48.00	871
中学物理基础问题解析	2020－08	48.00	1183
2016 年高考文科数学真题研究	2017－04	58.00	754
2016 年高考理科数学真题研究	2017－04	78.00	755
2017 年高考理科数学真题研究	2018－01	58.00	867
2017 年高考文科数学真题研究	2018－01	48.00	868
初中数学、高中数学脱节知识补缺教材	2017－06	48.00	766
高考数学小题抢分必练	2017－10	48.00	834
高考数学核心素养解读	2017－09	38.00	839
高考数学客观题解题方法和技巧	2017－10	38.00	847
十年高考数学精品试题审题要津与解法研究	2021－10	98.00	1427
中国历届高考数学试题及解答.1949－1979	2018－01	38.00	877
历届中国高考数学试题及解答.第二卷,1980—1989	2018－10	28.00	975
历届中国高考数学试题及解答.第三卷,1990—1999	2018－10	48.00	976
数学文化与高考研究	2018－03	48.00	882
跟我学解高中数学题	2018－07	58.00	926
中学数学研究的方法及案例	2018－05	58.00	869
高考数学抢分技能	2018－07	68.00	934
高一新生常用数学方法和重要数学思想提升教材	2018－06	38.00	921
2018 年高考数学真题研究	2019－01	68.00	1000
2019 年高考数学真题研究	2020－05	88.00	1137
高考数学全国卷六道解答题常考题型解题诀窍.理科(全 2 册)	2019－07	78.00	1101
高考数学全国卷 16 道选择、填空题常考题型解题诀窍.理科	2018－09	88.00	971
高考数学全国卷 16 道选择、填空题常考题型解题诀窍.文科	2020－01	88.00	1123
新课程标准高中数学各种题型解法大全.必修一分册	2021－06	58.00	1315
高中数学一题多解	2019－06	58.00	1087
历届中国高考数学试题及解答:1917－1999	2021－08	98.00	1371
突破高原:高中数学解题思维探究	2021－08	48.00	1375
高考数学中的"取值范围"	2021－10	48.00	1429

新编 640 个世界著名数学智力趣题	2014－01	88.00	242
500 个最新世界著名数学智力趣题	2008－06	48.00	3
400 个最新世界著名数学最值问题	2008－09	48.00	36
500 个世界著名数学征解问题	2009－06	48.00	52
400 个中国最佳初等数学征解老问题	2010－01	48.00	60
500 个俄罗斯数学经典老题	2011－01	28.00	81
1000 个国外中学物理好题	2012－04	48.00	174
300 个日本高考数学题	2012－05	38.00	142
700 个早期日本高考数学试题	2017－02	88.00	752
500 个前苏联早期高考数学试题及解答	2012－05	28.00	185
546 个早期俄罗斯大学生数学竞赛题	2014－03	38.00	285
548 个来自美苏的数学好问题	2014－11	28.00	396
20 所苏联著名大学早期入学试题	2015－02	18.00	452
161 道德国工科大学生必做的微分方程习题	2015－05	28.00	469
500 个德国工科大学生必做的高数习题	2015－06	28.00	478
360 个数学竞赛问题	2016－08	58.00	677
200 个趣味数学故事	2018－02	48.00	857
470 个数学奥林匹克中的最值问题	2018－10	88.00	985
德国讲义日本考题.微积分卷	2015－04	48.00	456
德国讲义日本考题.微分方程卷	2015－04	38.00	457
二十世纪中叶中、英、美、日、法、俄高考数学试题精选	2017－06	38.00	783

刘培杰数学工作室
已出版(即将出版)图书目录——初等数学

书　　名	出版时间	定　价	编号
中国初等数学研究　2009 卷(第 1 辑)	2009－05	20.00	45
中国初等数学研究　2010 卷(第 2 辑)	2010－05	30.00	68
中国初等数学研究　2011 卷(第 3 辑)	2011－07	60.00	127
中国初等数学研究　2012 卷(第 4 辑)	2012－07	48.00	190
中国初等数学研究　2014 卷(第 5 辑)	2014－02	48.00	288
中国初等数学研究　2015 卷(第 6 辑)	2015－06	68.00	493
中国初等数学研究　2016 卷(第 7 辑)	2016－04	68.00	609
中国初等数学研究　2017 卷(第 8 辑)	2017－01	98.00	712
初等数学研究在中国. 第 1 辑	2019－03	158.00	1024
初等数学研究在中国. 第 2 辑	2019－10	158.00	1116
初等数学研究在中国. 第 3 辑	2021－05	158.00	1306
几何变换(Ⅰ)	2014－07	28.00	353
几何变换(Ⅱ)	2015－06	28.00	354
几何变换(Ⅲ)	2015－01	38.00	355
几何变换(Ⅳ)	2015－12	38.00	356
初等数论难题集(第一卷)	2009－05	68.00	44
初等数论难题集(第二卷)(上、下)	2011－02	128.00	82,83
数论概貌	2011－03	18.00	93
代数数论(第二版)	2013－08	58.00	94
代数多项式	2014－06	38.00	289
初等数论的知识与问题	2011－02	28.00	95
超越数论基础	2011－03	28.00	96
数论初等教程	2011－03	28.00	97
数论基础	2011－03	18.00	98
数论基础与维诺格拉多夫	2014－03	18.00	292
解析数论基础	2012－08	28.00	216
解析数论基础(第二版)	2014－01	48.00	287
解析数论问题集(第二版)(原版引进)	2014－05	88.00	343
解析数论问题集(第二版)(中译本)	2016－04	88.00	607
解析数论基础(潘承洞,潘承彪著)	2016－07	98.00	673
解析数论导引	2016－07	58.00	674
数论入门	2011－03	38.00	99
代数数论入门	2015－03	38.00	448
数论开篇	2012－07	28.00	194
解析数论引论	2011－03	48.00	100
Barban Davenport Halberstam 均值和	2009－01	40.00	33
基础数论	2011－03	28.00	101
初等数论 100 例	2011－05	18.00	122
初等数论经典例题	2012－07	18.00	204
最新世界各国数学奥林匹克中的初等数论试题(上、下)	2012－01	138.00	144,145
初等数论(Ⅰ)	2012－01	18.00	156
初等数论(Ⅱ)	2012－01	18.00	157
初等数论(Ⅲ)	2012－01	28.00	158

刘培杰数学工作室
已出版(即将出版)图书目录——初等数学

书 名	出版时间	定 价	编号
平面几何与数论中未解决的新老问题	2013－01	68.00	229
代数数论简史	2014－11	28.00	408
代数数论	2015－09	88.00	532
代数、数论及分析习题集	2016－11	98.00	695
数论导引提要及习题解答	2016－01	48.00	559
素数定理的初等证明. 第 2 版	2016－09	48.00	686
数论中的模函数与狄利克雷级数(第二版)	2017－11	78.00	837
数论:数学导引	2018－01	68.00	849
范氏大代数	2019－02	98.00	1016
解析数学讲义. 第一卷,导来式及微分、积分、级数	2019－04	88.00	1021
解析数学讲义. 第二卷,关于几何的应用	2019－04	68.00	1022
解析数学讲义. 第三卷,解析函数论	2019－04	78.00	1023
分析・组合・数论纵横谈	2019－04	58.00	1039
Hall 代数:民国时期的中学数学课本:英文	2019－08	88.00	1106

数学精神巡礼	2019－01	58.00	731
数学眼光透视(第 2 版)	2017－06	78.00	732
数学思想领悟(第 2 版)	2018－01	68.00	733
数学方法溯源(第 2 版)	2018－08	68.00	734
数学解题引论	2017－05	58.00	735
数学史话览胜(第 2 版)	2017－01	48.00	736
数学应用展观(第 2 版)	2017－08	68.00	737
数学建模尝试	2018－04	48.00	738
数学竞赛采风	2018－01	68.00	739
数学测评探营	2019－05	58.00	740
数学技能操握	2018－03	48.00	741
数学欣赏拾趣	2018－02	48.00	742

从毕达哥拉斯到怀尔斯	2007－10	48.00	9
从迪利克雷到维斯卡尔迪	2008－01	48.00	21
从哥德巴赫到陈景润	2008－05	98.00	35
从庞加莱到佩雷尔曼	2011－08	138.00	136

博弈论精粹	2008－03	58.00	30
博弈论精粹. 第二版(精装)	2015－01	88.00	461
数学 我爱你	2008－01	28.00	20
精神的圣徒 别样的人生——60 位中国数学家成长的历程	2008－09	48.00	39
数学史概论	2009－06	78.00	50
数学史概论(精装)	2013－03	158.00	272
数学史选讲	2016－01	48.00	544
斐波那契数列	2010－02	28.00	65
数学拼盘和斐波那契魔方	2010－07	38.00	72
斐波那契数列欣赏(第 2 版)	2018－08	58.00	948
Fibonacci 数列中的明珠	2018－06	58.00	928
数学的创造	2011－02	48.00	85
数学美与创造力	2016－01	48.00	595
数海拾贝	2016－01	48.00	590
数学中的美(第 2 版)	2019－04	68.00	1057
数论中的美学	2014－12	38.00	351

刘培杰数学工作室
已出版(即将出版)图书目录——初等数学

书　　名	出版时间	定　价	编号
数学王者　科学巨人——高斯	2015—01	28.00	428
振兴祖国数学的圆梦之旅:中国初等数学研究史话	2015—06	98.00	490
二十世纪中国数学史料研究	2015—10	48.00	536
数字谜、数阵图与棋盘覆盖	2016—01	58.00	298
时间的形状	2016—01	38.00	556
数学发现的艺术:数学探索中的合情推理	2016—07	58.00	671
活跃在数学中的参数	2016—07	48.00	675
数海趣史	2021—05	98.00	1314
数学解题——靠数学思想给力(上)	2011—07	38.00	131
数学解题——靠数学思想给力(中)	2011—07	48.00	132
数学解题——靠数学思想给力(下)	2011—07	38.00	133
我怎样解题	2013—01	48.00	227
数学解题中的物理方法	2011—06	28.00	114
数学解题的特殊方法	2011—06	48.00	115
中学数学计算技巧(第2版)	2020—10	48.00	1220
中学数学证明方法	2012—01	58.00	117
数学趣题巧解	2012—03	28.00	128
高中数学教学通鉴	2015—05	58.00	479
和高中生漫谈:数学与哲学的故事	2014—08	28.00	369
算术问题集	2017—03	38.00	789
张教授讲数学	2018—07	38.00	933
陈永明实话实说数学教学	2020—04	68.00	1132
中学数学学科知识与教学能力	2020—06	58.00	1155
自主招生考试中的参数方程问题	2015—01	28.00	435
自主招生考试中的极坐标问题	2015—04	28.00	463
近年全国重点大学自主招生数学试题全解及研究.华约卷	2015—02	38.00	441
近年全国重点大学自主招生数学试题全解及研究.北约卷	2016—05	38.00	619
自主招生数学解证宝典	2015—09	48.00	535
格点和面积	2012—07	18.00	191
射影几何趣谈	2012—04	28.00	175
斯潘纳尔引理——从一道加拿大数学奥林匹克试题谈起	2014—01	28.00	228
李普希兹条件——从几道近年高考数学试题谈起	2012—10	18.00	221
拉格朗日中值定理——从一道北京高考试题的解法谈起	2015—10	18.00	197
闵科夫斯基定理——从一道清华大学自主招生试题谈起	2014—01	28.00	198
哈尔测度——从一道冬令营试题的背景谈起	2012—08	28.00	202
切比雪夫逼近问题——从一道中国台北数学奥林匹克试题谈起	2013—04	38.00	238
伯恩斯坦多项式与贝齐尔曲面——从一道全国高中数学联赛试题谈起	2013—03	38.00	236
卡塔兰猜想——从一道普特南竞赛试题谈起	2013—06	18.00	256
麦卡锡函数和阿克曼函数——从一道前南斯拉夫数学奥林匹克试题谈起	2012—08	18.00	201
贝蒂定理与拉姆贝克莫斯尔定理——从一个拣石子游戏谈起	2012—08	18.00	217
皮亚诺曲线和豪斯道夫分球定理——从无限集谈起	2012—08	18.00	211
平面凸图形与凸多面体	2012—10	28.00	218
斯坦因豪斯问题——从一道二十五省市自治区中学数学竞赛试题谈起	2012—07	18.00	196

刘培杰数学工作室
已出版(即将出版)图书目录——初等数学

书　名	出版时间	定　价	编号
纽结理论中的亚历山大多项式与琼斯多项式——从一道北京市高一数学竞赛试题谈起	2012-07	28.00	195
原则与策略——从波利亚"解题表"谈起	2013-04	38.00	244
转化与化归——从三大尺规作图不能问题谈起	2012-08	28.00	214
代数几何中的贝祖定理(第一版)——从一道 IMO 试题的解法谈起	2013-08	18.00	193
成功连贯理论与约当块理论——从一道比利时数学竞赛试题谈起	2012-04	18.00	180
素数判定与大数分解	2014-08	18.00	199
置换多项式及其应用	2012-10	18.00	220
椭圆函数与模函数——从一道美国加州大学洛杉矶分校(UCLA)博士资格考题谈起	2012-10	28.00	219
差分方程的拉格朗日方法——从一道 2011 年全国高考理科试题的解法谈起	2012-08	28.00	200
力学在几何中的一些应用	2013-01	38.00	240
从根式解到伽罗华理论	2020-01	48.00	1121
康托洛维奇不等式——从一道全国高中联赛试题谈起	2013-03	28.00	337
西格尔引理——从一道第 18 届 IMO 试题的解法谈起	即将出版		
罗斯定理——从一道前苏联数学竞赛试题谈起	即将出版		
拉克斯定理和阿廷定理——从一道 IMO 试题的解法谈起	2014-01	58.00	246
毕卡大定理——从一道美国大学数学竞赛试题谈起	2014-07	18.00	350
贝齐尔曲线——从一道全国高中联赛试题谈起	即将出版		
拉格朗日乘子定理——从一道 2005 年全国高中联赛试题的高等数学解法谈起	2015-05	28.00	480
雅可比定理——从一道日本数学奥林匹克试题谈起	2013-04	48.00	249
李天岩-约克定理——从一道波兰数学竞赛试题谈起	2014-06	28.00	349
整系数多项式因式分解的一般方法——从克朗耐克算法谈起	即将出版		
布劳维不动点定理——从一道前苏联数学奥林匹克试题谈起	2014-01	38.00	273
伯恩赛德定理——从一道英国数学奥林匹克试题谈起	即将出版		
布查特-莫斯特定理——从一道上海市初中竞赛试题谈起	即将出版		
数论中的同余数问题——从一道普特南竞赛试题谈起	即将出版		
范·德蒙行列式——从一道美国数学奥林匹克试题谈起	即将出版		
中国剩余定理:总数法构建中国历史年表	2015-01	28.00	430
牛顿程序与方程求根——从一道全国高考试题解法谈起	即将出版		
库默尔定理——从一道 IMO 预选试题谈起	即将出版		
卢丁定理——从一道冬令营试题的解法谈起	即将出版		
沃斯滕霍姆定理——从一道 IMO 预选试题谈起	即将出版		
卡尔松不等式——从一道莫斯科数学奥林匹克试题谈起	即将出版		
信息论中的香农熵——从一道近年高考压轴题谈起	即将出版		
约当不等式——从一道希望杯竞赛试题谈起	即将出版		
拉比诺维奇定理	即将出版		
刘维尔定理——从一道《美国数学月刊》征解问题的解法谈起	即将出版		
卡塔兰恒等式与级数求和——从一道 IMO 试题的解法谈起	即将出版		
勒让德猜想与素数分布——从一道爱尔兰竞赛试题谈起	即将出版		
天平称重与信息论——从一道基辅市数学奥林匹克试题谈起	即将出版		
哈密尔顿-凯莱定理:从一道高中数学联赛试题的解法谈起	2014-09	18.00	376
艾思特曼定理——从一道 CMO 试题的解法谈起	即将出版		

刘培杰数学工作室
已出版(即将出版)图书目录——初等数学

书　名	出版时间	定　价	编号
阿贝尔恒等式与经典不等式及应用	2018－06	98.00	923
迪利克雷除数问题	2018－07	48.00	930
幻方、幻立方与拉丁方	2019－08	48.00	1092
帕斯卡三角形	2014－03	18.00	294
蒲丰投针问题——从 2009 年清华大学的一道自主招生试题谈起	2014－01	38.00	295
斯图姆定理——从一道“华约”自主招生试题的解法谈起	2014－01	18.00	296
许瓦兹引理——从一道加利福尼亚大学伯克利分校数学系博士生试题谈起	2014－08	18.00	297
拉姆塞定理——从王诗宬院士的一个问题谈起	2016－04	48.00	299
坐标法	2013－12	28.00	332
数论三角形	2014－04	38.00	341
毕克定理	2014－07	18.00	352
数林掠影	2014－09	48.00	389
我们周围的概率	2014－10	38.00	390
凸函数最值定理:从一道华约自主招生题的解法谈起	2014－10	28.00	391
易学与数学奥林匹克	2014－10	38.00	392
生物数学趣谈	2015－01	18.00	409
反演	2015－01	28.00	420
因式分解与圆锥曲线	2015－01	18.00	426
轨迹	2015－01	28.00	427
面积原理:从常庚哲命的一道 CMO 试题的积分解法谈起	2015－01	48.00	431
形形色色的不动点定理:从一道 28 届 IMO 试题谈起	2015－01	38.00	439
柯西函数方程:从一道上海交大自主招生的试题谈起	2015－02	28.00	440
三角恒等式	2015－02	28.00	442
无理性判定:从一道 2014 年“北约”自主招生试题谈起	2015－01	38.00	443
数学归纳法	2015－03	18.00	451
极端原理与解题	2015－04	28.00	464
法雷级数	2014－08	18.00	367
摆线族	2015－01	38.00	438
函数方程及其解法	2015－05	38.00	470
含参数的方程和不等式	2012－09	28.00	213
希尔伯特第十问题	2016－01	38.00	543
无穷小量的求和	2016－01	28.00	545
切比雪夫多项式:从一道清华大学金秋营试题谈起	2016－01	38.00	583
泽肯多夫定理	2016－03	38.00	599
代数等式证题法	2016－01	28.00	600
三角等式证题法	2016－01	28.00	601
吴大任教授藏书中的一个因式分解公式:从一道美国数学邀请赛试题的解法谈起	2016－06	28.00	656
易卦——类万物的数学模型	2017－08	68.00	838
“不可思议”的数与数系可持续发展	2018－01	38.00	878
最短线	2018－01	38.00	879

幻方和魔方(第一卷)	2012－05	68.00	173
尘封的经典——初等数学经典文献选读(第一卷)	2012－07	48.00	205
尘封的经典——初等数学经典文献选读(第二卷)	2012－07	38.00	206

初级方程式论	2011－03	28.00	106
初等数学研究(Ⅰ)	2008－09	68.00	37
初等数学研究(Ⅱ)(上、下)	2009－05	118.00	46,47

刘培杰数学工作室
已出版(即将出版)图书目录——初等数学

书名	出版时间	定价	编号
趣味初等方程妙题集锦	2014—09	48.00	388
趣味初等数论选美与欣赏	2015—02	48.00	445
耕读笔记(上卷):一位农民数学爱好者的初数探索	2015—04	28.00	459
耕读笔记(中卷):一位农民数学爱好者的初数探索	2015—05	28.00	483
耕读笔记(下卷):一位农民数学爱好者的初数探索	2015—05	28.00	484
几何不等式研究与欣赏.上卷	2016—01	88.00	547
几何不等式研究与欣赏.下卷	2016—01	48.00	552
初等数列研究与欣赏・上	2016—01	48.00	570
初等数列研究与欣赏・下	2016—01	48.00	571
趣味初等函数研究与欣赏.上	2016—09	48.00	684
趣味初等函数研究与欣赏.下	2018—09	48.00	685
三角不等式研究与欣赏	2020—10	68.00	1197
新编平面解析几何解题方法研究与欣赏	2021—10	78.00	1426
火柴游戏	2016—05	38.00	612
智力解谜.第1卷	2017—07	38.00	613
智力解谜.第2卷	2017—07	38.00	614
故事智力	2016—07	48.00	615
名人们喜欢的智力问题	2020—01	48.00	616
数学大师的发现、创造与失误	2018—01	48.00	617
异曲同工	2018—09	48.00	618
数学的味道	2018—01	58.00	798
数学千字文	2018—10	68.00	977
数贝偶拾——高考数学题研究	2014—04	28.00	274
数贝偶拾——初等数学研究	2014—04	38.00	275
数贝偶拾——奥数题研究	2014—04	48.00	276
钱昌本教你快乐学数学(上)	2011—12	48.00	155
钱昌本教你快乐学数学(下)	2012—03	58.00	171
集合、函数与方程	2014—01	28.00	300
数列与不等式	2014—01	38.00	301
三角与平面向量	2014—01	28.00	302
平面解析几何	2014—01	38.00	303
立体几何与组合	2014—01	28.00	304
极限与导数、数学归纳法	2014—01	38.00	305
趣味数学	2014—03	28.00	306
教材教法	2014—04	68.00	307
自主招生	2014—05	58.00	308
高考压轴题(上)	2015—01	48.00	309
高考压轴题(下)	2014—10	68.00	310
从费马到怀尔斯——费马大定理的历史	2013—10	198.00	Ⅰ
从庞加莱到佩雷尔曼——庞加莱猜想的历史	2013—10	298.00	Ⅱ
从切比雪夫到爱尔特希(上)——素数定理的初等证明	2013—07	48.00	Ⅲ
从切比雪夫到爱尔特希(下)——素数定理100年	2012—12	98.00	Ⅲ
从高斯到盖尔方特——二次域的高斯猜想	2013—10	198.00	Ⅳ
从库默尔到朗兰兹——朗兰兹猜想的历史	2014—01	98.00	Ⅴ
从比勃巴赫到德布朗斯——比勃巴赫猜想的历史	2014—02	298.00	Ⅵ
从麦比乌斯到陈省身——麦比乌斯变换与麦比乌斯带	2014—02	298.00	Ⅶ
从布尔到豪斯道夫——布尔方程与格论漫谈	2013—10	198.00	Ⅷ
从开普勒到阿诺德——三体问题的历史	2014—05	298.00	Ⅸ
从华林到华罗庚——华林问题的历史	2013—10	298.00	Ⅹ

刘培杰数学工作室
已出版(即将出版)图书目录——初等数学

书　　名	出版时间	定　价	编号
美国高中数学竞赛五十讲.第1卷(英文)	2014－08	28.00	357
美国高中数学竞赛五十讲.第2卷(英文)	2014－08	28.00	358
美国高中数学竞赛五十讲.第3卷(英文)	2014－09	28.00	359
美国高中数学竞赛五十讲.第4卷(英文)	2014－09	28.00	360
美国高中数学竞赛五十讲.第5卷(英文)	2014－10	28.00	361
美国高中数学竞赛五十讲.第6卷(英文)	2014－11	28.00	362
美国高中数学竞赛五十讲.第7卷(英文)	2014－12	28.00	363
美国高中数学竞赛五十讲.第8卷(英文)	2015－01	28.00	364
美国高中数学竞赛五十讲.第9卷(英文)	2015－01	28.00	365
美国高中数学竞赛五十讲.第10卷(英文)	2015－02	38.00	366

三角函数(第2版)	2017－04	38.00	626
不等式	2014－01	38.00	312
数列	2014－01	38.00	313
方程(第2版)	2017－04	38.00	624
排列和组合	2014－01	28.00	315
极限与导数(第2版)	2016－04	38.00	635
向量(第2版)	2018－08	58.00	627
复数及其应用	2014－08	28.00	318
函数	2014－01	38.00	319
集合	2020－01	48.00	320
直线与平面	2014－01	28.00	321
立体几何(第2版)	2016－04	38.00	629
解三角形	即将出版		323
直线与圆(第2版)	2016－11	38.00	631
圆锥曲线(第2版)	2016－09	48.00	632
解题通法(一)	2014－07	38.00	326
解题通法(二)	2014－07	38.00	327
解题通法(三)	2014－05	38.00	328
概率与统计	2014－01	28.00	329
信息迁移与算法	即将出版		330

IMO 50年.第1卷(1959－1963)	2014－11	28.00	377
IMO 50年.第2卷(1964－1968)	2014－11	28.00	378
IMO 50年.第3卷(1969－1973)	2014－09	28.00	379
IMO 50年.第4卷(1974－1978)	2016－04	38.00	380
IMO 50年.第5卷(1979－1984)	2015－04	38.00	381
IMO 50年.第6卷(1985－1989)	2015－04	58.00	382
IMO 50年.第7卷(1990－1994)	2016－01	48.00	383
IMO 50年.第8卷(1995－1999)	2016－06	38.00	384
IMO 50年.第9卷(2000－2004)	2015－04	58.00	385
IMO 50年.第10卷(2005－2009)	2016－01	48.00	386
IMO 50年.第11卷(2010－2015)	2017－03	48.00	646

刘培杰数学工作室
已出版(即将出版)图书目录——初等数学

书 名	出版时间	定 价	编号
数学反思(2006—2007)	2020—09	88.00	915
数学反思(2008—2009)	2019—01	68.00	917
数学反思(2010—2011)	2018—05	58.00	916
数学反思(2012—2013)	2019—01	58.00	918
数学反思(2014—2015)	2019—03	78.00	919
数学反思(2016—2017)	2021—03	58.00	1286
历届美国大学生数学竞赛试题集.第一卷(1938—1949)	2015—01	28.00	397
历届美国大学生数学竞赛试题集.第二卷(1950—1959)	2015—01	28.00	398
历届美国大学生数学竞赛试题集.第三卷(1960—1969)	2015—01	28.00	399
历届美国大学生数学竞赛试题集.第四卷(1970—1979)	2015—01	18.00	400
历届美国大学生数学竞赛试题集.第五卷(1980—1989)	2015—01	28.00	401
历届美国大学生数学竞赛试题集.第六卷(1990—1999)	2015—01	28.00	402
历届美国大学生数学竞赛试题集.第七卷(2000—2009)	2015—08	18.00	403
历届美国大学生数学竞赛试题集.第八卷(2010—2012)	2015—01	18.00	404
新课标高考数学创新题解题诀窍:总论	2014—09	28.00	372
新课标高考数学创新题解题诀窍:必修 1～5 分册	2014—08	38.00	373
新课标高考数学创新题解题诀窍:选修 2－1,2－2,1－1,1－2分册	2014—09	38.00	374
新课标高考数学创新题解题诀窍:选修 2－3,4－4,4－5分册	2014—09	18.00	375
全国重点大学自主招生英文数学试题全攻略:词汇卷	2015—07	48.00	410
全国重点大学自主招生英文数学试题全攻略:概念卷	2015—01	28.00	411
全国重点大学自主招生英文数学试题全攻略:文章选读卷(上)	2016—09	38.00	412
全国重点大学自主招生英文数学试题全攻略:文章选读卷(下)	2017—01	58.00	413
全国重点大学自主招生英文数学试题全攻略:试题卷	2015—07	38.00	414
全国重点大学自主招生英文数学试题全攻略:名著欣赏卷	2017—03	48.00	415
劳埃德数学趣题大全.题目卷.1:英文	2016—01	18.00	516
劳埃德数学趣题大全.题目卷.2:英文	2016—01	18.00	517
劳埃德数学趣题大全.题目卷.3:英文	2016—01	18.00	518
劳埃德数学趣题大全.题目卷.4:英文	2016—01	18.00	519
劳埃德数学趣题大全.题目卷.5:英文	2016—01	18.00	520
劳埃德数学趣题大全.答案卷:英文	2016—01	18.00	521
李成章教练奥数笔记.第 1 卷	2016—01	48.00	522
李成章教练奥数笔记.第 2 卷	2016—01	48.00	523
李成章教练奥数笔记.第 3 卷	2016—01	38.00	524
李成章教练奥数笔记.第 4 卷	2016—01	38.00	525
李成章教练奥数笔记.第 5 卷	2016—01	38.00	526
李成章教练奥数笔记.第 6 卷	2016—01	38.00	527
李成章教练奥数笔记.第 7 卷	2016—01	38.00	528
李成章教练奥数笔记.第 8 卷	2016—01	48.00	529
李成章教练奥数笔记.第 9 卷	2016—01	28.00	530

刘培杰数学工作室
已出版(即将出版)图书目录——初等数学

书　名	出版时间	定　价	编号
第19～23届"希望杯"全国数学邀请赛试题审题要津详细评注(初一版)	2014－03	28.00	333
第19～23届"希望杯"全国数学邀请赛试题审题要津详细评注(初二、初三版)	2014－03	38.00	334
第19～23届"希望杯"全国数学邀请赛试题审题要津详细评注(高一版)	2014－03	28.00	335
第19～23届"希望杯"全国数学邀请赛试题审题要津详细评注(高二版)	2014－03	38.00	336
第19～25届"希望杯"全国数学邀请赛试题审题要津详细评注(初一版)	2015－01	38.00	416
第19～25届"希望杯"全国数学邀请赛试题审题要津详细评注(初二、初三版)	2015－01	58.00	417
第19～25届"希望杯"全国数学邀请赛试题审题要津详细评注(高一版)	2015－01	48.00	418
第19～25届"希望杯"全国数学邀请赛试题审题要津详细评注(高二版)	2015－01	48.00	419
物理奥林匹克竞赛大题典——力学卷	2014－11	48.00	405
物理奥林匹克竞赛大题典——热学卷	2014－04	28.00	339
物理奥林匹克竞赛大题典——电磁学卷	2015－07	48.00	406
物理奥林匹克竞赛大题典——光学与近代物理卷	2014－06	28.00	345
历届中国东南地区数学奥林匹克试题集(2004～2012)	2014－06	18.00	346
历届中国西部地区数学奥林匹克试题集(2001～2012)	2014－07	18.00	347
历届中国女子数学奥林匹克试题集(2002～2012)	2014－08	18.00	348
数学奥林匹克在中国	2014－06	98.00	344
数学奥林匹克问题集	2014－01	38.00	267
数学奥林匹克不等式散论	2010－06	38.00	124
数学奥林匹克不等式欣赏	2011－09	38.00	138
数学奥林匹克超级题库(初中卷上)	2010－01	58.00	66
数学奥林匹克不等式证明方法和技巧(上、下)	2011－08	158.00	134,135
他们学什么:原民主德国中学数学课本	2016－09	38.00	658
他们学什么:英国中学数学课本	2016－09	38.00	659
他们学什么:法国中学数学课本.1	2016－09	38.00	660
他们学什么:法国中学数学课本.2	2016－09	28.00	661
他们学什么:法国中学数学课本.3	2016－09	38.00	662
他们学什么:苏联中学数学课本	2016－09	28.00	679
高中数学题典——集合与简易逻辑·函数	2016－07	48.00	647
高中数学题典——导数	2016－07	48.00	648
高中数学题典——三角函数·平面向量	2016－07	48.00	649
高中数学题典——数列	2016－07	58.00	650
高中数学题典——不等式·推理与证明	2016－07	38.00	651
高中数学题典——立体几何	2016－07	48.00	652
高中数学题典——平面解析几何	2016－07	78.00	653
高中数学题典——计数原理·统计·概率·复数	2016－07	48.00	654
高中数学题典——算法·平面几何·初等数论·组合数学·其他	2016－07	68.00	655

刘培杰数学工作室
已出版(即将出版)图书目录——初等数学

书　　名	出版时间	定　价	编号
台湾地区奥林匹克数学竞赛试题.小学一年级	2017—03	38.00	722
台湾地区奥林匹克数学竞赛试题.小学二年级	2017—03	38.00	723
台湾地区奥林匹克数学竞赛试题.小学三年级	2017—03	38.00	724
台湾地区奥林匹克数学竞赛试题.小学四年级	2017—03	38.00	725
台湾地区奥林匹克数学竞赛试题.小学五年级	2017—03	38.00	726
台湾地区奥林匹克数学竞赛试题.小学六年级	2017—03	38.00	727
台湾地区奥林匹克数学竞赛试题.初中一年级	2017—03	38.00	728
台湾地区奥林匹克数学竞赛试题.初中二年级	2017—03	38.00	729
台湾地区奥林匹克数学竞赛试题.初中三年级	2017—03	28.00	730
不等式证题法	2017—04	28.00	747
平面几何培优教程	2019—08	88.00	748
奥数鼎级培优教程.高一分册	2018—09	88.00	749
奥数鼎级培优教程.高二分册.上	2018—04	68.00	750
奥数鼎级培优教程.高二分册.下	2018—04	68.00	751
高中数学竞赛冲刺宝典	2019—04	68.00	883
初中尖子生数学超级题典.实数	2017—07	58.00	792
初中尖子生数学超级题典.式、方程与不等式	2017—08	58.00	793
初中尖子生数学超级题典.圆、面积	2017—08	38.00	794
初中尖子生数学超级题典.函数、逻辑推理	2017—08	48.00	795
初中尖子生数学超级题典.角、线段、三角形与多边形	2017—07	58.00	796
数学王子——高斯	2018—01	48.00	858
坎坷奇星——阿贝尔	2018—01	48.00	859
闪烁奇星——伽罗瓦	2018—01	58.00	860
无穷统帅——康托尔	2018—01	48.00	861
科学公主——柯瓦列夫斯卡娅	2018—01	48.00	862
抽象代数之母——埃米·诺特	2018—01	48.00	863
电脑先驱——图灵	2018—01	58.00	864
昔日神童——维纳	2018—01	48.00	865
数坛怪侠——爱尔特希	2018—01	68.00	866
传奇数学家徐利治	2019—09	88.00	1110
当代世界中的数学.数学思想与数学基础	2019—01	38.00	892
当代世界中的数学.数学问题	2019—01	38.00	893
当代世界中的数学.应用数学与数学应用	2019—01	38.00	894
当代世界中的数学.数学王国的新疆域(一)	2019—01	38.00	895
当代世界中的数学.数学王国的新疆域(二)	2019—01	38.00	896
当代世界中的数学.数林撷英(一)	2019—01	38.00	897
当代世界中的数学.数林撷英(二)	2019—01	48.00	898
当代世界中的数学.数学之路	2019—01	38.00	899

刘培杰数学工作室
已出版(即将出版)图书目录——初等数学

书　名	出版时间	定　价	编号
105 个代数问题:来自 AwesomeMath 夏季课程	2019－02	58.00	956
106 个几何问题:来自 AwesomeMath 夏季课程	2020－07	58.00	957
107 个几何问题:来自 AwesomeMath 全年课程	2020－07	58.00	958
108 个代数问题:来自 AwesomeMath 全年课程	2019－01	68.00	959
109 个不等式:来自 AwesomeMath 夏季课程	2019－04	58.00	960
国际数学奥林匹克中的 110 个几何问题	即将出版		961
111 个代数和数论问题	2019－05	58.00	962
112 个组合问题:来自 AwesomeMath 夏季课程	2019－05	58.00	963
113 个几何不等式:来自 AwesomeMath 夏季课程	2020－08	58.00	964
114 个指数和对数问题:来自 AwesomeMath 夏季课程	2019－09	48.00	965
115 个三角问题:来自 AwesomeMath 夏季课程	2019－09	58.00	966
116 个代数不等式:来自 AwesomeMath 全年课程	2019－04	58.00	967
117 个多项式问题:来自 AwesomeMath 夏季课程	2021－09	58.00	1409
紫色彗星国际数学竞赛试题	2019－02	58.00	999
数学竞赛中的数学:为数学爱好者、父母、教师和教练准备的丰富资源.第一部	2020－04	58.00	1141
数学竞赛中的数学:为数学爱好者、父母、教师和教练准备的丰富资源.第二部	2020－07	48.00	1142
和与积	2020－10	38.00	1219
数论:概念和问题	2020－12	68.00	1257
初等数学问题研究	2021－03	48.00	1270
数学奥林匹克中的欧几里得几何	2021－10	68.00	1413
数学奥林匹克题解新编	2022－01	58.00	1430
澳大利亚中学数学竞赛试题及解答(初级卷)1978～1984	2019－02	28.00	1002
澳大利亚中学数学竞赛试题及解答(初级卷)1985～1991	2019－02	28.00	1003
澳大利亚中学数学竞赛试题及解答(初级卷)1992～1998	2019－02	28.00	1004
澳大利亚中学数学竞赛试题及解答(初级卷)1999～2005	2019－02	28.00	1005
澳大利亚中学数学竞赛试题及解答(中级卷)1978～1984	2019－03	28.00	1006
澳大利亚中学数学竞赛试题及解答(中级卷)1985～1991	2019－03	28.00	1007
澳大利亚中学数学竞赛试题及解答(中级卷)1992～1998	2019－03	28.00	1008
澳大利亚中学数学竞赛试题及解答(中级卷)1999～2005	2019－03	28.00	1009
澳大利亚中学数学竞赛试题及解答(高级卷)1978～1984	2019－05	28.00	1010
澳大利亚中学数学竞赛试题及解答(高级卷)1985～1991	2019－05	28.00	1011
澳大利亚中学数学竞赛试题及解答(高级卷)1992～1998	2019－05	28.00	1012
澳大利亚中学数学竞赛试题及解答(高级卷)1999～2005	2019－05	28.00	1013
天才中小学生智力测验题.第一卷	2019－03	38.00	1026
天才中小学生智力测验题.第二卷	2019－03	38.00	1027
天才中小学生智力测验题.第三卷	2019－03	38.00	1028
天才中小学生智力测验题.第四卷	2019－03	38.00	1029
天才中小学生智力测验题.第五卷	2019－03	38.00	1030
天才中小学生智力测验题.第六卷	2019－03	38.00	1031
天才中小学生智力测验题.第七卷	2019－03	38.00	1032
天才中小学生智力测验题.第八卷	2019－03	38.00	1033
天才中小学生智力测验题.第九卷	2019－03	38.00	1034
天才中小学生智力测验题.第十卷	2019－03	38.00	1035
天才中小学生智力测验题.第十一卷	2019－03	38.00	1036
天才中小学生智力测验题.第十二卷	2019－03	38.00	1037
天才中小学生智力测验题.第十三卷	2019－03	38.00	1038

刘培杰数学工作室
已出版(即将出版)图书目录——初等数学

书　　名	出版时间	定　价	编号
重点大学自主招生数学备考全书:函数	2020—05	48.00	1047
重点大学自主招生数学备考全书:导数	2020—08	48.00	1048
重点大学自主招生数学备考全书:数列与不等式	2019—10	78.00	1049
重点大学自主招生数学备考全书:三角函数与平面向量	2020—08	68.00	1050
重点大学自主招生数学备考全书:平面解析几何	2020—07	58.00	1051
重点大学自主招生数学备考全书:立体几何与平面几何	2019—08	48.00	1052
重点大学自主招生数学备考全书:排列组合·概率统计·复数	2019—09	48.00	1053
重点大学自主招生数学备考全书:初等数论与组合数学	2019—08	48.00	1054
重点大学自主招生数学备考全书:重点大学自主招生真题.上	2019—04	68.00	1055
重点大学自主招生数学备考全书:重点大学自主招生真题.下	2019—04	58.00	1056
高中数学竞赛培训教程:平面几何问题的求解方法与策略.上	2018—05	68.00	906
高中数学竞赛培训教程:平面几何问题的求解方法与策略.下	2018—06	78.00	907
高中数学竞赛培训教程:整除与同余以及不定方程	2018—01	88.00	908
高中数学竞赛培训教程:组合计数与组合极值	2018—04	48.00	909
高中数学竞赛培训教程:初等代数	2019—04	78.00	1042
高中数学讲座:数学竞赛基础教程(第一册)	2019—06	48.00	1094
高中数学讲座:数学竞赛基础教程(第二册)	即将出版		1095
高中数学讲座:数学竞赛基础教程(第三册)	即将出版		1096
高中数学讲座:数学竞赛基础教程(第四册)	即将出版		1097
新编中学数学解题方法 1000 招丛书.实数(初中版)	即将出版		1291
新编中学数学解题方法 1000 招丛书.式(初中版)	即将出版		1292
新编中学数学解题方法 1000 招丛书.方程与不等式(初中版)	2021—04	58.00	1293
新编中学数学解题方法 1000 招丛书.函数(初中版)	即将出版		1294
新编中学数学解题方法 1000 招丛书.角(初中版)	即将出版		1295
新编中学数学解题方法 1000 招丛书.线段(初中版)	即将出版		1296
新编中学数学解题方法 1000 招丛书.三角形与多边形(初中版)	2021—04	48.00	1297
新编中学数学解题方法 1000 招丛书.圆(初中版)	即将出版		1298
新编中学数学解题方法 1000 招丛书.面积(初中版)	2021—07	28.00	1299

联系地址:哈尔滨市南岗区复华四道街 10 号　哈尔滨工业大学出版社刘培杰数学工作室
网　　址:http://lpj.hit.edu.cn/
邮　　编:150006
联系电话:0451—86281378　　13904613167
E-mail:lpj1378@163.com